시몬 베유의 나의 투쟁

Cet ouvrage, publié dans le cadre du Programme d'aide à la Publication Sejong, a bénéficié du soutien de
l'Institut français de Corée du Sud.

이 책은 주한프랑스문화원 세종 출판번역지원프로그램의 도움으로 출간되었습니다.

시몬 베유 지음
길경선·박재연 옮김

시몬 베유의
나의 투쟁

Mes combats

꿈꾼문고

차례

1부 홀로코스트의 기억을 위한 투쟁
—

2부 유럽을 위한 투쟁

—

3부 여성해방을 위한 투쟁

—

4부 더 나은 사회를 위한 투쟁

서문

우리는 왜 시몬 베유를 위대하다고 하는가?

어떤 이들은 두 번에 걸친 장관 임명, 유럽의회 의원, 유럽의회 의장, 헌법평의회 위원 등 그의 눈부신 활동들을 떠올린다.

그런가 하면 레지옹도뇌르그랑크루아를 포함하여, 국제적인 인정을 증명하는 수많은 외국의 훈장 같은 그의 수상 경력에 감탄하는 이들도 많다.

혹자는 그의 문화에 대한 넓은 지평과 예술에 대한 열정을 강조한다. 그들은, 대중적 성공을 거두고, 아카데미프랑세즈 입성을 가능케 해준 『나의 삶Une vie』과 같은 책을 쓴 작가로서의 시몬 베유를 기억한다.

그리고 많은 이들은 여성의 권리를 중심으로 하는 인간의 권리, 유럽연합의 발전, 인권 국가의 확립과 같이 그가 변함없이 지켜온 존엄의 가치에 대해 깊은 공감을 표한다.

모범적인 삶, 가족에 대한 사랑, 공화국적 가치에 대한 철저한 충성, 여성의 권익을 위한 애착 등은 시몬 베유를 훌륭한 정치인의 모델로 만들어주었다.

그러나 시몬 베유의 인생은 사실 끔찍한 시련과 슬픔으로 가득 차 있다. 시몬의 삶 한가운데에는 절대 꺼질 수 없고 언제든 타오를 준비가 되어 있는 달구어진 숯과 같은 강제 이송의 기억이 자리하고 있다. 나치가 점령한 유럽의 주요 도시에서 끌려온 수백만의 유대인들이 아우슈비츠-비르케나우 수용소와 같은 계획된 죽음으로 내몰린 고통의 길에 대한 기억 말이다.

수많은 증언과 문학작품, 영화는 가축 운반차에 실려 제대로 몸을 누일 수도 없이 떠난 이 최후의 여행에 대해서 이야기한다. 이 이송 과정에서 죽음을 맞이한 대부분의 사람들은 노인들과 환자들이었다. 매우 힘들게 살아남은 소수의 생존자들은 고통스러운 기억을 되살리며 이야기를 전한다. 승마용 채찍을 손에 든 나치친위대원들과 사냥개들이 기다리고 있던 비르케나우 강변, 나치 소속 의사에 의한 선발과 화장터 굴뚝에서 피어오르던 매캐하고 검은 연기에 대한 이야기 말이다.

시몬은 열여섯의 나이에 이 지옥에서 살아남았다. 그는 독일 내의 수용소로 모든 포로들을 모아들이려 했던 나치에 의해 아우슈비츠를 떠나 생존자들과 함께 걸었던 차가운 겨울의 행군을 잘 알고 있다. 그리고 연합군에 의해 유럽이 해방되기 직전, 앓고 있던 시몬의 어머니는 바로 그곳 베르겐-벨젠 수용소에서 시몬의 품에 안긴 채 죽음을 맞이한다. 라벤스브뤼크로 끌려갔던 시몬의 언니는 강인하게 살아남았으나, 함께 체포된 아버지와 오빠는 리투아니아에서 영영 돌아오지 못한다.

이것이 시몬 베유가 청소년기에 겪었던 일이다. 강제 이송된 이들이 겪은 고통은 그것을 겪지 않은 이들과 결코 나눌 수 없을 것만 같다. 그러나 시몬 베유는 자기 안에서 강력한 힘을 발견했고, 이러한 그의 성격은 삶에 대한 찬가를 통해 최악의 시련 속에서도 버틸 수 있는 힘을 마련해주었다.

이것은 나치에 대한 시몬 베유의 윤리적 승리다. 그는 인간 존재에 대한 절망으로 빠지려는 유혹을 거부했고, 삶을 위해 모든 힘을 끌어모으는 선택을 했다. 그리고 이러한 선택을 통해 시몬은 남편 앙투안과 아이들, 손자 손녀들 곁에서 아우슈비츠에서의 사춘기를 메워냈다.

그가 겪었고 넘어섰던 시련들의 무게를 가늠해보면, 왜 시몬 베유를 우리 세대의 '용감한 어머니'라고 여기며 그토록 큰 존경과 동경, 애정을 보내는지 이해할 수 있다.

그는 자신의 인생을 통해 삶이란 우리가 추구하는 도덕적 위대함이 우리의 이기심을 초월하는 경우에만 의미 있음을 보여준다. 우리 세대의 생존자들이 하나둘씩 사라지고 있다. 정의로운 자들 중 가장 정의로운 자, 시몬 베유를 기린다.

로베르 바댕테르

이 책에 대하여

바야르 출판사 측이 저희 어머니께서 1974년과 2010년 사이에 쓰고 발표하신 연설문 중 중요한 것들을 추려 출간할 것을 제안했을 때, 우리는 가장 먼저 우리가 부모님으로부터 물려받은 '유산'의 혜택을 누리지 못한 우리의 자녀들과 손자 손녀들을 떠올렸습니다.

사법관으로 시작하여 우연히 발을 들인 정치인의 길까지, 어머니께서는 지난 50여 년간 프랑스 사회의 주연배우로서 우리 시대의 주요 사안에 깊이 관여하셨습니다. 홀로코스트의 기억과 여성 해방, 유럽과 인류 및 윤리를 위한 어머니의 투쟁, 지치지 않고 증언을 하고자 했던 의지는 어머니를 비롯하여 강제로 끌려갔던 모든 이들을 부추겼습니다.

사라져가는 것을 바라보고만 있어야 했던 이들이 남긴 성스러운 메시지를 통해 '우리가 겪은 일이 알려지도록, 그리고 다시는 반복되지 않도록 돌아가서 이야기하라'고 말입니다.

강제 이송당했던 모든 동료들과 마찬가지로, 이 지울 수 없는 시련은 어머니의 직업 활동을 통해 표출되었습니다. 사법관으로서 어머니는 수감자들의 환경을 개선하는 데 특히 많은 노력을 기울이셨습니다. 정치인이 되신 이후에는 거의 모든 시간을 프랑스와 독일의 화해에 기반한 유럽을 건설하는 데 바치셨습니다.

여성해방과 우리 사회의 윤리를 위한 어머니의 투쟁은 어머니의 유년 시절과, 어린 시절 부모님으로부터 물려받은 인본주의적인 교육에 기인한 것입니다. 부모님에 대한 기억과 그분들이 보여주신 모범적인 태도가 어머니로 하여금 끊임없이 성찰을 확장하고 행동에 나서게 만들었습니다.

사춘기 시절부터 겪었던 삶의 역경들과 그를 통해 얻은 통찰력으로 다져진 어머니의 사상은 특별한 지각을 바탕으로 형성되었고, 신랄하게 전달되는 것을 피해 때때로 확신에 찬 방식으로 표현되었습니다. 어머니는 사람들은 누구나 악해질 수 있지만, 동시에 더 나은 존재가 될 수 있다고 확신하셨습니다.

모든 환상으로부터 자유로우셨던 어머니는 특정 방식 혹은 시대정신을 반영하는 관습적인 생각에 쉽게 넘어가지 않으셨습니다. 우리에게 어머니는 항상 자신만의 길을 걸어가는 것처럼 보였습니다. 진지하고 성실하며 열성적이고 스스로에 대한 확신으로 가득 차 있었으나 동시에 인생에 상처를 입은 자신의 불확실함과 자신이 지닌 특권에 대해서도 확실하게 인식하고 있던 여성. 그것이 저희가 생각하는 어머니의 모습입니다.

저희는 아버지와 함께 나누었던, 그리고 어머니의 친구분들, 동료분들과 나누었던 대화들이 떠오릅니다. 그분들이 어머니에 대해 내린 평가는 단지 가족적인 공동체 속에서 나누었던 기쁨과 배려 어린 관계의 결실만은 아니었습니다. 어머니는 그를 아는 이들과 나누었던 관계를 통해, 어쩌면 직관적으로 어머니와 소통했던 많은 수의 프랑스인들과의 관계를 통해 그 삶을 평가받으셨습니다.

모든 천진난만함을 버리고 더 이상 그 무엇도, 그 누구도 두려워하지 않았던 성마름에도 불구하고(벌컥 화를 내시던 어머니의 성미는 유명합니다), 타인의 어려움에 대한 어머니의 각별한 관심과 배려는 잘 알려져 있습니다. 어찌 보면 실제로는 수줍음이었을지도 모르는 어머니의 조심성과 신중함에도 불구하고, 유명한 사람들이건 그렇지 않은 사람들이건 간에, 주의 깊은 태도로 이야기를 들어주고 위로가 담긴 조언을 건네던 어머니 곁에서 자신들의 문제에 대한 해결책을 찾지 못한 이들은 거의 없습니다. 모르는 이들이 보낸 편지에 개인적으로 답장을 쓰시던 어머니의 끝나지 않을 것 같던 저녁 시간과 휴일을 기억합니다. 어머니의 동료 중 한 분께서는 이 모습을 보고 "이건 장관의 일이 아니야, 과장들이 할 일이라고" 라며 농담조로 말씀하기도 하셨습니다.

종종 자신의 판단이 논란의 여지가 없다고 여겨질 경우, 모든 첨언을 금하는 듯한 어조로 말씀하시던 "당치도 않구나!"도 기억납니다.

이 책에 실린 연설문들은 개인적인 혹은 공적인 분야에 대한 어머니의 생각을 담고 있습니다. 이 텍스트들은 저희에게 저자의 일관성, 즉 자유를 위해 지치지 않고 투쟁해오셨던 어머니의 일관성을 보여줍니다.

 이 책이 우리의 자녀들과 손자 손녀들을 넘어, 다른 독자들의 흥미 역시 끌 수 있기를 바랍니다.

장 베유·피에르프랑수아 베유

일러두기

1. 원문의 이탤릭체가 강조의 의미일 경우 고딕체로 표기했습니다.
2. 본문의 각주는 모두 옮긴이의 것입니다.

1부

홀로코스트의
기억을 위한 투쟁

기억에 대한 고찰

먼저 오늘 이렇게 프랑스 문화원에 오게 되어 매우 기쁘고 영광
이라는 말씀을 드리고 싶습니다.

사실, 바로 이 장소에서 홀로코스트를 주제로 강연하는 것은 제
가 주장하는 행보와 뜻을 함께하는 일입니다. 그것은 바로 프랑스
가 자신의 과거와 책임, 그에 뒤따르는 기억의 의무를 인정하는 일
로서, 자크 시라크 프랑스 대통령과 리오넬 조스팽 전 총리가 차례
로 표명한 바 있습니다.

이렇게 인정하기까지 50년이 넘는 시간이 걸렸습니다. 즉, 두 세
대가 넘는 세월이 흘러간 것이죠. 아마도 생존자들의 기억이 역사
에 새겨지기 위해 필요한 시간이었을 것입니다. 먼저 전쟁이 끝났
을 당시로 거슬러 올라갑니다. 유대인들에 대한 박해, 강제 이송,
대학살에 대한 은폐가 이루어졌습니다. 당시는 프랑스의 명예를 지
켜내고 결국 승자의 편에 서게 만든 드골주의와 레지스탕스 운동

을 찬양하던 시대였습니다. 그 후 전쟁도, 전쟁이 가져오는 물질적 어려움도, 불행도, 나치 독일 점령 당시의 고통스러운 상황도 겪어 보지 못한 새로운 세대가 너무나 완벽하고 영광스러운 조국의 이미지에 의문을 제기하면서, 무기력했던 프랑스와 나치 독일에 협력했던 프랑스인들의 과거가 드러나기 시작했습니다. 마침내 몇 년 전부터는 유대인 공동체가 희생된 사건들과 당시 프랑스 국민들의 행동, 당국의 잠재적인 책임에 대해 제대로 알고 분석하고자 하는 움직임이 일어났습니다. 그것은 홀로코스트*, 그리고 나치 정권과 그 이념적 기원, 즉 반제 회의**의 역할과 '최종 해결책'***에 대한 결정, 차별적 정책을 펼친 비시정부의 책임, 프랑스 내 유대인들의 강제 이송에 대한 역사학자들의 연구가 진행되었을 뿐만 아니라 드디어 생존자들의 증언이 중시되었기 때문입니다. 동시에 우리는 레지스탕스 운동의 역할, 그리고 특히 아이들을 구하기 위해 용기를 낸 '의인들'의 행동을 재조명하게 되었습니다. 역사학자들의 연구가 시작되기 전부터, 생존자들의 증언, 클로드 란즈만 감독의 〈쇼아〉를 필두로 한 영화와 다큐멘터리 등을 통해 견고한 기반을 가진, 진정한 기억의 작업이 이루어졌습니다.

---

* 2차 세계대전 중 나치 독일이 유럽 전역의 유대인들을 수용소로 강제 이송하여 조직적으로 대량 학살한 사건으로, 프랑스에서는 '쇼아Shoah'라는 명칭을 갖고 있고, 영어권에서는 '홀로코스트Holocaust'라고 부른다. 여기서는 우리나라에서 통용되는 '홀로코스트'라는 명칭을 사용한다.
** 1942년 베를린 근교 반제의 별장에서 고위급 정부 인사들이 모여 개최된 회의로, 이 회의를 통해 나치의 효과적이고 조직적인 유대인 절멸에 대한 구체적 계획이 논의되고 승인되었다.
*** 나치는 유대인 말살 계획을 유대인 문제의 '최종 해결책'이라고 완곡하게 표현하였다.

이 기억은 집단의식 속에 자리 잡고 있습니다. 바로 이 기억이 프랑스인들을 파시스트적이고 인종차별적이며 반유대주의적인 유혹으로부터 벗어날 수 있도록 해줍니다. 그러나 이 유혹은 언제든 다시 솟구칠 수 있기에 우리는 늘 경계해야 합니다.

따라서 지난 대통령 선거에서 프랑스 젊은이들이 1차 투표가 끝난 후 프랑스의 모든 도시의 거리로 뛰쳐나와 대대적으로 시위를 벌인 것****은, 우리에게 교육받은 프랑스와 유럽의 역사를 통해 전체주의적이고 인종차별적이며 반유대주의적이고 또한 외국인을 혐오하는 사상에 자리를 내어주게 되었을 때 치른 대가가 무엇이었는지를 그들이 알고 있기 때문이라고 할 수 있습니다.

기억을 어떻게 정의할 수 있을까요?

우선 간단히 말해 기억이란 역사와는 구분되는 것이라고 할 수 있습니다. 그것은 기억이, 직접적이든 혹은 가족과 얽혀서든, 엄청난 결과를 불러오게 된 과거의 사건과 개인의 관계를 가리킨다는 점에서 그렇습니다. 이와 달리 역사는 과거의 사건에 대한 기억과 그것을 떠올리는 사람 사이에 어느 정도 지리적, 문화적, 시기적 거리가 전제됩니다.

역사학자들이 아직 '역사로 편입되지' 못한 비교적 최근의 사건들을 이러한 거리 두기 없이 다루고 있는 것이 사실입니다. 그들 스스로도 과거와의 개인적인 관계를 배제할 수가 없는 것입니다. 우

**** 2002년 프랑스 대선의 1차 투표 결과, 연임에 도전하는 자크 시라크 당시 대통령과 극우파인 국민전선 당수 장마리 르 펜 후보가 결선에 오르게 된다. 과거사 부정을 일삼고 공공연하게 인종주의를 주장하는 극우 정치인 르 펜의 약진에 프랑스는 충격에 빠졌고, 전국적으로 르 펜에 반대하는 시위가 일어난다.

리 모두는 우리가 카르타고나 아메리카 대륙의 발견에 대해 이야기하는 것과 같은 방식으로 1차 혹은 2차 세계대전 또는 공산주의 체제의 붕괴에 대해 이야기하지 않는다는 사실을 알고 있습니다. 두세대, 나아가 세 세대에 걸친 시간 동안 기억과 역사는 밀접하게 연관되어 있었던 것입니다.

그런데 이 기억은 그저 관조하는 일이거나 단순히 정보들로 이루어진 것이 아닙니다. 기억이라는 것은 그것이 의식의 형태를 갖는다는 점에서, 나아가 정체성을 형성한다는 점에서 온전히 객관적이 될 수 없습니다.

우리가 원하건 원하지 않건, 우리가 알고 있건 알고 있지 않건, 우리는 우리가 함께할 미래에 책임이 있습니다. 우리는 우리에 앞서 있었던 일들로 만들어졌으며, 조금씩 함께 미래를 만들어나가고 있습니다…….

기억이라는 주제는 가장 먼저 우리가 '증인들'이라 부르는 사람들 혹은 오히려 희생자에 가까운 사람들을 사로잡습니다. 이들은 살아남은 자들로서, 누군가는 '사라졌다'고 말하지만 실은 결코 사라질 수 없으며 오직 세상을 떠난 후에만 사라질 수 있는 고통을 직접 겪은 사람들입니다.

우리의 강박, 우리의 고통은 과거에 일어난 일들이 전해지는 과정에서 거짓과 삭제가 행해지고 '국가이성'이라는 이름으로 역사에 '손을 대면서' 뒤섞는 일들이 우리의 운명과 학살당한 수백만 명의 운명을 왜곡하리라는 두려움 때문입니다.

마찬가지로, 과거에 대한 지식이 현재에 대해 통찰력을 갖고 경계하는 것을 방해해서는 안 됩니다. 반대로 역사란 준엄한 것입니다. 역사는 현재 그리고 미래를 위해 최선의 일은 물론 최악의 일까지 기록하는 것이기 때문입니다. 역사는 사건을 부과합니다. 역사는 이 사건들에 대한 기억, 개인은 물론이고 한 민족 공동의 기억, 더 나아가 인류의 기억을 영원히 새길 수 있도록 할 때 자신의 역할을 온전히 수행하는 것입니다.

홀로코스트의 증인들이 사라져가는 이 순간, 그 어느 때보다 더 역사는 증인을, 그리고 사건의 복합성과 일관성을 모두 고려하여 그들이 들려주는 이야기 전부를 기록해야 합니다. 역사는 이렇게 자신의 사명이자 어렵지만 반드시 해야만 하는 규명의 작업을 통해 홀로코스트의 보편적인 성격뿐만 아니라 모든 특수성을 드러낼 수 있게 됩니다.

우리는 고통과 피해의 정도 때문에 홀로코스트의 특수성을 주장하는 것이 아닙니다. 홀로코스트는 그것이 그때까지 결코 상상할 수도 없었던 방식으로, 발전된 한 국가가 국가의 모든 구조를 동원하여 한 인간 집단의 말살을 조직적으로 계획한 정책의 결정으로 이루어진 '유일한' 사건이기 때문입니다. 유대인으로 태어났다는 그 사실 하나만으로 살아남아서는 안 될 '하등 인간'이 되어, 노르웨이에서 그리스의 가장 작은 섬까지, 노르망디 지방에서 우크라이나에 이르기까지 그들은 학살당했습니다.

강제수용되었던 이들에게 과거는 여전히 현재진행형입니다. 과거는 우리를 결박하고 괴롭히고 우리 삶의 모습을 결정짓고 우리의 생각과 꿈—꿈이라기보다 악몽에 가깝겠지요—에 스며들며 우리의 감정을 지배합니다.

제가 이야기하는 전해야 할 기억은 우리가 겪은 고통과 모욕에 대한 기억이 아닙니다. 우리의 개인적 고통에 대한 기억은 점점 더 희미해져갑니다. 또 다른 상황에서 어떤 이들은 아마도 더한 일을 겪었을 것입니다. 제가 말하는 기억은 아우슈비츠 혹은 다른 장소에서 사라져간, 그리고 때로는 그들이 어떤 일을 겪었는지조차 여전히 제대로 알 수 없는, 우리가 사랑했던 이들, 즉 우리의 부모님과 조부모님, 자녀들, 형제자매, 아주 가까웠던 친구들의 운명에 대한 기억입니다. 그뿐만 아니라, 질병과 배고픔, 구타, 계속된 수면 부족으로 지쳐 목숨을 잃은, 우리가 알고 지내던 모든 이에 대한 기억입니다. 그들은 오직 우리가 기억에 대한 의무를 다해주리라는 희망만을 품은 채 한 줄기 숨결이 되어 세상을 떠났습니다.

물리적 고통과 모욕, 강제 노역, 오랜 행군과 이송보다 더 우리가 전달하고 싶은 기억은 바로 이 '다른 세계'에 대한 것입니다. 이 사건이 유독 비인간적이고 부조리한 성격을 지니는 것은 계획된 죽음이 늘 가까이 있다는 사실 때문이니까요. 제가 부조리하다고 말한 것은, 우리 중 일부가 해야만 했던 강제 노역은 보통 아무런 효용이 없었기 때문입니다. 또 어떤 이들은 그저 수용소에서 대학살을 완수하는 데 필요한 활동과 수단을 유지하기 위하여, 그리고 옷, 돈과 보석뿐만 아니라 머리카락과 금니에 이르기까지 죽은 이들이 남긴 재산을 챙겨서 그로부터 최대한의 이익을 얻기 위하여 그곳에 있었을 따름입니다.

그 일들을 직접 겪은 우리조차도, 죽은 이들의 숫자뿐만 아니라 거두어들인 재산의 측면에서 최대한의 수익을 얻으려는 목적으로 이토록 체계적이고 조직적인 사건들이 실제로 일어났다는 사실을 믿기 어렵습니다.

아우슈비츠-비르케나우 수용소의 비탈길 위에 끝없이 이어지던 수송차의 행렬을 직접 보았고 사람들이 열차에서 내려 가스실로 걸어 들어간 것을 알 수 있었던 우리조차도 아직 그 사실을 믿기가 힘듭니다. 특히 1944년 5월에서 7월 사이에 수용된, 약 60만 명에 가까운 헝가리인들이 도착하던 때가 떠오릅니다. 그것이 제가 비르케나우에서 겪은 가장 비극적인 사건입니다. 아무도 수용소로 들어오지도 못하고 곧장 가스실로 향하던 아이들과 여자들, 노인들의 모습을 잊을 수가 없습니다. 우리는 잊을 수가 없습니다. 우리는 혹시라도 기적적으로 우리 중 누군가가 살아남게 된다면 우리가 본 것을 나가서 꼭 이야기하겠다고 서로에게 다짐했습니다.

사실 우리는 살아남지 못할 운명이었습니다. 아무런 흔적이 남지 않도록 모든 것이 계획되어 있었습니다. 그런데 전쟁이 너무도 갑작스레 끝나게 된 나머지, 아마도 나치친위대가 우리를 모조리 말살하고 범죄의 흔적을 지울 시간이 미처 없었던 듯합니다. 이 계획을 통해 그들은 유대인들에 대한 마지막 승리를 거두고자 했으나 그런 일은 일어나지 않았습니다. 하지만 만약 역사가 홀로코스트에 마땅한 자리를 부여하지 않는다면 히틀러가 다시 승리하게 될 것입니다.

역사는 진실을 피할 수 없으며 마찬가지로 우리 또한 계속해서 잊지 않기 위해 싸워야 합니다.

해가 갈수록 우리 중 세상을 떠나는 사람들이 늘어나면서 젊은 세대에게 기억을 전해야 한다는 우리의 의지는 더욱 강해지고 있습니다.

단순히 10년 뒤, 20년 뒤, 혹은 더 나아가 100년 뒤에 사람들이 알고 있고 이야기하는 것만이 아니라 인류 역사에 영원히 남아 있어야 합니다. 이렇게 말하는 것이 우습게 들릴 수도 있지만 인간의 오랜 역사는 역사학자들이 그것을 다루기 전에 말을 통해서든 글을 통해서든 그것을 직접 겪은 이들에 의해서 만들어졌다는 사실을 떠올려봅시다.

물론 역사로 남게 되는 것은 실제로 일어난 일, 심지어는 우리가 현재 기억하고 있는 일과는 어느 정도 다를 것입니다. 사건들은 아마도 축소되고 확대되고 분명히 왜곡될 것입니다. 하지만 중요한 것은 그 본질을 보존하는 일입니다.

여기서 본질이란, 너무나 끔찍하고 상상하기도 어려운 이 구체적인 사건들, 학살을 위해 사용된 체계들과 방법들, 굴욕을 주고 인간성을 상실시키고자 한 의지를 말합니다. 그러나 만약 우리가 유대인 대학살을 불러온 이데올로기와 그 뿌리, 이를 위해 동원된 모든 차원의 수단들에 관심을 갖지 않는다면 이 사건들 자체만으로는 거의 의미를 갖지 못할 것입니다. 어떻게 20세기에 세계에서 가장 문명화된 민족 중 하나가 '최종 해결책'을 고안해냈을 뿐 아니라 그 계획을 그토록 효율적으로 실행에 옮길 수 있었는지를 이해하기 위하여 역사학자들이 연구해야 할 길이 여전히 많이 남아 있습니다.

그러나 수십 년이 지난 오늘날 유대인이라는 이유 하나만으로 그들을 말살하고자 한 이 절대 악은 다른 여러 비극 중 하나로밖에 여겨지고 있지 않습니다. 심지어 선의를 가진 수많은 유대인들조차 이러한 일반화에 기여하고 있습니다. 이렇게 널리 퍼진 일반화는 600만 명의 희생자를 생각할 때 도저히 용납할 수 없는 일일뿐더러 엄청난 혼란과 위험을 초래하는 일 아닙니까?

2차 세계대전이 끝난 후 유대인 학살의 상징이 된 아우슈비츠라는 이름이 연합군들도 같은 방식으로 대처했다고 믿게 하기 위한 목적으로 히로시마와 드레스덴 폭격과 나란히 쓰이게 되는 데는 얼마 걸리지 않았습니다.

또한 레바논 민병대가 벌인 사브라-샤틸라 학살을 들 수 있습니다. 당시 소련공산당 서기장 브레즈네프는 이스라엘인들에게 책임이 있는 '제노사이드'라고 평가하였습니다.

보다 넓게는 인권을 해치는 모든 공격, 범죄와 폭력을 불러온 모든 갈등은 그 즉시 이제 기준이 되어버린 홀로코스트와 비교되고 있습니다.

이러한 비교는 전혀 객관적이지 못합니다. 모두가 죄를 저지른 것이라면 왜 어떤 이들은 다른 이들보다 더 큰 비난의 대상이 되는 것입니까. 이 상황에서 유대인들은 이제 다른 여러 피해자 중 일부일 따름입니다.

모든 인권침해 사건을 전부 동일한 방식으로 규탄하고 그에 투쟁하고자 한다면 우리는 가장 위험한 혼돈의 시대로 들어가게 됩니다. 즉, 사건들의 심각성이 뒤섞이고 상황의 정치적이고 역사적인 맥락에 대한 연구가 부재하게 되면서 그 의미와 범위가 상당히 달라지게 되는 것입니다.

모든 인권유린 사건을 같은 차원에서 볼 수 있을까요? 수많은 사람들이 죽임을 당한 끔찍한 동족상잔의 모든 전쟁을 인권의 보편성이라는 원칙에 두고 볼 수 있을까요?

자신이 가진, 혹은 꽤 먼 조상들이 가졌던 종교를 이유로 유대인들이 당한 대학살은 그 규모뿐 아니라 방법에서도 누구도 도저히 20세기에 일어난 사건이라고는 상상할 수 없었던, 인류 역사상 전례 없는 재앙으로 남아 있습니다. 바로 이런 점 때문에 이 사건에 대한 형이상학적이고 도덕적인 차원의 의문이 제기되는 것이며 아우슈비츠는 인류 역사의 단절과도 같다고 말할 수 있는 것입니다.

이처럼 여러 사건들을 뒤섞으려는 시도는 이것이 진실에 위배될 뿐만 아니라 그것을 받아들이고 모든 사건의 성격과 원인을 혼동하게 됨으로써 제기된 문제에 답을 내리는 것이 불가능해진다는 점에서 절대로 행해져서는 안 됩니다. 그러나 정치권에서도 잘못된 분석들이 잘못된 해결책을 이끌어내고 그럼으로써 결국 미래를 어둡게 만들고 있습니다.

예를 들어 만약 우리가 공산주의자들과 나치가 저지른 범죄에 대해 단순한 방정식을 세우려 한다면, 우리는 현실을 왜곡하여 이해할 수밖에 없게 됩니다. 그리고 다시 한번 강조하건대 그것은 고통을 줄이는 방법이 아닙니다. 그 범죄들은 다른 성격을 지니는 것입니다.

여러 범죄들을 혼동하고 왜곡하고 망각하는 일은 물론 그 형태가 다를지라도 결국 그 범죄들에 다시 맞서야 하는 일을 준비하는 것과 같습니다. 그것은 마치 우리가 영원히 묻어두었지만 결국 피할 수 없이 다시 떠오르게 되는 가족의 비밀과도 같습니다.

과거에 맞서 진정으로 가치 있는 자세는 한 가지밖에 없습니다. 바로 명석함입니다. 모든 국가는 과거를 두려워할 것이 아니라 과거를 침착하게 돌아보고 그것을 통해 강해져야 한다는 저의 확신에는 변함이 없습니다.

기억 없이 윤리적 의식은 존재할 수 없습니다. 중요한 것은 인간의 인간성이며, 인간성은 우리에게 확실하게 주어진 것이 아니라 여전히 하나의 쟁점입니다.

2002년 6월 11일, 부다페스트, 프랑스 문화원

21세기에 홀로코스트를
어떻게 교육해야 하는가

유럽평의회* 사무총장님,

장관 여러분,

대사 여러분,

내외 귀빈 여러분,

제가 초청받은, 오늘 스트라스부르에서 개최된 장관급 회의에서 큰 흥미로움뿐 아니라 생생한 감정을 느낄 수 있었습니다. 사실, 제가 예전에 수없이 회의를 주재하고 또 우리의 미래에 대한 수많은 문제들을 두고 토론을 벌였던 이 회의장에서 여러분께 저뿐만 아니라 아우슈비츠에서 보고 겪은 일을 증언하기로 맹세하면서 그곳에서 살아 돌아온 저의 모든 동지들에게 가장 중요한 주제에 대해 말씀드리는 것은 이번이 처음입니다.

* 1949년 유럽의 경제·사회적 발전을 촉진하기 위해 설립된 국제기구로, 유럽연합과는 별개의 조직이다. 사무국은 프랑스 스트라스부르에 있다.

어떻게 이 토론회가 지닌 상징에 무감각할 수 있겠습니까. 프랑스와 독일의 화해를 상징하는 이 도시에서, 서유럽 국가들 옆에 중앙 유럽과 동유럽 국가들이 함께하는 이곳 유럽평의회 회의실에서 오늘 저의 목소리로 홀로코스트의 기억에 대해 발언한다는 생각에 큰 감동을 느낍니다.

여러분, 여러분께서는 유럽의 젊은 세대 교육을 책임지고 계십니다. 여러분의 임무는 매우 흥미로우면서 동시에 매우 까다로운 일입니다. 여러분은 일반 역사에 대한 교육이 아니라 우리 공동의 과거 중에서 특정 시기, 즉 60년 전부터 끊임없이 우리를 짓누르고 있는 암흑의 시기이자 잿더미와 눈물의 시기로서 나치에 의해 유럽의 유대인들과 집시들이 대거 학살당한 시기에 대한 교육 방식에 대해 고민하기 위하여 오늘 이 자리에 모이셨습니다.

오늘은 물론 홀로코스트기념재단 회장으로서 여러분들 앞에 선 것이지만, 또한 그 사건의 증인으로서 간결하고 담담하게 21세기의 홀로코스트 교육에 대한 생각을 말씀드리고자 합니다.

공론의 자리에서 증언, 기억, 교육, 역사라는 단어들 사이의 경계가 사라지고 있습니다. 이러한 상황하에 강제수용소 생존자들은 사료를 모으고 정리하는 작업에서 점점 더 중요해지고 있습니다.

홀로코스트의 기억과 교육은 우선 생존자들의 일이었습니다. 사실 홀로코스트는 증인도 역사도 갖지 못할 운명이었습니다. 나치의 계획은 역사와 세계의 기억에서 한 민족을 사라지게 하는 것이었기 때문입니다.

어떠한 흔적도 남기지 않기 위해 모든 것이 계획되고 구상되고 조직되어 있었습니다. 우리는 살아남지 못할 운명이었습니다. 나치의 살인 기계는 유대인과 집시라는 민족을 말살하는 것뿐만 아니라 이들을 살해한 모든 증거까지 인멸하는 것이었기 때문입니다. 가스실의 존재는 국가 기밀로 간주되었습니다.

절멸에 대한 불안과 벌어지고 있는 범죄의 거대함은 처음부터 증언에 대한 절대적 필요성을 불러일으켰습니다. 1941년 라트비아 리가에서 살해당한 시몬 두브노프*는 이야기하고 말하고 전달해야 한다는 긴급성, 즉 '글을 쓰고 기록'해야 하는 절대적으로 긴급한 이 필요성을 절감했습니다. 1943년 비밀리에 설립된 현대유대인자료센터, 테레진 수용소에서 아이들이 그린 그림, 게토**에서 발간된 신문, 개인이 남긴 일기가 바로 이처럼 죽기 전에 있었던 일을 말해야 한다는 본능적인 필요성에 의해 나온 것들입니다.

전쟁이 갑작스레 끝나면서 나치친위대는 마지막 남은 한 사람까지 몰살하고 범죄의 흔적을 모두 지워버리지 못했습니다. 그러나 우리의 귀환은 고통스러웠습니다. 우리는 가족들을, 친척들을, 친구들을 잃었습니다. 또한 돌아왔을 때의 상황은 우리가 상상했던 것과는 달랐습니다. 우리는 무관심과, 때로는 경멸을 견뎌야만 했습니다. 그 누구도 우리가 겪은 일을 이해하지 못했습니다. 아마도 우리의 존재가 부담스러웠을 것입니다. 우리가 전하는 우리의 경험은 도저히 평범한 사람들이 겪을 수 없는 일이었기 때문이었을 것

* 러시아 역사가. 저서에 『유대 민족의 세계사』가 있다.
** 중세 이후 유럽의 도시에서 유대인이 모여 살도록 강제한 유대인 거주 구역을 말한다. 점차 사라졌던 게토는 2차 세계대전 중 대학살을 위한 목적으로 나치가 부활시켰고, 현재는 소수자 집단이 밀집해서 거주하는 구역을 지칭할 때 사용되기도 한다.

입니다.

각 나라에서 우리 생존자들의 목소리에 귀를 기울여주는 데 상황에 따라 수년이 걸렸습니다. 1960년대 초에 아이히만에 대한 재판이 열리면서 증언의 목소리가 나오기 시작했고, 이스라엘과 서유럽, 미국에서 증언에 대한 요청이 생겨났습니다. 중앙 유럽과 동유럽에서는 최근에서야 공산주의자들에 의해 은폐되었던 일들이 서서히 드러나고 있습니다. 그리고 2002년 『운명』의 저자인 임레 케르테스가 노벨 문학상을 받으면서 이러한 움직임은 더욱 활력을 띠게 되었습니다. 결국 홀로코스트 생존자는 공론의 장에서 인정받게 됩니다. 그때부터 이들의 증언은 특히 교육의 현장인 학교를 포함하여 사회적으로 꼭 필요해졌습니다. 기억을 담은 책, 녹음 자료, 영상 자료, 자발적인 증언들과 인터뷰들은 오늘날 우리 공동의 기억을 형성하고 있습니다.

따라서 홀로코스트의 역사는 생존자들의 기억으로 만들어진 것입니다. 하지만 20세기를 지나오며 우리 부모님들과 친구들이 세상을 떠났듯이 21세기 초에는 이 사건을 직접 목격한 마지막 증인들도 세상을 떠날 것입니다. 한 줄기 숨결이 되어 세상을 떠난 이들은 죽기 전 오직 우리가 그들의 기억을 온전히 지켜주기만을 바랐습니다. 그런데 이들은 곧 그들에 대한 우리의 기억과 사랑을 잃게 됩니다.

우리는 조부모가 되었고, 심지어는 증조부가 된 경우도 있습니다. 우리 중 대부분이 이미 세상을 떠났습니다. 머지않아 살아남지 못할 운명이었던 이 세대는 세상에서 완전히 사라지게 될 것입니다. 우리를 직접 만나 질문을 던진 이들도 세상을 떠날 날이 올 것입니다. 따라서 책만이 우리의 기억을 맡길 수 있는 유일한 것입니다. 앞으로는 정보가 아니라, 그곳에 있었던 이가 직접 들려주는 유일하고 대체 불가하며 충격적인 이야기가 부족하게 될 것입니다. 홀로코스트 교육에서 돌이킬 수 없을 이러한 손실에 우리는 대비해야 합니다.

증인들의 시대는 이제 막을 내립니다. 그렇다면 홀로코스트를 기념하고 젊은 세대들에게 그것을 알리는 일에 어떤 영향을 미치게 될까요?

이 질문을 통해 여러분께 홀로코스트 교육이 갖게 되는 쟁점들과 난점들에 대해 말씀드리고자 합니다. 이것이 특히 제게 와닿는 질문이며, 지금까지 우리가 이 문제를 거의 다루지 못했다는 사실이 안타깝습니다. 가족과 공동체, 추모의 기억이 몇몇 사람들 덕분에 큰 의미를 가질 수 있었다면, 특히 세르주 클라르스펠드*와 강제수용되었던 사람들, 숨겨졌던 아이들의 역할이 크다고 생각합니다. 현재의 학교는 너무나 조심스럽고, 심지어는 주저하거나 두려워하고 있습니다. 그런데 학교는 젊은 세대를 교육하는 데 가장 중요한 역할을 수행하는 곳입니다. 물론 필요한 것이기는 하지만 기념행사를 여는 것만으로는 홀로코스트의 역사를 잊고 부정하며 일반적인 것으로 만드는 움직임을 막는 데 충분하지 않습니다.

생존자들의 임무는 완수되었습니다. 우리는 증언했습니다. 이제는 앞으로 홀로코스트를 어떻게 교육해야 할지 고민하는 것이 우

* 루마니아 태생의 프랑스 반나치 운동가.

리의 의무입니다. 홀로코스트에서 살아남은 자들이 사라지고 난 뒤 이 사건을 어떻게 전달할 것이며, 모든 측면을 고려하여 이 역사를 어떻게 교육할지, 앞으로 어떤 방식으로 어떤 내용에 대해 연구할지 우리는 생각해야 합니다.

여러 가지 질문이 제기됩니다. 우선 가장 노골적인 질문이 시작됩니다. 홀로코스트를 교육해야 할까요? 만약 그렇다면 어떤 방법과 어떤 매개체를 통해 교육해야 할까요? 마지막으로 홀로코스트라는 이 잔인한 역사, 인간성이라는 것이 모두 사라진 이 부조리하고 끔찍한 세계에 대해 무엇을 교육해야 할까요?

이번 기회를 통해 홀로코스트 교육 방식을 정하는 데 도움이 되고 싶습니다.

미래 세대에게 홀로코스트를 교육해야 한다는 사실을 어떻게 확신할 수 있을까요? 이런 교육의 필요성은 모두에게 당연한 것일까요?

어떤 이들은 이 교육이 우선 홀로코스트로부터 교훈을 이끌어내면서 반유대주의와 인종에 대한 증오, 무관용, 나아가 전쟁에 반대하기 위한 목적으로 이루어져야 한다고 말합니다. 하지만 민주주의적 가치와 법치국가의 전통을 너무나 중요시 여기는 현대의 우리가 이미 받아들이지 않은 교훈이 무엇이 있단 말입니까? 홀로코스트 연구를 통해 앞으로는 전쟁과 대학살을 막을 수 있다고 확신하는 것은 일종의 자만 아닐까요?

이 사건에 대해 초연한 태도를 갖자고 말하는 것도, 모든 도덕적 판단을 배제하자고 말하는 것도 아닙니다. 그러나 과거로부터 이끌어내야 할 교훈이 있다면, 그것은 오직 과거의 복합성과 모든 차원을 세밀히 검토함으로써만 가능해집니다. 과거는 먼저 이해해야 하는 것이지, 그로부터 유익한 교훈을 만들어내거나 손을 대서는 안 되는 것입니다.

그럼에도 저는 홀로코스트 교육이 절대적으로 필요하다는 것을 깊이 확신하고 있습니다. 그 이유를 말씀드리겠습니다.

홀로코스트 교육은 무엇보다 희생자들의 입장에서 꼭 필요한 일입니다. 나치의 계획은 거짓말, 그리고 가치를 뒤엎는 일들을 바탕으로 이루어졌습니다. 아우슈비츠 수용소의 입구에는 '노동이 너희를 자유케 하리라'라는 문구가 붙어 있었습니다. 나치친위대가 걷던 길에 꽃이 피어 있었던 것도 기억합니다. 당시 수용소로 실려 온 이들은 씻으러 가는 줄만 알고 가스실로 들어갔습니다. 거짓말이 그들을 죽음으로 몰고 간 도구였기 때문에 역사적 진실은 그들에게 빚을 지고 있습니다.

우리는 희생자들에게 빚지고 있습니다. 그것은 그들이 우리의 부모, 친지, 친구이고 또 그들을 오직 우리의 가슴속과 책 속에만 묻을 수 있기 때문만이 아니라, 정말 가슴 아픈 일입니다만, 수백만의 목숨을 앗아 간 효율만을 좇는 방식, 국가적 행동, 관료주의적 하부 조직 운영이 여전히 우리 시대에도 존재하기 때문입니다. 이런 의미에서 홀로코스트 교육은 우리의 현대성에 대한 이해의 차원으로 들어가게 됩니다.

홀로코스트는 우리의 국가적 정체성과 유럽의 정체성에서 큰 자리를 차지합니다. 어떤 관점에서 홀로코스트는 20세기의 모든 역사를 통틀어 가장 유럽적인 사건이라고 할 수 있습니다.

우리가 원하건 원하지 않건 홀로코스트는 유럽의 모든 나라의 역사에 지울 수 없는 흔적을 남겼습니다. 1986년 홀로코스트의 사후 해석 문제를 둘러싼 놀테*와 하버마스의 대립으로 대표되는 '독일의 역사학자 논쟁'은 이 사건이 국가 전체의 공동 정체성에 깊이 관여하고 있다는 사실을 보여주었습니다. 유대인 학살은 볼셰비즘에 대항한 응전에 불과했다는 놀테의 주장은 다행히 받아들여지지 않았습니다.

유대인 및 집시 대학살 사건은 국가적 차원을 넘어서 인류사에서 매우 독특한 사건입니다. 유럽 전역에 퍼져 있던 한 민족을 헝가리의 아주 작은 마을과 그리스의 작은 섬에서부터 일제 검거하여 수용소로 모이게 한 뒤, 아우슈비츠, 트레블링카, 마이다네크, 베우제츠, 소비보르, 또는 지금은 그 흔적이 지워진 공동 묘혈에서 남자, 여자, 노인, 아기를 가리지 않고 조직적으로 학살한 이 사건을 달리 어떻게 평가할 수 있겠습니까? 그것은 인종차별적 이데올로기에서 시작하여 사람들의 신상 명세를 작성하고, 그에 따라 차별하고 굴욕을 주고 약탈하고 축출한 뒤, 대량 학살 계획을 세워 철도로 수송하여 기지에서 가스로 살상하는 일이었습니다. 이 과정이 끝나면 시체들은 재료로 사용되었습니다.

바로 이러한 점이 이 사건이 불러온 형이상학적이고 윤리적인 문제 제기를 설명해줍니다. 또한 유럽의 유대인들과 집시들이 학살된 이 사건은 인류사에서 단절과 같다고 이야기하기도 합니다. 이렇게

* 독일의 보수 성향 역사학자.

아우슈비츠는 절대 악의 상징이 되었고, 홀로코스트는 끊임없이 윤리적 개념과 근거를 제공하는 사건으로서 우리가 참고하는 기준이 되었습니다. 저는 엘리 위젤*이 홀로코스트가 미친 '전 세계적 영향'에 대해 성찰했던 입장을 취할 수밖에 없습니다.

제가 하는 이야기가 오해 없이 잘 전달되었으면 좋겠습니다. 홀로코스트의 특수성에 대해 이처럼 확신을 갖고 말씀드리는 것은 선택받은 민족이라 일컬어지는 유대인들의 차별성, 운명, 특별함을 증명하고자 함이 절대 아닙니다. 이 사건은 유대인들과 집시들만의 문제를 분명히 넘어서는 일입니다. 절대적 해결 방식과 인간성을 상실하는 과정을 보여준 홀로코스트는 인간의 양심과 존엄성에 대해 끝없이 성찰하게 만듭니다.

이런 모든 이유로 여러분의 국가에 유대인들이 있든 없든, 많든 적든, 혹은 이제 더 이상 존재하지 않든 간에 홀로코스트 교육이 꼭 필요하다고 생각합니다. 그리고 각 나라의 교육 시스템에 따라, 국가의 역사에 따라, 역사에 대한 인식에 따라 홀로코스트 교육을 어떻게 시행할지 결정하는 것은 바로 여기 모이신 각국의 교육부 장관님들이십니다.

이제 현대사 최악의 비극을 교육하는 방식에 대해 말씀드리고 싶습니다. 아이히만 재판이 열린 뒤에야 처음으로 홀로코스트를 어떻게 교육하고 전달할지에 대한 고민이 생겨났습니다. 그리고 1960년대부터 홀로코스트와 관련된 박물관, 기념관, 학술회의, 교육 프로그램이 만들어지기 시작했습니다.

* 루마니아 태생 유대계 미국 작가 겸 교수.

앞서 말씀드린 것처럼, 생존자들은 홀로코스트에 대한 기억과 교육에서 매우 중요한 역할을 수행했습니다. 많은 이들이 학교에서 자신들의 이야기를 들려주었습니다. 그들은 사건이 일어난 그 황량한 장소로 아이들을 데려가는 고통스러운 일도 직접 맡았습니다. 그들은, 우리는, 우리가 가까이서 경험한, 그리고 그 누구도 진정으로 우리가 겪었던 공포를 상상하지 못하는 이 다른 세계를 전달하고자 노력했습니다.

이 과정은 꼭 필요한 것이기는 하지만 이제 그 역할을 다했습니다. 말년의 프리모 레비는 증언하는 기회에 대해 의심을 품기 시작하며 일종의 무력감을 느꼈습니다. 그가 어떻게 의심에 사로잡히게 된 것일까요? 어떻게 '왜'라는 질문에 대답할 수 있을까요?

생존자와 청중 사이에 친밀감이 형성되고 직접 육성으로 전하는 이야기를 통해 사건에 대한 생생한 느낌을 받게 되면서 폭발적인 연민의 감정을 갖게 되면 사실을 명확히 볼 수 없게 될 가능성이 있습니다. 학교나 법정, 방송에서 이루어지는 증언을 듣고 생겨난 감정이 역사를 제대로 이해하는 일을 방해해서는 안 됩니다. 역사가 개인의 일화들로 쪼개져서도, 감정이 이성을 지배하고 이해하려는 노력을 몰아내서도 안 됩니다. 그렇게 되면 증언을 하는 순간과 역사가 재현되는 순간 사이에 일종의 합선 사고가 일어나게 될지도 모릅니다.

과도한 증인 기피가 넘쳐나던 시절이 있었습니다. 다행히도 그런 시대는 막을 내렸습니다. 그러나 오직 감정에만 기반을 둔 역사는 지속적인 효과를 갖지 못할뿐더러 인식론적 영향도 갖지 못하게 됩니다. 구전은 대체할 수 없는 힘을 갖고 있습니다. 그러나 글도 그에 못지않게 필요한 것입니다. 이처럼 몇몇에게만 한정된 개인들의 기억과 함께 모두가 공유하는 앎에 대한 욕구가 생겨나는 것을 보고 싶습니다.

경험의 전달은 오직 연구가 보증하는 연대기, 고찰, 문제 제기 속에서 이루어져야 합니다. 이제 증인들의 뒤를 이어야 하는 것은 바로 역사가들의 몫입니다.

관련 저서, 도서관, 전시와 영화 등이 매년 소개되면서 홀로코스트 역사는 끊임없이 재해석되고 있습니다. 클로드 란즈만 감독의 〈쇼아〉와 〈소비보르〉는 정말 뛰어난 작품입니다. 그리하여 교육부와 홀로코스트기념재단은 〈쇼아〉의 비디오테이프를 프랑스의 중고등학교 전체에 배포하기 위하여 협력하기에 매우 시의적절하다고 판단했습니다. CD와 DVD, 인터넷 등 새로운 매체가 생겨나면서 교육 분야에서 아주 다양한 방식으로 자료를 제공할 수 있게 되었습니다. 이처럼 자료의 형태가 넘쳐나면서 젊은 세대에게 홀로코스트를 교육해야 하는 이들은 혼란을 겪을 수도 있습니다. 그러나 가장 중요한 점을 잊지 맙시다. 그것은 바로 일어난 사건의 사실, 연대기, 맥락입니다.

가장 중요한 것은 사실 그 자체, 구체적인 사실, 있는 그대로의 단순한 사실입니다. 모욕 주고 비천하게 만들겠다는 의지, 살인을 위해 사용된 체계와 기획, 방법 모두입니다. 그러나 만약 우리가 유대인 대학살을 불러온 이데올로기와 그것을 위해 동원된 모든 차원의 수단, 그 기원과 대변자들을 제대로 알지 못한다면 이 사건들

자체만으로는 거의 의미를 갖지 못할 것입니다. 수많은 철학자와 음악가 그리고 시인을 낳은 나라가 어떻게, 20세기에, '최종 해결책'을 고안해내고, 나아가 그 계획을 그토록 효율적으로 실행에 옮길 수 있었는지를 이해하기 위하여 역사학자들이 연구해야 할 길이 여전히 수없이 많습니다.

이러한 이유로 국가의 교육제도가 교사들에 대한 교육과 교과서 집필, 신진 연구자들에 대한 장려를 통하여 홀로코스트 교육을 책임져야 한다고 믿습니다.

그럼에도 불구하고 사실과 허구를 전적으로 대립시키는 것은 헛된 일일 것입니다. 홀로코스트를 교육하고 재현하는 것은 같은 목적을 지향하는 일이 아니며, 오히려 정반대입니다. 이번 주 내내, 예술가들, 영화인들, 작가들, 시인들, 지식인들이 답이 없는 이 질문을 던졌습니다. 어떻게 아우슈비츠를 묘사할 것인가? 홀로코스트와 관련하여 미학적 감정을 불러일으킬 수 있는가? 『안네의 일기』와 『이것이 인간인가』*는 이제 세계문학의 반열에 올라 있습니다. 그러나 문학과 증언 사이의 경계선은 무엇일까요? 우리 사회에서 너무나 중요해진 이미지도 홀로코스트 교육에 필요할까요?

오늘날 영화는 책을 보는 사람과는 완전히 다른 관객층을 갖게 되었습니다. 젊은 층의 상상력은 허구의 이미지들로 풍부해지고 있습니다. 홀로코스트 교육은 이와 같은 대중적 여가 수단이 기여하는 바를 소홀히 여겨서는 안 됩니다. 폴란스키 감독의 〈피아니스

---

* 아우슈비츠 수용소의 생존자인 프리모 레비가 그곳에서의 체험과 관찰을 기록하여 1947년 출간한 자전적 작품.

트〉는 이런 점에서 완벽한 성공을 거둔 작품입니다. 논란을 불러일으킨 TV 드라마 〈홀로코스트〉와 할리우드에서 제작된 〈쉰들러 리스트〉의 경우에도 수백만의 관객에게 유대인 대학살에 대한 현실을 알리는 공을 세웠습니다. 그렇다고 모든 작품이 가치 있다는 말씀을 드리는 것이 아닙니다. 일부 작가들과 영화인들은 오직 성공을 위해서 저의를 갖고 도발적이고 관음적인 방식으로 작품을 만드는 일을 주저하지 않았습니다. 그렇지만 제가 생각하기에 성공을 거둔 도전적인 작품으로서 아트 슈피겔만의 만화 『쥐』를 언급하고 싶습니다. 자기 자신의 이야기를 기반으로 한 작가의 통찰력과 감수성은 대중문화 중에서 가장 접근이 쉽고 오락적인 매개체를 이용하여 홀로코스트를 동물의 세계에 겹치는 과감한 시도를 가능하게 했습니다. 예술, 픽션, 구전 역사, 민속학의 교차로에 있는 만화 『쥐』는 수용소에 갇힌 영혼의 깊은 공포를 성공적으로 보여주고 유대인 대학살 사건에 비극적인 성격을 부여한 작품입니다.

이 피할 수 없는 현실을 어떻게 외면할 수 있겠습니까? 간결하고 정중해야 할 홀로코스트 교육은 시간과 함께 발전해나가야 합니다.

이제 여러분과 홀로코스트 교육의 내용에 대해서 함께 생각해보고 싶습니다. 이것은 어린 학생들에게 주입할 어떤 학설을 정하는 일이 결코 아닙니다. 각 나라는 각자의 교육 전통을 갖고 있습니다. 홀로코스트를 기념하고 교육하는 일에 있어서 각 나라마다 진행해야 할 속도는 모두 다릅니다. 유럽의 여러 나라에서 대학살의 흔적은 명백히 남아 있거나 지워졌거나 혹은 아예 존재하지 않기도 합니다. 공식 역사책은 일반적으로 홀로코스트에 대한 이야기를 담고 있습니다. 그러나 어떤 책은 그저 이 사건을 언급하는 데 그치거나 또 어떤 책은 이에 대해 침묵하기도 합니다. 이런 차이가 장애물로 인식되어서는 안 됩니다.

연구자들이 이 주제에 관심을 기울이기 시작한 이후로 모든 방향은 이 날카로운 질문으로 귀착되는 것 같습니다. 바로 '어떻게 이런 일이 가능했던 것인가?'라는 질문입니다. 이와 같은 논리적 난점을 넘어서, 역사가들은 계속해서 새롭게 제기되는 문제들을 가지고 역사 자료를 다루고 있습니다. [각 나라마다 이 사건의 명칭이 다르다는 사실 자체가—프랑스에서는 '쇼아Shoah'*, 미국과 이스라엘에서는 '홀로코스트Holocaust'**, 독일에서는 '엔트뢰중Endlösung'*** 또는 '페어니히퉁Vernichtung'****—나라의 논쟁과 쟁점에 따라 문제 제기가 달라진다는 점을 증명합니다.]

홀로코스트의 역사는 계속해서 쓰이고 있습니다. 역사 자료들은 여전히 공개되어야 하며 관련 연구는 아직 완성되지 않았습니다. 특히 구소련 국가들과, 나치즘과 홀로코스트에 대한 교황 비오 12세의 입장에 관련한 바티칸의 경우가 그렇습니다. 집시들을 붙잡아 학살한 방식은 애석하게도 제대로 된 관심도 받지 못하고 있습니다. 살아남은 집시들의 경우, 강제수용을 당했든 아니든 간에, 그들의 생활 방식과, 또 그들의 이익을 위해 일해줄 관련 단체의 부재로 인해, 그들의 이야기는 거의 전해진 것이 없습니다. 그렇지만

---

* '재앙'이라는 뜻의 히브리어.
** '전부 태워버리다'라는 뜻의 그리스어로, 대량 학살이라는 의미로 쓰인다.
*** '최종 해결책'이라는 뜻의 독일어.
**** '파멸'이라는 뜻의 독일어.

그들의 비극적 운명이 여전히 이토록 거의 알려지지 않았다는 사실은 전적으로 비정상일 뿐만 아니라 심지어 불미스러운 일입니다. 유대인들과 마찬가지로 그들 역시 오직 특정 민족과 종교 집단에 속했다는 이유로 학살을 당했기 때문입니다.

영광스럽게도 제가 회장직을 맡고 있는 홀로코스트기념재단의 여러 임무 중의 하나는 바로 역사가들의 연구를 지원하는 일입니다. 이를 위하여 재단에서는 다양한 방면에서 구체적인 계약을 체결했습니다. 그중 특히 두 건이 기록 보관에 관한 계약입니다. 하나는 워싱턴의 홀로코스트기념박물관과 체결한 계약으로 프랑스의 자료들을 서둘러 마이크로필름으로 기록하는 것이 목적입니다. 다른 하나는 프랑스 국립기록보존소와 맺은 계약으로서 유대인 문제 담당 사무국의 모든 문서를 마이크로필름 처리 하는 작업을 시행하려고 합니다. 요컨대 역사 연구는 우리가 가장 우선시해야 할 일들 가운데 있습니다.

시간이 흐르면서 수용소에 갇혔던 이들이 기록한 다양한 증언들 그리고 수많은 녹음 자료들은 암묵적으로 발화된 내용도 있고, 또 모호하고 나아가 부정확한 내용이 있음에도 불구하고 분석되고 활용되어야 합니다. 21세기에는 역사가가 이 모든 자료들을 수집하고 분류하고 분석하고 비교하고 처리하는 임무를 맡아야 합니다. 고아처럼 방치된 이 모든 자료들에 본격적으로 손을 댈 때가 왔습니다.

마지막 증인들이 세상을 떠나가는 이 순간, 우리는 홀로코스트에서 살아남은 이들이 역사를 기술하는 역사가들의 방식을 얼마나 바꾸어놓았는지 깨닫게 됩니다.

착수해야 할 일들이 아직 많이 남아 있다는 사실은 분명합니다. 그러나 문제를 깊이 파고들어 연구한다는 것은 모든 것에 대해 단정 짓는 일이 아닙니다. 사료 편찬과 관련한 논쟁을 벌인다는 것은 역사를 왜곡하는 일이 아닙니다. 차마 대학살의 책임자들에게 동조한다는 입장을 밝힐 수 없으면서 명성을 얻어보려는 일부 비열한 교수들이 퍼트린 부인주의*는 더 이상 그 누구도 관심을 갖지 않는 기만행위입니다. 국제적 관련 규제가 부재하기 때문에, 그 수가 아주 적긴 하지만 이런 날조자들이 유해한 영향을 미칠 가능성이 있습니다. 그러나 앞으로 이런 의견이 퍼져나갈 수 있다는 것은 상상할 수 없습니다.

오히려 이스라엘에 적개심을 품고 있는 일부 이슬람 국가들이 퍼트리는 공식적 부인주의를 훨씬 더 걱정하는 입장입니다. 작년에 포리송**을 비롯한 몇몇 사람들이 베이루트에서 부인주의 회의를 개최하려고 했을 때, 레바논에서 급히 저지한 바 있습니다. 회의 취소 사실을 확인하기는 했지만 그럼에도 불구하고 우리는 상당히 우려하고 있습니다.

제 생각에, 더 확산되어 있지만 그 위험성이 크게 인식되지 않고 있기 때문에 보다 해로운 것은 바로 무분별한 비교 연구인 것 같습니다. 무질서하고 경솔한 이런 경향은 모든 것을 홀로코스트와 비

---

* 일반적으로 그 사실이 인정되는 역사적 사건을 부인하는 입장을 일컫는 용어로, 특히 홀로코스트를 부정하는 경우에 쓰인다.
** 프랑스의 대학교수였던 로베르 포리송은 대표적인 홀로코스트 부인주의자로서, 나치의 학살 행위를 전면적으로 부정하였다.

교함으로써 이 사건의 모든 특수성을 부정하고 뒤섞어버립니다.

2차 세계대전이 끝나고 얼마 지나지 않아 '아우슈비츠'라는 이름은 곧 '히로시마'라는 이름과 묶여서 함께 쓰이게 되는데, 이것은 연합국과 나치를 동등한 입장에 두려는 공작이었습니다. 또한 유명 잡지에서 1944년 드레스덴 폭격의 희생자들 사진과, 해방 당시 베르겐-벨젠 수용소에서 나온 시체들이 쌓여 있던 수레들의 사진이 같은 페이지에 실려 있던 것을 기억합니다. 그다음으로, 브레즈네프가 오직 이스라엘인들에게 책임이 있는 '제노사이드'라고 평가한, 레바논 민병대에 의해 벌어진 사브라-샤틸라 학살도 있었습니다. 이와 같은 전복 시도는 정말 용납할 수 없는 일입니다.

오늘날까지도 이렇게 사건을 뒤섞는 일은 넘쳐나고 있습니다. 이러한 이유로 가장 위험한 것은 홀로코스트에 대한 망각이나 부정이 아니라 그것을 일반화하려는 시도라고 생각합니다.

왜냐하면 이 비교 작업은 전혀 중립적이지 않기 때문입니다. 모두가 죄를 저지른 것이라면 왜 어떤 이들을 다른 이들보다 더 비난해야 합니까? 모두가 희생자이며, 모두가 죄를 지은 것입니다. 결과적으로 아무도 죄를 지은 사람이 없게 됩니다. 결국 모든 비극적 사건은 가릴 것 없이 모두 똑같다는 생각이 지배하게 되는 것입니다.

여러분, 여러분께 홀로코스트라는 사건의 특수성은 결코 훼손되어서도 희석되어서도 묻혀서도 변형되어서도, 요컨대 일반화되어서는 안 된다는 말씀을 드립니다.

그리고 제가 이렇게 홀로코스트의 특수성에 대해 단언한다고 해서 인권침해 행위들에 눈을 감고 그 피해자들의 고통에 귀를 닫고 있다고 생각하지 않으시길 바랍니다.

수십 년 전부터 제가 가진 수단과 영향력의 범위 안에서 인간의 존엄성과 양도할 수 없는 권리를 위한 투쟁에 헌신해왔습니다. 특히 이러한 노력은 제가 유럽의회 의장이었을 당시 인권을 침해받는 국민들을 보호하기 위하여 그 나라의 체제가 어떤 것이든 간에 수많은 나라에 개입하여 중재 역할을 함으로써 구체적인 성과들을 이끌어내며 성공을 거두었다고 생각합니다.

이러한 투쟁을 저의 의무로 느낍니다. 하지만 그렇다고 해서 우리가 모든 인권침해 사건을 그 심각성과 맥락을 고려하지 않은 채 같은 차원에 두고 생각할 수 있을까요? 오직 자신이 속한 민족과 종교 집단을 이유로 수백만 명의 사람들이 계획적으로 학살당한 사건과, 끔찍하고 잔혹한 동족상잔 전쟁을 같은 방식으로 접근할 수 있을까요?

영유권 주장, 독립, 안전에 대한 우려, 각자 자신의 권리 소유라는 생각들이 보통 폭력의 원인이 되며, 이렇게 반복되는 폭력은 꾸준히 지속되면서 많은 목숨을 앗아 가고 있습니다. 그런데 수많은 갈등이 이와 같은 성질을 지녔다면 우리는 언젠가 이런 대립을 절충할 수 있는 희망을 가져볼 수 있습니다. 왜냐하면 이런 갈등의 본질적인 쟁점은 정치적인 것이기 때문입니다. 그러나 역사란 오직 인종 간의 사투에 불과하다는 생각, 그것이 바로 나치가 내세운 이데올로기의 명백한 본질입니다. 그것은 또한 1994년 르완다의 후투족 극단주의자들의 이데올로기이기도 했습니다. 결국 르완다에서도 대학살이 일어나고 말았습니다.

미국의 역사학자 피터 노빅은 미국에서의 홀로코스트 문제를 다룬 저서에서 이러한 보편화 현상을 설명하기 위한 몇 가지 단서를 제시했습니다. 그는 놀라운 설문조사 결과를 인용했는데, 응답자의 97%가 홀로코스트라는 사건이 무엇인지 알고 있다고 대답했지만, 3분의 1은 그 사건이 2차 세계대전 중에 일어났다는 사실을 모르고 있었다는 것입니다. 유럽에서와 마찬가지로 미국에서도 홀로코스트는 역사적 사건이라기보다 불멸의 악의 상징으로 인식되고 있다는 것을 보여줍니다. 홀로코스트는 사람들이 다양한 가치와 우려를 비춰 보는 화면이 되어버렸습니다. 신의 형벌, 신의 실종, 인간의 광기, 가치의 추락, 근대성의 실패, 유럽의 쇠퇴, 계몽주의 철학의 종말 등 사람들이 거기서 읽어내는 바는 다양합니다.

오늘날 도덕적 상대주의 시대에 홀로코스트는 아마도 나침반 역할을 할 수 있을지 모릅니다. 그것은 악의 절대적 기준, 절대 악이기 때문입니다. 그리하여 우리는 언제든 이 사건을 기준으로 삼을 수 있을 것입니다. 하지만 그렇다고 해서 이 사건의 절대적 특수성을 드러내는 사실들을 등한시해서는 안 됩니다. 지금 이야기하는 것은 '희생자들 간 경쟁'이나 대학살이 반복되는 현상에 대한 것이 아닙니다. 중요한 것은 더도 아니고 덜도 아니고 일어난 사실 그대로 홀로코스트를 교육하는 것입니다.

홀로코스트는 절대적 절망의 상징이기에 그에 대한 모든 자의적 해석과 뒤섞기 시도가 이루어져서는 안 됩니다. 수용소에 갇혔던 유대인들과 집시들의 어두운 그림자가 여전히 우리를 맴돌고 있기에, 인간의 목숨을 앗아 가는 모든 인권침해 사건들이 신新아우슈비츠로 평가받아서는 안 됩니다. 홀로코스트의 역사는 그 자체로 충분합니다. 홀로코스트는 모든 분쟁의 기치가 되어서는 안 됩니다. 홀로코스트의 기억으로 수사를 만들지 맙시다. 모든 것을 뒤섞지 맙시다.

여러분, 마지막으로 홀로코스트가 우리 모두에게 주어진 유산이라는 사실을 말씀드리고 싶습니다. 홀로코스트에 대한 기억이 우리의 양심을 이루는 한 요소가 되는 것이 아니라 인간의 존엄성과 우리 문명사회의 기반을 이루는 본질적 가치들을 존중하는 데 영원히 기여하기를 진심으로 희망합니다.

2002년 10월 18일, 스트라스부르, 유럽평의회

홀로코스트를 생각하다

　우선 유럽유대인회의와 세계유대인회의, 북미랍비위원회, 대對유대교 관계 주교위원회에서 처음으로 이렇게 가톨릭교도와 유대인의 만남이 성사될 수 있도록 주도적으로 노력해주신 데 대해 감사의 말씀을 드립니다.

　또한 오늘 이 대화의 자리에 참석해주신 모든 분들께도 가톨릭교도와 유대인 사이의 관계 회복을 위한 노력과 참여에 감사드립니다. 이와 같은 관계 회복은 단단한 기반과, 수 세기 동안 지속된 배척, 불신, 오해, 때로는 증오를 끝내겠다는 결연한 의지에서 비롯되었습니다. 20세기에 큰 상처를 낸 극단적 야만을 겪은 우리는 더 이상 그 악의 뿌리를 외면해서는 안 됩니다. 종교적 불관용, 인종차별적이고 반유대주의적인 이데올로기, 극단적 민족주의, 민족 간 복수에 대한 의지, 일부 강대국의 패권이 바로 우리가 겪었던 재앙을 만들어낸 것입니다.

2차 세계대전이 끝난 직후부터 승자건 패자건 통찰력을 가진 용기 있는 일부 사람들의 노력 덕분에 수 세기 동안 서로를 죽여온 국가들 간의 화해가 시작될 수 있었습니다. 이후 60년간 합심의 노력 끝에 유럽은 곧 제정될 우리 25개국 공동의 유럽헌법*을 통하여 우리가 바라던 현실이 되었습니다.

저는 오직 이라크 위기로 촉발된 대립이 하루빨리 사라지기만을 바라고 있습니다.

저로서는, 제가 수용소에서 살아 돌아온 1945년부터 이런 화해의 필요성, 특히 두 주역 국가였던 프랑스와 독일 간 화해의 필요성에 대해 깊이 확신했습니다. 그리고 유럽의회 최초의 선출직 의장을 역임함으로써 그에 기여한 데 대해 자부심을 갖고 있습니다.

그러나 20세기에 일어난, 전 세계에서 수천만 명의 목숨을 앗아간 전쟁을 불러온 이 야만의 사건이 두 차례에 걸쳐 일어난 동족상잔 전쟁의 범위로 한정되고 있는 것을 어떻게 외면할 수 있겠습니까. 홀로코스트는 분명 그 영역 안에 있기도 하지만 그 이상의 측면을 갖고 있습니다. 유럽의 유대인 대학살 의지와 그 실행은 인류사에서 영원한 단절로 남을 것입니다. 이 죽음의 이데올로기, 이 대학살에 대한 의지는 홀로코스트가 일어나기 전 수 세기 동안 유대인들에 대한 박해와 종교재판, 게토로의 격리, 포그롬**을 정당화한

---

* 유럽연합의 정치적 통합을 위하여 각국 정상들이 그동안 유럽에서 체결된 조약 등을 집약해 마련한 헌법이었으나, 2005년 프랑스와 네덜란드의 국민투표에서 부결되며 결국 비준되지 못했다. 이후 유럽헌법을 대체하는 리스본조약이 2007년 12월에 체결되었다.

** 인종이나 종교를 이유로 행해지는 조직적인 박해와 학살을 의미하는 러시아어로, 특히 권력의 묵인 아래 행해진 유대인에 대한 약탈 및 대량 학살을 가리킨다.

종교적 불관용과 증오를 통해 매우 광범위하게 유지되어온 반유대주의 전통에서 그 뿌리를 찾을 수 있습니다.

이 영역에서도, 선의를 가진 사람들은 1945년부터 대화와 화해를 위한 작업에 착수했습니다. 많은 것이 이루어졌습니다. 그리고 대개는 몇몇 이들의 의지와 노력에도 불구하고 보이지 않는 곳에서 조심스레 이루어졌습니다. 2차 바티칸공의회가 중요한 전환점을 마련하기는 했지만 아직도 해야 할 일은 여전히 많이 남아 있습니다.

이러한 이유로 유럽의 건설을 위한 저의 노력을 되돌아보며 오늘의 유대인과 가톨릭교도의 만남이 얼마나 중요한지를 여러분께 말씀드리고, 또 이런 자리에서 발언할 수 있는 기회를 주신 데 대해 감사의 인사를 드리고 싶습니다.

여러분이 저를 이 자리에 초대해주신 것은 제가 홀로코스트기념재단의 회장이기 때문임을 잘 알고 있습니다만, 오늘 제가 이 자리에 함께하는 것은 홀로코스트의 고통을 직접 겪으며 제 안에 생겨난 화해에 대한 의지에 따라 행동하는 저의 개인적인 행보이기도 하다는 사실도 여러분께서 알아주셨으면 좋겠습니다.

홀로코스트에 대해 생각하는 것, 아우슈비츠의 생존자인 저에게 그것은 먼저 제가 겪었던 구체적인 사건들, 저에게서 청소년 시절을 빼앗아 간 그 사건들을 떠올리는 일입니다. 니스에 살고 있던 아직 어린아이였던 저는 독일과 오스트리아에서 피난 온 사람들을 만났습니다. 그들은 고국에서 벌어지는 끔찍한 이야기를 들려주었는데, 그것은 우리가 지키고 싶은 평안함을 깨버리고 뒤흔드는 이야기였기에 도저히 믿고 싶지 않았습니다.

가짜 전쟁*, 패주, 휴전. 그리고 얼마 지나지 않아 유대인들의 지위에 변화가 생겼습니다. 건축가였던 아버지는 더 이상 일을 할 수 없게 되었습니다. 신분증에는 '유대인'이란 도장이 찍혔습니다. 그즈음 외국계 유대인들을 며칠 동안 저희 집에 묵게 한 일이 있었습니다. 그러다 1943년 9월 독일 점령이 시작되면서 체포되는 친구들이 생겨났습니다. 학교를 떠나라는 명령이 떨어졌고, 숨어 지내다 열흘 뒤 가족과 함께 체포되었습니다. 드랑시**에 잠시 억류되어 있다가, 목적지도 알지 못한 채 가축 수송용 열차에 실려 아우슈비츠로, 보다 정확히는 비르케나우로 끌려갔습니다. 몇 시간 뒤 우리는 열차를 타고 떠났던 모든 이들은 이미 가스실에서 죽임을 당했다는 사실을 알게 되었습니다.

간략히 저의 개인적 경험에 대해 말씀드린 이유는, 방식은 조금씩 다를지라도 바로 이것이 아우슈비츠, 트레블링카, 소비보르의 수용소 혹은 벨라루스나 우크라이나의 수많은 구덩이 속에서 학살당한 600만의 유대인들이 당했던 끔찍한 과정이기 때문입니다. 그것은 오직 인종차별에서 시작하여 대학살에 이른 과정이었습니다. 유럽의 끝자락 경계선으로, 그러나 위치가 확실한 장소로 열차가 모여들었고, 20세기에, 수백만의 남자, 여자, 아이가 침묵과 무

---

* 폴란드를 침공한 독일에 대해 프랑스와 영국이 선전포고한 1939년 9월부터 실제로 서부전선에서 공방전이 시작된 1940년 5월까지, 아직 서방 연합국과 나치 독일 간 전면 충돌이 거의 없었던 2차 세계대전 발발 직후의 시기를 가리킨다.
** 파리 북부 근교에 위치한 드랑시에, 프랑스에 살고 있던 유대인들이 아우슈비츠-비르케나우 수용소로 강제 이송되기 전 거치는 유대인 임시 수용소가 있었다.

관심 속에, 가스실에서 죽임을 당하고 구덩이 속에서 총살을 당했습니다.

많은 사람들이 이 사실을 알았거나 알고 싶어 하지 않았고, 많은 사람들이 보았거나 보고 싶어 하지 않았습니다.

아우슈비츠에 도착한 지 몇 시간 지나지 않아 이미 몸에 수감번호가 새겨지고 삭발을 당한 우리는 모든 어린아이들, 병자들, 40세 이상의 성인들은 이미 가스실에서 죽임을 당했고 남아 있는 것이라고는 오직 화장터에서 새어 나오는 연기뿐이라는 사실을 차마 믿기 어려웠습니다.

홀로코스트, 그것은 우리 앞에 실제로 벌어지고 있었지만 그럼에도 도저히 믿을 수가 없었습니다.

죽음은 늘 그곳에 있었습니다. 심지어는 중노동과 구타, 굶주림, 갈증, 수면 부족, 극악무도한 모욕에서 벗어나고자 죽기를 바라는 이들도 있었습니다.

우리가 모든 품위를 상실하도록, 땅에서 밥을 먹고 빵 몇 조각을 두고 서로 싸우며 조금이라도 가진 것을 서로 빼앗는 그런 짐승이 되도록 고의로 모욕이 행해졌습니다.

그럼에도 불구하고 우리 대부분은 그에 저항하고 인간으로 남아 있기를 선택했습니다. 누더기 옷을 입고 더러운 수프를 여럿이 나눠 먹는 중에도, 숟가락과 포크가 없어 그릇을 핥아 먹으면서도, 매를 맞고 피곤과 배고픔으로 휘청거리며 인간 폐기물이 된 가운데서도 우리는 우정과 연대의 가치를 지켜나갔습니다. 우리는, 죽음이 바로 눈앞에 다가온 순간에도, 희망을 잃지 않았습니다.

우리가 희망의 끈을 놓지 않고 살아남아야겠다는 의지를 지킬 수 있었던 것은 언젠가는 평범한 사람들이, 평범한 가장들이 다른 사람에게 어떤 일까지 할 수 있었는지 세상이 알아야 한다는 생각 때문이었습니다.

우리는 자주 이런 질문을 던졌습니다. 아우슈비츠에 신은 어디 있는가? 제 개인적인 경험으로 내린 결론은, 신자들은 대부분 계속 신을 믿으면서 심지어는 그것을 증명하기 위해 엄청난 위험을 감수하기도 했다는 것입니다. 그렇지 않은 사람들은 제가 보기에 그렇게 되지 않는 것 같았습니다.

가끔씩 수용소에 있었던 사람들이 그곳에서 읽었던 책에 대해 말하거나 그곳에서의 지적 삶에 대해 이야기하는 것을 듣습니다. 몇몇 특권을 받은 이들에게는 사실일지도 모릅니다. 그러나 아우슈비츠에는 책도 신문도 없었습니다. 저의 경우에는, 다시 글을 읽을 수 있을지, 혹은 다시 배울 수 있을지조차 확신할 수 없었습니다.

그러나 우리는 짐승이 되지도, 우리가 그렇게 되길 바라며 감시관들이 부르던 대로 '부품'이 되지도 않았습니다. 우리가 저항할 수 있었던 것은 바로 우리가 이와 같은 조직적인 모욕의 전략을 금세 이해했기 때문이었습니다. 이렇게 우리를 깎아내리고 인간으로서의 품위를 빼앗으려는 의도에 대해서, 그리고 수용소의 감시자들과 피해자들 간의 대결에서 우리는 부분적으로 승리를 거두었다고 말할 수 있습니다. 그렇기 때문에 우리는 가족과 친구 대부분을 잃었음에도 완전히 절망에 빠져서만은 돌아오지 않을 수 있었던 것입니다.

우리가 거의 이야기를 하지 않았던 것은 사람들이 우리의 이야기를 듣고 싶어 하지 않았기 때문입니다. 우리는 형언할 수도 상상할 수도 없는 끔찍한 세계, 히에로니무스 보스의 그림에서나 보았던 지옥에서 살아 돌아왔습니다. 우리는 스스로 깨닫지도 못한 채 아마 너무나 사실적으로, 심지어는 노골적으로 우리가 겪은 지옥에 대해 이야기하려 했습니다. 그것이 다른 이들에게는 도저히 들을 수 없는 이야기였고, 더욱이 믿기 힘든 이야기였습니다.

대부분의 홀로코스트 생존자에게, 심지어는 절대 그 이야기를 꺼내지 않고 기념식에도 결코 참여하지 않으며 주변인들이 그들이 강제수용을 당했었는지조차 알지 못하는 이들에게도, 과거는, 이 과거는 여전히 현재형입니다. 우리 모두는 현실 세계에서, 인간들의 세계에서 잠시 동안 떨어져 나왔던 것 같은 느낌, 죽은 것은 아니지만 살아 있는 자들의 세계에 더 이상 속해 있지 않았던 기분이 듭니다. 하지만 나이가 들어가면서 오랫동안 입을 다물고 있던 이들도 침묵에서 벗어나야 할 필요성을 느끼고 있습니다. 그들은 오직 사람들이 알 수 있도록 의무감과 의리로 증오심 없이, 때로는 유머를 섞고 거리를 두어가며 본능적으로 이야기합니다.

다른 이들은 어떤 대가를 치르든지 상관하지 않고 학교에 가서 학생들 앞에서 증언하려 하고, 자신들이 가진 기억을 녹음하거나 글로 남기며, 젊은이들을 아우슈비츠로 직접 인솔하여 현장에서 수용소 도착 즉시 대부분이 계획적으로 학살당한 아우슈비츠의 비극이 무엇이었는지를 이야기하고 있습니다.

그들이 전하는 메시지는 항상 같습니다. 규탄이나 증오의 메시지가 아니라, 경계와 반유대주의에 맞선 투쟁에 대한 호소, 인권을 위한 투쟁과 인간 존엄성 존중의 메시지입니다. 일부 사람들이 나치 당원과 그 공모자들을 법정에 세우고자 한 것은 정의를 바로 세우고 우리가 그로부터 교훈을 얻을 수 있기 위해서였습니다. 아이히만 재판은 이런 점에서 본보기가 될 만합니다. 본보기가 되는 까닭은 어떠한 개인적 복수 행위도 없었다는 사실 때문이며, 이것은 저를 늘 놀라게 했습니다.

'홀로코스트를 생각하는 것', 그것은 무엇보다 그리고 갈수록 점점 더 망각에 맞서 싸우는 일입니다.

제가 회장직을 맡고 있는 홀로코스트기념재단은 우선적으로 역사와 기억에 대한 작업을 지원하고 장려하고 있으며, 이것은 망각에 맞서기 위한 것일 뿐 아니라 과거의 비극적인 사건으로부터 교훈을 얻기 위해서이기도 합니다.

게다가 만약 우리가 오직 홀로코스트와 직접 관련이 있는 사건들만 전달하는 데 작업을 한정한다면 망각에 맞서 싸우는 투쟁은 무엇이 되겠습니까?

'홀로코스트를 생각하는 것', 그것은 홀로코스트라는 사건을, 그것이 아무리 멀리 떨어져 있더라도, 과거의 역사적이고 문화적이며 종교적이고 사회적인 맥락 속에서 살펴보는 것입니다. 그러한 사건이 구상되고 실행되는 데 기여한 모든 것에 대한 치열한 분석과 공정하고 완전한 해석만이 어떤 형태로든 그 일이 혹시라도 재발되는 것을 막을 수 있습니다.

그것은 또한 홀로코스트의 현실과 특수성이 어떤 것인지를 기억하면서 부인주의에 맞서 싸우는 일이기도 합니다. 그로써 원인과 배경, 결과에서 서로 확연히 구별되는 상황들을 모두 같은 차원으로 보려 하는 보편화와 혼동의 시도에 맞서 싸울 수 있습니다.

'홀로코스트를 생각하는 것', 그것은 유대인들을 도와 그들을 구해내는 데 기여한 모든 이들의 용기와 관대함을 기억하는 일입니다.

주교님들뿐 아니라 시골의 사제들께서도 신자들에게 설교를 통해 유대인들에게 가해졌던 불행과 심각한 위협에 대해 일깨워주었다는 사실을 기억합니다. 또한 그들 중에서도 유대인 저항 단체들과 협력하여 조직된 경로를 통해 위험을 감수하고 수도원이나 가정에 적극적으로 아이들을 숨겨서 목숨을 구하는 데 도움을 주신 분들을 생각합니다.

뿐만 아니라 목사님들과 기독교 단체에서도 1940년부터 아이들을 수용소에서 탈출시켜 외국으로 보내거나, 또는 주민 전체가 놀라운 용기와 연대를 보여주었던 르샹봉쉬르리뇽과 같은 작은 마을에 아이들을 숨겨주었다는 사실을 잊지 않고 있습니다.

마지막으로 많은 분들이 밝히고 싶어 하지 않고 계십니다만, 목숨을 걸고 유대인들을 숨겨주거나 혹은 그들에게 유대인 일제 단속 계획을 미리 알려준 모든 프랑스인들을 생각합니다.

이와 관련하여 그 비극적인 시절 동안 살아남은 유대인 어린이의 비율이 다른 유럽 국가에 비해 월등히 높은 것은 바로 자신의 가정에 아이를 받아들인 '평범한 프랑스인들'의 용기 덕분이었다는 사실을 사람들은 아직 잘 모르고 있습니다.

저의 개인적 경험만을 말씀드렸다고 해서 아마 여러분께서 놀라지는 않으실 겁니다. 사실 마지막 생존자들의 증언이, 유대인의 강제수용과 대학살이 특수성을 갖는다는 것, 즉 이 사건이 다른 인종 대학살이나 반인도적 범죄와 구별된다는 것을 이해시키기 위하여 정말 중요하다고 생각하고 있습니다.

2003년 3월 11일, 유대인과 가톨릭교도의 만남 행사

계속해서 우리의 목소리를 냅시다

친애하는 동료 여러분,

바르샤바 게토 봉기*라는 사건의 60주년을 기념하기 위한 이 자리에서 어떤 말을 꺼내야 할지 많은 고민이 됩니다. 우선 이 기념일이 기억을 위한 다른 많은 기념일 중 하나이기 때문입니다. 충격적인 증언들, 귀중한 자료들, 관련 연구들과 이 사건을 소재로 한 문학작품들과 영화들이 이미 그토록 많이 나와 있는데 무슨 말을 더할 수 있을까요? 특히 그중에서 미국과 프랑스 모두에서 수많은 상을 받은 로만 폴란스키 감독의 영화 〈피아니스트〉는 대중을 감동시켰을 뿐 아니라, 이 영화가 작가 자신의 이야기를 소재로 삼았고

---

* 1943년 폴란드 바르샤바 게토의 유대인들이 나치에 대항해 일으킨 대규모 무장투쟁. 주민들은 나치의 소탕 작전에 맞서 한 달간 저항했으나, 나치의 무자비한 가스 살포 및 화염방사기 사용에 진압되었다. 당시 유대인 사망자는 1만 3000여 명에 달했고, 생존한 유대인들도 총살당하거나 강제수용소로 보내졌다. 1944년 바르샤바 각지에서 일어난 바르샤바 봉기와는 별개의 사건이다.

무엇보다 그가 개인적으로 직접 겪은 일이었기 때문에 결코 희생자들을 배반하지 않으면서 우리의 기대와 감수성을 충족해준 작품으로 생각됩니다. 이 영화가 전 세계적으로 거둔 성공을 보면 그것만으로도 계속해서 증언하는 것이 헛된 일이 아님을 알 수 있습니다.

저로서는 홀로코스트에 대해 지속적으로 이야기하는 것, 특히 게토 봉기에 대해 이야기하는 것은 정말 중요하다고 강하게 확신하고 있습니다. 역사가 가리키는 장소에서, 여러 기념비 앞에서 혹은 오늘 우리가 모여 있는 이와 같은 모든 만남의 장소에서 계속해서 우리 목소리가 들릴 수 있도록 해야 합니다. 학살을 직접적으로 경험한 증인들은 대부분 세상을 떠났습니다. 1940년부터 수십만 명이 살해당했으며, 그들은 자신들의 고통과 또 버림받았다는 느낌을 절대 표현할 수 없었습니다. 수년이 지난 뒤 그 일은 얼마 안 되는 생존자들에 의해 이루어지긴 했습니다만, 그들도 이제 늙어 세상을 떠나고 있습니다. 현재 프랑스에 수백 명, 이스라엘과 유럽 전역, 미국, 라틴아메리카와 호주에도 아마 수천 명 정도가 아직 남아 있을 것입니다.

곧 이 증인들, 마지막 남은 생존자들은 영원히 침묵하게 될 것입니다. 해가 바뀌고 수십 년이 지나면서, 우리는 이미 세상을 떠난 자들, 우리 부모님들, 우리 친구들의 목소리를 대신하고 있습니다. 우리는 그들의 비명을 전하고, 절대 끝나지 않는 기도와 같은 그들의 불안의 목소리를 이어나가고 있습니다.

오늘 저녁 우리가 이 자리에 모인 것은 600만 명의 희생자를 떠올리기 위한 것만이 아니라, 무엇보다 당시 승리에 승리를 이어가던, 유럽에서 가장 강력한 군대를 한 달 가까이 저지한 바르샤바 게토의 투사들을 기리기 위해서입니다.

1940년부터 나치는 수십만 명의 유대인들이 모여 사는 바르샤바의 한 구역에 벽을 지어 올렸습니다. 1940년 7월부터 바르샤바에 도착하는 유대인들은 모두 그 게토 안에서 살아야만 했습니다. 1940년 11월 16일, 게토는 폐쇄되었고 탈출을 막기 위해 벽의 윗부분에 철조망이 설치되었습니다. 점차 전화와 우편은 끊겼고, 할당된 식량 배급은 급격히 줄었으며, 어떠한 교통수단도 그곳으로 들어가지도 나오지도 않게 되었습니다. 트램은 그곳을 정차하지 않고 통과했습니다. 가장 어린 아이들은 목숨을 걸고 벽 아래에 뚫린 작은 구멍을 통해 나가거나 철조망 위로 넘어가려는 시도를 했습니다. 이들은 감자 몇 알이나 빵 한 덩어리를 얻으려다 목숨을 잃곤 했습니다.

비참한 상황이 만연한 가운데 지속되는 사회적 대립은 그 이점과 단점을 가져왔습니다. 유대인 경찰들의 지원을 받고 폴란드 당국의 감시를 받았던 유대인 평의회조차 어느 정도 질서유지를 시도하면서 의식하지 못한 채 결국 나치의 작업을 준비하고 있었습니다. 갈수록 더 좁아지는 한정된 공간에 갇혀 세계와 단절되고 굶주림과 전염병에 시달리면서 끔찍한 비참함 속에 연명하는 사람들이 빽빽이 모여 있는 그 공간을 우리는 상상할 수 있을까요? 죽음이 지배하는 공간에서 어떻게 삶을 지속할 수 있을까요? 그런데 그럼에도 불구하고 게토 내에서 지속된 지적·문화적 생활은 놀랍도록 풍부했습니다. 오케스트라, 합창단, 동호회, 학교는 계속해서 운영되고 있었습니다. 그것이 바르샤바 게토의 가슴 시리도록 감동적인 현실이었습니다. 아이들을 돌보다 가스실에 들어갈 때까지 그들과 함께한 야누시 코르차크* 같은 사람들을 어떻게 잊을 수가 있겠습니까?

1942년 여름이 되자 대대적인 강제수용이 시작되었습니다. 유대인 경찰과 그들의 가족을 포함하여 30만 명의 남자, 여자, 어린이가 트레블링카 수용소 가스실에서 목숨을 잃었습니다. 그러자 비밀리에 활동들이 조직되었습니다. 지하신문이 창간되어 바르샤바 밖에서 배포되었습니다. 1943년 초, 게토 지역은 세 부분으로 나뉩니다. 사람들이 모여 있던 중심 지구, 나치를 위해 운영되는 공장과 공방이 있던 생산 지구, 두 구역 간 접촉을 막는 '노 맨스 랜드no man's land'입니다. 그렇게 가족들은 서로 헤어지게 되었고, 미지의 곳으로 이송되기 위해 매일 집결된 사람들의 운명에 대한 소식이 전해졌습니다.

1943년 4월 19일, 봉기한 유대인들의 저항으로 슈트루프 나치친위대 사령관 군대가 퇴각합니다. 세계에서 가장 강력한 군대에 맞선 몇 안 되는 이 용감한 자들은 배고픔과 티푸스, 끔찍한 고통으로 쇠약해진 사람들이었습니다. 그들은 나치의 대포와 장갑차, 수류탄 발사기, 기관총, 화염방사기, 독가스, 심지어는 공습에 맞서,

* 폴란드의 의사이자 교육학자, 작가로 아동인권운동 분야의 선구자다. 고아원을 설립하여 아이들을 돌보았고, 나치의 유대인 학살 계획이 시행되자 구출될 수 있는 기회를 뿌리치고 자신이 돌보던 아이들과 함께 트레블링카 수용소로 이송되어 죽음을 맞았다.

겨우 수십 정의 권총과 수류탄, 화염병으로 무장한 투사들이었습니다. 패배가 예고된 이 전투에서 우리의 경탄을 불러일으키는 것은 매일매일 가족과 친구들이 죽거나 혹은 죽음의 열차에 실려 떠나는 위협을 받는 가운데에서도 완벽히 비밀리에 실행된 이 저항운동이 보여주는 결연한 의지와 용기, 조직력입니다. 그들은 자신들을 기다리고 있는 운명에 대해 명확히 알고 있었습니다. 이미 죽음을 피할 수 없다는 사실을 알고 있던 그들은 명예를 지키기 위하여 적어도 싸우다 죽기를 바랐던 것입니다. 출신도, 종교도, 정치적 신념도 서로 모두 다른 이들을 지휘하기가 얼마나 어려운 일이었을지 짐작하는 우리로서는 그들의 저항이 보여준 격렬함과 그 기간에 놀라지 않을 수 없습니다. 1943년 5월 10일, 게토의 저항은 막을 내립니다. 그 며칠 전 운이 정말 좋은 몇몇은 하수구를 통해 탈출에 성공하였고, 또 어떤 이들은 끝까지 싸우다 죽거나 스스로 목숨을 끊었습니다.

이것이 바로 60년 전에 있었던 일입니다.

게토의 지식인이자 건축가였던 에마누엘 린겔블룸을 기억합시다. 그가 남긴 자료 덕분에 게토와 봉기에 대한 이야기가 우리에게 알려지게 되었습니다.

24세의 영웅적 투사, 모르데하이 아니엘레비치를 기억합시다. 그는 유대인 전투 조직을 이끌었으며, 봉기가 진압되기 이틀 전인 5월 8일 스스로 목숨을 끊었습니다.

바르샤바 게토와 아리아인 구역의 연락책이었던 아리에 빌네르를 기억합시다. 그는 폴란드 저항군으로부터 그토록 얻어내기 어려운 무기를 처음으로 힘겹게 들여와 사력을 다해 게토 안에 숨겨두었습니다.

유대인노동자총동맹에 가담한 22세의 마레크 에델만을 기억합시다. 그는 유대인 전투 조직의 일원으로서 봉기 당시 부사령관을 맡았으며 몇 안 되는 생존자입니다.

무명의 모든 사회주의자, 공산주의자, 극우와 극좌의 시온주의자 투사를 기억합시다. 최후의 순간 그들은 머리부터 발끝까지 무장한 나치친위대 및 경찰 병력과 전면으로 맞섰습니다.

수많은 가족들과 친구들의 죽음을 지켜본 뒤 자신도 곧 죽으리라는 사실을 알면서 마지막 순간까지 진정으로 인간답고 정의롭게 살다 간 모든 영웅을 기억합시다. 그들은 그들의 존엄성과 우리의 존엄성을 위해 싸우기로 선택했습니다.

트레블링카로 이송되어 가스실에서 죽음을 맞은 바르샤바의 30만 유대인들을 기억합시다.

바르샤바 게토 봉기 30주년에 역사학자 레옹 폴리아코프는 이렇게 썼습니다. 바르샤바 게토 봉기는 "당시 머나먼 전선에서 벌어지던 거대한 전략적 작업에 어떠한 영향을 끼치지도 못했고 실제로 아무것도 바꾼 것이 없다. 그럼에도 불구하고 이러한 유대인의 행위는 우리 눈앞에서 전설이 되어 브리튼전투나 스탈린그라드전투처럼 유럽 공동의 기억이 꼽는 2차 세계대전의 위대한 업적들과 나란히 있게 되었다."

그 이유는 무엇일까요? 1943년 4월 19일, 존엄성을 위한 전투가 시작되었기 때문입니다. 바르샤바 게토 봉기는 해방전쟁이 아니었고, 애석하게도 집단 구출에 성공한 것은 더더욱 아니었습니다. 그러나 그들의 저항은 유대인들의 명예, 나아가 인류의 명예를 회복시켰습니다. 야만의 시대에, 비극적인 고립의 시기에, 교황도 죽음에 놓인 민족을 외면한 그때에, 폴란드 저항군도 돕기를 망설이고 전쟁 중인 민주주의 국가들이 무관심했던 그 순간에, 이 사건은 전 세계에 유대인의 용맹스러운 힘을 증명하였을 뿐만 아니라, 24세 젊은이의 지휘로 외부의 도움 없이 한 국가의 군대에 맞서 죽을 때까지 싸운 한 줌의 투사들의 용기를 보여주었습니다.

1943년 4월 19일은 양처럼 도살장에 끌려갔을 유대인들의 소극성을 부정하는 날입니다. 바르샤바 게토 봉기 두 달 후, 비아위스토크 게토에서도 유대인들이 봉기합니다. 심지어 죽음의 공장에서도 저항의 움직임은 일어났습니다. 1943년 트레블링카에서 반란이 일어나고, 소비보르에서도, 르부프의 야노브스카 수용소에서도 일어났습니다. 그리고 1944년 10월 드디어 아우슈비츠에서 유대인으로 구성된 비밀 시체처리반 '존더코만도'의 반란이 일어났습니다. 갈리치아 지역의 한 나치친위대 사령관은 1943년에 이런 글을 남깁니다. "아직 살아남은 유대인들의 수가 줄어들수록 그들의 저항은 거세진다."

오늘 바르샤바 게토 봉기를 기념하는 자리에서 저항한 자들의 구호를 기억해봅시다. "명예롭게 살고 명예롭게 죽자." 이 정신은 죽지 않았습니다. 1983년 공산주의 시절, 마레크 에델만은 봉기 40주년 기념 폴란드 명예위원회에 들어가는 것을 스스로 거부하며, 당시 봉기한 유대인들은 "오직 살기 위해서 싸운 것이 아니라,

존엄하고 자유롭게 살기 위해 싸운 것이다"라고 말했습니다.

오늘 바르샤바 게토 봉기를 기념하는 자리에서 감금, 강제 수용, 강제 이송, 학살로도 완전히 무화하지 못한 유대인들의 이 저항 정신을 기억합시다. 아직 꽃다운 시기에 영광스러운 죽음을 맞은 이 젊은이들을 기억합시다.

묵념합시다. 그리고 그들의 희생 후 60년이 지난 오늘, 우리가 느끼는 경탄과 감사를 표현합시다.

2003년 4월 14일, 파리 4구청,
바르샤바 게토 봉기 60주년 기념식

증인들이 세상을 떠나는 이때, 역사가는 사건의 진실을 밝혀야 할 책임이 있습니다

시장님,

검사님,

회장님,

교수 여러분,

내외 귀빈 여러분,

친애하는 동료 여러분,

오늘 '홀로코스트와 제노사이드 연구소' 개소식을 맞아 이곳 암스테르담에서 발언할 수 있는 기회를 얻게 되어 매우 감격스럽습니다.

아우슈비츠와 베르겐-벨젠 강제수용소에 차례로 수용되었던 저는 그곳에서 만나 우정을 나눴던 평범한 네덜란드인들을 잊을 수 없습니다. 그때가 1944년이었고, 그들 중 일부는 몇 달 뒤, 아우슈비츠 수용소가 소련군에 의해 해방되기 전인 1945년 1월, 오랜 행군 중에 죽었다는 사실을 알고 있습니다.

당시 네덜란드의 유대인 인구는 14만 명이었는데, 그중 절반은 암스테르담에 살고 있었습니다. 10만 7000명이 나치 강제수용소로 이송되어 죽임을 당했고, 오직 900명만이 살아 돌아왔습니다.

그들에 대한 기억을 영원히 간직하고 이 역사를 이해하고 가르치는 것, 이것이 바로 대학에 계시는 여러분께서 하고자 하는 임무입니다. 그것은 또한 제가 회장직을 맡고 있는 홀로코스트기념재단이 수행하고자 하는 임무이기도 합니다. 그러한 이유로 여러분께서 저를 오늘 이 자리에 초청해주셨고, 그에 대해 깊이 감사하고 있습니다.

이 자리를 빌려 특히 이 연구소의 소장님이신 턴 카터 교수님께 감사의 말씀을 드리고 싶습니다. 교수님께서는 저희 재단의 외국 대학 협력 파트너가 되어주기로 하셨고, 이에 따라 저희는 소중한 협력을 이어나가고 있습니다.

연구소 설립 배경에는 2000년 스톡홀름에서 창설된 홀로코스트 교육을 위한 국제 태스크포스의 활동이 있습니다. 3년 만에 이 국제적 차원의 활동은 상당히 의미 있는 결실을 이루었고, 이를 통해 우리는 유럽 내 유대인 공동체의 대학살이라는 측면을 넘어 인류사의 단절로서 홀로코스트라는 이 비극적 사건을 이해하게 되었습니다. 여러분의 연구소와 네덜란드 왕립예술과학 아카데미의 협력은 학술 기관뿐만 아니라, '안네 프랑크의 집 및 재단'이 이미 그 상징이 되었듯, 국가적 공동의식이 이 작업에 함께하고 있음을 보여주고 있습니다.

사실 여러분의 나라가 그동안 이뤄온 자유와 수용의 전통을 생각해본다면 이것은 놀라운 일이 아닙니다.

수 세기 동안 네덜란드는, 특히 스피노자가 태어난 도시인 이곳 암스테르담은 종교적 신념이나 사상을 이유로 박해받고 추방당한 많은 이들이 찾아온 피난처였습니다. 이곳에서 사상의 자유는 허용되었고, 많은 유대인들이 스페인과 포르투갈의 종교재판을 피해 여기에 정착하였습니다. 유대인 공동체는 이곳에서 풍요롭게 성장하며 온전히 통합되었습니다.

바로 그들의 후손 일부가 홀로코스트의 희생자가 되었던 것입니다. 수 세기 후, 종교적 신념을 지키고자 이곳으로 망명하여 정착한 프랑스인 신교도들도 있었습니다.

이와 같은 수용의 땅이 유럽의 다른 나라들과 마찬가지로 불행의 땅으로 바뀌었습니다. 어떻게 그렇게 많은 네덜란드 유대인들의 강제 이송이 가능했던 것일까요?

역사가 라울 힐베르크의 설명처럼, 네덜란드 유대인들은 벨기에나 프랑스 혹은 덴마크 유대인들보다 나치의 사악한 음모에 더 취약했습니다. 나라의 지리적 상황이 추격을 피하기 어렵게 만든 큰 요인이었으며, 나치 또한 악착같이 그들을 수색했습니다. 그러나 다른 나라에서와 마찬가지로 이곳에서도 나치는 경찰서와 그들이 설치한 지방 관청, 은행에서 조력자들을 찾아냈습니다.

1940년부터 강탈과 모욕 주기의 과정이 시작되었고, 곧 사람들에 대한 박해가 이어졌습니다. 나치는 독일에서 이미 사용한 것과 유사한 모델에 따라 네덜란드의 유대인 회사들에 대한 '아리아화' 작업을 시작했습니다. 유대인들의 재산을 처분하여 몰수하고 임시 관리소에 귀속했습니다.

1년 후인 1941년 1월, 유대인들에 대한 격리와 조사 작업은 대학살의 또 다른 전조였습니다. 암스테르담에 게토가 세워졌습니다. 몇 달 뒤, 유대인들의 신분증에 J라는 글자가 찍혔고, 1942년 5월이 되자 의무적으로 별 표지를 달게 하여 유대인 신분을 분명히 드러내도록 했습니다. 유대인들에게 야간 통금이 내려졌고, 허락 없이 대중교통을 이용하는 것이 금지되었으며, 전화도 할 수 없었고, 비유대인들이 사는 집에는 들어갈 수도 없었습니다.

1941년부터 암스테르담에서 첫 유대인 강제 이송이 시작되었습니다. 수백 명의 유대인들이 마우타우젠 강제수용소로, 근처 채석장으로 보내졌습니다. 그리고 그들은 결국 그곳에서 대부분 죽음을 맞았습니다.

1942년 여름, 독일인들이 이번에는 4000명의 유대인에 대한 강제 이송을 요구하면서 이송 작업은 가속화되었습니다. 수용자의 수가 폭발적으로 늘어나자, 나치는 1942년 가을, 두 개의 임시수용소를 더 짓게 했습니다. 바로 뷔흐트와 베스테르보르크 수용소입니다. 아선 지역에 있던 베스테르보르크 수용소는 당시 독일 점령하의 폴란드에 있던 죽음의 수용소로 가기 전 거치는 마지막 기착지였습니다. 역사학자 야코프 보아스가 그 사실을 증명했습니다. 베스테르보르크는 진흙탕, 사람들이 빼곡히 들어선 막사, 철조망, 철로 합류점, 비참한 위생 상태, 풍토병 등 이미 강제수용소의 모든 것을 갖추고 있었습니다.

벨기에의 메헬런, 이탈리아 카르피의 포솔리, 노르웨이의 베르 그, 프랑스의 드랑시처럼 베스테르보르크는 나치의 거대한 범죄 체계에서 꼭 필요한 구성 요소였습니다. 바로 대학살 수용소로 가기 전 거치는 마지막 단계였던 것입니다.

1942년부터 전 유럽에서 유대인을 실은 열차가 수용소로 줄지어 향했습니다. 네덜란드에서 마지막 대규모 검거 작전은 1943년 봄과 여름 사이에 이루어졌습니다. 한 명의 유대인도 살아남지 못하도록, 또한 유대인 이송 작업의 속도가 늦춰지지 않도록, 유대인 수색은 암스테르담의 유대인 거주 구역에서 집중적으로 이루어졌고, 아주 작은 마을과 시골까지 확대되었습니다.

그런데 앞서 말씀드린 것처럼 네덜란드의 경우, 프랑스(75%)나 벨기에(58%)에 비해 그 비율이 현저히 낮은, 애석하게도 겨우 900명이라는 아주 소수의 유대인들만이 살아남은 까닭은, 네덜란드에서 수용소로 끌려간 10만 7000명 중 6만 명은 아우슈비츠로 이송되었는데 그곳에서 단 몇 초 만에 젊고 건장하다고 판단된 사람들은, 감히 이렇게 말씀드려도 될지 모르겠습니다만, 수용소로 들어가서 잠시나마 살아 있을 수 있었던 '행운'을 가졌었고, 반면 3만 4000명은 소비보르로 보내져 도착 즉시 처형당했기 때문입니다.

이 무시무시한 수치의 이면에는, 철저한 계획하에 진행된 이 끔찍한 파괴의 과정 뒤에는 고통받는 인간의 현실이 가려져 있습니다.

가스실까지 끌려갔던 이들이 느꼈던 공포심을 우리가 어떻게 알 수 있을까요? 그들의 마지막 순간은 도대체 어땠을까요?

우리는 수용소에서 아이와 함께였던 어머니들의 수많은 이야기를 알고 있습니다. 이 이야기들을 통해 네덜란드 유대인들이 겪었던 고난을 어렴풋이 짐작할 수 있습니다.

안네 프랑크는 세계적으로 유명해진 『일기』에서 청소년이라고는 믿기 어려운 직관과 통찰력을 보여주고 있습니다. 자신과 가족들을 기다리고 있는 운명에 대한 날카로운 인식을 갖고 있으면서도 그녀는 1942년 10월 9일 그럼에도 불구하고 거기서 벗어날 수 있으리란 희망을 갖고 이렇게 씁니다. "나의 많은 유대인 친구들이 하나둘씩 게슈타포에게 잡혀갔다. (…) 그들은 가축 운송용 열차에 실려 드렌터주에 설치된 대규모 유대인 수용소 베스테르보르크로 이송되었다. 베스테르보르크는 악몽 같은 곳임이 틀림없다. 수백 명이나 되는 사람들이 한방에서 씻어야 한다. 화장실도 부족하다. 사람들은 뒤섞여 서로 몸을 포개어 잔다. (…) 그곳에서 도망치는 것은 불가능하다. (…) 그런 일이 네덜란드에서 벌어지고 있다면, 베스테르보르크는 최종 목적지가 아닌 그저 거치는 곳일 뿐인데, 머나먼 미개의 지방에서의 상황은 도대체 어떻단 말일까? 우리는 그 불쌍한 사람들이 곧 죽임을 당할 것이라는 사실을 모르지 않는다. 영국 라디오 방송은 가스실에 대해 이야기하고 있다."

또한 에티 힐레숨이 1941년부터 1943년까지 쓴 일기도 암스테르담과 그 이후 베스테르보르크에서의 삶에 대해 이야기하고 있습니다. 그녀를 폴란드로 싣고 간 열차에서 던져진 그녀의 마지막 카드에는 그들의 강제 이송 과정에 대해 이렇게 적혀 있습니다. "나는 사람으로 가득 찬 화물칸 열차 한가운데 배낭을 깔고 앉아 있다. 아빠와 엄마, 미스하는 여기서 더 떨어진 열차 칸에 있다. (…) 우리는 노래를 부르면서 그 수용소를 떠났다. 아빠와 엄마는 매우 차분했고 담대했다. 미스하도 마찬가지였다. 우리는 앞으로 사흘간 이동할 것이다."

그럼에도 불구하고 일부 유대인들이 이 비극적 운명을 피할 수 있었던 이유는 대개 그들에게 연대감을 보여준 모든 이들 덕분이었습니다. 교회에서도 강제수용된 유대인들을 돕기 위한 일들을 늘려갔습니다. '브레이 네덜란드'와 같은 저항 조직들은 가짜 신분증을 제작해 유대인들을 숨겨주었습니다. 그들뿐 아니라 친구들, 이웃들, 심지어는 평범한 익명의 사람들까지 목숨을 걸고 수천 명의 유대인들을 수도원과 고아원 혹은 자신들의 집에 숨겼습니다.

그들이 유대인들이 처한 운명을 받아들이지 못한 것은 대부분 선의와 정의감 때문이었습니다.

헤이그에 살던 14세의 에디트 벨만스는 바로 이런 행운을 가졌던 소녀였습니다. 최근에 출간된 그녀의 책 『에디트의 수첩』에서 가족들이 죽음이 드리운 어둠 속으로 사라지는 것을 보며 한 개신교 가정에서 가짜 이름으로 신분을 숨긴 채 보낸 3년간의 시간에 대해 이야기합니다. 그녀를 숨겨준 여성은 1983년 야드 바셈*에서 '의인'으로 선정되었습니다.

이런 증언들은 정말 중요합니다.

그러나 이제 사건을 직접 겪은 증인들의 시대는 막을 내리고 있습니다. 대부분의 생존자들이 세상을 떠났습니다. 원래는 살아남

---

* 홀로코스트의 희생자를 추모하기 위해 이스라엘에 건립된 기념관. '야드 바셈'은 희생된 사람들의 '이름'을 '기억'하라는 뜻이다.

지 못할 운명이었던 우리 세대는 곧 완전히 이 땅에서 사라지게 됩니다.

우리를 직접 만나 육성으로 질문을 던졌던 이들 또한 세상을 떠나는 날이 올 것입니다.

그렇다면 책이 우리의 기억을 맡겨둘 수 있는 유일한 보관 장소가 될 것입니다.

그러나 홀로코스트를 이해하기 위해서는 오로지 생존한 피해자들의 증언이나 수용소에서 그들을 감시하고 괴롭힌 자들의 증언에만 한정할 수도 없고 한정해서도 안 됩니다.

증인들이 세상을 떠나는 이때, 역사가는 그 어느 때보다 더, 아직도 일부는 연구가 더 필요한 이 사건의 진실을 밝혀야 할 책임이 있습니다.

사실 홀로코스트라는 사건은 증언도, 그 역사도 갖지 못할 뻔했습니다. 반제 회의에서 결정된 바에 따르면, '최종 해결책'은 세상의 역사와 기억에서 이 민족을 아예 사라지도록 만들 계획이었습니다. 그리고 이 모든 것은 어떠한 흔적도 남지 않도록 계획되고 구상되고 조직되어 있었습니다. 나치의 살인 기계는 유대인이라는 민족을 사라지게 하려고 했을 뿐 아니라, 그들을 죽음으로 몰고 간 모든 증거까지 인멸하려고 했던 것입니다. 가스실의 존재는 국가 기밀로 다뤄졌고, 세상에 이 어마어마한 범죄가 드러나는 것을 막기 위해 모든 종류의 완곡한 표현들이 사용되었습니다. 힘러**조차 독일에 의한 유대인 대학살은 절대 쓰이지 말아야 할 역사의 한 페이

** 나치친위대와 게슈타포를 이끈 수장으로, 유대인 대학살 최고 책임자 중 한 명이다.

지라고 말했습니다.

그러나 600만 명의 유대인들은 학살당했고, 역사에 이 페이지는 쓰였으며, 그것은 절대 지워져서는 안 됩니다.

그렇다면 증인들에게 육성으로 이야기를 듣고, 그들과 직접 만나 솟아오르는 감정을 이제 곧 더 이상 느낄 수 없게 된다면, 우리는 역사와 역사가들에게 무엇을 기대할 수 있을까요?

라울 힐베르크의 초기 연구 이후로 많은 이야기들이 세상으로 나왔습니다만, 오랫동안 이 일과 직접적으로 관련이 있는 사람들만 관심을 가졌습니다. 그 후, 서양 국가들에서 역사가들의 연구는 진척되기 시작했습니다. 대중들도 관심을 갖게 되었습니다. 역사책, 교과서, 다큐멘터리, 학술대회, 전시회, 클로드 란즈만 감독의 〈쇼아〉나 보다 최근에 나온 로만 폴란스키 감독의 〈피아니스트〉 같은 뛰어난 몇몇 영화들은 어떤 세부 사항도 놓치지 않고 유대인에 대한 박해와 학살 사건을 다루었습니다. 그들은 인류사의 이 끔찍한 사건에 대한 이해를 심화했습니다. 남자, 여자, 아이 구분 없이 한 민족 전체를 공장식으로 계획적인 학살을 한 바로 이 사건 말입니다.

이제 세상은 그 일이 무엇이었고 어떠했는지를 알고 있습니다. 따라서 우리는 연구자들이 이 비극적 시기에 대해 모든 것을 알고 있다는 느낌을 가질 수 있습니다.

그러나 모든 것이 다 세상 밖으로 나온 것일까요? 모든 자료들이 분석된 것일까요? 모든 질문들이 던져졌고 모든 대답이 나온 것일까요?

저는 그렇게 생각하지 않습니다.

소련의 공산주의 체제가 붕괴되고 동유럽 국가들이 과거를 재발견하면서 역사가들에게 새로운 연구의 길들이 열렸습니다. 러시아에서 홀로코스트 전반에 대한 새로운 사료들이 발견되었는데, 이 자료들은 특히 독일 점령하의 폴란드 내 강제수용소들의 운영 방식과 소련군에 의한 해방 과정을 담고 있습니다.

그러나 러시아와 동유럽에서 공개된 이 자료들은 자신들의 국가에 대한 역사도 담고 있습니다. 폴란드와 발트3국, 우크라이나, 벨라루스에 거주하던 유대인 90% 이상이 게토와 수용소 가스실에서 살해당했고, 특별 부대에 의해 노천에서 학살당하기도 했습니다. 그리고 얼마 안 되는 생존자들은 당시의 공산주의 체제가 강요한 침묵과 망각에 맞서 싸울 수 없었습니다.

이 지역의 역사학자들은 만족스러운 환경에서 연구를 할 수 없었습니다. 그런 이유로, 강탈의 규모나 반유대인법의 적용, 게토 건설, 강제 이송 일정, 계획적 혹은 즉흥적 학살뿐만 아니라 현지 저항운동과 유대인 구조망과 같은 사항들이 서유럽에 비해 동유럽과 러시아에서는 잘 알려지지 못했던 것입니다.

오랫동안 홀로코스트에 무관심하거나 무지했던 이 나라들의 연구자들과 젊은 세대는 이제야 이 사건의 현실과 규모를 인지하면서 이 문제에 관심을 갖기 시작했습니다.

반면 우리의 경우는 역사가들의 연구 덕분에 유대인 대학살에 대해 깊이 알고 이해하게 되었습니다. 그렇다면 역사가들은 어떤 부분에 대해 더 알릴 수 있을까요?

어떤 면에서 역사가들은 가장 명백하고 직접적인 부분들을 우리에게 알려준 것입니다. 즉, 사실 그 자체, 구체적인 사실들, 단순하고 노골적인 사실들, 그러니까 유대인을 모욕 주고 비천하게 만들겠다는 의지, 학살을 위해 사용된 체계와 계획, 방법 같은 것들 말입니다.

그러나 만약 우리가 이 대학살 사건을 불러온 인종차별적 이데올로기와 그것을 위해 동원된 모든 차원의 수단, 그 기원과 유럽 각지에 있는 그것의 대변자들을 제대로 알지 못한다면 이 사건들 자체만으로는 거의 의미를 갖지 못할 것입니다.

수많은 철학자와 음악가, 시인을 낳은 나라가 어떻게 20세기에 '최종 해결책'을 고안해내고, 나아가 그 계획을 그토록 효율적으로, 그토록 많은 유럽 국가들을 가담시켜 실행에 옮길 수 있었는지를 이해하기 위하여 역사학자들이 수행해야 할 연구들이 여전히 많이 남아 있습니다.

사건의 진행과 맥락, 차별과 격리에서 강제 이송과 처형까지의 과정을 이해하고 나면, 우리의 사고는 본질적인 문제에 계속 부딪히게 됩니다. 바로, 어떻게 그런 일이 벌어질 수 있었던 것일까, 라는 질문입니다. 왜 나치와 그 공모자들은 여자와 어린아이, 노인 할 것 없이 그토록 광적이고 그토록 비인간적이며 그토록 무자비한 반유대주의를 표출한 것일까요? 홀로코스트의 역사에서 우리는 언어 표현과 범죄 행위를 연결할 수 있어야 합니다.

왜, 그리고 어떻게 일어난 것일까요? 홀로코스트가 벌어지게 된 과정은 어떻게 진행되었을까요? 그것은 피할 수 없는 일이었을까요? 어느 정도 즉흥적인 부분이 있었을까요, 아니면 처음부터 끝까지 모두 계획된 것이었을까요? 나치의 광기와 증오 때문이었을까요, 아니면 이 사건을 이해하기 위해서는 더 오래전으로 거슬러 올라가야 하는 것일까요?

홀로코스트의 역사를 사람들의 삶에 큰 흔적을 남긴 다른 모든 사건들과 마찬가지로 장기적인 관점에서 보아야 한다고 생각합니다. 따라서 현대에 벌어지는 역사적 논쟁은 2차 세계대전의 사건들을 전체적인 관점에서 바라보면서 아주 오래전 사건과 그 원인까지도 고려해야 합니다.

첫 번째 원인은 물론 반유대주의입니다. 고대 유대인들은 유일신 사상으로 인해 이교도인들에게 반감을 샀습니다. 기독교인들의 경우, 그리스도의 메시지를 거부하고 유대교 신자로 남은 유대인들을 용서하지 않았습니다.

중세에도 유대인들에 대한 차별과 박해는 계속되었습니다. 대부분의 직업을 가지는 것이 금지되었던 유대인들은 상업과 금융업에만 종사할 수 있었습니다. 또한 신성한 텍스트에 대한 연구 전통으로 인해 그들은 학문적 영역에서 중요한 역할을 맡았습니다.

유대인들에 대한 배척이 계속되는 가운데, 유대인들이 종교 의식에 사용하기 위한 피를 얻기 위해 비유대인 아이를 살해하며, 성체를 훼손하고, 우물에 독을 탔다는 말도 안 되는 미신들이 퍼졌고, 유대인에 대한 박해는 심화되었습니다.

그 후 계몽주의 시대 말기에 희망이 생겨났습니다. 프랑스대혁명으로 발현된 인권을 중시하는 계몽주의 철학은 서서히 유대인들을 해방하고자 했습니다. 바로 이렇게 프랑스 내 유대인들은 프랑스 시민권을 취득할 수 있었던 것입니다.

그럼에도 불구하고 이러한 움직임은 반유대주의가 확산되는 것을 막지 못했습니다. 반유대주의는 유대인들의 수가 많았던 러시아와 폴란드에서 심화되었고, 유대인의 수가 얼마 되지 않았지만 그래도 그들 스스로 온전히 사회에 통합되었다고 믿었던 프랑스에서도 마찬가지였습니다. 역사학자 필리프 뷔랭은 이렇게 말했습니다. "독일에서라면 드레퓌스사건*은 일어나지 않았을 것이다. 그러나 애당초 유대인이 참모본부에 올라갈 일도 없었을 것이다."

그 후 독일에서 반유대주의가 현재까지도 상상 불가능한 대학살의 형태로 나타나기까지는 다양한 요인이 필요했습니다.

먼저, 사람들이 당시 '독일 문제'라고 불렀던 것과 연결되는 범게르만주의는 국경 밖에 사는 모든 독일인을 한 나라 안에 집결시키고자 하였으나, 비게르만인들의 강한 반발을 불러왔습니다.

그다음, 독일 사회는 아직 완전히 세속화되지 않았고 따라서 기독교 국가라는 인식이 강했습니다. 그리하여 나치즘의 기초가 된 독일 민족주의 운동은 유대인을 반대편에 두고 정의되었습니다.

마지막으로, 끝까지 승리를 확신했던 독일인들이 도저히 받아

---

* 1894년 프랑스 참모본부에서 근무하던 유대인 출신 대위 드레퓌스가 확실한 증거도 없이 반유대주의자의 희생자로서 간첩 혐의로 종신형을 받자 정치적 쟁점으로 확대되었던 사건. 이에 당대 프랑스 사회의 지식인이자 소설가 에밀 졸라는 군부의 의혹을 신랄하게 비판하는 '나는 고발한다J'accuse'라는 제목의 사설을 발표하였고, 이를 계기로 여론이 들끓고 '드레퓌스파'와 '반드레퓌스파'로 나뉘어 큰 논쟁을 벌이게 된다. 결국 드레퓌스는 무죄판결을 받아 복권되었고, 프랑스 사회의 진보세력은 결속력을 얻게 된다.

들일 수 없었던 1918년 1차 세계대전의 패배, 독일 측에 매우 가혹했던 베르사유조약의 조항들, 그 이후 찾아온 경제위기는 반유대정서를 더욱 짙어지게 만든 요인들이었습니다.

따라서 우리는 홀로코스트를 고대 이교도 문명에서 시작된 유대인에 대한 증오의 문제가 독일에서 이 나라 역사와 얽혀 급진화되고, 결국 절정에 달해 터져 나온 것으로 이해할 수 있습니다.

그러나 우리가 19세기, 심지어는 이미 유대인 박해와 학살이 이뤄진 1차 십자군원정까지 거슬러 올라감으로써 홀로코스트를 고대부터 계속된 반유대주의의 극단적 발현 혹은 역사의 불행 정도로 만들면서 이 사건의 특수성을 지워버리는 것은 아닐까요?

그런데 홀로코스트는 절대적 특수성에 둘러싸여 자신만의 논리를 갖고 있는 독특한 사건입니다. 사실 나치의 반유대주의는 무엇보다 인종을 바탕으로 했으며 몰살이라는 목표를 갖고 있었다는 사실을 잊어서는 안 됩니다.

바로 이런 점 때문에 이 사건에 대한 형이상학적이고 도덕적인 차원의 의문이 제기되는 것이며, '유럽 내 유대인과 집시 대학살 사건은 인류사에서 단절과도 같다'고 평가할 수 있는 것입니다.

아우슈비츠는 절대 악의 상징이 되었고, 홀로코스트는 끊임없이 윤리적 개념과 근거를 제공하는 사건으로서 우리가 참고하는 기준이 되었습니다.

또한 우리가 너무 시간을 거슬러 올라간다면 진범을 가릴 수 없게 됩니다. 그러나 이 문제는 꼭 역사적 관점을 넓힌다고 해서 발생하는 것은 아닙니다. 책임 희석의 문제는 홀로코스트 연구에 내재된 것이기 때문입니다.

한 민족 전체를 한 대륙 전체에서 계획적으로 학살하기 위해서는 정부, 경찰, 관공서, 회사와 같은 여러 기관의 협조가 필요했습니다.

예를 들어 라울 힐베르크는 홀로코스트 수행에 직간접적으로 참여한 사람들의 수가 수만 명에 이른다고 평가합니다.

또한 클로드 란즈만의 영화들은 결국 아무도 진정으로 죄를 지었다고 느끼지 않기 위해 이 사건의 책임 소재가 얼마나 많고 또 교묘하게 희석되었는지를 잘 보여주고 있습니다.

그렇다면 역사가는 어디에 연구를 집중해야 할까요?

역사가는 홀로코스트가 실행된 과정을 연구하기 위하여, 독일 제3제국의 고위 관료들과 지방행정 책임자들, 행정 기획자들, 유대인들을 죽음의 수용소까지 이송하기 위해 건설한 철도의 책임자들, 치클론 B를 개발한 화학자들과 기술자들, 수용소에서 나치에 협력해 동료 수감자들을 감시했던 유대인들까지, 모두에게 같은 중요성을 부여해야 할까요?

홀로코스트의 '사형집행자들'이 이름 없는 관리들, 기름칠 잘된 살인 기계의 비개인적 톱니바퀴였다 할지라도, 대학살의 현실은 학살이 대개는 매우 의식적으로 이루어졌다는 사실을 보여줍니다.

동유럽에서 일부 학살은, 이렇게 말씀드려도 될지 모르겠습니다만, 자력을 통해 손수 이루어졌지만, 게토나 마을에서 일어났던 학살은 이교도의 축제, 조롱과 살인의 카니발 모델을 그대로 따라 이루어졌습니다.

살인을 즐거워하는 나치들도 있었습니다. 따라서 역사가들은 이처럼 홀로코스트의 무섭게 의식화된 측면도 연구 대상으로 삼아야 합니다.

모든 질문에 대답할 수 있다고 자부하는 것이 아닙니다. 역사가들은 저보다 더 잘 대답할 수 있고 앞으로도 그러할 것입니다.

단지 최근에 발견된 자료들과 새롭게 제기된 역사적 의문점들을 통해 앞으로 상당히 흥미롭고 가치 있는 연구가 가능할 것이라는 말씀을 드리고 싶습니다. 연구 분야는 아직도 많이 남아 있습니다. 이곳 암스테르담이나 파리, 이스라엘, 미국 등에 있는 연구소에서 역사학자들은 특히 비교 연구나 다른 학문과의 교류를 통해 더 많은 연구를 해야 합니다.

이들의 연구는 매우 중요하며, 그 결과를 널리 알리는 것 또한 마찬가지입니다. 지식을 전파하는 일은 무지와 무관심에 맞서 싸울 수 있는 길이며, 진실과 교육에 대한 관심은 사건의 특수성을 이해할 수 있게 하고 홀로코스트를 보편화하고자 하는 시도를 막을 수 있게 하며 상황을 뒤섞어 그것이 갖는 정확한 위치와 가치에 대한 이해를 방해하는 것을 피할 수 있게 하기 때문입니다.

사건의 모든 특수성을 부정하는 이 뒤섞기 시도의 심각성에 대해 다시 강조하고 싶습니다.

2차 세계대전이 끝나고 얼마 지나지 않아 '아우슈비츠'라는 이름은 곧 '히로시마'라는 이름과 묶여서 함께 쓰이게 되는데, 이것은 연합국과 나치를 동등한 입장에 두려는 공작이었습니다.

또한 유명 잡지 속에 1944년 드레스덴 폭격의 희생자들 사진과, 해방 당시 베르겐-벨젠 수용소에서 나온 시체들이 쌓여 있던 수레들 사진이 같은 페이지에 실려 있던 것을 기억합니다.

그다음으로, 브레즈네프가 오직 이스라엘인들에게 책임이 있는 '제노사이드'라고 평가한, 레바논 민병대에 의해 벌어진 사브라-샤틸라 학살도 있었습니다.

이와 같은 전복 시도는 정말 용납할 수 없는 일이었으며, 현재까지도 결코 용납할 수 없습니다.

오늘날까지도 이렇게 사건을 뒤섞는 일은 넘쳐나고 있습니다. 이러한 이유로 가장 위험한 것은 홀로코스트에 대한 망각이나 부정이 아니라 그것을 일반화하는 시도라고 생각합니다.

이 비교 작업은 전혀 중립적이지 않기 때문입니다. 모두가 죄를 저지른 것이라면 왜 어떤 이들을 다른 이들보다 더 비난해야 합니까? 모두가 희생자이며, 모두가 죄를 지은 것이라면, 결과적으로 아무도 죄를 지은 사람이 없게 됩니다. 결국, 모든 비극적 사건은 가릴 것 없이 모두 똑같다는 생각이 지배하게 되는 것입니다.

여러분, 여러분께 홀로코스트라는 사건의 특수성은 결코 훼손되어서도 희석되어서도 묻혀서도 변형되어서도, 요컨대 일반화되어서는 안 된다는 말씀을 드립니다.

물론 이렇게 홀로코스트의 특수한 성격에 대해 단언한다고 해서 다른 희생자들의 고통에 귀를 닫고 인권침해에 눈을 감는 것이 아닙니다.

수십 년 전부터 제가 가진 수단과 영향력의 범위 안에서 인간의 존엄성과 양도할 수 없는 권리를 위한 투쟁에 헌신해왔습니다. 특히 이러한 노력은 제가 유럽의회 의장이었을 당시 구체적인 성과들을 이끌어내며 성공을 거두었다고 생각합니다. 저는 인권을 침해받는 국민들을 보호하기 위하여 그 나라의 체제가 어떤 것이든 간에 수많은 나라에 개입하여 중재 역할을 하였습니다.

그리고 현재도 마찬가지로 이러한 투쟁을 저의 의무로 느낍니다.

하지만 그렇다고 해서 우리가 모든 인권침해 사건을 그 심각성과 맥락을 고려하지 않은 채 같은 차원에 두고 생각할 수 있을까요?

오직 자신이 속한 민족과 종교 집단을 이유로 수백만 명의 사람들이 계획적으로 학살당한 사건과, 끔찍하고 잔혹한 동족상잔 전쟁에 같은 방식으로 접근할 수 있을까요?

영유권 주장, 독립, 안전에 대한 우려, 각자 자신의 권리를 가진다는 생각이 보통 폭력의 원인이 되며, 이렇게 반복되는 폭력은 꾸준히 지속되면서 많은 목숨을 앗아 가고 있습니다. 그런데 갈등이 이런 성질을 지닌 것이라면 우리는 언젠가 이런 대립을 절충할 수 있는 희망을 가져볼 수 있습니다. 이런 갈등의 본질적인 쟁점은 정치적인 것이기 때문입니다.

그러나 역사란 오직 인종 간의 사투에 불과하다는 생각, 그것이 바로 나치가 내세운 이데올로기의 명백한 본질입니다. 그것은 또한 캄보디아와 르완다에 대학살을 불러온 생각이기도 합니다.

그런데 오늘날 도덕적 상대주의 시대에 홀로코스트는 아마도 나침반의 역할을 할 수 있을지 모릅니다. 그것은 악의 절대적 기준, 절대 악이기 때문입니다. 그리하여 우리는 언제든 홀로코스트를 일반화하는 위험을 무릅쓰고 이 사건을 기준으로 삼을 수 있을 것입니다. 그러나 홀로코스트가 절대적 절망의 상징이기 때문에 그에 대한 모든 해석과 뒤섞기 시도가 허용되는 것은 아닙니다. 수용소에 갇혔던 유대인들과 집시들의 그림자가 여전히 우리를 맴돌고 있기 때문에 인간의 목숨을 앗아 가는 모든 인권침해 사건들이 신新아우슈비츠로 평가받아야 하는 것이 아닙니다. 홀로코스트의 역사는 그 자체로 충분합니다.

우리가 수용소 이야기를 할 수 있기까지 적어도 40년의 세월, 즉 두 세대의 시간이 필요했습니다. 우리가 1945년 수용소에서 살아 돌아왔을 때, 사람들은 우리가 생각했던 것처럼 우리를 맞아주지 않았습니다. 우리는 무관심과, 때로는 멸시를 견뎌야 했습니다. 아무도 우리가 겪은 일을 이해하지 못했습니다. 아마도 우리의 존재가 불편했던 것일까요? 우리가 전하려던 경험은 도저히 평범한 사람들이 겪을 수 없는 일이었습니다. 따라서 사람들은 알고 싶어 하지 않았고, 누구도 유대인에게 관심을 가져주지 않았습니다. 프리모 레비가 1947년 『이것이 인간인가』를 출간했을 때 사람들이 보인 완벽한 무관심을 떠올려본다면 충분히 당시 상황을 이해할 수 있습니다. 아마도 이러한 무관심과 거리 두기가 필요했을지 모릅니다.

오늘날 상황은 많이 달라졌습니다. 그럼에도 불구하고 홀로코스트에 대한 역사적 연구를 꾸준히 이어나가고, 이 이야기를 젊은 세대에 전할 뿐만 아니라 그 기억을 기념하며 그 기억을 유지하고 그 고통을 느껴야 합니다.

이것이 바로 암스테르담에 홀로코스트와 제노사이드 연구소가 설립된 것을 매우 뜻깊게 생각하는 이유입니다. 여러분의 연구소가 특히 프랑스의 역사학자들과 협력하여 공동연구를 진행할 수 있을 것이라고 확신합니다. 새로 설립된 이 연구소의 성공을 진심으로 기원합니다.

　　홀로코스트기념재단은 여러분처럼 인류 역사상 전례 없는 이 사건에 대해 조사하고 그 기억을 후세에 전하며 그로부터 교훈을 얻고자 하는 연구와 기관의 노력을 지원하고 있습니다.

　　홀로코스트는 우리 모두의 유산입니다.

　　홀로코스트에 대한 기억이 우리의 양심을 이루는 한 요소가 되는 것이 아니라, 인간의 존엄성과 본질적 가치들을 존중하는 데 영원히 기여하기를 진심으로 희망합니다.

　　여러분, 안네 프랑크의 기억을 다시 떠올리면서 저의 발언을 마치고자 합니다. 1942년부터 1944년까지 남은 가족들과 함께 숨어 지냈던 안네는 1944년 8월 4일, 비밀 별채에서 같이 지내던 다른 모든 유대인들과 함께 체포됩니다. 아우슈비츠로 보내진 안네는 1945년 3월, 해방을 몇 주 앞두고 심신미약과 티푸스로 베르겐-벨젠 수용소에서 숨을 거둡니다.

　　저의 어머니도 그녀와 아주 유사한 비극을 겪었습니다.

　　제가 안네 프랑크의 이야기를 하는 이유는 바로 그녀의 『일기』덕분에 홀로코스트와 유대인들의 운명이 전 세계에 알려졌기 때문입니다.

　　만약 그녀가 살아남았다면 그녀는 바로 이 자리에 서 있을 것이고 여러분 앞에서 이야기를 들려주었을 것입니다.

2003년 9월 8일, 암스테르담 대학교,
홀로코스트와 제노사이드 연구소 개소식

모든 불관용에 맞서는
이 투쟁을 계속 이어나갑시다

도지사님,

시장님,

유대교 중앙종무국 국장님,

대제사장님,

내외 귀빈 여러분,

친애하는 동료 여러분,

우선 마르세유 유대교 회당 앞뜰에 세운 '이름의 벽' 제막식을 맞아 이렇게 앞에 설 수 있는 기회를 주신 여러분께 감사의 말씀을 드리고 싶습니다.

마르세유에서 살다 죽음의 수용소로 끌려간 2000명의 유대인들의 이름이 새겨진 열두 개의 비석으로 이루어진 이 벽을 공개하는 이 순간 큰 감동을 느낍니다.

이 벽은 홀로코스트 기념 단체들과 마르세유 유대인 공동체 사이의 성공적인 협력 덕분에 빛을 보게 되었습니다. 그분들의 노고에 감사드리며, 홀로코스트기념재단과 파리 홀로코스트기념관이 이 일에 기여할 수 있어서 매우 기쁘다는 말씀을 드리고 싶습니다.

파리에 세워진, 수용소로 끌려간 프랑스의 유대인 7만 6000명의 이름이 새겨진 벽은 금세 추모와 기념의 장소가 되었습니다. 자녀들과 손주들까지, 때로는 대양을 건너 멀리에서 온 가족 모두가 벽 앞으로 와 꽃을 두고 초를 밝히고 기도를 하며 혹은 그저 묵념을 하고 명상을 하면서 이야기를 나눕니다.

저는 이곳도 그렇게 될 것이라 확신합니다. 여러분께서 이들의 이름을 통하여 마르세유에 살다가 체포되고 이송되고 강제수용된 뒤 학살당한 모든 유대인을 기억하고자 하신다는 것을 잘 이해하고 있습니다. 프랑스를 비롯한 유럽의 모든 유대인과 마찬가지로 그들 대부분이 수용소에 도착하자마자 가스실에서 학살당한 뒤 화장됐습니다. 그리고 세르주 클라르스펠드와 현대유대인자료센터의 연구가 없었더라면 프랑스에서 우리는 그들의 이름을 알 수 없었을 것입니다. 그 밖의 이들은 드물게 살아남기도 했지만, 여러분들도 아시다시피, 우리는 이름을 박탈당하고, 쓰레기처럼, 마치 '부품'처럼 취급당하면서 팔에 문신으로 새긴 번호로만 식별될 뿐이었습니다.

성과 이름을 다시 부여하는 것, 그것은 그 사람에게 인간으로서의 존엄성을 되찾아주는 일입니다.

이 이름의 벽은 또한 다른 의미를 지니고 있습니다. 바로, 마르세유가 예전부터 지금까지 갖고 있는 훌륭한 상징을, 60년 전 유럽 한

복판에서, 프랑스 한복판에서 파괴해버렸다는 사실입니다. 바로 이 도시가 가진 수용과 통합의 전통이 훼손된 것입니다.

사실, 어두운 시절에 많은 프랑스와 외국의 유대인들이 우선 이곳으로 피난을 왔습니다. 그리고 비시정부의 배척 정책과 나치의 대학살 정책이 펼쳐지면서 1943년 초 마르세유에 거주하던 수백 명의 유대인들이 목숨을 잃었습니다.

1943년 1월 22일과 23일에 있었던 대규모 유대인 수색 작전 당시 체포된 800여 명의 유대인들을 떠올립니다. 그들은 52번과 53번 열차로 소비보르까지 이송되었고 그중 누구도 돌아오지 못했습니다. 물론 저는 마르세유 출신은 아니었지만 마르세유를 피난처로 삼았던 다른 모든 유대인들도 잊지 않고 있습니다. 이곳에 그들의 이름이 없는 까닭은 곧 개관될 밀 강제수용소* 기념관에 새겨질 것이기 때문입니다.

홀로코스트의 생존자인 저는, 또한 오늘 이 자리에 모인 저의 모든 생존자 동지들을 대표하여, 이곳 마르세유 기념관과 홀로코스트 기억을 위한 이 투쟁이 얼마나 중요한지를 여러분께 다시 한번 말씀드리고 싶습니다.

이곳에 방문하는 이들이 이와 같은 인간성의 처절한 실패, 인간의 가치 상실, 어린아이가 150만 명이나 포함된 600만 명의 유대인 학살이 어떻게 가능했던 것인지 질문을 던져볼 수 있길 바랍니다.

---

* 프랑스 남부 엑상프로방스 지역에 위치한 밀 강제수용소는 원래 벽돌과 타일을 생산하던 공장으로, 1939년부터 1942년까지 주로 외국 국적의 유대인들을 임시로 수용하였다. 당시 유대인 수용 흔적이 거의 그대로 보존된 이곳은 2012년 기념관으로 탈바꿈하여 대중들에게 공개되고 있다.

홀로코스트는 절대 악으로서, 영원히 공동의 기억과 개인의 의식 모두에 호소해야 하기 때문입니다. 그렇게 모든 행인과 관람객은 유대인을 학살함으로써 아우슈비츠, 마이다네크, 베우제츠, 부헨발트, 트레블링카, 소비보르에서 인간성 전체가 학살당한 것이라는 사실을 이해해야 합니다.

그러나 또한 이곳을 방문하시는 분들이, 유대인들을 박해로부터 구해내기 위하여 투쟁하고 저항하면서 그들을 보호하고 거두고 목숨을 구한 이들도 잊지 않으시길 바랍니다. 오늘은 우리가 그분들을 기념하는 날이기도 합니다. 그분들의 용기와 신념 덕분에 우리는 인간성에 대한 희망을 완전히 버리지 않을 수 있습니다. 그분들은 타인에 대한 증오가 보편화되고 표준이 될 때, 저항 정신이 일어나야 한다는 것을 보여주셨습니다.

홀로코스트 이후로, 아프리카와 동유럽에서 또 다른 대학살이 일어나는 등 갈수록 다른 인종과 종교에 대한 증오가 기반이 된 갈등이 도처에서 늘어가고 있는 것을 보면 심각한 우려를 할 수밖에 없습니다. 그뿐만 아니라 프랑스에서도 종종 인종차별적이고 반유대주의적인 폭력이 동반된 외국인 혐오 담론이 확산되고 있고, 더 심각한 것은 이런 상황에서 관련 사건 사고가 늘어나면서 그러한 담론이 보편화되고 있다는 점입니다.

물론 오늘의 상황과 과거의 상황을 같은 차원으로 보면 안 됩니다. 그것은 잘못된 일일뿐더러 희생자들을 모욕하는 일이 될 것입니다. 그러니 늘 경계합시다. 그리고 그와 같은 일이 벌어질 때마다 동일한 분노로 저항합시다! 그리고 특히 신을 믿든 믿지 않든, 유대교도든 기독교도든 이슬람교도든 혹은 모든 신을 믿는 이든 함께 투쟁합시다! 우리 중 누구라도 본인이 속한 민족이나 종교를 이유로 낙인찍히거나 공격받거나 집단 폭행을 당한다면 함께 맞서 싸웁시다! 우리 모두는 연대해야 합니다. 그것이 우리가 가진 가장 값진 것입니다. 우리의 신앙의 자유와 표현의 자유는 위협받고 있습니다. 그것이 어디로부터 오는 것이든, 우리는 이 모든 증오의 힘에 맞서 싸우기 위해 뭉쳐야 합니다.

나름의 방식으로 지중해 세계의 모든 다양성과 풍요로움을 담고 있는 모자이크의 도시 마르세유는 이 분야에서 모범적인 도시입니다. 마르세유가 이처럼 다양한 출신과 문화 집단을 받아들인 것은, 이 모든 집단이 비슷한 어려움과 희망으로 빚어진 같은 운명을 공유하고 있다는 의식 속에서 함께 살아가고 서로를 알아가는 것을 배우게 된 곳이 바로 이 도시이기 때문입니다.

통합의 도시 마르세유는 문화적·종교적 차이에 대한 관용과 존중의 가치를 지키면서, 무엇보다 우리 모두가 공통적으로 갖고 있는 것을 중요시하는 이 이상적인 목표를 달성하기 위해 꾸준히 노력해야 합니다. 이상이라는 것이 그렇듯, 이 목표는 취약하고 불안정하며, 심지어는 우리의 전적인 경계심을 필요로 합니다.

오늘 이 자리에 계신 여러분 모두가 여러분이 대표하고 있는 지방자치단체에서, 그리고 여러분이 회장을 맡고 계시거나 혹은 활동에 참여하고 계신 단체에서 이 이상을 지키기 위해 얼마나 노력하시는지 잘 알고 있습니다. 그리고 마르세유를 방문할 때마다 이 도시와 이 도시의 유대인 공동체가 보여주는 활력에 깊은 감동을 받습니다. 여러분이 옹호하는 이 가치들은 증오의 이름으로 학살당한 이들의 이름이 새겨진 이 벽 앞에서 그 의미를 갖게 됩니다. 모든 불관용에 맞서는 이 투쟁을 계속 이어나갑시다. 우리는 이 벽에 그 이름이 새겨진 모든 이를 위하여 그래야 할 의무가 있습니다.

2005년 9월 29일, 마르세유, 이름의 벽 제막식

아직도 역사가들이 해야 할 일이
많이 남아 있습니다

제가 공부했던 파리정치대학에 오는 일은 저에게 언제나 큰 영광이고 기쁨입니다. 전쟁이 끝나자 홀로코스트 생존자의 이야기에 관심을 갖는 사람은 거의 없었습니다. 그보다는 오히려 그 누구도 우리가 강제수용소에서 겪은 일을 알고 싶어 하지 않았다고 말씀드려야 할 것 같습니다. 저의 존재는 사람들을 난처하게 만들었습니다. 아우슈비츠에서 겨우 돌아온 저는 시앙스포*에 입학했고, 저는 이곳의 사람들이 저의 과거에 관심을 가졌을 것이라 생각합니다. 그러나 심지어 오늘날에도, 수많은 책과 영화, 다큐멘터리가 나왔음에도 불구하고, 결국 아무도 진실로 홀로코스트가 무엇이었는지를 절대 이해할 수 없으리라는 사실을 가슴속 깊이 느끼고 있습니다. 말씀드린 것처럼 해방이 되자 누구도 사건을 제대로 알지 못했으며, 심지어 알기를 거부하기까지 했습니다. 결국 아무도

---

* 파리정치대학을 줄여 부르는 명칭.

유대인들에게 관심을 가져주지 않았습니다. 우리가 겪은 일을 아무도 듣고 싶어 하지 않았고, 우리가 해야만 했던 이야기를 듣고 그 누구도 그 짐을 나누려고 하지 않았습니다.

프리모 레비가 1947년 『이것이 인간인가』를 출간했을 때 사람들이 보인 완벽한 무관심을 떠올려본다면 당시 상황을 쉽게 이해할 수 있습니다. 게다가 역사가들은 우리가 하는 증언을 진지한 고려 대상으로 삼지 않았습니다. 우리를 그저 피해자로 여겼기 때문입니다. 그리고 그들은 피해자들의 증언을 토대로 진지한 연구를 진행할 수 없다고 말하곤 했습니다.

프리모 레비는 모든 생존자가 갖는 악몽에 대해 자주 언급했습니다. 그것은 바로 우리가 말을 하지만 사람들은 듣지 않고, 우리가 과거에 있었던 일을 세상에 이야기하지만 아무도 믿지 않는 것이었습니다. 저는 아주 예전부터, 우리 생존자들이 우리 눈앞에서 목숨을 잃은 모든 이들에 대한 의무감을 갖고 우리가 겪은 일을 직접 전달하는 일도 중요하지만, 그 이상으로 역사가들이 자신의 책무를 다하는 것이 정말 중요하다고 생각했습니다. 그것은 바로 기억이 아닌 역사의 작업으로서, 어떤 일이 일어났는지 설명하고 홀로코스트라는 사건이 일어난 메커니즘을 이해하고, 남자, 여자, 아이 할 것 없이 한 민족 전체를 공장식으로 계획 학살을 한 이 사건의 다양한 측면을 깊이 이해하는 일입니다.

홀로코스트가 마침내 특정 연구 분야로 인정받아 이에 대한 연구가 이루어지고 출판물이 나오고 또 오늘과 같이 학술대회가 열리기까지 세 세대가 넘는 시간이 걸렸습니다. 오늘 학술대회를 조직해주신 분들과, 개최 장소를 마련해주신 시앙스포 역사연구소, 그리고 제가 2년여 전 개소식에 참석했던 암스테르담의 홀로코스트와 제노사이드 연구소에 감사드립니다. 특히 이 연구소는 홀로코스트 분야에서 매우 중요한 연구 기관으로 자리매김했습니다.

지난 10년 동안 역사학자들은 당시 국가와 지방행정기관이 반유대주의 정책 실행에 어떻게 가담했는지, 현지 경찰이 어떻게 협조했는지, 강탈의 메커니즘이 어떻게 작동했는지 등 그동안 잘 알려져 있지 않던 사건의 다양한 측면들에 대해 밝혀냈습니다. 수백 편의 관련 석·박사 논문이 나왔고, 수백 권의 관련 저서가 출간되었습니다. 어떤 사람들은 그것이 선의든 악의든 계속해서 관련 연구를 심화하고자 하는 우리의 의지에 놀라곤 합니다. 모든 것이 이미 다 말해진 것일까요? 모든 질문이 이미 제기되고 그에 대해 모두 답이 내려진 것일까요? 모든 자료가 분석된 것일까요?

결코 아닙니다. 특히 동유럽 국가들의 경우, 더욱 그렇습니다. 이것이 오늘 학술대회의 주제가 아닌 것을 잘 알고 있으므로, 이에 대해서는 아주 짧게 말씀드리겠습니다. 소련의 공산주의 체제가 붕괴되고 동유럽 국가들이 과거를 재발견하면서 역사가들에게 새로운 연구의 길들이 열렸습니다. 러시아에서 홀로코스트 전반에 대한 새로운 사료들이 발견되었는데, 이 자료들은 특히 독일 점령하의 폴란드 내 강제수용소들의 운영 방식과 소련군에 의한 해방 과정을 담고 있습니다. 뿐만 아니라 발트3국, 우크라이나, 벨라루스에 거주하던 150만 명 이상의 유대인들이 특별 부대에 의해 노천에서 학살당한 뒤 공동 묘혈에 버려졌다는 사실을 잊지 말아야 합니다. 현재 이 국가들에서는 공동 묘혈의 위치를 찾아 희생자들의 유해를 확인하기 위한 조사가 진행 중입니다. 홀로코스트기념재단은 데부아 신부님이 조사단과 함께 이 학살의 희생자 유해를 찾아 이들에게 묘지를 마련해주기 위하여 수행하는 작업을 지원하고 있습니다. 그동안 서유럽에 비해 동유럽과 러시아에서는 잘 알려지지 않았던 당시 강탈의 규모나 반유대인법의 적용, 게토 건설, 강제 이송 일정, 계획적 혹은 즉흥적 학살뿐만 아니라 현지 저항운동과 유대인 구조망과 같은 사항 등을 밝혀내기 위하여 아직도 해야 할 일이 많이 남아 있습니다. 이 나라들의 연구자들과 젊은 세대는 이제야 홀로코스트의 현실과 규모를 인지하면서 이 문제에 관심을 갖기 시작했습니다. 이러한 이유로 저희 재단에서는 특히 상당한 관심을 끌고 있는, 라트비아와 리투아니아에서 일어난 사건에 대한 연구 장려 장학금을 지원하고 있습니다.

이제 오늘 학술대회의 주제로 돌아와 역사학자들의 연구는 계속해서 진전해왔다는 점을 강조하고 싶습니다. 역사학자들은 사건 그 자체에 대한 연구, 즉 대학살의 계획과 조직, 이를 위해 사용된 방법들을 분석했을 뿐만 아니라, 나치가 가졌던 동기, 현지인들의 협조, 홀로코스트의 경제적인 측면까지 밝혀냈습니다. 이와 관련하여 최근 프랑스어로 번역되어 출판된 독일의 역사학자 괴츠 알리의 저서 『히틀러의 인민국가Hitlers Volksstaat』를 언급하고 싶습니다. 이 책의 저자는 이데올로기적 동기와 나치 체제가 불러온 공포감을 넘어서 나치의 강탈 행위를 통해 독일인들이 결국 다른 나라의 국민들보다 좀 더 경제적으로 안락한 삶을 살 수 있었고, 바로 이런 점이 당시 독일 국민들이 나치에 동조하고 눈앞에서 벌어진 박해와 수탈에 침묵하는 데 어느 정도 기여하였다고 설명하고 있습니다.

더 넓은 차원에서, 파리와 베를린뿐만 아니라 암스테르담, 이스라엘, 미국 등 보다 많은 곳에서 역사학자들은 특히 비교 연구나 다른 학문과의 교류를 통해 더 많은 연구를 해야 합니다. 오늘 학술대회를 위하여 선택된 주제가 바로 이에 대한 완벽한 예입니다. 네덜란드에서는 4분의 3에 가까운 유대인들이 죽임을 당했고, 벨기에에서는 절반은 학살당하고 나머지 절반은 살아남았으며, 프랑스에서는 전체 유대인 인구의 4분의 3이 목숨을 건진 것을 어떻게 설명할 수 있겠습니까? 우리는 이 세 나라를 서로 비교해볼 수 있습니다. 이 세 나라는 1940년 이전에 반유대주의가 강하게 남아 있긴 했지만 그래도 상당히 타인에 대한 관용의 전통을 가진 민주주의 체제를 유지하고 있었기 때문입니다. 이뿐만 아니라 이 세 나라는 독일에 점령당했었고 그 형태는 다르지만 나치에 협력하기도 한 공통점을 갖고 있습니다. 그렇다면 이와 같은 조건에서 그토록 생존자 비율에 큰 차이가 나는 것을 어떻게 설명할 수 있을까요?

이 점에서 볼프강 자이벨 교수의 선구적이고 독창적인 연구를 높이 평가하고 싶습니다. 특히 그가 진행한 '서유럽의 홀로코스트와 폴리크라시'라는 프로젝트는 오늘 우리의 학술대회가 열리게 된 출발점이 되었습니다. 홀로코스트기념재단은 경계를 넘나드는 그의 학제적 연구를 지원하였습니다. 오늘 오후 세션을 통하여 정치학이 역사 연구에 새로운 시각을 가져다준다는 사실이 확인되리라고 믿습니다. 특히 조직망 분석에서 특수한 연구 방법이 개발되었기 때문에 그 분야에 큰 도움이 될 것이라고 봅니다. 그뿐만 아니라 프랑스, 벨기에, 독일, 네덜란드 연구자들의 공동연구가 철저히 개별 국가적 관점에서 이루어지는 연구와 비교할 때 훨씬 풍성한 결과를 가져다주리라는 점을 확신합니다. 그리고 바로 오늘 이 공동연구가 맺은 결실의 내용을 들을 수 있게 되어 매우 기쁘게 생각합니다.

우리는 라울 힐베르크가 언급했듯이 지리적인 문제를 생각해볼 수 있습니다. 네덜란드의 경우, 지리적으로 그곳을 빠져나오기가 매우 어려웠기 때문에 그곳 유대인들은 마치 그물에 걸려 있는 것과 같은 상황이었습니다. 그러나 훨씬 더 영토가 넓고 농촌 지역과 산악 지역이 많은 프랑스의 경우에는 몸을 숨기기가 훨씬 더 용이했습니다. 그러나 우리는 물론 지리적 요인 외에도 오늘 학술대회 세션을 통해 논의될 또 다른 요인들도 고려해야 합니다.

우리는 1943년 9월까지는 독일에 완전히 점령당하지 않았던 프랑스의 특수한 상황을 고려해야 합니다. 당시 점령당하지 않은 지역도 있었고 이탈리아에 점령당한 곳도 있었기 때문입니다. 물론 수많은 외국계 유대인들이 그곳에서 체포되었기 때문에 유대인들이 차별과 박해를 벗어난 상태였다고 말할 수는 없지만, 그래도 상대적으로 그 정도가 덜했던 것은 사실입니다.

유대인들을 구하기 위해 행동한 이들에 대해서도 말씀드리고 싶습니다. 벨기에의 유대인들과 특히 네덜란드의 유대인들은 그들을 구하기 위해 여러 방면으로 노력한 교회의 도움을 받을 수 있었습니다. 암스테르담에서는 연대 시위가 여러 차례 열렸고, 때론 혹독하게 진압당하기도 했습니다. '브레이 네딜란드'와 같은 저항 조직은 유대인들에게 가짜 신분증을 만들어주고, 몸을 숨길 곳을 마련해주기도 했습니다. 자신의 목숨과 자유를 걸고, 숨어 지내는 유대인들에게 은신처와 음식을 제공한 의인들도 있었습니다. 대개 단독으로 이루어진 이런 구조 행위는 때때로 공동으로 이뤄지기도 했습니다. 서로 합심하여 유대인 250여 가족을 받아들이고 먹을 것을 주고 숨겨준 네딜란드의 니우란더라는 작은 마을의 주민들의 경우가 그렇습니다. 원칙적으로 지정된 인물에게만 메달을 수여하는 야드 바셈이 바로 이 마을과 프랑스의 르샹봉쉬르리뇽, 두 마을에 의인 메달을 수여했습니다. 이뿐만 아니라, 유대인 저항 조직, 어린이구조단, 프랑스 유대인정찰대, 유대-기독교 조직, 시마드*와 같은 단체들도 아이들을 숨겨주거나 비밀리에 스위스로 보내면서 이들을 구하는 데 큰 역할을 하였습니다.

홀로코스트의 비극적 역사는 유럽 공통의 역사이며, 따라서 홀로코스트 연구는 모든 유럽 국가와 관련된 일입니다. 협력을 더욱 강화하기 위한 모든 시도가 이루어져야 합니다. 각국의 역사가들이 홀로코스트를 국가의 역사로 통합하는 데 큰 역할을 하고 있듯이, 홀로코스트가 온전히 유럽의 역사에 통합되기 위하여 역사가들이 수행해야 할 역할이 여전히 남아 있기 때문입니다. 우리는 우리 공통의 역사의 어두운 면을 기억하고 배우면서 유대인 대학살이 온전히 포함된 유럽의 정체성을 만들어나가야 합니다.

나치즘은 인류 역사상 유례없는 규모의 대재앙이었습니다. 히틀

---

* 1939년 설립된 프랑스의 이민자 및 난민 구호 단체.

러의 집권이 몇 년 만에 수천만 명의 목숨을 앗아 가고 유대인과 집시 민족을 거의 말살한 결과를 초래했기 때문만이 아니라, 이 끔찍한 일들이 형이상학적이고 역사적인 기획을 통해 전대미문의 과정을 거쳐 시행되었기 때문입니다. 이런 의미에서 나치즘의 희생자는 유럽의 문명과 인간주의 문화, 즉 온 유럽입니다.

전례 없는 급진성과 가혹성으로 역사 속에서 정점을 찍은 이 대재앙은 결국 역사의 연속성 속에 있습니다. 수 세기에 걸친 동족상잔의 전쟁은 유럽을 피로 물들였고, 전쟁이 계속될수록 증오는 깊어졌습니다. 계속된 갈등을 겪은 프랑스와 독일의 민족의식은 이런 적대감으로 형성되었습니다.

그런데 당시 유럽은 제국들을 멸망시키고 수백만 명의 목숨을 앗아 간 첫 번째 대재앙에서 막 벗어난 상태였습니다. 오늘날 우리는 1914년 전쟁의 학살이 당시 사람들의 의식에 가져왔던 트라우마를 제대로 인지하지 못하고 있습니다. 2차 세계대전의 유례없는 잔혹성이 1차 세계대전의 잔혹성을 삼켜버렸기 때문입니다. 그러나 역사학자들은 1차 세계대전의 학살이 불러온 트라우마와 2차 세계대전 발발 사이의 직접적인 인과관계를 밝혀냈습니다. 즉, 민족주의의 폭발과 대량 살상의 경험이 차후의 전체주의가 탄생하는 데 직접적인 역할을 한 것입니다. 평화가 다시 찾아오자 추모와 기념의 작업이 시작되면서 사람들은 군인들의 희생을 찬양하고 전투를 신성시하고 전쟁을 숭배하였고, 이 과정에서 전쟁의 혹독한 잔인함은 물론이고 군인들의 난폭함에 이르기까지 전쟁에 대한 기억이 희미해진 것입니다. 1920년대 세대를 만들어내고 또한 나치즘의 기반을 닦은 것은 바로 당시의 모든 문화와 정치·경제적 상황이었습니다. 1938년 제바스티안 하프너가 런던에서의 망명 생활부터 이 시대에 대한 기록을 놀랍도록 통찰력 있게 담아낸 『어느 독일인 이야기』는 우리에게 매우 귀중한 자료입니다. 이 책을 통해 우리는 나치즘이 자신의 뿌리를 찾게 된 시기를 이해할 수 있을 뿐만 아니라 지구상에서 가장 문명화된 민족 중 하나가 도대체 어떻게 유럽을 휩쓴 이 끔찍한 야만에 열렬히 동조할 수 있었는지를 꿰뚫어 볼 수 있습니다.

아우슈비츠는 절대 악의 상징이 되었고, 홀로코스트는 우리의 근대 의식이 길을 잃을까 두려울 때마다 참조하는 비인간성의 기준이 되었습니다. 모두가 유대인 대학살이 갖는 전 세계적 영향력을 인정하였습니다. 이와 같은 성숙의 과정은 필요한 것이었습니다. 이 사건은 근대성에 대한 성찰을 뒤엎고 정치사상의 근본까지 뒤흔들었으며 국제법의 발전을 가져왔습니다.

그러나 이 사건에 대한 언급이 남용되면서 초기의 의도가 위협받고 있습니다. 강제수용소에 대한 인식 체계가 역사적 맥락을 벗어나면서 이제는 그저 보편적으로 재활용 가능한 도덕적 상징에 불과한 경우가 빈번하기 때문입니다. 이것은 위험한 일입니다. 마지막 생존자들이 점점 세상을 떠나면서 증언자들의 시대가 막을 내리는 오늘날, 홀로코스트로부터 많은 교훈을 이끌어낸 나머지, 그것이 선의든 악의든 몇몇 뒤섞기 시도가 일어나면서 홀로코스트는 일반화의 위협을 받고 있는 것입니다.

그러나 모든 제노사이드가 서로 같은 것이 아니고, 모든 범죄가 동일한 것이 아니며, 모든 학살 사건이 제노사이드인 것도 아닙니다. 유럽이 나치 범죄로부터 모든 역사적 이해와 단절된 예외적인 성격만을 고려한다면 길을 잃게 될 것입니다. 그 어느 때보다도 더 유럽의 역사의식에서 이 사건에 올바른 자리를 부여하는 일이 필요합니다. 그리고 이를 위해서는 유럽의 역사 안에서 2차 세계대전에 대한 전반적인 성찰이 요구됩니다.

이에 따라 홀로코스트기념재단에서는 박사과정 및 박사후과정 장학금 제도를 통해, 오늘 이 자리에도 일부 참석해 있는 여러 신진 연구자들의 연구를 지원하고 있습니다. 또한 우리 재단에서는 출판 사업도 장려하고 있으며, 특히 프랑스어 이외의 다른 언어, 주로 독일어로 출간된 저서들의 번역 작업을 지원하고 있습니다. 베른하르트 슈트레벨이 라벤스브뤼크 강제수용소에 대해 쓴 연구서가 그 예입니다. 우리는 역사뿐만 아니라 다른 여러 분야에서의 '세대교체를 준비'하고, 홀로코스트에 대한 연구가 앞으로 지속될 수 있도록 하는 이와 같은 정책을 계속 이어나갈 것입니다. 오늘 이 자리에 참석하신 젊은 연구자들 중에 홀로코스트 분야를 전공으로 선택하는 분들이 계시길 바라며, 영미권에서 '홀로코스트학'이라고 부르는 이 분야가 프랑스에서 발전하길 희망합니다. 따라서 프랑스에서 홀로코스트에 대한 '전공 강의'가 신설되어 이 연구 분야가 프랑스의 역사와 유럽의 역사에 온전히 통합되길 진심으로 기원합니다.

발언을 마치며 여러분께 유익한 학회의 자리가 되길 바라기에 앞서, 처음에 말씀드렸던 바를 다시 한번 강조하고자 합니다.

어린 학생이었을 당시 제가 겪었던 일을 나눌 수 없다는 사실이 얼마나 큰 고통이었는지 말씀드렸습니다. 타인의 고통에 관심을 가져주는 일은 저의 평생 동안 개인적인 삶은 물론이고 정치적인 삶에서도 무조건적인 행동양식이었습니다. 따라서 오늘날 홀로코스트를 상대화하고 역사 속으로 사장할 사건처럼 다루면서 홀로코스트를 일반화하고자 하는, 기억에 관한 여러 주장들을 듣게 될 때면, 그 주장의 적합성과 무관하게 우리 사회가 길을 잃고 있는 것은 아닌지 진심으로 우려가 됩니다. 그것은 모든 투쟁을 혼동하고, 권리와 의무를 혼동하고, 연민의 의무와 정의에 대한 권리를 법의 적용과 혼동하고, 거짓을 진실과 혼동하고, 우리 젊은이들을 증오와 인종차별, 반유대주의와 외국인혐오의 길로 이끄는 일입니다. 오늘날 여러분 중 가장 나약한 자들을 이런 길로 데려가려는 거짓 예언자들은 프랑스와 유럽, 전 세계에 널려 있습니다. 바로 오늘 이 자리에 이렇게 많이 참석해주신 여러분께서 이를 저지해야 합니다. 오늘 이 자리에 이렇게 함께해주셔서 진심으로 감사합니다.

2005년 12월, 파리정치대학,
학술대회 '서유럽에서의 홀로코스트: 앞으로의 벨기에, 프랑스,
그리고 네덜란드'

네버 어겐 아우슈비츠?

먼저 저에게 아네티어 펠스큅페르스미트 상賞 수상의 영광을 주시고 또 이렇게 여러분 앞에서 발언할 수 있는 기회를 주신 네덜란드 아우슈비츠 위원회와 네덜란드 연금기금, 그리고 홀로코스트와 제노사이드 연구소에 감사 말씀 드립니다.

네덜란드 아우슈비츠 위원회의 설립자이신 아네티어 펠스큅페르스미트를 영원히 기리는 이 상을 받게 되어 매우 특별한 감정을 느낍니다.

또한 무엇보다 그녀가 수용소에서 돌아온 직후부터 세상을 떠날 때까지 침묵과 망각에 맞서서 벌인 투쟁에 경의를 표하고 싶습니다. 레지스탕스 활동가이자 강제수용 유대인이었던 그녀는 네덜란드의 유대인 4분의 3이 학살당한 역사와 상황을 전하기 위하여, 아우슈비츠에서 벌어졌던 일들을 세상에 알리기 위하여, 홀로코스트를 인류의 역사 속에서 올바른 자리에 위치시키고 현대의 도덕적·정치적 논의의 중심에 두기 위하여 평생을 바쳤습니다.

이것이 바로 '두 번 다시 아우슈비츠는 없을 것인가?'라는 어려운 질문에 대해 여러분과 함께 성찰하기에 앞서, 먼저 1945년 이후로 진행되어온 기억과 역사 작업의 중요성을 언급하고자 하는 이유입니다.

아네티어 펠스큅페르스미트가 자신의 노력이 헛되지 않았다는 것을 알게 된다면 매우 기뻐할 것이라고 생각합니다. 내일, 2006년 1월 27일은 소련군이 아우슈비츠 수용소를 해방한 기념일로, 여러 나라에서 개최되는 기념행사 이외에도, 특히 젊은 세대가 과거에 벌어진 일을 제대로 알 수 있도록 유럽과 전 세계의 많은 학교에서 다양한 교육 행사가 열립니다.

이미 며칠 전부터 여러 텔레비전 채널에서 관련 다큐멘터리를 방영하고 있고, 홀로코스트가 무엇이었는지를 설명하고 그 사건이 오늘날에 미치는 영향을 가늠하기 위한 토론을 마련하고 있습니다. 그리고 지난 11월 유엔총회에서 홀로코스트와 직접적인 관련이 없는 국가들을 포함하여 세계의 모든 국가가 기념할 수 있도록 1월 27일을 '국제 홀로코스트 희생자 추모의 날'로 지정하는 결의안을 채택하였습니다.

따라서 1945년 이래로 걸어온 투쟁의 길은 가히 인상적이라 할 수 있습니다. 1월 27일이 모든 나라가 기념하는 날이 되었다는 사실만으로도 아네티어 펠스큅페르스미트처럼 사람들이 홀로코스트를 잊지 않도록 투쟁한 모든 이들은 승리를 거둔 것입니다. 그리고 설령 우리가 학살당한 600만 명의 유대인들을 기억하지 못할 수 있다 하더라도, 우리를 절멸하고자 했을 뿐만 아니라 학살의 흔적과 심지어는 우리 존재의 흔적마저 세상에서 모두 지워버리고자 했던 나치는 실패한 것입니다.

그럼에도 불구하고, 우리가 곧 '아우슈비츠의 해방'이라 불리는, 더 광범위하게는 1945년에 일어난 '강제수용소의 해방'이라 일컫는 것을 기념할 예정이기 때문에, 당시 강제수용소 해방은 전혀 해방의 성격을 띠지 못했다는 사실을 다시 한번 말씀드리고 싶습니다. 유럽 전역에서 150만 명의 유대인들이 아우슈비츠로 강제 이송되었지만, 1945년 1월 27일 가장 먼저 도착한 소련군이 아우슈비츠 수용소로 진입했을 때 눈앞의 광경을 믿지 못한 그들이 아연실색하며 그곳에서 발견한 것이라고는 기적적으로 나치로부터 살아남은 병들고 죽어가던 수천 명의 유대인들뿐이었습니다.

저는 당시 그곳에 없었습니다. 1945년 1월 18일, 아우슈비츠-비르케나우에 강제수용되었던 수만 명의 유대인들과 함께, 우리가 후에 '죽음의 행군'이라 이름 붙인 길을 떠나야 했었기 때문입니다.

추위와 눈 속에서 여러 날을 걸은 후, 우리는 지붕 없는 열차에 태워져 독일로 이송되었고, 도라, 마우트하우젠, 부헨발트와 같은 서쪽 수용소로 보내졌으며, 저의 경우에는 베르겐-벨젠 수용소로 가게 되었습니다. 우리는 너무나 쇠약해진 나머지, 많은 이들이 행군 도중 기력이 다해 죽거나 나치친위대의 마지막 총알에 맞아 쓰러졌습니다. 그러나 우리의 악몽은 거기서 끝나지 않았습니다. 해방되기까지 몇 달을 더 기다려야만 했으니까요. 그사이 그때까지 기적적으로 살아남은 사람들 중 많은 이들이 극심한 피로와 굶주림, 티푸스, 즉결 처형으로 죽임을 당했습니다. 그 순간들을 떠올릴 때마다 기적적으로 살아 있었던 사람들을 죽게 만든 그 상황에 분노가 치밉니다.

베르겐-벨젠 수용소에 영국군이 도착했던 때를 기억합니다. 물론 우리는 기뻤습니다만, 이 말이 과연 무슨 의미가 있었을까요? 그토록 기다리고 그토록 바라던 해방은 너무나 늦게 찾아왔습니다. 너무나 큰 고통을 겪었고, 나의 어머니, 아버지, 오빠를 포함하여 너무나 많은 사람들이 죽었습니다. 살아남기 위해 그토록 애썼던 우리는 살고 싶은 모든 욕망을 잃어버린 것만 같았습니다.

그러고 나서 우리는 돌아가야 했습니다. 그러나 우리 중 대다수는 더 이상 가족도, 부모도, 돌아갈 집도 없었습니다. 오늘날 폴란드의 게토와 수용소에서 구조된 뒤 프랑스나 다른 유럽 국가로 보내져 더욱 비참한 상황을 겪었을 모든 이를 생각하면 더욱더 가슴이 아픕니다.

재차 말씀드리지만, 돌아온 우리의 상황은 여전히 매우 고통스러웠습니다. 그 누구도 우리가 겪은 일들을 알고 싶어 하지 않았기에, 우리는 고독 속에 외롭게 갇혀 있었습니다. 우리가 목격한 일들을 사람들은 듣고 싶어 하지 않았습니다. 그 누구도 우리가 해야만 했던 이야기를 듣고 그 짐을 나누려 하지 않았습니다. 우리는 살아서는 안 되는 존재들이었습니다. 나치의 장악력이 너무나 압도적이었기 때문에 우리 내면에는 죽음을 피할 수 없다는 생각이 자리 잡고 있었습니다. 얼마 안 되는 생존자들인 우리, 증인들인 우리는 그저 침묵하기 위해 살아남은 존재들이었습니다. '살아남았다면 침묵하라'고 수용소 밖 세상이 우리에게 말하는 것 같았습니다.

나치즘으로부터 벗어난 유럽에서 누가 진정으로 아우슈비츠의 유대인 생존자들을 신경 썼을까요? 우리는 레지스탕스 활동가도 아니었고, 투사들도 아니었습니다. 물론 우리 중 일부는 진정한 영웅들이었지만 말입니다. 이미 역사는 쓰이기 시작했고 상처받은 기억은 회복을 위한 신화를 만들어내고 있었기에, 우리는 달갑지 않은 증인들이었습니다.

얼마 전 우리가 60주년을 기념한 뉘른베르크 재판에서도 역사상 처음으로 판결된 반인도적 범죄 속에 홀로코스트라는 차원은 중시되지 않았습니다. 그것은 민간인 대량 학살에 대한 판결을 내리기 위해 새롭게 도입된 개념으로서, 물론 유대인 희생자도 고려되기는 했지만 이들이 논의의 중심에 있지는 않았습니다.

1961년 아이히만 재판에 이르러서야 나치가 저지른 범죄의 특수성이 고려되기 시작했습니다.

게다가 역사학자들조차도 처음에는 우리의 증언을 중시하지 않았습니다. 이 생각을 할 때마다 늘 같은 분노를 느낍니다. 역사학자들에게 우리는 그저 희생자였으며, 따라서 우리의 증언은 주관적이고 편파적인 것으로 여겨졌습니다. 오랜 세월 동안 누구도 홀로코스트에 제대로 관심을 가져주지 않았습니다.

다행히도 그 후에 이루어진, 기억을 위한 길고 고된 작업 끝에 홀로코스트는 무관심에서 벗어나게 되었고 우리는 제자리를 찾게 되었습니다. 오늘날 사람들이 끊임없이 우리를 찾는 모습을 보면 얼마나 상황이 역전된 것인지요. 여기저기서 우리가 증언해주길 요청하고 있습니다. 우리가 세상을 떠나고 난 뒤에는 더 이상 그 누구도 우리가 보고 듣고 겪은 것을 말해줄 수 없기 때문입니다.

아우슈비츠는 서서히 절대 악의 상징으로 자리 잡았고, 홀로코스트는 우리의 근대 의식이 길을 잃을까 두려울 때마다 참조하는 비인간성의 기준이 되었습니다. 그렇게 되기까지 많은 시간이 걸렸습니다. 모두가 유대인 대학살이 갖는 전 세계적 영향력을 인정하게 되었습니다. 이와 같은 성숙의 과정은 필요한 것이었습니다. 이 사건은 근대성에 대한 성찰을 뒤엎고, 정치사상의 근본까지 뒤흔들었으며, 국제법의 발전을 가져왔습니다.

그러나 이와 같은 의식의 진전이 '두 번 다시 아우슈비츠는 없을 것인가?'라는 질문에 답을 내리기에 충분한 것일까요? 저는 그렇게 생각하지 않습니다. 따라서 지금 그 질문에 답을 해보려고 합니다.

그와 같은 엄청난 재앙이 언젠가 다시 찾아오는 것을 어떻게 막을 수 있을까요? 우리와 멀지 않은 곳에서 몇 달 만에 르완다의 투치족 90만 명이 학살당한 상황에서 감히 어떻게 이런 질문을 던질 수 있을까요? 그럼에도 불구하고, 이 질문을 스스로에게 던졌습니다. 심지어 이것은 아마도 젊은 법조인으로서, 장관으로서, 유럽의회의 첫 의장으로서, 현재 헌법평의회* 위원으로서, 물론 홀로코스트기념재단 회장으로서 저의 일생 동안 저를 이끌어온 질문일 것입니다.

먼저 유럽의 건설이야말로 여러분이 던진 이 질문에 대한 답의 하나였다고 생각하며, 또한 앞으로도 계속해서 그 답이 되어야 한

---

* 우리나라의 헌법재판소에 해당한다.

다고 생각합니다.

사실 유럽은 전쟁의 폐허 속에서 건설되었습니다. 우리 모두 잘 알다시피 나치즘은 전 유럽을 암흑 속으로 몰아넣었습니다. 유럽 인들 간 화합을 도모한다는 생각은 서로가 서로에게 의지하면서 함께할 때에만 다시 일어설 수 있다는 믿음으로부터 비롯된 것이었 습니다. 여기에는 우리를 안심시키는 순진함도, 국가들에게 책임 을 면하게 해주려는 의도도 없었습니다. 그것은 용서가 아니라 냉 정하고 용기 있는 화해로서, 현실적이었던 만큼 이상적이고, 그것 이 가장 깊은 절망으로부터 나온 것임을 알기에 그만큼 더 필요한 것이었습니다. 악의 고리를 끊어야만 했습니다. 즉, 유럽인들 간의 화해야말로 평화로운 유럽의 건설을 위한 축이 될 수 있었습니다. 도박을 해야만 했고, 여러 장애물에도 불구하고 그것을 밀고 나가 야만 했습니다. 다리를 건설하고 관계를 맺고 증오가 사라질 수 있 는 환경을 만들었습니다. 우리를 갈라놓고 우리에게 시련을 주었 던 것을 품어야 했고, 이 상처 난 기억을 공동 사업의 발판으로 삼 아야 했습니다. 우정은 나중에 생겨날 것이다, 바로 그것이 저를 비 롯한 많은 이들이 도모한 유럽의 건설에 걸었던, 냉정하고 필사적 인 도박이었습니다.

사람들은 종종 저에게 아우슈비츠에 강제수용되었던 제가 어 떻게 프랑스와 독일 간 화해를 위해 앞장서고, 독일인들을 '용서'할 수 있었는지 묻곤 했습니다. 아니요, 저는 결코 나치가 저지른 범죄 들을 용서한 적이 없습니다. 제가 어떻게 그럴 수 있겠습니까? 희 생자를 대신하여 누가 용서를 할 수 있단 말입니까? 어쨌든 나치의 살인자들은 결코 용서를 구하지도 않았습니다! 그러나 우리는 절대로 모든 나치의 살인자들과 그 공모자들을, 그들이 저지른 일에 대해 벌할 수 없다는 사실을 깨달았습니다. 우리는 모든 나치 가담자들과 협력자들을 감옥에 가둘 수 없었습니다. 남자, 여자, 노인, 아기 가릴 것 없이 한 민족 전체에 대한 학살에 비하면 극소수의 주요 책임자들을 처형하는 것은 너무나 보잘것없는 일이었습니다.

사이먼 비젠탈*이나 프랑스의 세르주 클라르스펠드처럼 '반인도적 범죄'에는 공소시효가 없도록 노력한 이들의 행동의 중요성을 인정하기는 하지만, 개인적으로 저는 늘 실용적인 입장을 택했습니다. 즉, 독일과 유럽의 새로운 세대와 함께 일하면서 같이 성벽을 쌓고 역사의 질풍에 맞설 수 있는, 견고하면서도 융통성 있는 올바른 체제를 건설하는 일입니다.

그러나 우리의 일은 아직 끝나지 않았습니다. 유럽이 민주주의의 본보기가 되고, 각자의 의무를 상기시키는 동시에 인간의 권리를 존중하는 본보기가 되어야 한다고 생각합니다.

과거의 전체주의 경험으로부터 교훈을 이끌어내면서, 유럽은 경제적·문화적 교류를 증진하는 가운데, 서로 연대하는 평화적인 공존을 위해 애쓰며 모든 시민에게 최대한의 자유를 보장해야 할 의무가 있습니다. 최근 유럽연합의 신규 가입국에 제시된 조건들

---

*   우크라이나 출신 오스트리아의 유대인으로 2차 세계대전 중 나치에 의해 수용소로 강제 이송되었다. 종전 이후 홀로코스트 자료 센터를 설립하였고, 세계 각지의 유대인의 지원을 받아 평생 사업으로서 나치 부역자들을 추적하였다. 대표적으로, 1960년 아르헨티나에서 가짜 신분으로 숨어 지내던 아이히만을 찾아냈고 이스라엘 비밀경찰과 협력하여 체포 후 법정에 세웠다.

이 말해주듯, 소수집단의 권리를 존중하고 종교적 자유를 보장함으로써, 동족상잔의 내전에 대한 모든 위협을 완전히 몰아내야 합니다.

　민주주의는 국민의 신뢰와 공동의 미래를 함께 결정하는 모든 시민들의 신뢰에 기반하기 때문에, 이 신뢰는 의사결정을 명확히 이끄는 가치들에 의해 보호되어야 합니다. 시민적 용기, 관용, 타인에 대한 존중이라는 유럽이 추구하는 이 가치들은 나치즘의 역사를 통해 가장 어두운 시기에 우리에게 가장 필요한 것으로 증명된 가치들입니다. 국가 전체가 암흑에 잠겼을 때, 몇몇 이들의 가슴과 머리에서 그리고 실천과 행동을 통해 명예를 지켜낸 것이 바로 이 가치들입니다. 바로 이곳 암스테르담에서도 한창 강제 이송이 진행되던 무렵 연대 시위가 여러 차례 열렸고 때로는 무자비하게 진압당하기도 했습니다. 교회도 유대인들을 돕는 데 큰 역할을 했습니다. '브레이 네덜란드'를 비롯한 여러 저항 조직은 유대인들에게 가짜 신분증을 만들어주고, 몸을 숨길 곳을 마련해주기도 했습니다. 또한 통상 지정된 인물에게만 메달을 수여하는 야드 바셈이 네덜란드의 니우란더와 프랑스의 르샹봉쉬르리뇽이라는 두 마을에만 의인 메달을 수여했다는 사실도 잊지 맙시다.

　이것은 또한 나치즘의 경험으로부터 얻은 교훈이기도 합니다. 즉, 제도는 가능한 한 가장 신뢰할 수 있어야 하고, 민주주의는 개인과 집단의 위험한 열의에 맞서 모든 종류의 보호와 견제 메커니즘을 통해 보장되어야 합니다. 만약 이 빗장이 벗겨진다면, 그때는 오직 개인의 용기와 도덕심, 개인들의 존엄성만이 우리가 견고한 민주적 제도를 다시 세울 때까지 인본주의적 가치를 지키고 우리가 증오의 이데올로기와 그것이 낳은 재앙 속으로 빨려 들어가지 않도록 막아줄 것입니다.

이제, 견고하고 민주적인 유럽의 건설이라는 단단한 둑에 이어, 제가 생각하는 두 번째 성벽에 대해 말씀드리고 싶습니다. 그것은 바로 홀로코스트에 대한 전달, 역사, 교육의 역할입니다. 저는 '기억의 의무'라는 표현을 별로 좋아하지 않습니다. 그보다는 개인적으로 '역사의 의무', '성찰의 의무'라는 개념을 더 선호하며, 이는 물론 기억과 역사, 성찰의 '작업'을 필요로 합니다.

유럽은 그 명암을 포함한 모든 공동의 과거를 제대로 알고 또 감당해야 합니다. 즉, 모든 회원국은 자신들의 실패와 과오를 인정하고 감당하며 스스로의 과거뿐 아니라 이웃 국가와의 과거도 직시해야 합니다. 이 기억의 작업은 모든 국민들에게 요구되는 일로서, 보통 어렵고 때로는 아주 힘든 일입니다. 그러나 이것을 통해 과거의 악습으로부터 미래를 지킬 수 있습니다. 이 작업이 이전의 배반적 과거로 파괴된 국가 단일성을 건전한 바탕 위에서 다시 세울 수 있도록 할 뿐만 아니라 이전에 적이었던 국가들 간 지속적인 화해를 가능하게 하기 때문입니다.

이런 토양 위에서 유럽의 모든 국가는 같은 보폭으로 나아가지 않았습니다. 프랑스와 네덜란드에서는 먼저 나치 독일에 저항한 애국 투쟁 신화가 만들어져 오랫동안 유대인 강제 이송에 대한 실제 책임을 가리고 있었습니다. 그러나 이 사건이 불러온 집단적 죄의식과 함께 조금씩 책임감에 대한 의식이 생겨났고 오늘날까지 계속되고 있습니다. 모든 문제가 해결된 것은 아니지만, 이제 우리는 역사의 어두운 페이지를 직시할 수 있습니다. 유럽 차원에서 모든 나라와 민족이 용기와 품위를 갖고 평화롭고 지속적인 공존을 위한 조건인, 자신의 과거에 대한 이 작업을 완수하고자 하는 움직임이 자리 잡고 있다고 생각합니다. 그러나 모든 곳에서 같은 속도로 진행되고 있지는 않습니다. 홀로코스트는 동유럽 일부 국가들에서 아직도 충분히 인정되고 있지 않습니다. 오랫동안 집권한 공산주의 체제에 의해 조작되면서 나치의 지배를 받은 민족들이 받은 고통에 대한 기억이 유대인의 고통을 이 민족의 특수성과 함께 지우고 말았습니다. 그리고 공산주의의 굴레에서 벗어나자, 또 다른 차폐 기억들이 나타나 홀로코스트에 대한 이 역사의 작업을 가로막았습니다. 즉, 거의 반세기 동안 구소련 체제하에 있던 이들에게 공산주의의 희생자들이 나치즘의 희생자들을 잊게 한 것입니다. 그러나 이 현실들을 인정하기 시작했고, 발트3국과 동유럽의 국가들을 방문해보았더니, 그것이 너무나 어렵고 고될지라도 기억을 위한 작업이 시작되고 있음을 알 수 있었습니다.

2차 세계대전과 홀로코스트가 끝난 뒤 60년이 지난 오늘날, 이제 유럽인들은 뒤를 돌아보며 그동안 서로의 화해를 위해 걸어온 길을 자랑스럽게 바라볼 수 있습니다. 하지만 우리에게는 여전히 가야 할 길이 남아 있습니다. 구유고슬라비아에서 발생한 내전, 즉 전반적인 무관심 속에서 타인에 대한 배척과 증오가 다시 한번 우리 대륙의 중심을 피로 물들인 이 사건을 보며 받은 상처에 대해 이 자리에서 언급하지 않겠습니다. 또한 인간을 몰살하고자 하는 충동이 아우슈비츠와 함께 사라진 것이 아니며, 대량 학살은 언제든 다시 발생할 수 있다는 것을 보여준, 르완다나 캄보디아에서 일어난 끔찍한 대학살에 대해서도 이 자리에서 자세히 언급하지 않겠습니다.

그렇지만 우리들의 국가에서 증오와 갈등의 상황이 사라졌다고 생각하는 것을 경계해야 합니다. 사실 우리를 다시 성찰하게 한 최근의 일에 대해 질문을 던져보고 싶습니다. 프랑스와 네덜란드에서 유럽헌법에 대한 국민투표가 부결된 일을 어떻게 염려하지 않을 수 있겠습니까? 네덜란드에서 테오 판 고흐 감독*의 피살을 둘러싼 불관용의 기운을 어떻게 걱정하지 않을 수 있겠습니까?

계속 커져가는 불관용이 우리를 걱정시키고 있습니다. 여러분의 국가와 관용의 이미지는 불가분의 관계에 있기 때문입니다. 또한 저를 포함한 많은 사람들에게 관용이 없는 네덜란드는 상상하기 어렵습니다. 통합을 가로막는 이러한 결함이 네덜란드 사회처럼 합의를 기반으로 한 사회에 존재한다는 것은 우리를 놀라게 할 수밖에 없습니다.

뿐만 아니라, 지난가을 프랑스의 일부 교외 지역에서 발생한 심각한 폭력 사태는 우리 사회가 아직도 구성원 전체를 통합하지 못했다는 사실을 보여줍니다. 통합 과정의 실패는 이중으로 해로운 일입니다. 한편으로 증오와 인종차별주의, 반유대주의를 낳고, 다른 한편으로 극우파의 명분이 되는 고질적인 편견들을 조장하기

---

* 네덜란드의 영화감독 및 텔레비전 프로듀서로서, 생전에 이슬람교 비판에 앞장서며 관련 작품을 제작했고, 이로 인해 2004년 암스테르담에서 이슬람 극단 세력에 가담한 모로코계 청년에게 살해당했다.

때문입니다.

프랑스를 비롯한 모든 곳에서 이 문제를 해결하기 위해 시급히 노력해야 합니다. 또한 동시에 경계심을 더욱 키워야 합니다. 우리 눈앞에서 이스라엘-팔레스타인 갈등으로 인해 형성된 새로운 형태의 반유대주의가 생겨나는 것이 배척으로 인해 빗나간 바로 이 사회적 공간이기 때문입니다. 반유대주의는 일상적 언어에서, 그라피티에서, 풍자화와 농담에서 시작합니다. 그러고는 모욕으로 이어지고 결국 폭력으로 끝납니다. 우리는 이런 상황을 좌시할 수 없습니다. 저는 자랑스럽게 프랑스와 프랑스 정부, 프랑스 대통령은 반유대주의 행위에 단호히 대응하여 처벌하였으며, 이제는 감소되는 추세라는 말씀을 드립니다.

하지만 아직도 일부 학교에서는 홀로코스트에 대해 이야기하기 어려운 것이 사실입니다. 또한 우리는 프랑스 내 이른바 민감한 지역에서는 소위 '희생자들 간의 경쟁'이라는 것이 형성된 까닭에 교사들이 이 주제를 다루기를 포기한 것을 알고 있습니다.

이 현상을 더욱 잘 이해하기 위하여 다음의 사실을 상기할 필요가 있습니다. 먼저 홀로코스트에 대하여 자크 시라크 대통령은 직접 프랑스의 책임을 공식적으로 인정했다는 사실입니다. 그다음으로, 강탈당한 재산이 두 개의 기금으로 반환되어 상징적인 '보상'이 이루어졌다는 점으로서, 하나는 국무총리실 산하 유대인 강탈 피해자를 위한 보상위원회이고, 다른 하나는 제가 회장직을 맡고 있는 홀로코스트기념재단으로, 우리 재단은 프랑스 은행에 상속자 없이 남겨진 재산들을 모아 설립되었습니다.

바로 이것 덕분에 우리가 파리에 새로 지어진 홀로코스트기념 관에 재정지원을 할 수 있었습니다. 이곳은 박물관이자 동시에 아주 중요한 교육, 자료 처리 및 기록 보관 센터로서, 프랑스에서 강제 이송된 7만 6000명의 유대인들의 이름이 새겨진 벽이 세워져 있습니다. 뿐만 아니라, 우리는 홀로코스트의 역사, 생존자, 유대주의와 관련한 다양한 분야에서 2000년 설립 이래로 지금까지 약 800건에 달하는 프랑스와 외국의 수많은 프로젝트를 지원할 수 있었습니다.

홀로코스트와 관련한 이와 같은 인정과 보상의 과정은 오늘날 노예제로 발생한 피해나 식민 지배로 인한 피해를 인정하는 문제와 같은, 과거에 대한 보상 문제에서 중요한 기준이 되고 있습니다.

이 점에서, 우리 국가의 역사에서 식민 지배와 노예제라는 부분들이, 피해를 입은 이들을 고려하고 오랫동안 그들의 고통을 말할 수 없게 만든 민감성을 존중하여 교육되어야 한다고 생각합니다. 동시에 젊은 세대들이 지나치게 스스로를 피해자로 여김으로써 어려움에 맞서고 그것을 해결할 힘을 얻는 것이 아니라 오히려 약해지지 않도록 도와야 한다고 깊이 확신합니다.

또한 역사의 이러한 면을 교육하는 것이 중요하다고 확신하는 것은, 이렇게 기억과 관련한 주장들에 의해 이 사건이 도구로 이용되는 일에 분노하기 때문이라는 말씀도 드리고 싶습니다. 일부 주장들이 자신들의 정당성을 강화하기 위하여 홀로코스트를 일반화하고 상대화하고 왜곡하고, 심지어는 부정하는 것을 보면 정말 염려하지 않을 수 없습니다. 우리 사회가 모든 투쟁, 모든 대의와 그로부터 파생된 일탈까지 혼동하고 있는 것은 아닌지 걱정이 됩니다.

네덜란드에서는 이 문제가 이 범위 안에서만 제기되지 않는다는 것을 알고 있습니다. 이곳의 홀로코스트와 제노사이드 연구소가 바로 그 예인데, 이 연구소에서는 홀로코스트뿐만 아니라 20세기의 다른 제노사이드에 대해서도 연구를 진행하고 있기 때문입니다. 게다가 학교에서 사용되는 교과서에 홀로코스트를 다른 제노사이드와 연계하여 소개하기 위한 여러분의 연구는 매우 흥미롭습니다. 이 연구는 공통점과 차이점을 보여주면서 특수한 방식으로 다양한 제노사이드를 다루고 있기 때문입니다.

홀로코스트의 역사와 그 악순환과 거기까지 이르게 된 역사적·정치적 맥락에 대한 지식이 우리의 학교와 대학 내 교육의 중심에 있어야 한다고 생각합니다. 또한 홀로코스트를 안다고 해서 그와 같은 끔찍한 사건이 되풀이되는 것을 막을 수는 없기 때문에 이 교육은 성찰이 동반되어야 합니다.

홀로코스트가 일어난 배경에는 오랜 역사를 갖고 있는 반유대주의가 자리 잡고 있습니다. 오늘날 우리는 우리들의 나라에서 반유대주의가 새롭게 나타나는 것을 목격하고 있습니다. 이 자리에서 몇몇 지도자들과 극단적인 이슬람주의의 대표자들, 국가원수들이나 과격파의 대표들이 공개적으로 표명한 반유대주의에 대해 이야기하지 않겠습니다. 오직 민주국가의 단호함, 그와 같은 언사에 대한 분명한 지탄과 그에 뒤따르는 정치적 결과로 이들에 맞서야 합니다.

우리는 우리들의 나라에서 경제·사회적 위기를 발판으로, 또한 모든 위험을 키우는 가치의 위기에 맞서 반유대주의와 인종차별주의, 외국인혐오증이 커지는 것을 받아들일 수 없습니다.

여러분, 오늘날 우리는 지난 세기를 유린한 이데올로기들로 생겨난 폐해가 무엇인지 알고 있습니다. 저는 증오의 이데올로기 형성의 기반이 되는 온갖 날조를 타도하기 위해서 용기가 필요하다는 사실을 잘 알고 있습니다. 이러한 이데올로기는 진실을 필요로 하지 않기 때문에 그만큼 더 쉽게 퍼져나가고 또한 모든 이들을 현혹하기 위하여 단순화 전략을 취하는 만큼 경계를 늦추지 말아야 합니다.

이제 타인에 대한 증오를 자양분으로 삼는 이러한 모든 이데올로기를 타도해야 합니다. 우리는 새로운 세대는 윗세대의 교훈과 역사의 교훈을 통해 면역이 되었다고 생각했습니다만, 그들도 과거의 세대만큼이나 취약합니다. 실제로, 시대마다 새로운 위험이 의식 속에 잠들어 있다가 혼란을 겪는 불행한 이들을 유혹합니다.

끝으로 누구보다 특히 젊은 세대, 오늘 이 자리에 와 계신 학생 여러분께 호소하며 더 큰 경계심을 가질 것을 요청하고 싶습니다.

오늘 우리가 이 자리에 모인 것은 홀로코스트의 역사를 되짚기 위한 것일 뿐만 아니라, 너무나 큰 고통을 겪었으나 행복할 자격이 있는 인류의 명예를 위하여 불관용, 차별, 모든 인종주의에 맞서 싸우고자 함입니다. 우리는 어떠한 타협도 결코 용납해서는 안 되는, 단순하지만 매우 중요한 몇 가지 진실들을 환기하기 위해 이 자리에 모였습니다. 우리는 우리를 결집하는 것이 우리를 갈라놓는 것보다 더 강하다는 사실을 기억하기 위하여, 상반된 열망들을 대립시키는 것이 아니라 공동의 가치를 함께 모으는 것을 선택하기 위하여 이 자리에 모였습니다. 우리는 그 어떤 것에도 견줄 수 없는 야만성으로 파괴되고 상처 입었던 한 대륙이 민주주의, 타인에 대한 존중, 인간에 대한 기본 권리라는 원칙을 중심으로 다시 일어설 수 있다는 사실을 기억하기 위하여 이 자리에 모였습니다.

제2의 아우슈비츠가 없는 세상을 만드는 일은 우리 모두에게 달려 있습니다. 그것은 교육, 자기 자신에 대한 각자의 노력, 타인에 대한 끊임없는 관심을 통해 가능해집니다. 우리가 타인으로부터 공통점을 발견할 때, 우리는 그것을 동질감이라고 부릅니다. 우리는 그것을 인류애라고 부릅니다. 우리의 정부와 민주주의 제도가 이것을 잘 책임지는지 감시하는 것은 우리들의 몫입니다.

오늘 이 이야기를 할 기회와 그것을 믿을 용기, 투쟁에 대한 의지를 위하여 이 자리에 모이신 모든 분께 감사드립니다.

2006년 1월 26일, 암스테르담,
아네티어 펠스쿱페르스미트 상 시상식

강제 이송되었던 우리가 홀로코스트를
떠올리지 않은 날은 단 하루도 없었습니다

사무총장님,

대사 여러분,

내외 귀빈 여러분,

시간은 아무것도 해결해주지 않습니다. 홀로코스트에 대한 이야기를 하게 될 때마다 저는 늘 같은 감정에 휩싸입니다. 저의 모든 동지들과 마찬가지로, 우리 나라의 젊은 세대와 대중, 정치인들에게 어떻게 150만 명의 어린아이를 포함한 600만 명의 사람들이 그저 유대인으로 태어났다는 이유 하나만으로 죽임을 당했는지 계속해서 알리는 것을 의무로 여기고 있습니다.

또한 오늘 이 상징적인 장소에서 연설을 할 수 있게 된 것을 큰 영광으로 생각합니다. 바로 이 공간은 2차 세계대전의 폐허와 잿더미에서 탄생하였습니다. 이것은 이미지가 아니라 실제로 일어난 엄연한 현실입니다. 즉 수백만 명의 남자, 여자, 어린이가 학살을 위한 나치 수용소 내 화장터에서 가스에 질식되고 불태워졌습니다. 그들의 재는 우크라이나, 폴란드, 리투아니아, 벨라루스, 또 다른 곳의 깊은 숲속 구덩이와 들판에도 묻혀 있습니다. 자신들의 손으로 직접 구덩이를 판 유대인들은 나치의 학살 전담 특수부대의 총알에 맞아 그 안으로 떨어졌고, 모든 범죄의 흔적을 없애야 했기 때문에 그곳에서 불태워졌습니다.

그뿐만 아니라, 체포되어 감금당한 뒤 마찬가지로 학살당한 수만 명의 집시들의 운명과 그들이 겪은 고통에 대한 전시를 마련해 주신 분들께도 감사드리고 싶습니다. 그들 중 상당히 많은 이들이 아우슈비츠에서 학살당했다는 사실을 우리가 인정하기까지 오랜 시간이 걸렸습니다. 가족을 이뤄 살던 집시들이 모두 가스실에서 학살당한 1944년 8월 2일을 기억하던 저는, 시간이 흘러 1980년, 제가 유럽의회 의장이었을 당시 독일 당국의 초대로 베르겐-벨젠 수용소를 방문한 적이 있었습니다. 그때 저는 이 비극적인 사건을 인정하는 어떠한 것도 마련되어 있지 않다는 사실에 매우 놀랐으며 이 망각을 바로잡아야 할 필요성을 역설한 바 있습니다.

5년 전, 유럽평의회는 '유럽 홀로코스트 기념 및 반인도적 범죄 예방일'을 지정하기로 하였으며, 소련군이 아우슈비츠 수용소에 도착한 1월 27일이 채택되었습니다. 그날이 오기 전에 가스실은 폭발로 파괴되었고, 생존자 대다수는 1월 18일과 19일부터 여러 수용소와 아우슈비츠 주변에 설치된 작업반을 떠나게 되었습니다.

바로 이렇게 6만 명이 넘는 유대인 포로들이 눈 속에서 수십 킬로미터를, 어떤 이들은 수백 킬로미터를 강제로 걷게 된 것입니다.

그들은 즉결 처형을 당할 때를 제외하고는 걸음을 멈출 수 없었습니다. 소련군이 도착해서 발견한 것이라고는 유령처럼 피골이 상접한 사람들, 겁에 질려 죽어가던 수천 명의 사람들뿐이었습니다. 시간이 부족하기도 했지만 나치친위대는 배고픔과 목마름, 추위와 질병이 자신들의 일을 더 신속하게 처리해줄 것이라고 생각했기에 그들을 그곳에 그대로 버리고 떠났습니다. 또한 몇몇은 풀려나리라는 희망 속에서 몸을 숨기는 위험을 감수하기도 했습니다.

그리고 2005년 11월 1일, 이번에는 유엔에서 이날을 '국제 홀로코스트 희생자 추모의 날'로 지정하였습니다. 이제 전 세계가 동참하는 이 결정을 통하여, 유엔은 모든 창립 이념, 특히 인권 협약과 1948년 12월에 모든 제노사이드를 방지하고 금지하고 심판하기 위하여 채택한 결의안을 충실히 이행하게 되었습니다. 또한 유엔은 홀로코스트의 보편적이면서도 특수한 성격, 즉 대상이 매우 넓은, 유대인이라는 한 민족 전체를 없애려고 한 계획적 대량 학살이라는 점, 그리고 그렇게 함으로써 우리 인류의 근본 자체를 유린했다는 사실을 상기시키고자 했습니다.

바로 이런 점 때문에 2005년 1월 24일, 나치 강제수용소 해방 60주년을 기념하는 제28차 유엔 특별 총회를 유럽인이 아닌 장 핑 가봉 대사께서 주재하신 것은 매우 상징적인 일이라고 생각합니다 (대사님께 감사드립니다).

사무총장님, 그리고 각국의 대사님, 여러분께서는 강제 이송되었던 우리가 홀로코스트를 떠올리지 않은 날은 단 하루도 없었다는 사실을 아셔야 합니다. 구타, 우리를 위협하던 개들, 피로, 배고픔, 추위, 수면 부족보다 더 우리의 기억 속에서 오늘날까지도 가장 고통스러운 것으로 남아 있는 것은 바로 우리에게 인간으로서의 존엄성을 박탈하고자 행해진 모든 종류의 모욕입니다. 우리는 더 이상 이름이 없었고 식별을 위한 번호만이 팔에 문신으로 새겨져 있었습니다. 누더기를 옷으로 걸쳤고 죄수복을 입는 것은 특권이었습니다. 그러나 우리의 머릿속을 떠나지 않는 것은 바로, 수용소에 도착하자마자 급작스럽게 우리와 헤어진 이들에 대한 기억입니다. 몇 시간 뒤 그들이 곧장 가스실로 보내졌다는 사실을 알게 되었기 때문입니다. 게토, 특히 모든 가까운 사람들이 죽어가는 것을 자주 목격한 폴란드 내 게토에서 살았던 수용소 고참들은 우리를 가르치는 역할을 맡았습니다. 그러나 아우슈비츠 수용소는 유일한 목적지가 아니었습니다. 유럽 전역에서 출발한 수많은 수송 열차들이 소비보르, 마이다네크 또는 트레블링카로 향했습니다.

저는 1944년 3월 프랑스에서 어머니, 언니와 함께 강제 이송되었습니다. 봉인된 가축 수송용 열차에 빼곡히 갇혀 어디로 실려 가는지도 모른 채 물도 없이 빵 몇 조각으로 버티는 끔찍한 사흘이 지나자, 우리는 한밤중에 아우슈비츠에 도착했습니다. 눈을 뜰 수 없게 만드는 강렬한 빛을 내뿜던 조명기, 사납게 짖는 개들, 우리를 열차 밖으로 몰아내는 역할을 맡은 수용자들의 죄수복 등 우리를 겁에 질리게 만드는 모든 것이 갖춰져 있었습니다.

곧바로 우리는 한 줄로 세워졌고, 선별 작업을 맡은 멩겔레 박사는 간단한 손짓으로 수용소로 들어갈 이들과 곧장 가스실로 향하는 트럭에 실릴 이들을 구분했습니다. 기적적으로 우리 셋은 모두 수용소에 들어가게 되었고, 그곳에서 우리는 토역일을 배정받았지만 대개는 무용한 일이었습니다.

그 후, 1944년 봄, 45만 명의 헝가리 유대인들이 가축 수송용 열차에 실려 도착했습니다. 그리고 그중 거의 아무도 수용소로 들어오지 못했습니다. 열차에서 내리자마자 그들은 가스실로 향했습니다. 그들을 기다리고 있는 것이 무엇인지 알고 있지만 무기력하게 바라볼 수밖에 없었던 우리에게 그것은 끔찍한 광경이었습니다. 그것이 제가 아우슈비츠-비르케나우 수용소에서 겪은 가장 비극적인 일입니다. 아직도 기억 속에는 그 일그러진 얼굴들, 어린아이를 안고 있던 여자들, 자신들의 운명도 모른 채 가스실로 걸어가던 그 군중의 모습이 생생합니다. 눈물이 말라버렸다고 생각했던 우리는 철조망의 다른 편에서 그 모습을 지켜보며 울음을 터뜨리고 말았습니다.

몇 달 후 저는 그 지옥에서 벗어나는 행운을 얻어 아우슈비츠 근처의 공장에서 일하게 되었고, 1945년 1월 18일, 소련군의 대포 소리가 들리고 전선의 미광이 보이기 시작할 때쯤 우리는 수용소를 떠나 나치친위대의 기관총의 위협 속에 70킬로미터가 넘는 거리를 걸어야 했습니다. 이것이 바로 그 끔찍한 '죽음의 행군'으로, 도중에 수많은 이들이 목숨을 잃었습니다. 전역에서 이송된 수천 명의 수용자들이 남자와 여자가 섞여 한데 모여 있던 거대한 수용소에서 이틀을 보낸 후, 뚜껑이 없는 열차에 빼곡히 실려 체코슬로바키아, 오스트리아, 독일을 거쳐 하노버 인근에 위치한 베르겐-벨젠 수용소에 도착했습니다. 절반에 가까운 사람들이 추위와 배고픔으로 목숨을 잃었습니다. 베르겐-벨젠에는 가스실도 선별 과정도 없었지만 티푸스와 추위, 배고픔이 몇 달 만에 이송자 수천 명의 목숨을 빼앗아 갔습니다.

1945년 4월 15일, 우리는 영국군에 의해 풀려났습니다. 저는 아직도 길가에 쌓여 있던 시체와 해골처럼 변해 비틀거리던 우리를 전차 안에서 발견한 영국 군인들의 공포에 질려 넋이 나간 표정이 생생합니다. 우리 중 누구도 기쁨의 함성을 지르지 않았습니다. 오직 침묵과 눈물뿐이었습니다. 저는 피로와 티푸스로 한 달 전에 세상을 떠난 어머니를 생각했습니다. 저와 언니는 5월 말이 되어서야 프랑스로 돌아올 수 있었습니다. 아마도 영국과 프랑스 당국에서는 티푸스의 확산을 막기 위하여 우리의 귀환 일정을 늦추고자 했을 것입니다.

우리의 귀환에 대해 무슨 말을 할 수 있을까요?

전쟁은 막 끝났지만, 프랑스는 그 몇 달 전부터 해방된 상태였습니다. 독일에 협력한 자들에 대한 재판이 진행되긴 했지만, 대부분의 프랑스인들과 정부는 과거를 잊고 싶어 했습니다. 아무도 우리가 겪은 일을 듣고 싶어 하지 않았기에 우리는 완전히 소외되었습니다. 우리가 친지를 다시 만날 기회가 있더라도, 그들조차 우리가 겪은 일을 알고 싶어 하지 않았습니다. 오직 강제수용되었던 우리들끼리만 수용소에 대한 이야기를 나눌 뿐이었습니다. 우리의 이야기가 얼마나 끔찍한 것인지 우리 스스로 의식하지 못했던 것이 사실입니다.

아우슈비츠가 홀로코스트의 전부는 아닙니다. 홀로코스트는 유럽 전역을 피로 물들였습니다. 인간성 말살의 과정은 끝이 났지만, 이 사건은 인간의 의식과 존엄성에 대해 끊임없이 성찰하게 만듭니다. 최악은 언제든 가능하기 때문입니다.

이제 저는 우리가 그토록 자주 '네버 어겐'이라는 표현으로 맹세를 했음에도 불구하고, 그 이후로 또 발생한 다른 제노사이드의 문제에 대해 이야기하고 싶습니다. 30년 전에 일어난 캄보디아 대학살 이후, 현재 대량 학살의 광기에 사로잡힌 곳은 바로 아프리카입니다. 1994년 르완다에서는 수십만 명의 투치족과 온건파 후투족이 몇 달 만에 학살당했습니다. 2003년부터 다르푸르에서는 수단 당국의 지원을 받는 민병대가 약탈과 강간을 일삼으며 유린을 시작했고 집단 탈출을 야기하면서 고향에서 쫓겨난 수십만의 난민을 폭력과 죽음 속에 몰아넣었습니다. 우리는 이 사실을 알고 있습니다. 그러나 어떻게 개입해야 할까요? 어떻게 이 끔찍한 만행을 끝낼 수 있을까요?

지금껏 행해진 모든 선언들과 맹세들, 여론의 청원들에도 불구하고, 평화를 재정착하는 데 우리 국가들, 심지어는 유엔의 무능을 인정할 수밖에 없습니다. 벌써 4년째 국제형사재판소 산하 반인도적 범죄 피해자들을 위한 신탁 기금의 수장인 저는 이 모든 폭력을 멈출 수 있는 방법에 대해 고민합니다. 일부 NGO에서 엄청난 위험을 감수하면서 이들을 구조하고 있지만, 고통과 혼란에 빠져 있는 모든 이들을 생각한다면 너무나 적은 수치입니다. 상황이 너무나 복잡하고 위험한 것이 현실입니다. 또한 효율적인 개입을 하기에는 자금만큼이나 병력도 부족한 것이 사실입니다.

홀로코스트의 현실을 부정하며 이스라엘의 파멸을 주장하는 신부인주의자들에 대한 언급을 하지 않을 수가 없습니다. 우리는 핵을 보유한 이란이 얼마나 위험한지, 이 나라가 유엔의 요구를 수용하고 스스로 조인국으로서 참여한 핵확산방지조약을 준수함으로써 다시 국제사회의 중심으로 편입하는 것이 얼마나 시급한 일인지 잘 알고 있습니다. 이스라엘국 옆에 팔레스타인국이 수립되고 협상을 통해 각자의 국경 안에서 평화롭게 살면서 이스라엘의 존재에 반대하는 운동을 끝내야 합니다. 고대부터 유대인들이 터를 잡고 살던 땅이자 홀로코스트 생존자들의 피난처가 된 이스라엘을 파괴하자는 주장이 이슬람 극단주의 내부에서 표출되는 것을 저는 깊이 우려하고 있습니다. 이들은 홀로코스트는 이스라엘 개국을 정당화하기 위해 유대인들이 지어낸 허구라는 주장을 펼치면서 이스라엘을 파괴하고자 하는 의지를 정당화하기 위한 구실을 만든 것입니다.

그 전파자들도 진실을 모르지 않는 이 이념적 부인주의는 이스라엘을 멸망시키려는 그들의 투쟁에 토대를 제공하고 있습니다. 그런데 제가 걱정하는 부분은 이 새로운 부인주의가 새로운 커뮤니케이션 기술을 통하여 무지하고 광적인 이들, 특히 젊은이들을 현혹하는 것입니다. 2001년 더반에서 열린 유엔 회의에서 있었던 일이 바로 그 예입니다. 다양한 형태의 인종차별주의를 다루기 위한 목적으로 개최되었던 이 회의는 이스라엘뿐만 아니라 미국과 서방국가 전체에 대한 분노를 동반한, 유대인들에 대한 증오의 장으로 바뀌었습니다.

홀로코스트에 대한 기억의 문제, 전 세계 유대인들의 안전 문제, 이스라엘국의 존재에 대한 문제가 오늘날에도 제기되고 있습니다.

국제사회, 즉 우리 모두는 책임을 다해야 합니다. 또한 다른 제노사이드 사건들에 대해 책임을 갖고 이 사건들을 확인하고 피해자들의 이야기에 귀를 기울여야 합니다. 대량 학살 범죄를 저질렀거나 저지르고 있는 자들은 심판받고 처벌받아야 합니다. 사무총장님, 저는 총장님께서 이런 상황들에 얼마나 큰 관심을 갖고 계신지 잘 알고 있습니다. 저는 또한 총장님께서 모든 갈등의 현장에서 유엔의 결의안과 원칙들이 존중될 수 있도록 단호히 대처하고 계시다는 것도 잘 알고 있습니다.

각 국가와 기관의 책임 이상으로, 개인 모두에게 주어진 책임감도 중요합니다. 그리고 바로 이 점에 대해 말씀을 드리며 연설을 마치고자 합니다. 지난 1월 18일, 홀로코스트기념재단의 제안으로, 자크 시라크 프랑스 대통령은 프랑스의 의인들을 기리는 행사를 가졌습니다. 예루살렘의 야드 바셈이 인정한, 수천 명에 달하는 이 비유대인 의인들은 2차 세계대전 동안 유대인들을 강제 이송으로부터 구해낸 분들입니다. 프랑스에서는 7만 6000명의 유대인들이 강제 이송되긴 하였으나, 전체 유대인 인구의 4분의 3이 목숨을 구했습니다. 그것은 바로 그들을 도움으로써 용기와 관대함, 연대를 구현한 수천 명의 프랑스인들 덕분이었습니다.

의인들의 이야기를 꺼낸 것은, 언제나 인종이나 국가에 상관없이 최선을 가능하게 하는 이들이 있을 것이라 확신하기 때문입니다. 의인들의 경우처럼 정신력과 개인의 양심이 더 강하다고 믿고 싶습니다.

발언을 마치면서 유엔이 선택한 이날을 통해 모든 지도자들과 세계 각지의 모든 이들이 타인에 대한 존경과, 폭력, 반유대주의, 인종차별주의, 증오에 대한 거부를 되새길 수 있기를 진심으로 기원합니다.

저는 홀로코스트는 '우리의' 기억이자 '여러분의' 유산이라고 여러분께 다시 한번 엄숙하게 말씀드리고 싶습니다.

2007년 1월 29일, 유엔

홀로코스트에 대한 기억을 위해
차이에 대한 연구가 꼭 필요하다고 생각합니다

장관님,

시장님,

회장님,

교수님,

내외 귀빈 여러분,

프리모 레비 문화센터 위원회에서 모든 피해와 모든 불관용, 모든 인종차별주의로부터 자유로운 세상을 만들고자 평화와 정의를 위해 노력한 저의 공로를 인정하고 이에 따라 저에게 프리모 레비 국제상을 수여하기로 결정했다는 소식을 들었을 때 매우 놀라고 기뻤습니다.

오늘 이렇게 수 세기 동안 제노바공화국의 본산이었고, 이제는 이탈리아의 가장 큰 문화센터가 된 이곳 두칼레궁전에서 여러분들과 함께하고, 저에 앞서 엘리 위젤, 빌리 브란트, 예르겐 홀스트, 시몬 페레스, 안드레아 리카르디를 비롯한 많은 분들이 수상한 이 명망 높은 상을 받게 되어 큰 영광으로 생각합니다.

저와 프리모 레비가 걸어온 길에서 서로 만날 수도 있었을 것임에도 불구하고, 그를 한 번도 직접 만난 적이 없습니다. 유대계 이탈리아인인 프리모 레비는 종교 생활을 거의 하지 않는 중산층 가정 출신으로, 그 스스로도 거의 신앙이 없었던 것으로 보입니다. 뛰어난 학생이었던 그는 화학 공부를 시작하지만, 1938년, 유대인이 공립학교에 등록하는 것을 금지하는 인종차별적 법이 공포됩니다.

1870년, 이탈리아에서는 종교와 상관없이 모든 시민들이 갖는 권리의 평등을 포고하고 이에 따라 로마의 게토를 폐쇄하였다는 사실을 잊지 말아야 합니다. 1930년, 유대인 공동체는 이탈리아 사회에 완전히 통합되었으며, 그 수는 약 4만 8000명이었습니다. 그러나 갈등이 시작되자, 많은 유대인들이 이탈리아를 떠나거나 가톨릭으로 개종하면서 그 수가 3만 5000명으로 줄었습니다. 그리고 전쟁 중 이탈리아가 독일에 점령을 당하면서 9000명의 유대인들이 강제 이송을 당했고 극소수만이 살아남았으며 그중에 바로 프리모 레비가 있었습니다. 프랑스에서는 7만 6000명의 유대인이 강제 이송을 당했고, 그중 오직 2500명만이 돌아왔다는 사실을 말씀드려야 할 것 같습니다.

유대인들을 숨겨서 수많은 목숨을 구한 이탈리아 국민들의 행동에 대해 이야기하고 싶습니다. 이탈리아 당국은 유대인들을 독일과 프랑스, 크로아티아 경찰에 넘기는 것을 거부함으로써 '최종 해결책'에 참여하지 않았었습니다. 따라서 프랑스 내 이탈리아 점령 지역, 특히 제가 체포되기 전까지 가족들과 함께 살고 있었던 도시 니스는 프랑스에 거주하던 많은 유대인들이 피난처로 삼던 곳이었습니다. 그러나 1943년 9월, 이 지역은 이탈리아 북부와 함께 독일 당국의 지배에 넘어가게 되었습니다.

그리하여 1943년 10월 16일 로마에서는 8000여 명의 유대인들을 대상으로 전례 없는 일제 검거 작전이 벌어졌습니다. 그렇게 2000여 명이 체포되었고 아우슈비츠로 강제 이송되었습니다.

1943년 9월, 프리모 레비는 한 스위스 회사에서 화학자로 일하던 밀라노를 떠났습니다. 그러고는 가족들이 있는 토리노로 돌아와, 1943년 10월, 파르티잔 활동에 가담했으나 그곳에 파시스트 요원이 잠입해 있었습니다. 그렇게 프리모 레비는 체포되었고 포솔리 수용소를 거쳐 1944년 2월 아우슈비츠로 강제 이송됩니다.

저 역시도 1944년 3월 30일 니스에서 어머니, 언니, 오빠와 함께 체포되었으며, 4월 7일 기차로 드랑시 수용소로 이송되었습니다. 그리고 4월 13일, 어머니와 언니, 저는 아우슈비츠로 강제 이송되었습니다. 앉을 틈도 없이 빼곡히 열차에 실린 우리는 그 상태로 이틀 반나절을 이동했습니다. 열차에서 내리자, 죄수복을 입은 수용수들이 열다섯 살가량 되어 보이는 이들에게 가스실로 가지 않으려면 나이를 한두 살 높이라고 말해주었습니다. 열다섯 살 이하이거나 40대 이상인 사람들은 모두 곧장 가스실로 보내져 학살을 당했던 것입니다. 특히 제 기억 속에 남아 있는 것은, 1944년 여름, 헝가리에서 40만여 명의 유대인들을 싣고 온 열차의 철로가 수용소 안까지 연장되어 있었고, 그렇게 거의 대부분의 사람들이 곧장 가스실로가 학살을 당한 일입니다.

　강제수용을 당한 사건이 저에게 너무나도 강렬한 경험이었던 나머지, 모순되게 들릴지 모르겠지만, 그것이 제 인생에서 가장 현재처럼 느껴지는 일이라고 말씀드릴 수 있습니다. 떨쳐버리고 싶은 순간에도 개인적 인상, 말 혹은 어떤 사건이나 냄새처럼 그 일을 떠올리게 하는 것은 언제나 찾아옵니다. 게다가 아우슈비츠를 참조하는 일이 거의 일상적이 된 나머지, 그 참조가 늘 적절한 것은 아님에도 불구하고, 여러분을 다시 과거에 잠기게 합니다. 강제수용되었던 이들에게 과거는 여전히 현재이며, 과거는 우리를 결박하고 박해하며 우리의 생각과 우리의 밤들에 스며듭니다.

　기억을 전하는 것은 강제수용되었던 우리에게 꼭 필요한 일입니다. 그리고 그 일은 이 비극적 사건에 대한 부인주의와 일반화를 거부하면서 진실에 가장 가깝고 완전하게 이루어져야 합니다. 일반화의 위험은 현실이며 그 예는 수없이 많습니다. 아우슈비츠를 히로시마나 드레스덴 폭격과 비교한다든지, 제노사이드라는 용어를 사브라-샤틸라 학살에 사용한다든지, 혹은 보다 근래의 사건으로서 구유고슬라비아, 콩고민주공화국, 르완다에서 일어난 인종청소 사건이 그렇습니다. 저는 인종청소와 유대인 대학살을 뒤섞는 것을 받아들일 수 없습니다. 이 사건들의 야만성이 어떻든 간에, 이 사건들은 그 구체적인 현실뿐만 아니라 정치적 맥락에서 다릅니다. 이 차이에 대한 연구가 이미 역사적으로 그 특수성이 인정된 홀로코스트에 대한 기억을 위해 꼭 필요하다고 생각합니다. 역사적·이념적 분석이 없다면, 우리는 사건을 일반화하게 되고 앞으로 발생할지 모르는 또 다른 재앙을 막고 물리칠 수단을 잃게 됩니다. 이것은 바로 프리모 레비가 일생 동안 추진한 투쟁이기도 합니다. 그는, 나치 수용소에서는 그 누구도 살아남지 못할 것이라고 여겨졌고 아우슈비츠의 사망률이 90%에 달한 반면, 소련 강제수용소의 경우 30%였기 때문에, 소련의 강제수용소와 '나치의 강제수용소'를 똑같이 취급하는 것을 거부하면서 대중을 대상으로, 특히 젊은 세대를 대상으로 모든 일반화와 수정주의의 시도에 맞서 싸웠습니다. 나치의 경우에는, 오직 유대인으로 태어났다는 사실이 범죄였으며, 그것으로 아기와 어린이를 포함한 이 민족 전체를 말살하는 것을 정당화했습니다.

우리는 대개 집시들도 유대인과 같은 운명에 처했었다는 사실을 망각하곤 합니다. 특히 비르케나우 수용소에서 가족과 함께 지내던 모든 집시들이 가스실로 향한 1944년의 비극적 여름밤을 잊어서는 안 됩니다.

제가 말씀드리는 우리가 전달해야 할 기억은 우리가 당한 고통과 모욕에 대한 기억이 아닙니다. 개인의 고통에 대한 기억은 시간이 갈수록 희미해져갑니다. 또 다른 상황에서 어떤 이들은 아마도 더한 일을 겪었을 것입니다. 제가 말하는 기억은 아우슈비츠 혹은 다른 장소에서 사라져간, 때로는 그들이 어떤 일을 겪었는지조차 여전히 제대로 알 수 없는, 우리가 사랑했던 이들, 즉 우리의 가족들과 친구들의 운명에 대한 것입니다. 그뿐만 아니라, 질병과 배고픔, 구타와 학대로 지쳐 목숨을 잃은, 우리가 알고 지내던 모든 이들의 운명에 대한 것입니다. 우리는 바로 그들에 대하여 기억의 의무가 있는 것입니다. 강제 이송된 유대인의 수가 프랑스에 비해 적었던 이탈리아에서 어린이와 노인에 대해서는 암시되지 않았습니다.

우리가 원하는 것은, 한 인간 집단을 절멸하려는 의지에 대한 기억, 상상을 초월하며 도저히 잊을 수 없게 만드는, 나치가 사용한 체계적이고 과학적인 방법에 대한 기억입니다. 이렇게 프리모 레비도 1946년부터 『이것이 인간인가』의 초안을 쓰게 된 것입니다. 그 이후 몇 달 동안 원고를 완성한 그는 분석과 묘사를 위하여 감정을 자제하며 과학적 관점을 취했습니다. 다른 모든 생존자들과 마찬가지로, 프리모 레비도 홀로코스트를 저지른 편은 물론이고 그것을 당한 이들의 편에서도 홀로코스트를 잊고자 하는 의지를 받아들이지 않았습니다.

클로드 란즈만이 옳았습니다. 이례적이고 특수하며 유일하고 끔찍한 사건, 그것이 바로 수백만 명의 사람들을 그 어떤 예외 없이 추방이 아니라 말살을 해버린 홀로코스트입니다. 계획된 죽음이 늘 가까이 있다는 사실로 인해 이 강제수용 사건은 유독 비인간적이고 부조리한 성격을 띱니다. 일부 수용소는 오직 유대인들을 학살할 목적으로 지어지기도 했습니다.

비르케나우 수용소의 비탈길 위에 끝없이 이어지던 수송차의 행렬을 직접 보았고, 열차에서 내려 그대로 가스실로 걸어 들어가던 이들을 바라보았으며, 어떤 경우에는 나치가 점령한 모든 국가에서 온 열차 전체가 사람들을 싣고 그대로 가스실로 향했다는 사실을 알고 있던 우리는 혹시라도 기적적으로 우리 중 누군가 살아남게 된다면 우리가 본 것을 나가서 꼭 이야기하자고 서로에게 다짐

했습니다. 프리모 레비는 평생 동안 형언할 수 없는 것을 증언하고 이야기하기를 멈추지 않았습니다.

우리는 소련군이 도착하기 며칠 전인 1945년 1월 18일 아우슈비츠를 떠나 눈과 추위 속에서 비르케나우에서 70킬로미터 떨어진 글리비체까지 걸어갔습니다. 이것이 바로 '죽음의 행군'이었는데, 그 이유는 우리 중 많은 사람들이 도중에 목숨을 잃었기 때문입니다. 글리비체에서 며칠을 보낸 뒤, 우리는 뚜껑이 없는 열차에 올라 살을 에는 추위를 뚫고 베르겐-벨젠까지 이동했으며, 바로 그곳에서 저의 어머니는 해방을 몇 주 앞두고 티푸스로 세상을 떠나셨습니다.

프리모 레비는 가족에 대한 언급도 하지 않고 근심하는 것처럼 보이지도 않기 때문에, 그에게는 걱정이 없다고 생각하게 됩니다. 그런데 저는 아우슈비츠에서 수많은 헝가리인들과 테살로니키에서 이송된 그리스인들을 보았지만 이탈리아인을 만난 기억이 없습니다.

그는 1944년 2월에 아우슈비츠 수용소에 도착했습니다. 도착 당시 가스실행을 피할 수 있었던 사람들이 그곳에서 살아남는 기간은 3개월이었습니다. 이탈리아에서 강제 이송된 650명의 유대인들 중에 오직 20명만이 이탈리아로 살아 돌아갔습니다.

프리모 레비는 이게파르벤사[社]의 고무 공장 건설 현장에 노동력을 제공하는 모노비츠 수용소에 있었습니다. 저와 마찬가지로, 그도 아우슈비츠로 뒤늦게 이송된 것이 바로 그의 목숨을 구했다는 사실을 알고 있었습니다. 그가 살아남을 수 있었던 또 다른 이유는 그가 받은 과학 교육 덕분에 공장 실험실에서 조수 자리를 얻어 일하면서 추가로 음식을 배당받았기 때문입니다.

우리와 달리 프리모 레비는 성홍열에 걸렸기 때문에 '죽음의 행군'을 떠나지 않았고, 1945년 1월 27일 소련군에 의해 풀려나게 되었습니다. 그는 수용소에 갇혔던 이들을 위해 마련한 소련의 수용소에서 몇 달을 보낸 뒤, 10월에 토리노로 돌아왔습니다.

프리모 레비가 아우슈비츠에 강제수용되었던 경험은 그의 작품의 주요 주제가 됩니다. 그는 수용소에서 살아 돌아온 후, 줄기차게 자신의 경험과 이 야만의 끔찍한 역사를 이야기한 이들 중 하나입니다. 살아남은 것과 증언하는 것은 뗄 수 없이 얽혀 있습니다. 프리모 레비는 평생 동안 글이나 강연을 통하여 증언하였고, 수많은 학교를 방문하였습니다. 이렇게 그는 이탈리아 파시즘의 유대인 피해자이자 동시에 파시즘에 맞서 싸운 상징적 인물이 되었습니다.

저의 경우에는, 수용소에서 돌아온 직후, 독일이 민주주의국가가 된다는 조건하에 화해를 위해 노력했습니다. 보복이 아닌 오직 화해와 기억의 길만이 또 다른 갈등을 막아줄 것이라 확신했습니다. 오늘날에도 여전히 유럽에 자리 잡은 평화의 기적을 보며 놀라곤 합니다.

60년 이상이 지난 오늘날, 새로운 법을 제정하거나 회원국의 현행 법제를 조정하는 일이 늘 쉽지는 않지만 그럼에도 불구하고 유럽의 건설을 성공적으로 이뤄냈다고 생각합니다. 유럽연합은 점차 확대되어 이제 27개국이 회원국으로 가입되어 있습니다.

유럽연합을 창립하게 한 평화의 의지는 바로 홀로코스트 생존자들에게 희망의 가치였습니다. 다른 이들보다 더, 수많은 생존자들은 가족 대부분을 잃었습니다. 따라서 유럽 전역의 유대인들을 대상으로 한 참혹한 사건 뒤에, 많은 이들은 자신이 원래 살던 나라로 돌아가고 싶어 하지 않았습니다.

우리 중 그 누구도 전쟁이 끝난 후 독일과 지속적이고 안정적인 평화가 가능할 것이라 생각하지도 믿지도 못했습니다. 모든 이들의 머릿속에는 유럽, 특히 프랑스가 1870년 이후로 독일과 겪은 세 번의 참혹한 갈등이 남아 있었습니다.

유럽은 안정성과 민주주의, 인권 존중의 모범이 되었습니다. 저는 평생 인권의 평등을 위해 투쟁했으며, 특히 여성에 대한 차별에 맞서 싸웠습니다.

제가 정치를 하게 될 것이라고는 전혀 상상하지 못했습니다. 법무부에서의 저의 활동이, 특히 여성들에게 매우 중요했던 1970년대의 가족법 대개혁과 밀접한 관련이 있었으므로 그 일에 큰 관심이 있었습니다. 당시 프랑스는 이 분야에서 크게 뒤처져 있었습니다. 여전히 유효한 나폴레옹법전은 기혼 여성에게 어떠한 권리도 인정하지 않았으며, 심지어는 은행에서 계좌를 개설하거나 자신의 재산을 관리하는 것도 불가능했습니다.

1974년, 보건부 장관이 되어 임신중단에 관한 법안을 투표에 부쳤을 때, 저는 오래전부터 이 투쟁을 벌여온 여러 여성단체와 함께 많은 일을 했습니다. 토론은 며칠 동안 계속되었고, 일부 의원들은 유독 공격적이고 거친 입장을 보였기 때문에 법안은 상당히 어려운 상황 속에서 투표에 부쳐졌습니다.

1년 뒤, 업무 영역이 사회보장제도까지 확대되었을 때, 여성에 대해 남아 있던 차별들을 철폐하기 위해 노력했습니다. 부모가 둘 다 공무원일 때, 어머니의 경우 아이들이 어머니의 사회보험 혜택을 받지 못한다는 것을 알고 있었기 때문입니다. 대부분의 어머니들이 그랬듯, 저도 병원비와 약값을 내면 환급을 받는 것은 늘 남편이었습니다.

1979년, 유럽의회 최초의 선출직 의장을 맡게 되었을 당시, 사무국은 대부분 남자들뿐이었습니다. 여성인권위원회를 설치하자고 제안했을 때 처음엔 강력한 반대에 부딪혔으나 결국 원하는 바를 얻어냈습니다. 오늘날 유럽에서는 여성들이 크게 진보했으며, 이것은 계속해서 이어져야 합니다. 아무리 작을지라도 모든 진보는 중요합니다.

장관님, 시장님, 회장님, 교수님, 내외 귀빈 여러분, 이렇게 이 상을 수여해주시고, 과거 영화와 명성을 누린 도시이자 오늘날에는 항구를 통해 수많은 문화가 서로 만나면서 상업과 관광, 예술, 건축의 중심이 된 이 멋진 도시에 초대해주셔서 진심으로 감사합니다.

2010년 6월 6일, 제노바, 프리모 레비 국제상 시상식

프랑스에서 7만 6000명의 유대인들이 강제 이송되었고 그중 오직 2500명만이 살아 돌아왔다는 사실을 기억합시다

장관님,

시장님,

내외 귀빈 여러분,

친애하는 동료 여러분,

이 장소에 설 때마다 슬픔으로 가슴이 미어집니다. 예년과 다름없이, 우리는 오늘, 며칠간 벨디브에 감금된 뒤 아우슈비츠로 이송된 1만 3000여 명의 유대인들을 기억하기 위하여, 이곳 벨디브 일제 검거 사건*의 현장에 모였습니다. 대부분은 아우슈비츠로 끌려가 도착하자마자 곧장 가스실에서 학살당했고, 수용소 안으로 들

---

* 벨디브는 파리의 동계 경륜장 '벨로드롬 디베르'의 줄임말로, 연설에서 언급하고 있는 것은 나치 독일에 협력한 비시정부가 1942년 7월 파리에서 경찰을 동원하여 약 1만 3000여 명의 유대인을 일제 단속·검거하여 벨디브에 감금한 사건이다. 그곳에 감금된 유대인들은 비참한 조건에서 며칠을 보낸 뒤 아우슈비츠로 이송되었다. 1995년 프랑스 자크 시라크 대통령이 공식적으로 프랑스의 과오를 인정하고 사과했다.

어갈 수 있었던 이들 중 극소수만이 살아남았습니다.

또한 이 추모 행사는 단 2500명만이 살아 돌아온, 프랑스에서 강제 이송된 7만 6000명의 유대인들을 기억하는 자리이기도 합니다. 우리가 돌아온 뒤 많은 세월이 흘렀고, 이제 우리 중 많은 이들이 이미 세상을 떠났습니다. 증언을 할 수 있는 사람들은 수백 명 정도밖에 되지 않습니다. 해가 갈수록 우리의 수는 줄어들고 있습니다.

이번 겨울 개봉한 로즈 보슈 감독의 〈벨디브 일제 검거 사건〉*은 바로 이 비극을 소재로 하고 있으며, 증인인 우리들이 몇 년 전부터 꾸준히 언급해온 이 역사를 기억하게 하는 데 확실히 기여하였습니다. 파리에서 처음으로 어른들뿐만 아니라 아이들까지 검거하여 이송한 이날을 우리가 어찌 잊을 수 있겠습니까? 이것은 나치 점령하의 프랑스에서 처음으로 일어난 대규모 검거 작전이었습니다. 저처럼 자유 지역에 살던 사람들은 무슨 일이 일어났는지 알지 못했습니다.

7월 16일 새벽 파리의 도심, 끔찍한 임무를 개시한 파리 경찰들이 포위한 지역에는 버스들이 대기하고 있었습니다. 한밤중에 유대인 가족들을 급습하기 위한 것이었습니다. 그렇게 해야 박해에도 불구하고 계속 일할 수 있었던 유대인들이 출근하기 전에, 그리고 가슴에 노란 별을 달고도 거리에 나오던 아이들이 밖으로 나가기 전에 모두 체포할 수 있었기 때문입니다. 그들에게는 겨우 옷을 입을 시간만이 주어졌을 뿐입니다. 어머니들은 어린아이들에게 옷을 입히고, 할 수 있는 대로 옷가지 몇 벌을 챙겼습니다. 부모와 아

* 국내에는 '라운드 업'이라는 제목으로 2013년 개봉되었다.

이들은 경찰들과 헌병들의 고함 소리를 들으며 자신들의 집에서 쫓겨나, 동정 어린, 어떤 경우에는 비웃거나 심지어는 만족해하는 이웃들의 시선 속에서 버스에 빼곡하게 실렸습니다. 어린아이가 없는 이들의 경우에는 바로 드랑시로 이송되었습니다. 그 외, 13세 이하 어린이 4000명을 포함한 7500명의 사람들은 벨디브로 실려 갔습니다. 한때 대표적인 대중적 공간이자 스포츠와 희열의 장소였던 옛 동계 경륜장은 그렇게 몇 시간 만에 고통과 절망의 공간이 되었고, 몇몇은 급작스러운 난폭함을 견디지 못해 목숨을 잃거나 혹은 스스로 목숨을 끊는 일이 발생했기에 죽음의 장소로 바뀌었습니다.

전쟁이 끝나자 벨디브는 철거되었지만, 폴란드와 헝가리의 게토나 키예프 바비야르 골짜기, 유대인들이 학살당하기 전 한데 모였던 다른 수많은 장소들처럼 상징적으로 역사에 새겨져 있습니다.

이곳에 모인 유대인들은 닷새 동안, 닷새라는 오랜 시간 동안 형언할 수 없는 최악의 조건 속에서 발 디딜 틈 없는 계단이나 심지어는 바닥에 앉은 채로 감금되어 있었습니다. 아픈 사람들이나 노인들을 돌보기 위한 인력이라고는 세 명의 의사와 두 명의 유대인, 적십자사에서 나온 한 명의 자원봉사자, 몇몇 간호사와 파리 시의 소방관들뿐이었습니다. 아이들을 구하기 위해 큰 위험을 무릅쓴 이 용기 있는 자들의 행동과 헌신을 우리는 결코 잊지 않을 것입니다. 특히 경찰의 통고에도 불구하고 소방용 호스를 열었던 파리 시의 소방대장 앙리 피에레가 떠오릅니다. 인정 있는 여섯 명의 소방대원들만이 가용 수단으로 그곳에 감금된 이들의 비탄을 덜어주었습니다. 또한 그들은 일제 검거된 유대인들의 친지들에게 메시지를 전달하여 소식을 알리고 경찰과 독일인들을 피해 도망갈 것을 권고하기도 하였습니다. 우리는 목숨을 걸고 유대인들을 구한 이들을 결코 잊지 않을 것입니다. 그중 다수는 야드 바솀으로부터 '열방의 의인'*으로 추대되었습니다.

경륜장 내부는 매우 더웠고, 어린이들과 특히 아기들은 울부짖었습니다. 몇몇 봉사자들이 수프를 조금 가져다주기는 했지만 배고픔을 달래기엔 턱없이 부족했습니다. 화장실에 간다는 것은 있을 수도 없는 일이었습니다. 위생 시설이 없을 때 나는 역겨운 냄새가 어떤 것인지 우리는 알고 있습니다. 그렇게 닷새가 지나자, 모든 사람들은 본라롤랑드와 피티비에 수용소로 이송되었습니다.

곧바로 드랑시로 이송되었던 사람들을 실은 첫 번째 열차가 이날 벌써 아우슈비츠로 출발했습니다. 7월 말까지 천 명이 넘는 여자와 아이, 청소년을 실은 열차가 이틀에 한 번 드랑시를 떠났습니다. 대부분은 도착 직후 가스실에서 죽음을 맞았습니다. 1945년이 되자 수천 명이었던 이들은 겨우 30여 명밖에 살아남지 못했고 대부분은 남자였습니다.

아이들에 대한 구체적인 지시가 없던 상황에서 독일의 결정을 기다리던 프랑스 당국은 본라롤랑드와 피티비에 수용소의 어른들과 아이들을 떨어뜨려놓기로 결정했습니다. 이 이별이 만들어낸 가슴 찢어지는 슬픈 장면을 굳이 묘사하지 않아도 짐작하실 것입니다.

* 탈무드에 나오는 유대교 표현으로, 홀로코스트 당시 유대인이 아니면서 목숨을 걸고 나치로부터 유대인을 구한 이들을 기리기 위해 이스라엘 야드 바솀에서 수여하는 칭호이다. 폴란드, 네덜란드, 프랑스에 가장 많은 '열방의 의인'이 있다.

그리고 4000여 명의 아이들은 아우슈비츠로 떠났습니다. 여러 열차에 나눠 탄 그들은 곧장 가스실로 향했습니다. 열차에 빼곡히 실려 더위와 목마름, 배고픔, 비명과 울음 속에서 사흘간 이동한 서너 살밖에 안 된 아이들, 심지어는 그보다 어렸던 어린아이들을 상상해보십시오. 아우슈비츠에 도착하자, 이 아이들은 홀로 또는 이 끔찍한 여행 동안 자신들을 보살펴준 자기보다 나이 많은 다른 아이나 어른의 손을 잡고 가스실로 들어갔습니다.

여러분께서는 이 모든 사실을 잘 알고 계십니다. 그러나 이 추모 행사가 우리 모두에게 기억의 의무가 되었듯, 매년 그것을 잊지 않고 기억하는 것이 중요합니다. 오늘 우리는 잊지 않기 위하여 이 자리에 이렇게 많이 모였으며, 매년 우리는 이렇게 다시 만나고 있습니다.

로즈 보슈의 영화 〈벨디브 일제 검거 사건〉은 이 비극과 관련된 모든 사람뿐만 아니라 매우 넓은 관객층에게 큰 인상을 남겼습니다. 이 영화는 아주 적절한 시기에 나왔습니다. 우리는 부인주의가 아직도 성행하는 것을 그대로 두고 볼 수 없습니다. 오늘날에도 여전히 가스실은 존재하지 않았으며 유대인 대학살은 지어낸 이야기일 뿐이라고 주장하는 사람들이 있습니다. 종종 아주 염려스러운 편지를 받습니다. 다행히도 그 수는 별로 많지 않지만, 편지를 보낸 사람들은 1945년 1월 유대인들이 수용소에 남아서 소련군에 의한 해방을 기다리지 않고 자발적인 선택으로 나치친위대를 따라간 것이라고 서슴없이 말합니다. 사실 우리에겐 선택의 여지가 없었습니다. 나치친위대가 수용소를 비우기로 결정하자 우리는 몇 시간 만에 아우슈비츠를 떠나라는 명령을 따라야만 했습니다. 우리는 그곳에서 70킬로미터 떨어진 글리비체까지 걸었습니다. 많은 사람들이 추위와 피로로 도중에 사망했습니다. 그리고 여자는 거의 남아 있지 않았습니다.

끈질기게 계속되는 홀로코스트를 부정하는 언사 앞에서 우리는 경계를 늦추지 말고 이 주장이 대중들, 특히 젊은 세대를 현혹하지 않도록 해야 합니다. 그것은 저에게 아주 중요한 일입니다. 이것이 제가 마지막으로 전하고 싶은 말입니다.

장관님, 오늘 저를 이 자리에 초대해주셔서 진심으로 감사합니다. 또한 이 추모 행사에 참석해주신 모든 분들께 감사드립니다.

2010년 7월 18일, 벨디브 사건 추모 행사

과거를 완전히 수용하지 않고는
화해란 불가능합니다

국무장관님,

친애하는 리타 쥐스무트,

독일 신티*와 로마** 중앙위원회 의장님,

라우텐슐레거 님,

심사위원단 여러분,

내외 귀빈 여러분,

저는 오늘 나치즘의 모든 희생자를 기억하기 위해 펼친 노력을 인정받아 이렇게 '신티와 로마 유럽시민권상'을 수상하게 된 것을 큰 영광으로 생각합니다. 유럽 각국의 신티와 로마 소수집단을 위한 기회의 평등을 제고하고자 하는 이 상을 수여해주신 심사위원단 여러분께 심심한 감사의 말씀을 드리고 싶습니다.

---

* 독일, 오스트리아의 인도계 유랑 민족, 집시.

** 코카서스인종에 속하는 유랑 민족, 집시.

시상식이 이곳 통일 독일의 수도 베를린에서 개최되는 것에 감정이 벅차오릅니다. 베를린은 그 자체로 상징적인 도시입니다. 나치 독일의 수도였다가, 약 50년간 분단된 유럽의 상징이었으며, 30년간 분단된 도시였던 베를린은 이제 민주주의와 화해의 상징입니다.

1945년에 아우슈비츠와 베르겐-벨젠에서 돌아온 저는 새로운 독일이 민주주의의 길을 걷기로 했기에 이 화해를 위해 노력했습니다. 과거를 완전히 수용하지 않고는 화해란 불가능하다고 저는 늘 말하곤 했습니다. 독일이 자신의 책임을 인정하는 데 모범적인 모습을 보였음에도 불구하고, 1982년에 헬무트 슈미트 총리가 집시들을 대상으로 저지른 범죄의 책임을 인정하기까지는 길고 고된 시간이 필요했습니다.

오늘날에도 로마족들은 교육, 취업, 보건 서비스, 주거, 즉 사회 통합 전반에서 여전히 심각한 차별로 고통받고 있습니다. 게다가 요즘과 같은 위기의 시대에 이 소수집단은 손쉬운 표적이자 완벽한 속죄양이 되고 있습니다.

오늘 여러분께서는 제가 1979년 유럽의회 의장으로 선출되었을 당시 집시들이 유대인과 마찬가지로 나치 강제수용소에서 당한 일을 증언하기 위해 베르겐-벨젠을 방문했던 저의 선구적 행동을 떠올리기를 희망하셨습니다.

열여섯 살이었던 저는 어머니, 언니 한 명과 같이 아우슈비츠로 강제 이송되었습니다. 우리는 먼저 비르케나우의 '여성 수용소'에서 몇 달을 보낸 뒤, 노동조건이 상대적으로 덜 혹독했던 보브레크로 이송되었습니다. 우리는 비르케나우에서 이송되어 온 집시들과 함께 있었습니다. 저에게 가장 익숙한 단어인 까닭에 집시라는 용어를 사용하더라도 양해해주십시오. 집시 가족 전체를 수용하던 곳을 '집시들의 수용소'라고 부르던 당시 비르케나우에서 사용하던 용어였습니다. 많은 집시들이 유대인들과 마찬가지로 티푸스와 천연두, 이질로 목숨을 잃었습니다. 그럼에도 불구하고, 감히 말씀드리건대, 당시 우리는 집시들의 처지를 거의 부러워하다시피 했습니다. 이송된 유대인들은 대부분 곧장 가스실로 보내졌던 반면, 그들은 오랫동안 가족과 함께 있었기 때문입니다. 1944년 5월 나치 친위대는 이 수용소를 비우기로 결정했습니다. 유혈 충돌이 발생했고, 자신들을 기다리고 있는 운명이 무엇인지 알고 있던 집시들은 저항했습니다. 그들은 쇠몽둥이를 구해 싸웠고, 이에 따라 나치 친위대는 수용소 정리 계획을 연기해야만 했습니다. 제가 알기로 이것은 '존더코만도'의 반란과 함께 비르케나우에서 일어난 유일한 반란이었습니다. 대응은 곧바로 이루어졌습니다. 집시들의 수용소 일부가 비워졌고, 남아 있던 약 3000명의 사람들은 남자, 여자, 아이, 노인 할 것 없이 곧장 가스실로 보내져 죽임을 당했습니다. 더 넓게는, 유럽 내에서 수만 명의 집시들이 나치와 그 협력자들에 의해 학살당했다고 추산합니다. 유대인들의 경우, 유럽 유대인 인구의 3분의 2 수준인 500~600만 명의 사람들이 나치즘의 희생자가 되었습니다.

우리는 자주 유대인 집단과 신티와 로마 집단을 비교하였습니다. 그것은 아마도 두 집단 모두 수천 년 전부터 낙인찍히고, 사회에서 추방된 역사를 갖고 있으며, 나치 사상에 이르러서는 아리아인들을 유대인과 집시처럼 이른바 '하등한' 모든 다른 인종들로부터 구분하고자 하였습니다. 결국 나치는 그들이 여기기에 하등한 이들을 수용소나 게토에 감금한 뒤—우치 게토처럼 집시들만 거주하던 일부 게토가 있었습니다—가스 트럭이나 비르케나우, 베우제츠, 헤움노, 소비보르, 트레블링카와 같은 강제수용소에서 학살하려는 계획을 세웁니다. 동유럽과 발트3국에서 유대인들을 말살한 학살 전담 특수부대가 같은 지역에서 수만 명의 집시들도 학살했다는 사실을 우리는 알고 있습니다. 그뿐만 아니라, 바비야르 대학살, 집시 여성들에게 행해진 강제 불임 시술, 특히 끔찍한 생체실험이 자행되었다는 사실도 잊어서는 안 됩니다.

전쟁이 끝난 후에도, 독일에서는 암암리에 집시에 대한 차별이 계속되었습니다. 그리고 1982년이 되어서야 헬무트 슈미트 총리가 집시들의 요구의 정당성을 인정하였습니다. 그러나 독일 법의 이 새로운 조치의 혜택을 받을 수 있었던 대부분의 사람들은 이미 세상을 떠난 뒤였습니다.

30년 전부터 많은 발전이 있었습니다. 독일 신티와 로마 중앙위원회 로마니 로제 의장님, 의장님께서 아버지와 삼촌의 활동을 계속 이어나가시고, 또한 신티와 로마 공동체가 연합하여 목소리를 낼 수 있게 된 데 대하여 진심으로 기쁘게 생각합니다. 이제 이들은 유럽의 기구에, 유럽의회 차원뿐만 아니라 유럽연합 집행위원회 (유럽위원회)에도 진출해 있습니다. 유럽연합 집행위원회의 경우, 유럽평의회와 함께 소수집단의 권리와 기회의 평등을 보장하기 위하여 노력하고 있습니다.

최근 몇 년 전부터 집시 문화를 소재로 하거나 과거를 조명하는 영화와 다큐멘터리가 만들어지고 있습니다. 제가 특히 생각나는 영화는 토니 갓리프 감독의 최신작 〈자유〉*인데, 조만간 이 영화가 독일에서 개봉되어야 한다고 생각합니다. 프랑스에서 개봉했을 당시, 감독의 초대로 특별 시사회에 참석하기도 했습니다. 평생 동안 후원의 형태든 혹은 인터뷰나 다양한 활동을 통해서든 가능한 한 집시 공동체에 도움을 주기 위해 노력했습니다. 작년에는 제가 명예회장직을 맡고 있는 홀로코스트기념재단이 지원한 쥘리에트 주르당 감독의 중요한 프로젝트에 참여하기도 했습니다. '집시의 기억'이란 제목의 이 다큐멘터리는 전쟁에서 살아남은 유럽 전역의 마지막 생존자들의 증언을 담고 있습니다.

신티와 로마 집단에 대한 시선을 변화시키고, 그들을 희생양으로 만드는 고질적인 편견들을 버릴 수 있도록 더 노력해야 합니다. 그들의 풍요로운 문화를 배우고, 불신과 경멸이 아닌 존중을 바탕으로 한 태도를 취할 수 있도록 성취해야 할 일들이 아직 남아 있습니다.

젊은 세대는 이 투쟁에서 매우 중요한 역할을 해야 합니다. 집시에 대한 기억은 그것이 오직 가족 안에서만 구전되고 공동체 밖으로 나가지 않았기 때문에 오랫동안 피해를 입었습니다. 이 역사를 가르치고, 모든 뒤섞기 시도를 거부해야 합니다. 또한 로마, 신티, 치고이너**, 지탕***, 마누슈**** 등 유랑민 공동체 사이의 차이를

---

* 국내에는 '코코로'라는 제목으로 소개되었다.
** 독일에서 집시를 가리키는 말.
*** 스페인 카탈루냐와 안달루시아 지방 집시.
**** 인도계 집시.

계속해서 밝히고, 프랑스에서처럼 격리 수용을 당한 이들과 독일에서처럼 학살을 당한 이들을 구분하는 것은 꼭 필요한 일이라고 생각합니다. 특히 신티족과 로마족이 살고 있는 모든 나라에서 교육을 강화하고 기회의 평등을 보장할 수 있도록 더 힘써야 합니다. 로마족은 15세기부터 프랑스에 유입되기 시작했으며, 수 세기 전부터 유럽의 전 국가에 거주하고 있다는 사실을 잊지 맙시다.

여러분을 믿습니다. 유럽의 청년 여러분, 여러분을 생각하면서 과거를 잊지 말자는 말씀을 드립니다. 유럽의 미래는 이제 여러분에게 달려 있습니다. 자유의 유럽, 기회 평등의 유럽, 평화와 인간의 존엄성을 존중하는 유럽을 만듭시다.

2010년 12월 16일, 베를린, 신티와 로마 유럽시민권상 시상식

2부

유럽을 위한 투쟁

유럽은 자유와 연대의 중심이 되어야 합니다

동료 여러분,

이제 프랑스를 일주하는 긴 여정을 마치고 이렇게 이 자리에 섰습니다. 마르세유에서 시작한 이 여정은 이제 6주가 되었습니다.

툴루즈, 비트레, 릴, 리옹을 거쳐, 오늘 이 여정을 프랑스의 풍요로운 땅, 로렌 지방의 낭시에서 마치게 되었습니다.

여러분의 도시를 이렇게 저의 마지막 행선지로 삼은 까닭은 여러분의 운명이 좋을 때나 나쁠 때나 언제나 유럽의 운명과 함께였기 때문입니다.

유럽이 이익과 경쟁심, 증오가 대립하는 결투의 장이 되어버린—대부분 과거의 일입니다만—최악의 순간에 여러분은 유럽과 함께였습니다.

드물긴 했지만 그래도 그 사이사이 민족들 간의 우애가 생겨나고, 그 모든 대립에도 불구하고 이렇게 수 세기에 걸친 교류를 통해

결국 유럽인들 사이에 공통의 문화를 만들어냈던 최고의 순간에
도 여러분은 유럽과 함께였습니다.

따라서 6월 10일*이 갖는 중요성에 대해 굳이 다시 말씀드릴 필
요가 없는 여러분 앞에서, 저는 오늘 제가 이끌었던 선거운동을 결
산해보는 기회를 갖고자 합니다. 저는 논쟁을 일으키는 선거운동
이 아니라, 설명하고 정보를 제공하는 운동을 하고자 했습니다. 그
리고 무엇보다 모든 프랑스인들에게 진정한 주제이자 위대한 주제
에 대해 이야기하고자 했습니다. 그것은 바로 유럽입니다.

거의 두 달 전에 진행된 첫 인터뷰에서 제가 받았던 첫 번째 질문
이 떠오릅니다. 그 질문은 "항상 정당에 입당하기를 거부하고 또한
오늘날까지도 선거에 나가기를 거부해온 당신께서 왜 이번 유럽의
회 선거에 참여하게 된 것입니까?"였습니다.

그때 제가 한 대답이자 그 이후로 끊임없이 제시한 답변이며 오
늘도 내놓는 대답은 바로 이것입니다. "제가 유럽 문제에 이토록 전
적으로 참여하는 것은 저의 과거로부터 교훈을 이끌어내기 위해서
이며, 또한 프랑스의 미래를 생각하기 때문입니다."

저는 과거에 개인적으로 엄청난 정신적·육체적 고통을 겪었습
니다. 따라서 제가 겪은 일, 저뿐만 아니라 수많은 사람들, 그리고
제가 알기로 이곳에 계신 많은 분들도 겪은 일을 앞으로 저의 아이
들과 손주들이 겪는 것을 결코 용납할 수 없습니다.

---

* 1979년 6월 7~10일, 최초로 유럽의회 직선제 선거가 치러졌다. 회원국별로 진행된 이
선거는 프랑스에서 6월 10일에 진행되었다. 이 연설을 하고 며칠 뒤 열린 선거에서, 시몬
베유가 이끄는 프랑스민주연합당은 프랑스에서 가장 많은 의석수를 확보했고, 베유는 최
초의 선출직 유럽의회 의장이 된다.

서로 충분히 가까워질 수 있었음에도 불구하고 프랑스와 독일이 끊임없이 서로를 망가뜨린 1870년, 1914년, 1939년, 동족상잔의 갈등이 주기적으로 반복되는 것을 숙명처럼 여기는 것을 저는 거부합니다.

두 국가는 이 갈등들을 겪으며 때로는 한쪽이, 때로는 다른 한쪽이 어떤 때는 승리를 자축하지만 오랫동안 애도에 잠기고, 또는 패배로 모욕을 당하며 위험한 절망 속에 빠졌습니다.

한창나이에 전쟁에 휩쓸리는 세대가 다시 생겨선 안 됩니다. 폭탄 공격을 받아 혹은 화장터에서 사라져간 수백만 명의 민간인 희생자가 다시 발생해선 안 됩니다.

제가 유럽에 기대를 거는 까닭은 유럽이야말로 이와 같은 끔찍한 불행을 끝낼 수 있는 유일한 길이라 생각하기 때문입니다. 프랑스와 독일 사이에 영구적인 우정을 가져올 수 있는 것이 바로 유럽이기 때문입니다.

이미 했던 이야기를 오늘 여러분 앞에서, 전쟁으로 인해 셀 수 없이 피로 물들여졌던 이곳 로렌 지방의 땅에서 다시 한번 말하고자 합니다. 유럽은 곧 평화입니다.

그것은 우리가 지금껏 한 번도 경험해보지 못한 평화입니다. 우리에게 평화 혹은 우리가 평화라고 부르는 것은 사실상 우리에게는 오랫동안 그저 일시적인 상황이거나, 두 갈등 사이에 잠시 끼어 있던 일에 불과했습니다. 그것은 관례라기보다는 예외적인 일이었고, 정상적인 상태라기보다는 일탈적인 상황이었습니다.

유럽의 건설을 주장하는 이들은 우리가 살고 있는 세계에서 평화란 그와는 다른 것이 되어야 하며, 전쟁의 그늘을 벗어나는 것 이상이어야 한다는 사실을 깨달았습니다. 그들은 이제 오직 협력을 통해서만 긴장 완화가 가능하고, 연대를 통해서만 화합이 가능하다는 사실을 깨달았습니다. 지난날 에르네스트 르낭*이 하나의 민족국가를 건설하기 위하여 요구한 평화를 오늘날 확립해야 한다는 것을 깨달았습니다. 즉 '위대한 일을 함께 이루고자' 결심하는 것입니다.

1979년인 오늘날, 30년 전의 대논쟁은 별로 중요하지 않습니다. 예전에 유럽 건설의 일부 선구자들이 더욱 야심 찬 방식을 꿈꾸었던 사실은 별로 중요하지 않습니다. 중요한 것은 그들이 신념을 갖고 있었고, 그것을 우리에게 전달했다는 사실입니다. 중요한 것은 그들이 우리 대륙이 수 세기 동안 품고 있던 생각을 마침내 실행에 옮기는 용기를 갖고 있었다는 사실입니다.

유럽은 20년 전부터 건설되었습니다. 아마도 20년 전에 구상하던 것과는 다르게 건설되었지만, 유럽은 건설되었습니다. 유럽은 점점 우리의 일상과 일터에 스며들고 있습니다. 임금노동자, 사업가, 상인, 농부, 소비자 혹은 관광객인 우리 모두에게 다양한 방식으로 영향력을 행사하고 있습니다.

그러나 우리는 유럽이 커지는 것을 보지 못했습니다. 즉 우리는 20년 전의 논쟁 속에 여전히 머물러 있습니다.

우리는 여전히 연방 형태의 유럽과 연합 형태의 유럽을 두고 대립하고 있습니다. 스스로를 유럽인이라 말하는 이들이 혹시 저의

---

* 프랑스의 언어학자·철학자·종교사가·비평가. 『민족이란 무엇인가』를 썼다.

를 숨기고 있는 것은 아닌지 의심하고 싶어 합니다. 그들이 프랑스에 반대하여 유럽을 건설하고자 한다고 비난하고 싶어 합니다. 이런 싸움은 헛된 것입니다. 역사는 결단을 내렸습니다. 유럽은 우리 조국을 파괴하지 않았습니다. 유럽은 각 국가의 주권을 존중하면서 건설되었습니다. 기술의 발전으로 일반화된 세상에서 우리 모두가 우리의 뿌리와 특성을 되찾을 필요를 강하게 느끼는 지금, 유럽을 다르게 건설한다는 것은 있을 수 없는 일입니다.

이 명백한 사실을 확인하는 것은 유럽에 대한 확신이 부족해서가 아닙니다. 우리가 생각하는 바에 대한 의견을 속이거나 배신하는 것이 아닙니다. 이 새로운 유럽은 아직도 자신의 모든 잠재성을 거의 실현하지 못했습니다. 여러분께서 6월 10일에 만들게 될 이 유럽은 처음으로 스스로를 유럽인이라 칭했던 이들이 꿈꿨던 것과 같은 동조를 이끌어내고, 같은 희망을 불러올 것입니다. 이 유럽은 지금까지와는 다른 유럽입니다만, 같은 희망을 품고 있는 유럽입니다.

어떤 사람들은 제가 국민들에게 그들이 '사소한 일'이라고 칭하는 것에 대한 이야기를 하고 있다고 놀라곤 합니다. 그들은 제가 말하는 유럽이 하찮다고 생각합니다. 그들에 따르면, 이 유럽은 영감과 야망이 부족하다고 합니다.

그렇게 말하는 이들은 현실을 제대로 인지하지 못하고 있습니다. 위대한 원칙을 말하고 위대한 계획을 발표하는 일은 물론 기분 좋은 일입니다. 그러나 중요한 것은 그것을 실현하는 일입니다.

그러나 역사는 하루 만에 이루어지지 않습니다. 수 세기를 기다린 뒤 또 수십 년이 더 걸리더라도, 중요한 것은 유럽이 건설되는 일입니다. 유럽은 자신을 위협할 수 있는 긴장을 유발하는 급작스러운 변화나 포기를 통해서가 아니라, 다수의 열망들을 흡수하고 다양한 상황들을 존중하는 합리적인 방식을 통하여 견고하게 건설되어야 합니다.

각 국가의 관습이 서로 다르고 열망도 서로 다르기 때문에, 또한 각자가 추구하는 이익도 같지 않기 때문에, 공동의 규범을 찾는 일은 언제나 쉽지 않습니다.

한 나라 안에서도 개혁이 시행될 때 생겨나는 저항들을 생각한다면, 어떻게 이것이 놀라운 사실일 수 있겠습니까?

일각에서는 유럽 문화정책, 사회법 일원화 계획, 공동 에너지 전략이 부재한다는 사실에 유감을 표시하고 있습니다.

저는 그중에서 사회법을 일원화하는 문제를 하나의 예로 들어보도록 하겠습니다. 그것은 거대한 계획이자 훌륭한 계획입니다. 이 계획은 두 가지 방식으로 고려할 수 있습니다. 첫 번째 방식은 개별 국가에서 우선 과제에 따라 그동안 이루어진 사항들을 고려하지 않은 채, 유럽 차원에서 모든 국가가 이 프로그램을 강제적으로 채택하도록 하는 것입니다. 이 방식은 결코 성공할 수 없을 것입니다. 왜냐하면 일부 시민계층으로부터 자신의 나라에서 인정받은 권리를 박탈하고 새로운 수익에 대하여 새로운 재정 부담을 부과함으로써 너무나 강력한 제약을 강요하게 될 것이기 때문입니다.

두 번째 방식은 보다 신중하고 보다 느린 것으로서, 지성인들을 완전히 만족시키지는 못하지만, 그래도 보다 효과적인 것입니다. 이 방식은 분야별로 최소한의 보호 규정을 만들고 각 국가가 그에 맞춰 국내법을 조정하는 것입니다.

관련 분야가 한정되어 있고 진전이 너무 더디다는 점에 대해 유감을 표할 수 있습니다. 그러나 이 점과 관련하여 유럽이 아무것도 이룬 것이 없다고 말하는 사람들을 보면, 저로서는 그들이 제대로 알려고 하지 않았다는 사실을 말씀드릴 수밖에 없습니다. 그들이 "모든 것을 한 번에 해내야 한다"고 말할 때는 현실을 전혀 이해하지 못하고 있다고 말씀드릴 수밖에 없습니다. 게다가 이런 거대한 개혁을 제안하는 이들은 정작 그 개혁이 가져오는 실질적인 영향을 받아들이지 않을 것입니다.

왜냐하면 사실 모든 것을 바꾸자고 말하는 것은 대개 아무것도 바꾸길 원하지 않는 것이기 때문입니다.

저의 입장을 말씀드리자면, 저는 유럽으로부터 많은 것을 기대하고 있기 때문에 만족시킬 수 없는 요구들로 유럽을 짓누르고 싶지 않습니다.

유럽은 우리가 만드는 대로 될 것입니다. 유럽이 커지고 발전하고, 또 우리 유럽인들이 받아들일 수 있는 리듬을 찾아가도록 두고 지켜봅시다.

접붙인 식물이나 새로운 동물종이 수액이나 새로운 피로 인한 충격을 견뎌내기 위해 특별한 주의를 요하는 것처럼, 유럽은 새로운 공동의 삶에 적응해야 합니다.

그런데 이 공동의 삶은 동시에 가장 위대한 희망이라는 사실을 어떻게 알지 못하겠습니까?

1958년 이후로, 대단한 규모는 아니지만 그래도 확고하게 발달된 교역을 바탕으로, 유럽 국가들 간에 점차 이익의 망이 형성되면서 이제는 이성적으로나 심정적으로나 전쟁의 가능성이 무력화되고 있습니다.

베르사유조약*이 실패로 돌아갔지만, 로마조약**은 성공했습니다. 평화를 구상하고 추구하고 얻어내는 방식에 진정으로 혁명적인 역할을 했기 때문입니다. 우리의 안전의 가장 큰 보증이 되는 연대를 구축할 수 있었기 때문입니다. 이 연대가 없다면 독일과의 화해는 다시 한번 헛된 바람에 불과했을 것입니다. 이 연대는 공동체 안팎의 폭력적인 유혹과 패권 싸움을 저지할 수 있는 힘을 갖고 있습니다.

여러분도 잘 알고 계시다시피, 우리는 지금 어려운 시기를 보내고 있습니다.

위기, 보다 정확히 말해 우리가 1973년 이후로 그 여파를 겪고 있는 국제적 대변혁***은 심지어 이곳 로렌 지방까지 극적인 상황을 불러오면서, 험난한 직종 변경까지 강요하고 있습니다.

국제통화 질서 혼란, 에너지 자원의 고갈과 가격 급등, 특히 부국과 빈국의 경제 불균형이 우리의 확신을 뒤흔들고 우리의 특권을 뒤엎어버렸습니다. 다른 모든 선진국과 마찬가지로 두 가지 재앙이 우리에게 닥쳐왔습니다. 하나는 인플레이션이고, 다른 하나는, 간

---

* 1차 세계대전의 전후 처리를 위하여 1919년 베르사유궁전에서 연합국과 독일이 맺은 강화조약.

** 1957년 유럽경제공동체 설립을 골자로 프랑스, 서독, 이탈리아, 벨기에, 네덜란드, 룩셈부르크 6개국이 로마에서 서명한 조약.

*** 중동전쟁으로 촉발된 원유가 급등이 전 세계 경제에 타격을 준 석유파동을 의미한다.

단한 단어에 인간의 온갖 불행을 담고 있는 이 끔찍한 말, 바로 실업입니다.

이런 상황에서 우리에게 닥쳐오게 된 일에 대해 남을 탓하고자 하는 유혹은 커집니다.

말은 많지만 현실은 제대로 보지 못하는 이들에게 의심과 분노, 폐쇄정책을 퍼뜨리고자 하는 유혹은 커져만 갑니다.

유럽 건설이 과거지향적 민족주의나 전복적 국제주의를 가로막는다고 믿는 이들에게 유럽을 탓하고자 하는 유혹은 커져만 갑니다.

유럽 탓일까요? 그러나 로마조약이 탄생시킨 유럽이 없었더라면, 우리가 20여 년 전부터 이뤄온 오늘날의 이 놀라운 발전을 결코 경험할 수 없었을 것입니다.

단일시장 덕분에 우리의 농업에 새로운 판로를 마련할 수 있었고, 우리의 산업을 발전시키고 현대화할 수 있었으며, 우리의 교역을 확대하고 공고히 할 수 있었습니다.

20여 년 만에 프랑스의 유럽경제공동체**** 국가들과의 교역량이 열 배 이상 증가했으며, 우리의 대외무역에서 유럽이 차지하는 비중이 1958년에 25% 미만이었던 것에 비해 현재는 50%에 달한다는 사실을 굳이 다시 상기할 필요가 있을까요?

유럽이 없었다면, 유럽 기구가 없었다면, 석유 공급 문제에 촉각을 곤두세우는 미국뿐 아니라, 만성적 인플레이션을 겪으며 우리

**** 1957년 로마조약을 통해 유럽 6개국이 경제통합을 위해 설립한 기구로, 이후 다른 유럽 국가들이 합류하여 규모가 확장되고, 유럽석탄철강공동체 및 유럽원자력공동체와 함께 유럽공동체로 통합되어, 1993년 발족한 유럽연합의 전신이 되었다.

에게 상당한 채무를 지고 있는 동유럽 국가들이 큰 영향을 받고 있는 1973년 이래 발생한 사건들의 여파를 우리는 더 혹독하게 겪었을 것입니다.

그러나 무엇보다도 유럽이 없다면, 유럽이 가진 경제, 인구, 정치적 힘이 없다면, 우리가 맞닥뜨린 권력과 문명의 이중의 도전 과제에 현재 어떻게 맞서고 또 앞으로 어떻게 극복할 수 있겠습니까?

에너지 문제를 예로 들어봅시다. 우리의 유럽 파트너 국가들과 협력할 때에만 의미 있는 수준의 에너지 절약을 이룰 수 있고, 엄청난 투자가 필요한 신재생 에너지를 개발할 수 있을 것입니다. 우리가 유럽인으로서 협상테이블에 함께할 때에만 생산국과 소비국 사이의 균형을 찾을 수 있을 것입니다.

고용의 문제를 예로 들어봅시다. 그 해결책은 결국 우주기술, 해양개발, 정보과학과 같은 신산업의 발전에 있습니다. 이 모든 분야에서 프랑스는 선두에 있습니다. 그러나 이런 활동들은 더 이상 개별 국가 단독으로 진행할 수 없습니다. 이제 각국이 지닌 능력과 자원을 공유해야 합니다.

사회 진보와 환경 문제도 마찬가지입니다. 우리만 노동시간 단축이나 환경보호 정책 강화를 시행한다면 우리는 단기적으로 우리의 경쟁력을 약화시키게 되고, 실업 문제를 해결하기는커녕 결국 악화시키게 될 것입니다.

더 많은 예를 들 수 있습니다만, 유럽 국가인 프랑스를 위한 행동은 유럽의 이익을 지키는 것을 통해 가능하다는 것을 증명하기 위해 충분히 말씀드렸다고 생각합니다.

이 점을 잘 이해한 프랑스 정부는 용기와 끈기를 갖고, 최근 관세에 대한 국제협정의 재협상을 요구하였고, 얻어냈습니다. 이 재협상을 통하여 우리의 시장을 더 잘 보호하는 동시에 우리의 상품이, 특히 대미무역에서 더 나은 수출 조건을 확보할 수 있게 될 것입니다.

그렇습니다. 유럽의 프랑스를 위하여 행동해야 하며, 바로 저 자신과 또 제가 이끌고 있는 거대 연합당의 명단에 오른 모든 이들이 이 일을 해낼 것입니다. 아무도, 저는 분명히 '아무도'라고 말씀드립니다. 아무도 우리의 결단을 의심할 수 없습니다.

그러나 우리는 편협한 민족주의적인 정신을 갖고 행동하지 않을 것입니다. 우리는 진정으로 유럽적인 정신으로 행동할 것입니다. 왜냐하면 그것이야말로 프랑스를 지킬 뿐만 아니라 프랑스의 발전과 선양을 가능하게 하는 최상이자 유일한 방법이기 때문입니다.

바로 우리가 이 목표를 달성하고자 합니다. 사람들은 우리가 스트라스부르*에 있는 모습을 보게 될 것이며, 그곳에서 우리의 목소리를 듣게 될 것입니다. 우리는 모든 작업과 모든 심의와 모든 위원회에 참여할 것입니다.

제가 유럽의회에 모든 시간을 바치겠다고 말한 것은, 저에게 유럽이란 미테랑 대표나 마르셰 대표, 시라크 대표**와 마찬가지로, 부업으로 삼기에는 너무나 중대하기 때문입니다. 저의 온 시간을 바쳐 유럽을 위해 일할 것입니다. 여러분은 저를 믿으셔도 됩니다.

---

*   독일 접경지에 위치한 프랑스 동부의 도시로, 유럽의회 소재지.
**   각각 당시 프랑스의 유럽의회 선거에서 사회당–좌파급진당원운동 연합당, 프랑스공산당, 공화국연합당의 정당명부를 이끌던 정치인들이다.

저희를 믿으셔도 됩니다. 우리는 일하는 의원이 될 것입니다!

어떠한 당파적 의도 없이, 우리는 유럽의 진정한 통화 기구를 위해 온 힘을 다할 것입니다. 그것 없이는 재정 안정성이 불가능하고, 따라서 투자와 경제발전 또한 불가능하기 때문입니다.

우리는 공동농업정책을 강화하고 완성시키기 위해 온 힘을 다할 것입니다. 이 정책은 상당히 유리한 가격에, 그렇지만 세계 시장의 가격보다는 확실히 높은 가격에 우리 농산품의 대부분을 판매할 수 있도록 하기 때문입니다.

우리는 유럽의 보다 긴밀하고 조화로운 산업 협력을 위하여 온 힘을 다할 것입니다. 이를 통해, 프랑스 국민들에게, 특히 오늘 이 자리에 상당히 많이 참석한 우리의 청년들에게, 그들에게 합당한 일자리를 제공할 수 있기 때문입니다.

우리는 더 많은 사회의 발전과 더 나은 삶의 질을 위하여 온 힘을 다할 것입니다.

저는 여러분께 "유럽은 위대한 희망"이라고 말씀드렸습니다. 명백히 유럽 차원이 아니고서는 효율적으로 해결할 수 없는 경제 문제들에 대해서도 말씀드렸습니다.

하지만 유럽이 또한 위대한 희망인 것은 이곳이 오늘날 민주주의와 자유의 보루이기 때문입니다. 유럽공동체 국가가 전 세계 민주주의 국가의 약 3분의 1을 차지하고 있는데, 서로 힘을 합쳐 전체주의의 회귀에 맞서 싸울 의무를 갖는 것은 당연한 일입니다.

무엇보다 우리가 함께라면 정의와 자유의 목소리를 더욱 드높이고 심각한 인권 위협이 팽배한 국가들에 경고할 수 있다는 것은 당연한 사실 아니겠습니까?

그 어떤 나라보다도 프랑스가 세계에 전파한 가치, 그러나 너무도 자주 훼손되고 있는 이 가치들을 지키는 일에 어떻게 책임감을 느끼지 않을 수 있겠습니까?

유럽이 연합하지 않는다면, 동서를 막론하고 맹위를 떨치는 대규모 획일주의가 모든 사람의 존엄성과 특성에 대한 존중을 기반으로 세워진 문명과 그의 영혼을 파괴할 것이라는 사실을 어떻게 모를 수 있겠습니까?

제가 조금 전에 일각에서 당장 이뤄야 한다고 주장하는 너무나 야심 찬 계획들에 거리를 두었다면, 이제 여러분께 이렇게 말씀드리겠습니다. "위대한 사상, 관대한 사상을 두려워하지 맙시다"라고요. 유럽이 자유와 연대의 중심이 되어야 한다고 말하는 것을 두려워하지 맙시다.

로렌 지역 여러분, 우리 나라를 결정적으로 변화시킬 선거를 며칠 앞두고 저는 놀라워하며 이런 질문을 던집니다. 여러분에게 제시되고 있는 이 왜곡된 유럽들은 다 무엇이란 말입니까?

이쪽에는 우리의 대담함과 관대함에 걸맞지 않은 이기주의와 경쟁으로 얼룩진 유럽이 있습니다.

저쪽 사회주의자들 편에는 모호하고 우유부단하며 기만적인 유럽이 있습니다. 두 개의 얼굴을 가진 유럽으로, 마르세 대표 쪽을 바라볼 때는 마르크스주의적이 되고, 슈미트 총리 쪽을 바라볼 때는 사회민주적이 되어, 미테랑 대표 측에서는 환영을 받고 슈벤망 의원 측에서는 거부당하고 있습니다.

또 다른 쪽에는 풍자와 비웃음의 대상이 되고 있는 공산주의자들의 유럽이 있습니다. 제시되는 유럽 중 가장 취약한 유럽으로, 항상 유럽에 적대적이었던 그들은 이름을 제외하고는 어떠한 공통점도 없었던 프로그램을 위해 마지못해 유럽을 받아들였습니다. 그들은 이제 유럽을 어떻게 해야 할지 더 이상 알지 못합니다.

아니요, 이런 유럽들은 정말로 유럽이 아닙니다. 아니요, 이런 유럽들은 확실히 프랑스를 위한 유럽이 아닙니다.

왜냐하면 프랑스를 위해 선택해야 하기 때문입니다. 명확히 프랑스를 위해 선택하는 임무를 가진 이를 따르는 것보다 더 나은 선택이 있을까요? 전임자들의 연장선상에서 연대와 신뢰, 희망의 유럽을 선택할 줄 알았던 이를 따르는 것보다 더 나은 선택이 있을까요?

제가 이끄는 이 명단은 어떠한 모호함이나 망설임 없이 지지해야 할 유일한 정당명부로서, 프랑스 공화국 대통령이 유럽을 위해 펼치는 활동과 행보를 함께하고 있습니다.

발레리 지스카르 데스탱 대통령과 함께 프랑스의 위대함을 위해 힘씁시다. 프랑스를 유럽과 세계에서 창의적이고 존경받는 파트너로 만듭시다.

6월 10일, 우리는 미래와 만나게 됩니다. 20년 뒤 우리 손주들에게 "프랑스가 기회를 놓치도록 내버려두셨군요"라는 말을 듣지 않도록 합시다!

1979년 6월 5일, 낭시

이 의회가 불러온 희망에
전적으로 부응할 수 있도록 합시다

친애하는 동료 여러분,

내외 귀빈 여러분,

여러분께서 저를 유럽의회 의장으로 선출해주신 데 대하여 대단히 영광스럽게 생각합니다. 이 자리에서 저는 표현하기 어려운 감정을 느낍니다.

무엇보다 저에게 투표해주신 모든 분께 감사드립니다. 그분들의 바람에 부합하는 의장이 되고자 최선을 다하겠습니다. 또한 민주주의 정신에 따라 의회 전체를 대표하는 의장이 되고자 최선을 다하겠습니다.

오늘 회의는 여기 계신 분들 대다수에게 친숙한 형식으로 진행됩니다만, 그럼에도 불구하고 오늘 이 자리는 상당히 역사적인 성격을 지니고 있습니다. 오늘 이 자리에 모인 인파와 초청 인사들의 명성이 그것을 증명하고 있습니다. 참석하신 모든 분들을 일일이

거명할 수 없는 점에 대하여 양해를 구하며 우리 의회의 모든 의원들을 대표하여 인사 말씀 드립니다.

이렇게 우리는 다섯 대륙의 국민들을 대표하는 수많은 관련국과 제3국의 국회의장님들을 이 자리에 모시는 영광을 갖게 되었습니다. 이분들은 오늘 참석을 통해 우리 의회와의 관계에 상당한 중요성을 부여한다는 의사를 전달함으로써 우리의 민주적 건설에 더없이 소중한 지지를 보내주신 것입니다. 우리의 초청을 수락해주신 의장님들께 감사드립니다. 특히 우리에게 보여주신 우정과 연대의 표현을 높이 평가하며 이 점에 특별히 감사드립니다.

어제저녁, 우리의 걸음을 훌륭하게 이끌어주신 루이즈 바이스* 의원님께 감사의 말씀을 전했습니다. 의원님과 관련하여 다시 간단히 말씀드리자면, 의원님께서는 여성해방을 위해 이끈 모든 투쟁에서 놀라운 역할을 하셨습니다. 우리에 앞선 의회, 보다 정확히 말하면, 권위를 갖고 의회 활동을 지휘해온 전임 의장님들께 경의를 표하는 것은 저의 의무이자 영광입니다. 특히 저는 이 자리에서 훌륭한 역할을 하시고, 어려운 임무를 맡으면서도 모두의 존경을 받았던 콜롬보** 의장님께 경의를 표하고 싶습니다.

유럽의회는 유럽석탄철강공동체가 창설된 이후, 특히 1958년 여러 공동체를 대표하는 유일한 의회가 설립된 이후로 유럽의 건설에

---

* 프랑스의 여성참정권 운동을 이끈 지도자이자 평화로운 유럽의 건설을 위해 헌신한 정치가로, 1979년 열린 최초의 직선제 유럽의회 선거에서 공화국연합당 소속으로 출마하여 당시 최고령 유럽의회 의원이 되었다.
** 이탈리아 총리를 역임한 정치인으로, 1977년부터 1979년까지 유럽의회 의장을 맡았다.

서 중요한 역할을 수행하였고 시간이 흐르면서 그 역할은 점점 더 커졌습니다. 직접보통선거 시행을 통해 근본적인 혁신을 이루기는 했지만 우리 의회가 무엇보다 앞선 의회들을 계승한다는 점은 변하지 않습니다. 우리 의회는 한 세대 전부터, 유럽의 정신과 민주주의 원칙이 서로 만난 이후로 이 의석에 앉았던 모든 이들이 남긴 자취의 연장선상에 있습니다. 로마조약이 부여한 제한된 권한에 따라, 겸손함과 신중함을 갖고 임무를 다해온 유럽의회는 점차적으로 획득한 정치적 영향력을 통해 공동체의 여러 기관과 공동체 건설에 있어서의 역할을 강화해왔습니다. 이 증대된 영향력을 통하여 특히 의회의 재정권을 강화한 1970년 4월 21일과 1975년 7월 22일의 조약을 체결할 수 있었습니다. 뿐만 아니라, 일련의 실질적인 조치들을 통하여 의회는 유럽공동체의 권한 행사에 참여하게 되었고 그 비중이 확장될 수 있었습니다.

이전 의회들이 획득한 이 유산을 오늘 의회에 모인 우리들은 결코 잊지 않을 것입니다. 우리 중 그 누구도 이 유산이 유럽공동체의 설립자들의 바람에 따라 '끊임없이 성장하는 유럽 민족들 간의 연합'을 만드는 데 기여한 사실을 잊지 않을 것입니다.

이전 의회들이 이루어낸 중대한 결실에 대해 간단히 말씀드리자면, 무엇보다 유럽공동체 내에서 최초의 직접보통선거 실시가 갖는 놀라운 혁신을 강조할 수밖에 없습니다. 역사상 처음으로, 그토록 자주 갈라지고 대립하고 서로를 파괴하기 위해 몰두했던 유럽인들의 역사상 처음으로, 우리는 함께 오늘 이곳에서 2억 6천만 이상의 시민들을 대표하고 있는 공동 의회에 우리의 대표자들을 뽑았습니다. 이 선거는 조약 체결 이후 유럽의 건설에 의심의 여지 없는 중대한 사건입니다. 물론 회원국별로 선거 절차는 달랐지만, 1974년 9월 20일에 제정된 유럽의회 의원 직접보통선거 법규에 따라 진행되었으며, 이제 우리가 향후 선거를 위해 통일된 선거 방식을 고안해야 합니다. 바로 제가 여러분들과 함께 전념해야 할 임무입니다.

이번 의회의 직접보통선거라는 역사적 혁신이 유럽공동체의 모든 시민들에게 아주 중요한 순간에 이루어졌다는 사실을 정치적 소속과 상관없이 우리 모두는 잘 이해하고 있습니다. 사실 유럽공동체의 모든 회원국은 오늘날 평화, 자유, 복지라는 세 가지 중대한 도전 과제에 직면해 있습니다. 그리고 유럽 차원의 대응만이 이 과제를 극복할 수 있게 해줄 것입니다.

먼저 평화의 과제에 대해 이야기해봅시다. 지금까지 힘의 균형을 통해 초강대국들 간 무장갈등이라는 자살적 대재앙을 피할 수 있었지만, 그사이 지역갈등은 증가했습니다. 유럽의 평화로운 상황은 매우 소중한 것이지만 우리 모두 그 취약성을 잘 알고 있습니다. 수많은 이들의 목숨을 앗아 간 동족상잔의 전쟁으로 얼룩진 유럽의 역사에서 이 상황이 얼마나 새로운 것인지 굳이 다시 강조할 필요가 있을까요?

앞선 의회들과 마찬가지로 이번 의회는 우리가 가진 여러 대립 지점에도 불구하고 모든 유럽인들에게 아마도 가장 값진 재산인 이 평화를 지켜야 할 매우 중요한 책임이 있습니다. 오늘날 세계를 짓누르는 긴장 상황들이 이 책임을 더욱 무겁게 하고 있습니다만,

우리 의회가 직접보통선거로부터 부여받은 정당성을 통하여 그 책임을 다하는 동시에 우리가 가진 평화가 대외에도 퍼져나갈 수 있기를 우리는 희망합니다.

두 번째 중요한 도전 과제는 바로 자유입니다. 전 세계적으로 전체주의 세력이 너무나 확장된 나머지, 자유의 땅들이 고립된 섬처럼 힘이 지배하는 이 체제에 둘러싸여 있습니다. 우리 유럽은 바로 이런 자유의 땅들 중 하나로서, 우리와 같은 오랜 사명감을 갖고 있는 그리스, 스페인, 포르투갈이 자유국가들의 대열에 합류하게 되는 것에 큰 기쁨을 느껴야 합니다. 유럽공동체가 이 국가들을 맞이하게 된다면 매우 기쁠 것입니다. 대개 잃어버리고 나서야 그 가치를 깨닫게 되는 이 자유를 우리는 바로 유럽 차원에서 강화할 수 있습니다.

마지막으로, 유럽은 복지라는 거대한 도전 과제에 직면해 있습니다. 즉, 5년 전 발생한 석유파동으로 촉발된 심각한 혼란이 우리 국민들의 삶의 수준을 위협하고 있습니다. 유럽의 모든 국가들은 한 세대에 걸친 시간 동안 역사상 어떤 시기에도 겪어보지 못한 빠르고 안정된 속도로 삶의 수준이 향상되는 것을 경험하였지만, 이제는 일종의 경제 전쟁 속에서 실업이라는 잊혔던 재앙을 겪으며 향상된 삶의 수준을 위협받고 있습니다.

이 혼란은 근본적인 변화를 초래하고 있습니다. 우리는 대부분이 변화들을 재촉하지만, 재촉하면서도 두려워하고 있습니다. 우리는 모두 정부와 정치인들로부터 국가적·유럽적 차원의 보장과 안전, 우리를 안심시킬 행동들을 기대하고 있습니다.

유럽 전역에서 동일한 강도로 우리를 짓누르는 이 도전 과제들은 오직 공동으로 대응할 때에만 효율적으로 극복할 수 있다는 사실을 우리 모두 잘 알고 있습니다. 오직 유럽만이 이런 대규모 도전 과제들에 맞서, 더 이상 개별 국가에만 한정되지 않고 효율적으로 대응할 수 있는 규모를 지니고 있습니다. 그러나 이 효율성을 실현하려면 유럽의 공동체들이 더욱 강화되고 공고해져야 합니다.

이제 직선제로 구성되는 유럽의회는 특별한 책임감을 갖게 됩니다. 유럽이 직면한 도전 과제들을 극복하기 위하여 이제 우리는 유럽을 세 가지 기조에 따라 이끌어야 합니다. 그것은 바로 연대의 유럽, 독립의 유럽, 협력의 유럽입니다.

먼저 연대의 유럽이라는 것은, 국가 간, 지역 간, 사람 간의 연대를 구축하는 유럽을 말합니다. 국가 간의 관계에서 유럽공동체 개별 회원국들의 가장 근본적인 국가의 이익을 문제 삼거나 무시하는 것은 있을 수 없는 일입니다. 그러나 계속되는 대립보다는 유럽 차원의 해결이 대개의 경우 공동의 이익에 더 부합한다는 사실은 분명합니다. 모든 국가가 새로운 경제위기에 대응하는 국가 차원의 규제와 노력을 다하는 가운데 국가별 격차가 심화된다면, 우리 의회는 그것이 단일시장을 위협하고 따라서 회원국들 중 가장 사정이 좋은 국가들을 위협하게 되는 것을 막을 수 있도록 쉼 없이 권고해야 할 것입니다.

이와 같은 사회적 연대의 노력, 즉 경제적이고 때로는 재정적인 균등화 작업은 지역 격차를 줄이기 위해서도 필요합니다. 이와 관련하여 유럽공동체는 이미 구체적이고 효율적인 행동을 취했습니다. 이 정책은 지출 금액에 합당한 결과를 낸다는 조건하에 앞으로도 계속될 것입니다.

전통적으로 경기침체를 겪고 있는 지역의 상황과, 최근까지도 번영하는 견고한 경제체제를 지닌 것으로 여겨졌으나 오늘날 경제위기의 타격을 입은 지역들의 상황을 개선하기 위한 정책도 시행해야 합니다.

그리고 무엇보다도 사람 간 연대를 구축하기 위한 노력들이 이루어져야 합니다. 이와 관련하여 지난 수십 년간 이뤄낸 놀라운 실제 성과에도 불구하고 여전히 해야 할 일들이 많이 남아 있습니다. 그러나 모든 시민들이, 삶의 수준이 더 이상 향상되지 않거나 혹은 이전보다 더딘 속도로 향상되는 것을 받아들이고, 사회적 지출이 늘어나면서 그에 따른 규제를 받아들일 것을 요구받게 될 때, 그 불가피한 희생은 오직 진정으로 사회적 불평등이 줄어드는 것을 대가로 할 때에만 받아들여질 수 있을 것입니다.

이 분야에서 국가적 차원뿐만 아니라 유럽공동체 차원에서 시행해야 할 행동들의 주요한 목적은 바로 고용입니다. 우리 의회는 수요가 공급보다 더 빠르게 증가하고 있는 이 새로운 상황에 대해 깊이 고찰해야 합니다. 이 실망스러운 상황으로부터 우리가 도출할 수 있는 결론은 현 상황을 타개하기 위한 생산적 투자, 유럽에서 가장 취약한 분야에 대한 보호, 노동조건에 대한 규제를 결합해야 한다는 것입니다.

우리 유럽은 또한 독립의 유럽이 되어야 합니다. 공격적이고 갈등을 유발하는 독립을 위해서가 아니라, 유럽 자신이 발전 조건을 자율적으로 결정할 수 있는 것이 아주 중요하기 때문입니다. 이 노력은 특히 통화와 에너지 분야에서 명확히 이루어져야 합니다.

먼저 통화 분야와 관련하여, 우리는 몇 년 전부터 우연인지 아닌지 모를 달러화의 불확실성에 타격을 입고 있는 유럽공동체 통화체제의 안정적 확립을 위하여 최근에 설치한 유럽통화제도가 지니는 중대한 정치적 의미를 강조해나갈 것입니다.

에너지 분야와 관련하여, 유럽 생산자들의 높은 석유 의존도가 상당한 악조건으로 작용하고 있습니다. 우리의 에너지 자립을 위한 조건을 회복하기 위하여, 의회는 너무나 늦게 나타나기 시작한 협동과 공조에 대한 관심을 이 분야에 발휘해 보이도록 유럽 국가의 정부들에게 권고할 수 있을 것입니다. 또한 에너지를 절약하는 노력과 새로운 에너지 개발을 위한 연구도 확대해야 할 것입니다.

마지막으로, 우리가 바라는 유럽은 협력의 유럽이 되어야 합니다. 유럽의 여러 공동체는 이미 개발도상국과의 관계에서 모범이 될 만한 협력관계를 구축했으며, 최근의 협상을 통하여 관련국들과 새로운 협력의 단계로 도약했습니다. 이제 유럽공동체는 협상에 참여한 모든 국가들과 신新로메협정*을 체결하기를 희망하고 있습니다.

새로운 세계 경제 상황으로 인해 협력 정책을 강화해야 한다면, 우리는 현재 원자재보유국인지 아닌지에 따라 점점 더 벌어지고 있는 개발도상국 간의 격차를 고려해야 한다는 점을 더불어 말씀드

---

* 1975년 2월 아프리카 토고의 수도 로메에서 유럽공동체 9개국과 아프리카, 카리브해, 태평양 지역 46개국 사이에 체결된 무역 및 기술협력 협정.

리고자 합니다. 이와 같은 선별적 협력 틀 안에서, 유럽은 활동에 필요한 원자재를 획득하고, 교역 상대국에 정당한 보수를 지불하며, 우리의 산업을 보호하기 위해 공정경쟁을 보장하는 방식으로 균형 있는 기술이전을 할 수 있어야 합니다.

이 의회는 직선제로 구성되었고, 따라서 이 선거로부터 새로운 권한을 얻었기 때문에 우리는 유럽공동체들이 앞서 언급한 목적들을 달성하고 현재 직면해 있는 도전 과제들을 극복할 수 있도록 하는 특별한 역할을 수행하게 될 것입니다. 이런 점에서 1979년 6월에 열린 역사적인 선거는 유럽에 커다란 희망을 불러일으켰습니다. 무겁지만 그래도 흥분되는 이 책임을 다하지 못한다면 우리를 뽑은 국민들은 우리를 용서하지 않을 것입니다.

의회는 모든 의결 과정에서 이 책임을 다할 것입니다.

그런데 저는 의회의 새로운 권한이 특히 두 가지 영역에서 얼마나 의회의 행동을 강화할 수 있게 되는지에 대해 말씀드리고 싶습니다. 하나는 통제 기능에서 보다 민주적으로 활동할 수 있다는 것이고, 다른 하나는 유럽공동체 건설을 촉진하는 역할을 보다 능동적으로 수행할 수 있다는 것입니다.

직선제로 탄생한 유럽의회는 모든 선출 의회의 가장 핵심적인 기능이라고 할 수 있는 민주적 통제 기능을 온전히 수행할 수 있을 것입니다.

특히 조약이 부여한 권한에 따라 의회는 유럽공동체의 시민들을 대표하여 예산안을 승인합니다. 이제 유럽공동체를 구성하는 모든 국가들과 마찬가지로, 유럽공동체에서 예산안을 의결하는 것은 유럽 시민들이 직접 선출한 우리 의회입니다. 예산심의는 유럽 의회의 가장 중요한 권한으로서, 이에 따라 예산안을 수정하거나 혹은 전체를 기각할 수도 있습니다.

저는 각 단계별로 이루어지는 예산 협상 과정의 중요성, 그리고 최종 채택 못지않은 예산안 작성의 중요성을 다시 한번 강조하고 싶습니다. 이것은 복잡하고 부담이 크며 많은 시간이 소요되고, 이 사회와 의회 간 왕복 심의가 필요한 과정입니다만, 이 복잡성과 왕복 심의를 통해 우리의 목소리를 낼 수 있는 가능성을 얻게 됩니다. 그럼에도 불구하고 이를 위해서는 여러 조건이 충족되어야 합니다. 먼저 우리가 출석을 해야 한다는 조건입니다. 출석은 당연히 필요합니다. 또한 우리의 힘은 우리가 한목소리를 낼 때, 그리고 비현실적이거나 민중을 선동하려는 의도를 벗어던질 때 더욱 커진다는 것은 자명한 사실입니다.

게다가 이번 의회 일정에 따른 첫 번째 임무는 바로 1980년도 예산안 1차 심의로서, 우리는 이제 이 업무에 매진하게 될 것입니다.

직접보통선거로 선출된 의회의 예산 권한 행사에 대해 보다 포괄적으로 살펴본다면, 저는 한 가지 사항을 특히 강조하고 싶습니다. 즉, 책임 있는 의회라면 예산안을 수립할 때 세출액을 제한하는 데만 집중하지 않고, 세입 징수에 있어서도 책임 있는 역할을 다해야 한다는 것입니다. 게다가 이것은 우리 민주주의의 소명에 완전히 부합하는 일입니다. 역사적으로 전 세계에서 초기 의회들이 설립된 것은 세입 징수 승인을 통해서였다는 사실을 우리는 잘 알고 있습니다.

이번 입법부 임기 중에 유럽공동체 예산이 자체 재원 조달에 관한 조약이 정한 부가가치세 상한선 1%에 도달한다는 사실을 우리 모두 잘 알고 있는 만큼 더욱더 소홀히 할 수 없는 문제입니다. 따라서 앞으로 세입은 가장 중요한 문제가 될 것이며, 모든 시민들을, 다시 말해 유럽공동체의 모든 납세자들을 대표하는 이 의회는 그 해결을 위하여 틀림없이 가장 중요한 역할을 맡게 될 것입니다.

또한 의회는 유럽공동체 내에서 일반 정치에 대한 통제 기구가 되어야 합니다. 이 권한에 대한 제도적 제한을 통해 우리 의회가 언제든 그리고 공동체의 어떤 활동 분야든 간에 선거에서 나온 정치권력이 부여한 목소리를 내는 것을 막을 수 있다고 생각해서는 안 됩니다.

우리 의회는 유럽의 건설을 촉진하는 역할도 수행해야 합니다. 앞서 언급한 대로 유럽이 무엇보다 연대를 더 필요로 하는 순간에 특히 더 그렇습니다. 새 의회는 유럽공동체의 모든 시민들의 의사가 유럽의 무대에서 표현될 수 있도록 할 것입니다. 동시에 다양한 시민계층이 유럽 내 연대에 대한 필요성을 느끼도록 할 것입니다. 당장의 문제들은 늘 정당한 것이기는 하지만, 그럼에도 불구하고 절대 유럽공동체의 본질적 이익을 가려서는 안 되기에, 그것을 넘어서는 연대가 필요합니다.

우리는 당연히 유럽공동체에 존재하는 권력구조를 무시하지 않을 것이며, 각 기관에 독립성을 부여할 것입니다. 발의와 입법 기능은 조약에 따라 집행위원회와 유럽연합이사회(유럽연합 각료이사회)에 부여된 것입니다. 유럽공동체의 순조로운 작용에 필요한 각

기관의 독립성은 이 기관들이 근본적으로 서로 협력하는 것을 막지 않습니다. 그리고 이번 의회가 유럽공동체에서 갖는 새로운 정당성이라는 도약은 바로 이와 같은 협력 틀 안에서 효율적인 추진력이 되어야 합니다.

따라서 우리 의회는 다른 기관과의 협력 강화를 통해서 유럽의 발전을 위한 우리의 역할을 보다 효율적으로 수행할 수 있을 것입니다. 우리는 제한 없이 이루어질 수 있는 자문의 영역뿐만 아니라, 의회가 유럽의 여러 공동체들의 입법 결정에 효율적으로 참여할 수 있도록 해주는 새로운 협의 과정에서 그렇게 해야 할 것입니다.

정당성을 부여받은 우리 의회의 목소리는 유럽공동체의 모든 기관과 특히 정치적 의사결정의 가장 높은 단계까지 미치게 될 것입니다. 특히 저는 유럽이사회(유럽연합 정상회의)서 그렇게 될 것이라 생각합니다.

우리가 시행하고자 하는 계획으로 서로 대립하고, 우리가 옹호하고자 하는 사상으로 서로 대립하며, 심지어는 우리 스스로의 역할을 두고도 대립하는 것은 민주주의 의회에서는 자연스럽고 당연한 일입니다.

그럼에도 불구하고 우리의 의회를 분열과 경쟁의 장으로 만드는 균열이 생기지 않도록 경계합시다. 이미 유럽공동체 기구들은 대중에게 기한까지 결정을 내리지 못하는 정체된 기관이라는 이미지를 주고 있습니다.

우리 의회가 유럽의 내부 분열을 부추기는 장이 되는 것이 아니라, 오늘날 절실히 필요한 폭발적인 연대를 표현하고 유럽공동체가 그것을 인지할 수 있게 한다면, 우리는 이 의회가 불러온 희망에 완전히 부응할 수 있게 될 것입니다.

저는 이제 우리 앞에 놓인 임무에 저의 모든 시간과 힘을 쏟아붓고자 합니다. 저는 우리가 공동 문명에서 탄생하였고 같은 기원을 가진 문화를 통해 교육받았지만 그렇다고 해서 꼭 사회에 대한 같은 구상을 갖고 있거나 같은 희망을 품고 있지는 않다는 사실을 모르지 않습니다.

그러나 우리 의회의 다원주의가 유럽 건설을 진척시키는 데 장애가 되는 것이 아니라, 우리의 모든 활동을 풍요롭게 만들어주는 요소가 될 수 있다는 사실을 확신합니다. 정치 성향이 다를지라도 우리는 공동 유산과 인간의 기본 가치에 대한 존중에 기반한 공동체를 실현하고자 하는 동일한 의지를 갖고 있다고 생각합니다.

저는 이런 마음가짐으로 여러분께 우리를 기다리고 있는 일들을 우애롭게 해나가자고 말씀드리고 싶습니다. 그렇게 우리의 임기가 끝날 때에는 유럽을 진전시켰다는 느낌을 가질 수 있도록 합시다. 무엇보다도, 유럽인들뿐만 아니라 평화와 자유를 사랑하는 전 세계의 모든 이들에게 이 의회가 불러온 희망에 전적으로 부응할 수 있도록 합시다.

1979년 7월 17일, 스트라스부르, 유럽의회 연설

문화를 다시 생각하다

　장관님, 우선 상당히 시사성 있는 주제로 학술대회를 주최해주시고 이 자리에 저를 초청해주신 데 대하여 감사의 말씀을 드리고 싶습니다. 또한 이번 행사를 위해 애써주신 헬레네 아르벨레르 교수님께도 감사드립니다. 교수님의 명성과 수완 덕분에 다양한 국가에서 오신 여러 인사들이 오늘 이 자리에 참석하실 수 있었습니다. 이번에 이분들과 함께 논의할 주제는 새롭고 나아가 이단적이기까지 한 생각들을 담고 있습니다. 그것은 바로 '새천년이 밝아오는 이 시대에 문화란 무엇인가'입니다.

　문화라는 용어 자체는 논의하는 범주에 따라, 발언자에 따라, 심지어는 시대에 따라 상당히 다른 개념을 갖고 있는 것이 사실입니다.

　따라서 오늘 저는 그 윤곽을 조금이나마 그려보는 과감한 시도를 해보려고 합니다. 너무나 편협한 정의로 본질적인 부분을 놓치지 않도록 할 것이며, 적어도 이와 관련하여 유럽인들 사이에 존재하는 공통점을 찾아내고자 합니다.

저는 문화를 모든 개념이 혼재된 것으로 만들어서는 안 된다고 생각합니다. 그러한 접근은 다른 책임을 갖고 있거나 혹은 자신의 활동과 경험을 통해 내세워야 할 다른 특권을 갖고 있는 이들을 배제할 위험이 있습니다. 문화가 마치 유일하거나 적어도 결정적인 기준인 것처럼 다른 모든 것을 흡수하는 일을 피해야 할 것입니다. 다른 성질에 대한 고려를 무시할 수 없기 때문입니다.

먼저 저는 많은 사람들이 장 모네*가 한 말로 잘못 알고 있는 "유럽을 다시 건설할 수 있다면, 문화부터 시작해야 한다"라는 말에 대해 이야기하고 싶습니다. 이것은 누군가 완전히 지어낸 말로 보입니다. 장 모네와 가깝게 지내던 이들에 따르면 그는 자신이 항상 주장하던 유럽 건설과 관련하여 이와 같은 회한을 드러낸 적이 없기 때문입니다. 따라서 저는 헬레네 아르벨레르 교수님께서 전설이 될 정도로 널리 인용되고 있는 이 문장이 도대체 어떻게 탄생한 것인지 저희에게 밝혀주시길 기대하고 있습니다. 저는 이미 몇 년 전에 교수님이 이 문제를 거론하시는 것을 들은 바가 있습니다만, 오늘 이 자리에서 다시 한번 말씀해주시는 것이 무용한 일은 아닐 것이라 생각합니다.

제가 소위 장 모네의 말이라고 알려진 이 인용문의 잘못된 사용을 경계하는 까닭은, 그것이 그의 사상을 왜곡하고 유럽 건설의 목

---

* 유럽석탄철강공동체 설립을 구상·주도하고 유럽 통합에 힘써 유럽의 아버지로 불리는 프랑스의 경제학자.

표를 불분명한 것으로 만들기 때문입니다.

유럽과 문화에 대해 거론할 때면 거의 예외 없이 이 문장이 인용되면서 제도 개혁의 범위를 축소하고 단일시장 실현의 중요성을 반박하고 있습니다. 반면 장 모네는 끊임없이 모두에게 동일한 규정과 규범을 채택하고 공동 제도를 시행할 것을 주장한 인물입니다.

그런데 로마조약에는 문화에 대한 언급이 전혀 없을 뿐만 아니라, 이에 대한 명백한 언급이 있는 유럽의회나 집행위원회의 발안들도 유럽공동체의 관할 사항이 아니라는 이유로 오래전에 여러 회원국들의 원칙적 반대에 부딪혔습니다. 몇몇 기획과 프로그램이 생겨나긴 했지만, 그것은 자유경쟁의 원칙을 적용하여 사람과 상품의 자유로운 이동을 위한 것이거나 혹은 유럽 시민들을 위해 특별한 프로그램을 시행하고자 할 때였습니다.

그렇지만 '국경 없는 텔레비전' 지침이나 영화를 위한 미디어 계획, 또는 '에라스무스*'와 같은 여러 프로그램들의 예를 통해, 명백한 권한이 없음에도 불구하고, 유럽공동체는 문화 분야를 고려해왔음을 알 수 있습니다.

직접적인 활동이 아니더라도, 집행위원회에서는 문화 분야의 단체나 지자체가 주도하는 학술대회, 전시회, 공연 등 생각을 나누고 경험을 공유하며 다른 것에 대한 시야를 확대시킴으로써 상호 간에 풍부해질 수 있는 기회를 제공하는 수많은 활동을 지원해왔습니다.

사람들이 이토록 자주 찾는 유럽의 문화가, 물론 그것이 그 부족함을 드러내기 위한 것일지라도, 틀림없는 과거의 현실이었다면,

* 유럽연합에 속한 나라들 사이의 교환학생 프로그램.

이 영역에서 결정적인 역할을 할 수 있는 것은 제도와 규범인 것은 아닌지 자문해볼 수 있습니다.

오늘날과는 아주 다른 교통 및 통신 수단을 갖고 있던 그 시절을 생각해본다면, 사상의 이동과 예술 창작 활동은 우리 대부분의 나라에 공통된 문화의 표현이었던 것으로 보입니다.

유럽 전역에서 가장 저명한 지식인들과 예술가들이 높은 명성과 권위를 자랑하는 대학들로 모여들었고, 그렇게 이 대학들은 국경과 대륙 밖을 넘어서까지 그 명성이 전해지는 진정한 유럽 문화의 중심이 되었습니다.

오늘날 이와 같은 지식과 상호 교류에 대한 강한 열망을 되살아나게 하는 것은 관련 지침도 지원금도 아닙니다. 제공되는 것은 너무나 풍부하고 그에 대한 접근도 너무나 용이한 나머지 모두가 각자 원하는 것에 맞는 것을 찾는다고 믿고 있습니다. 현재 세계화에 반대하는 운동은 세계의 다른 지역만큼이나 대개 유럽을 대상으로 삼고 있습니다. 안타깝게도 이것은 폐쇄로 가는 신호로서 민족주의의 위험한 재출현을 의미하거나, 적어도 그것을 부추기는 것입니다.

게다가 저는 우리가 문화에 대해 말할 때 과연 모두 같은 것에 대해 말하고 있는 것인지 의문이 듭니다. 문명의 관점에서 유럽식 모델에 대한 고려 없이 문화 분야에서의 유럽의 부재나 부실을 비난하는 것은 문화의 개념 자체를 오로지 학문적이고 예술적인 측면으로만 한정하는 것이 아닐까요?

유럽의 역사적 측면이나 가치에 대한 열망을 고려할 때, 유럽의 건설은 문화와 떼어놓고 생각할 수 없습니다. '문화를 다시 생각하다'라는 이번 학술대회명 자체가 이러한 접근을 함축하고 있으며, 우리가 그 방향으로 성찰하도록 하고 있습니다.

처음부터 유럽 건설 계획은 분명히 정치적 차원의 행보였지만, 그 의미를 정교하게 확장한다면, 문화적인 것도 포함하고 있습니다. 즉, 분명히 우리의 문명이 관련되어 있습니다.

사실 1950년대부터 창립 6개국들이 함께하기로 한 것은 무엇보다 평화와 자유라는 가치를 표명하고 옹호하기 위해서였습니다. 계속되는 확장을 거치고, 유럽인들끼리 서로를 죽이는 전쟁의 공포를 상상조차 하지 못하는 새로운 세대가 등장하면서 유럽의 건설이 더 이상 과거와 같은 상징적 의미를 갖고 있지 않다 하더라도, 화해의 정신은 여전히 그 중심에 남아 있습니다.

수백 년간의 동족상잔 전쟁이 끝난 후, 수많은 전투로 얼룩진 이 공간에 유럽을 세운다는 것은 역사의 흐름을 뒤집고 새로운 평화와 번영의 시대를 여는 일이었습니다.

유럽의 건설은 과거의 적이었던 국가들 간 화해를 하는 일이었을 뿐만 아니라, 전 세계를 불바다로 만들었던 갈등을 일으키고 전례 없는 야만적인 행위를 한 정권에 대한 승리를 기리는 일이기도 했습니다.

그것이 바로 유럽공동체의 창설 때부터 유럽인권조약을 준수할 수 있는 민주주의 국가들만 가입을 허가한 이유입니다.

이 점에서, 저는 연합된 민주주의 유럽이 오랫동안 자유를 박탈당한 민족들에게 불러일으킬 수 있었던 희망들을 너무나 등한시한 것은 아니었나 하는 생각을 하게 됩니다. 저는 그것이 우리 공동체를 더욱 완전하게 하고자 하는 바람에서였다고 할지라도, 가입이 너무나 늦어지면서 그들이 느꼈을 실망과 좌절을 이해합니다.

유럽연합은 유럽의 전반적인 지리적·역사적 공간을 포괄하지만, 동시에 공동의 가치에 기반한 정체성을 확립하려는 노력도 하고 있습니다.

저는 기독교의 가치에 의거한 결의안이 유럽의회에 제출되었던 일을 기억합니다. 다른 이들과 마찬가지로, 저는 적어도 유대 기독교의 가치에 대해 언급하는 것이 타당하다고 지적했습니다. 그러나 일부가 강조한 것처럼 이슬람교에 대해서도 언급해야 했습니다. 그것은 현재의 상황 때문만이 아니라, 과거 이슬람의 영향 때문이기도 했습니다. 따라서 저는 인간주의적 가치에 대해 말하는 것이 더 바람직하다고 생각합니다.

이 말씀을 드리면서 저는 무엇보다도 관용 그리고 인권이라는 발상을 생각합니다.

종교가 있든, 불가지론자든, 자유주의자든, 사회주의자든 혹은 기독교 민주당원이든, 유럽은 다양한 사상을 가진 사람들을 모두 모이게 했지만, 반면 극우민족주의자들과 극단주의자들은 늘 유럽에 반대해왔습니다.

많은 지식인들은 사상적 이유로 그들에게 너무 자유주의적이고 범대서양주의적으로 여겨진 유럽에 오랫동안 강렬히 반대했습니다. 어떤 이들은 '단일사상'의 상징인 단일통화를 대상으로 하는 투쟁을 계속하고 있습니다. 유럽은 그들이 주장하는 것처럼 너무나 자유주의적인 걸까요? 그 문제에 대해 이 자리에서 토론할 필요는 없습니다. 어쨌든, 우리 각국에서는 상당히 다양한 구조와 보상 체계가 존재하는 사회보장제도 장치들이 사회통합을 위해 실업과 빈곤화 문제의 여파를 완화하는 데 상당한 기여를 하고 있습니다. 이것은 삶에 찾아오는 돌발적인 불행으로부터 모든 개인들을 보호하기 위한 집단 연대의 역할과 같은 발상을 갖고 있습니다.

우리의 전통과 가치에 내재된 이 유럽의 사회 모델은 오늘날 그 비용이 국제 교역에서 우리 기업 경쟁력에 부담을 주고 있다는 이유로 위협받고 있습니다. 이런 상황에서 유럽의 시민성이 제도적으로 인정받고 있는 지금, 일부 국가들이 이 제도에 대해 재검토하려는 것은 아닌지 주의 깊게 살펴야 합니다.

여성들은 이제 시민으로서 적어도 원칙적으로는 남성들과 동등한 권리를 지닙니다.

이러한 권리의 평등을 쟁취한 것은 비차별주의라는 창립 이념에 따라 유럽공동체가 취한 조치들의 기여가 매우 큽니다. 그러나 실제로는 아직도 갈 길이 멀기만 합니다. 요직에 대한 여성들의 접근성, 특히 정치 분야만 보더라도 그렇습니다. 따라서 저는 1992년 아테네에서 파판드레우 유럽연합 집행위원의 발의로 남녀동수헌장이 채택되었다는 사실을 상기하고 싶습니다. 제가 기쁜 마음으로 이 사실을 강조하는 까닭은 오랫동안 이 분야에서 유럽 내 꼴찌를 면하지 못했던 프랑스가 이 헌장에 영향을 받아, 전 세계에서 가장 강한 의지를 보이는 성차별 철폐 법안을 채택했기 때문입니다.

유럽의 여성들은 아직도 많은 나라에서 추악하고 모욕적인 차별적 관행과 전통의 굴레에 갇혀 있는 여성들에 대한 연대를 표현함으로써, 자신들의 권리뿐 아니라 우리 사회에서 그들이 지니는 풍요로움과 힘을 인식했습니다.

여성이 처한 현실은 두 가지 사회 모델, 즉 개방적이고 민주적인 국가 모델과 전체주의적이고 신정정치 체제인 국가 모델 사이의 대립을 가장 잘 드러내는 표지입니다. 9·11 테러 이후, 많은 논평가들은 여성이 처한 현실과, 악과 음행을 구현하려는 목적으로 민주국가를 파괴하고자 하는 의지 사이에 존재하는 동시성을 강조했습니다.

우리의 경우, 여성의 지위는 이제 타협할 수 없는 본질적인 가치로 자리 잡았습니다.

세계무역센터 쌍둥이 빌딩을 대상으로 자행된 극악무도한 테러 공격으로 문화에 대한 우리의 논의는 새로운 측면을 갖게 되었습니다. 일부가 주장하는 것처럼, 이 사건을 몇 년 전 새뮤얼 헌팅턴이 경고한 '문명의 충돌'의 확정적 실현으로 보아야 할까요? 이 비극적 사건을 분석하기에는 아직 이릅니다만, 이 사건이 우리가 인식하고 행동하는 방식을 깊이 문제 삼으면서 세계의 상태에 대해 성찰하게 만드는 것은 사실입니다. 이처럼 순진한 말과 견유주의적 행동의 결합이 갖는 폭발성의 위험을 계속 도외시할 수 있을까요?

제가 순진하다고 표현한 것은, 10여 년 전부터 우리가 베를린장벽의 붕괴와 소련의 해체 이전에 국제사회를 지배하던 상황을 잊어가고 있기 때문입니다.

그러나 유엔이 각각 서구권과 동구권 국가로 구현된 두 사상 사이의 극단적 대립을 완벽히 인지한 상태에서 설립되었다는 사실을 어떻게 모를 수 있겠습니까?

세계인권선언도 유엔헌장도 이 기구의 모든 회원국들에게 동일한 의미도 동일한 범위도 갖지 못했습니다. 우리는 많은 경우 어떤 협약에 조인한다고 해서 그것이 확실한 실효성을 갖는 것은 아니라는 사실을 너무나 잘 알고 있었습니다. 역설적이게도, 안전보장이 사회에 요구되는 전원일치제는 강대국 간 갈등을 촉발할 수 있었던 모든 결정에 걸림돌이 되었습니다. 결국 핵무기 사용에 대한 두려움만이 평화를 유지하는 데 널리 기여했습니다. 인권 존중의 경우, 대부분 그것은 허구에 불과했습니다.

베를린장벽의 붕괴는 '역사의 종말'이 아니라 역사의 한 페이지가 넘어간 것이었습니다. 우리는 완전히 다른 세계 질서에 적응해야만 했습니다.

사상의 대립에 뒤이어, 파악하고 이해하기가 훨씬 더 복잡하고 어려운 새로운 갈등들이 생겨났습니다. 왜냐하면 이 갈등들은 전통적 사상의 흐름을 따르지 않는 문화적 차원의 기준을 따르고 있기 때문입니다.

얄타회담 이후 형성된 세계의 분할을 문제 삼지 않기 위하여 오랫동안 강요되었던 국경 불가침의 원칙보다 민족자결권의 원칙이, 소수민족을 위한 것이거나 무력이 사용된다 할지라도, 우위에 있게 되었습니다. 따라서 이런 폭력에 맞서 싸우는 정부들은 어김없이 비판을 받게 되는 반면, 어느 정도 정당한 권리 주장에 대한 관심은 테러리즘에 대한 실제적 호의를 이끌어낼 수 있게 되는 것입니다.

이 순진함은 마치 모든 사람들이 인권의 보편성이라는 우리의 발상이 부과하는 규범을 따를 준비가 되었다고 생각하는 것에서 오는 것 아닐까요?

민주적 규범을 만들고 그것을 준수하도록 만드는 데 우리에게 수백 년의 시간이 필요했습니다. 인류 역사상 가장 끔찍한 두 차례의 세계 전쟁을 일으킨 곳이 유럽이라는 사실과, 가장 잔혹한 범죄들이 뛰어난 문화의 명성을 누리던 우리 국가들 중 하나에서 벌어졌다는 사실을 다시 강조할 필요가 있을까요?

심지어 2차 세계대전이 끝난 후에도, 그리고 인권 분야에서 우리가 동의한 여러 규약들에도 불구하고, 서양 국가들은 이 분야에서 비난을 면하기가 어렵습니다.

그러나 우리는 이제 막 전체주의에서 벗어났거나 서서히 부상하고 있는 국가, 그리고 노력을 통해 저개발과 빈곤에서 벗어난 국가의 모든 이들이, 우리를 위해 우리의 필요와 능력에 맞춰 정한 규범들을 곧바로 준수할 수 있는 상황이 되기를 바라고 있습니다.

이것이야말로 순진함과 어느 정도의 자부심을 표현하는 방법입니다.

일부 국가들이 처한 절망적 빈곤과 불행은 연설이나 약속을 통해 해결될 수 없습니다. 우리가 소득의 일부분을 개발원조 사업에 쓰기로 약속했습니다만, 서너 국가를 제외하면 이 약속은 지켜지지 않고 있습니다.

국제사회의 연대에 대한 구체적인 결실이 없는 강연과 연설이 늘어나고 있는 것에 대한 냉소적 분위기가 팽배합니다. 그것은 오직 연대와 정의에 대한 것만이 아니라, 세계의 평화와 안전에 있어서 이토록 심각한 격차가 가지는 위협에 대한 인식에 관한 것이기도 합니다.

텔레비전과 인터넷을 통해 이제 지구상의 수많은 사람들은 오직 다른 대륙에서 태어났다는 이유로 그들이 겪고 있는 부당함을 인식하고 있습니다.

제가 보건부 장관으로 재직하며 잘 알게 된 예를 하나만 들어본다면, 그것은 바로 빈곤과, 무엇보다 의료 접근성에서 기인하는 기대수명의 불평등입니다.

일부 국가에서 에이즈 환자들의 비율이 재앙적 수준이라는 것과 말라리아가 여전히 창궐하고 있다는 사실을 잘 알고 있기에 우리는 이와 같은 격차를 더욱더 용납하기 어렵습니다.

우리가 이룬 과학기술 발전의 혜택을 그들이 받도록 할 수 없는 상태에서, 어떻게 우리가 감히 보편성의 이름으로 그들에게 최우선적으로 여겨질 수 없는 규범들을 강요하고 요구할 수 있겠습니까?

겨우 20년 만에, 우리 사회의 전통적 제도와 기준은 뒤흔들렸습니다. 사회통합의 기반이 되었던 국가, 가족, 기업이 차례로 문화적 혁명의 충격을 겪게 된 것입니다. 그렇게 우리는 인터넷이 불러온 엄청난 변화에 대해 이제야 인식하기 시작했습니다. 그러나 무엇보다도 가난, 실업, 불안정한 생활, 에이즈에 대한 불안과 특히 유전학과 관련한 일부 과학적 발견이 가져온 전망과 두려움이 극단주의를 키우고 있습니다.

우리는 상당히 위험한 모순에 직면해 있습니다. 한편으로 우리의 경제를 발전시키고, 직면한 실제적 혹은 잠재적 위협들에 함께 대응하기 위하여 연합해야 할 필요성을 느낍니다. 그러나 다른 한편으로 이와 같은 세계화는 시민들에게 불신을 부추기고 스스로에게, 그리고 국가와 나아가 공동체의 정체성에 내향적이 되도록 만들고 있습니다. 그렇게 함으로써 보호받을 거라고 믿었던 이들은 이제 그 환상에서 벗어나야 합니다. 그 누구도 우리가 처한 위험에서 안전하지 못합니다. 지구촌은 이제 현실이 되었으며, 그 안에서의 국제적 연대만이 최소한의 안전을 보장해줄 수 있습니다.

따라서 어떤 방식이든 우리의 문명과 인류 미래의 당사자라고 느끼는 모든 이들에게 이것은 실로 엄청난 정치·문화적 도전 과제입니다.

2001년 9월 20~23일, 아테네

마침내 통일된 유럽

게레메크 유럽안보협력기구 전 의장님과 자크 들로르 전 유럽연합 집행위원장님, 그리고 레몽 바르 전 총리님의 훌륭한 연설을 듣고 난 뒤에 발언을 하려니 참 쉽지 않겠다는 생각이 듭니다.

따라서 저는 레몽 바르 전 총리께서 마지막에 밝히신 '양식良識은 늘 승리했다'는 견해에 대해 말씀드리고자 합니다. 양식이 늘 승리했다면, 그것은 유럽이 모든 회원국의 시민들로부터 어느 정도 공공연하고 강력한 지지를 얻었기 때문입니다. 우리 시민들은 유럽이 미래를 위한 기회이자 희망이며, 그들이 지지하는 가치들을 견고하게 지켜낸다는 사실을 알고 있습니다. 그들은 유럽연합이 우리 각국에 보다 큰 힘과 효율성을 부여하며, 화해의 정신 위에 설립되어 평화를 보장해주는 최상의 기구라는 것을 알고 있습니다. 오늘 이 자리에서는 그다지 유용한 일이 아니라는 사실을 잘 알고 있음에도 불구하고 제가 이 사실을 다시 강조하여 말씀드리는 까닭은, 심지어 프랑스와 독일에서도 과거의 일을 잘 알지 못하는 젊은 세대들이 이 화해가 20년 간격으로 두 차례에 걸쳐 일어난 동족상잔의 전쟁을 겪은 윗세대에게 어떤 의미인지 제대로 이해하지 못하고 있기 때문입니다. 곧 유럽연합에 가입하게 될 국가들의 경우 평화와 민주주의의 의미가 우리에게보다 훨씬 더 큰 것이 사실입니다. 그들이 독립국가에서 민주주의의 가치에 따라 자유롭게 살 수 있게 되기까지 오랜 시간이 걸렸기 때문입니다.

그러나 저는 쉬망 선언*이 나온 지 50여 년이 흘렀음에도 불구하고, 우리가 정치체로서의 유럽에 대해 이야기할 때마다 '왜 유럽인가?' 그리고 '우리는 왜 유럽인가?'라는 질문을 던지는 것이 중요하다고 생각합니다. 총리님께서 "우리는 이것이 무너지는 것을 두고 볼 수 없으며, 그것은 너무나 심각한 일이 될 것"이라고 말씀하시며 서로 뜻을 모으고자 하는 의지를 강조하신 까닭은, 그렇게 된다면 지금껏 이뤄온 모든 일들, 심지어 평화까지도 위협받을 것이기 때문입니다. 저는 가끔 구유고슬라비아가 붕괴되던 당시, 만약 우리가 독일과 이처럼 견고한 관계를 맺지 않았더라면 어땠을지 생각해봅니다. 우리의 견고한 관계를 통해 국제조약으로 인정된 상황을 위협하는 이 혼란스러운 사태에 대해 취해야 할 입장을 두고 서로 간 대립을 피할 수 있었기 때문입니다. 그뿐만 아니라, 만약 우리가 공동외교정책을 갖고 있었더라면, 이 국가들이 겪은 비극적 상황을 초래한 성급한 해결책들을 피하기 위해 보다 효과적으로

---

* 1950년 프랑스의 외무부 장관 로베르 쉬망이 유럽의 초국가적 민주 공동체를 제안한 선언으로, 이를 기초로 유럽연합의 출발점이 되는 유럽석탄철강공동체가 탄생한다.

함께 대응할 수 있었을 것이라는 생각도 해봅니다.

　저는 유럽에 대한 주변의 비관주의에 동의하지 않습니다. 1979년, 제가 유럽의회에 입성했을 당시 지배적이던 비관주의를 기억합니다. 소련의 아프가니스탄 침공을 두고 벌어진 대립을 비롯하여, 당시 대부분의 결정과 계획은 공동농업정책을 해체하고 영국의 재정 기여도를 상당 수준 낮추는 것만을 생각하던 마거릿 대처 전 총리에 의해 막혀 있었습니다. 모든 발안에 대해 대처 전 총리는 늘 '나의 돈을 돌려달라'는 말만 반복했습니다. 1984년이 되어서야 새로운 지평을 제시하는 단일유럽의정서*가 유럽에 새로운 바람을 불어넣었습니다. 저는 이 결정에 큰 기여를 하셨던 자크 들로르 전 위원장님 앞에서 이 말씀을 드리게 되어 매우 기쁘게 생각합니다. 단일유럽의정서는 유럽의 건설을 열망하던 모든 이들에게 새로운 희망을 주는 중요한 전환점이 되었습니다.

　과거를 되돌아본다면, 로마조약과 단일유럽의정서 사이에, 특히 헬무트 슈미트 전 독일 총리와 발레리 지스카르 데스탱 전 프랑스 대통령, 그리고 헬무트 콜 전 독일 총리와 프랑수아 미테랑 전 프랑스 대통령 덕분에, 유럽이사회 창설, 당시에는 그 권한이 매우 제한적이긴 했지만 그럼에도 유럽의회의 직선제 실시, 유럽통화제도 도입 등 여러 진전이 이루어졌다는 것을 알 수 있습니다. 그렇지만 결국 25년 동안 기대하던 대규모 개혁은 일어나지 않았습니다. 그래도 당시 우리의 경제는 상당히 좋은 편이었습니다. 그리고 그 후

---

*　유럽 단일시장을 출범하려는 조처를 담은 것으로, 유럽 12개국에 의해 1986년 2월 룩셈부르크와 헤이그에서 조인되었고, 1987년 7월 1일에 발효되었다.

1990년부터 훨씬 더 어려운 시기가 찾아오면서 회원국들은 새로운 협정을 통해 함께 대응하고 베를린장벽 붕괴의 여파에 맞섰습니다.

저는 우리가 그토록 비관적인 입장을 취하는 것은 잘못되었다고 생각합니다. 마스트리흐트조약**, 암스테르담조약***, 니스조약 ****의 시행에서 불거진 문제들에도 불구하고 유럽은 진전하고 있습니다. 단일통화가 도입되었고, 사법과 같은 복잡한 영역에서도 공조는 현실이 되었습니다.

최근에 우리는 그동안 많은 난관을 거쳤던 대학 학위 제도의 통합이 수용되길 기대하고 있습니다. 오늘 이 자리에 와 계신 헬레네 아르벨레르 교수님과 저는 20년 전 이에 대한 이야기를 나눈 적이 있습니다. 저는 교수님께서 그동안 얼마나 애쓰셨는지 잘 알고 있습니다. 그리고 마침내 이 일은 곧 실현될 것입니다. 저는 1991년 브뤼셀에서 자유로운 인적 이동에 대한 분과를 이끌었는데, 결론적으로 저는 유럽 국가의 시민들 간 개인적인 관계 구축에 기여하고 나아가 결혼까지도 가능하게 하는 학생들의 자유로운 인적 교류에 대한 중요성을 각별히 강조한 바 있습니다.

**   1992년 2월 네덜란드 마스트리흐트에서 체결된 유럽연합에 관한 조약으로, 유럽의 정치 통합과 경제 및 통화 통합을 위하여 유럽공동체가 현재의 유럽연합으로 발전하게 된 기반이 되었다.

***   1997년 암스테르담에서 체결된 유럽 통합에 관한 기본 협정으로, 마스트리흐트조약에서 정한 유럽 통합을 현실적으로 추진하기 위한 정치체제를 보다 실효성 있게 구축하기 위한 내용을 담고 있다.

****   2000년 12월 유럽연합 정상회의의 결과로 체결된 조약으로, 유럽연합의 확대 및 제도개선에 대한 합의 사항을 담고 있다.

마치기에 앞서, 신규 회원국들의 가입에 따른 유럽의 확대를 두고 주저하는 태도가 얼마나 근거 없는 것인지 다시 한번 말씀드리고 싶습니다.

1989~1990년에 독일의 통일을 흔쾌히 받아들이는 것 말고는 우리에게 다른 선택권이 없던 것처럼 지금의 우리도 선택권이 없습니다. "어려운 일이군. 우리는 도대체 어떻게 해야 하지?"라고 말할 이유가 없습니다. 오히려 "우리가 그렇게 하지 않는다면 무슨 일이 일어나게 될까?"라고 자문해야 합니다.

그것은 우리가 중동부 유럽 국가들과 몇 년간 맺어온 약속입니다. 우리는 그들이 겪던 빈곤과 자유 없는 삶을 개탄하면서 그들에게 공감을 표하고, 그들의 잔인한 운명에 대해 함께 눈물―저는 그것이 악어의 눈물이었다는 것을 알고 있습니다―흘릴 수밖에 없었습니다. 그것은 우리가 소련과 맺은 조약들에 대한 책임을 조금이라도 질 수 있는 방법이었습니다. 따라서 우리는 그들에게 빚을 지고 있습니다. 그렇기 때문에 오늘날 우리가 유럽의 확대를 거부하고 그들에게 인색하게 굴면서 다소 거만하게 그들이 우리의 조건을 수용해야 한다고 요구하는 것은 적절하지 않다고 생각합니다.

저는 이야기를 마치면서, 우리가 그들을 받아들여야 할 뿐만 아니라 그 일을 어떠한 저의 없이 시행해야 한다고 말씀드리고 싶습니다.

우리에게 이 일은 풍요로워질 수 있는 계기임을 알아야 합니다. 그리고 그들에게 안전이 얼마나 중요한 문제인지 충분히 이해하면서 이 일을 진행해야 합니다. 그들은 이 사실을 늘 말해왔고, 한 번도 감춘 적이 없습니다. 우리가 그들에게 안전을 보장해주지 못하게 된다면, 그들은 다른 나라들과 함께 안전을 찾고자 할 것입니다. 그것은 너무나도 자명한 사실입니다.

2003년 9월 25일, 미래 포럼

유럽의 창립 이념 중
민주주의의 요구와 인간 존중에 대하여

독일연방공화국 대통령님,

총리님,

독일연방의회 의장님,

독일연방상원 의장님,

독일헌법재판소장님,

부의장님들,

대사님들,

내외 귀빈 여러분,

저로서는 처음 방문하게 된, 통일 독일의 의회가 자리하고 있는 이 유서 깊은 역사적 장소에서 바로 오늘* 이렇게 여러분들 앞에서 발언을 하게 되어 큰 영광으로 생각합니다.

---

*   시몬 베유가 이 연설을 한 1월 27일은 아우슈비츠 수용소가 해방된 날로서, 이후 2005년 유엔에 의해 '국제 홀로코스트 희생자 추모의 날'로 지정되었다.

이 순간 저는 매우 영광스러우면서 동시에 벅찬 감동을 느끼고 있습니다. 우리는 지금 유럽의 중심, 베를린에 있습니다. 나치 독일의 수도였던 이 도시는 그 후 분단된 유럽의 상징이었고, 이제는 되찾은 민주주의의 상징이 되었습니다.

그런데 오늘 우리가 함께 기억하고자 하는 사건은 무엇보다 여러분께서 알고 계시는 공인이자 정치인 그리고 전 유럽의회 의장인 제가 무자비한 나치에 의해 아우슈비츠로부터 재이송되었던 베르겐-벨젠 수용소가 해방되었을 때 뼈만 앙상히 남은 한 무명의 인간으로서 직접 겪은 일입니다.

이 장소에서 울려 퍼지고 있는 언어, 즉 시간이 흐르면서 친구들과 동료들이 말하는 것을 듣고 제가 이해할 수 있게 된 이 독일어는 그 당시 우리의 목숨을 위협하던 명령을 재빨리 이해하지 못할까 두려움에 떨며 매 순간 해독하던 언어였습니다. 바로 그 언어가 이제 그의 지성과 인간성을 회복하여, 유럽연합에서 가장 생동하는 민주주의의 중심부가 자리하고 있는 이곳 본회의장에서 오늘 울려 퍼지고 있습니다.

아우슈비츠 수용소 해방을 기념하는 오늘 1월 27일을 위하여, 독일은 가장 먼저 나치즘의 희생자들을 기리는 일에 앞장섰습니다. 작년부터 유럽은 유럽평의회를 통해 이 길을 따르기로 결정하였습니다.

유럽연합이 구소련의 지배로 인해 유럽의 다른 지역과 오랫동안 분리되었던 국가들을 새로운 회원국으로 맞을 준비를 하고 있는 지금, 이와 같은 추모의 움직임은 상당히 중요한 정치적 중요성을 갖습니다. 유럽의 역사 인식 속에서 이 사건이 갖는 위치에 따라 미래 유럽의 모습이 결정되기 때문입니다.

우리가 걸어온 길은 상당히 고무적입니다. 1월 27일이라는 날짜 그 자체만으로도 기억의 작업이 거둔 승리라고 할 수 있습니다. 1945년 1월 27일 아우슈비츠 수용소에 가장 먼저 도착한 소련군이 눈앞의 광경을 믿지 못한 채 아연실색하며 그곳에서 발견한 것이라고는 기적적으로 나치로부터 살아남은 병들고 죽어가던 수천 명의 유대인들뿐이었습니다. 해방 며칠 전, 우리와 같이 아우슈비츠에서 여전히 생존해 있던 수만 명의 유대인들은 위협을 받으며 억지로 한데 모여 함께 '죽음의 행군'을 떠나야만 했습니다.

예를 들어, 올해 60주년을 기념하는 파리 해방과는 달리, 수용소 해방은 전혀 축제 분위기를 갖지 못했습니다. 전쟁 중이었던 군대와 민중에게 이 일은 그 당시 심지어 대단한 사건도 아니었습니다.

수용소가 해방되었다는 것은, 더 이상 가스실이 작동하지 않고, 기차가 도착하지 않으며, 마침내 무자비한 명령이 사라졌다는 것을 의미했습니다. 마지막 몇 달 동안 무자비한 속도로 전력을 다해 돌아가던 지옥의 기계가 드디어 작동을 멈춘 것입니다. 패배의 기운을 감지한 나치가 유대 민족을 말살하려는 대규모 계획이 패전으로 저지되기 전에 그것을 완수하고자 했기에 더욱더 무자비했습니다. 이렇게 수용소는 기능을 멈추었고, 목숨을 부지하고 있었던 수천 명의 유대인들에게 죽음의 위협은 중단되었습니다.

당시 우리는 소련군의 진군 속도로 미루어보아, 나치친위대가 그 전에 우리를 학살할 시간이 있는 게 아니라면 빨리 풀려날 수 있을 것이라는 희망을 가졌습니다. (…)

　얼마 되지 않는 생존자였던 우리에게는 더 이상 가족도, 부모도, 집도 없었습니다. 아무도 우리가 겪은 일에 대해 알고 싶어 하지 않았기에 우리는 더욱더 외로웠습니다. 우리가 본 것을 사람들은 듣고 싶어 하지 않았습니다. 그 누구도 우리가 해야만 했던 이야기를 듣고 그 짐을 나누려 하지 않았습니다. 우리는 살아서는 안 되는 존재들이었습니다. 나치의 장악력이 너무나 압도적이었기 때문에 우리 내면에는 죽음을 피할 수 없다는 생각이 자리 잡고 있었습니다. 얼마 안 되는 생존자들인 우리, 증인들인 우리는 그저 침묵하기 위해 살아남은 존재들이었습니다. '살아남았다면 침묵하라'고 수용소 밖 세상이 우리에게 말하는 것 같았습니다.

　그 당시 사람들은 다른 많은 문제들에 집중했습니다. 역사는 가차 없이 계속해서 흘러갔습니다. 전쟁은 아직 완전히 끝난 것이 아니었습니다. 수많은 희생자를 낸 뒤 전쟁은 끝나게 되었지만, 뒤이어 또 다른 긴장들이 생겨났습니다. 사회는 상처를 치료하고 있었고, 포로들은 집으로 돌아갔습니다. 그러나 유럽의 대부분은 파괴된 상태였습니다. 총소리는 그쳤지만, 유럽은 둘로 쪼개지게 되었습니다. 장벽 너머에서는 곧 또 다른 전체주의가 나타나 모든 대화와 교류를 차단하면서 우리 대륙 절반의 자유를 박탈하게 됩니다.

　그 당시 수용소 해방이나 정상적 삶으로의 우리의 귀환은 외부 세계에는 대단한 사건이 아니었습니다. 하물며 우리가 결코 돌아오지 못했다면 어땠을까요? 나치즘에서 해방된 유럽에서 과연 누가 아우슈비츠의 생존자들에게 관심이 있었을까요? 이미 역사는 쓰이기 시작했고 상처받은 기억은 회복을 위한 신화를 만들어내고 있었기에, 우리는 달갑지 않은 증인들이었습니다.

따라서 1945년 1월 27일을 기념하는 것은 간단치 않은 일이었습니다. 그 이후로 진행된 더디고 고된 기억의 작업을 통해 이 일이 관심을 받게 되었고, 말로 표현할 수 없는 일의 증인인 우리는 그렇게 합당한 자리를 갖게 되었습니다. 우리에게 귀 기울이지 않았던 역사학자들이 우리의 이야기를 수집하여 중요하게 다루기 시작한 것입니다. 독일에서와 마찬가지로 프랑스에서도 홀로코스트에 대한 기억은 학교 수업 시간에 다루어지며, 문학과 영화 분야에서도 주목을 받고 있습니다.

아우슈비츠는 절대 악의 상징이 되었고, 홀로코스트는 우리의 근대 의식이 길을 잃을까 두려울 때마다 참조하는 비인간성의 기준이 되었습니다. 모두가 유대인 대학살이 갖는 전 세계적 영향력을 인정하였습니다. 이와 같은 성숙의 과정은 필요한 것이었습니다. 이 사건은 근대성에 대한 성찰을 뒤엎고 정치사상의 근본까지 뒤흔들었으며 국제법의 발전을 가져왔습니다.

그러나 이 사건에 대한 언급이 남용되면서 원래 의도가 위협받고 있습니다. 강제수용소에 대한 인식 체계가 역사적 맥락을 벗어나면서 이제는 그저 보편적으로 재활용 가능한 도덕적 상징에 불과한 경우가 빈번하기 때문입니다. 이것은 위험한 일입니다. 마지막 생존자들이 점점 세상을 떠나면서 증언자들의 시대가 막을 내리는 오늘날, 홀로코스트로부터 많은 교훈을 이끌어낸 나머지, 그것이 선의든 악의든 몇몇 뒤섞기 시도가 일어나면서 홀로코스트는 일반화의 위협을 받고 있는 것입니다.

그러나 모든 제노사이드가 서로 같은 것이 아니고, 모든 범죄가 동일한 것이 아니며, 모든 학살 사건이 제노사이드인 것도 아닙니다. 유럽이 나치 범죄로부터 모든 역사적 이해와 단절된 예외적인 성격만을 고려한다면 길을 잃게 될 것입니다. 그 어느 때보다도 더 유럽의 역사의식에서 이 사건에 올바른 자리를 부여하는 일이 필요합니다. 그리고 이를 위해서는 유럽의 역사 안에서 2차 세계대전에 대한 전반적인 성찰이 요구됩니다.

나치즘은 인류 역사상 유례없는 규모의 대재앙이었습니다. 히틀러의 집권이 몇 년 만에 수천만 명의 목숨을 앗아 가고 유대인과 집시 민족을 거의 말살한 결과를 초래했기 때문만이 아니라, 이 끔찍한 일들이 형이상학적이고 역사적인 기획을 통해 전대미문의 과정을 거쳐 시행되었기 때문입니다. 이런 의미에서 나치즘의 희생자는 모든 문명과 인류입니다.

전례 없는 급진성과 가혹성으로 역사 속에서 정점을 찍은 이 대재앙은 결국 역사의 연속성 속에 있습니다. (…)

증오와 불신은 자연스럽게 세대를 통해 전달됩니다. 전쟁으로 흘린 피는 민족들 사이에 미래의 전쟁을 위한 참호를 팝니다. 이미 1920년대에 어떤 사람들은 유럽을 짓누르던 이 역사적 숙명을 극복하는 상상을 했습니다. 2차 세계대전의 발발이 불러온 절망을 가늠해보기 위해서는 슈테판 츠바이크의 『어제의 세계. 어느 유럽인의 회상』을 읽어보아야 합니다. 짧게 인용을 해보겠습니다. "또다시 전쟁이다. 이 땅에서 벌어진 그 어떤 전쟁보다 더 끔찍하고 더 광범위한 전쟁이다. (…) 40년 동안 내 신념의 모든 힘을 바친 나의 가장 내밀한 임무인 유럽의 평화로운 연합은 물거품이 되었다. (…) 우리의 조국 유럽을 위해 살았건만 유럽은 파괴되었고, 이것은 우리의 삶을 넘어서는 시간까지 계속될 것이다." '네버 어겐'이라는 이 절망은 그럼에도 불구하고 다시 시작되었으며, 과거보다 훨씬 더 고통스러울 것으로 예상되는, 유럽인들이 느낀 끔찍한 실망이었습니다. '네버 어겐'이라는 것만으로는 결코 미래 세대를 지킬 수 없었습니다. 말보다, 결심보다, 선의보다 더 많은 것이 필요합니다.

기념의 책임은 정말 중요합니다. 그것은 동기를 낳는 의도에 따라, 증오를 불러오고 미래의 전쟁을 준비하게 하거나, 혹은 공동의 건설을 위한 평화로운 기반을 마련하게 합니다. 그건 간단치 않은 일입니다. 화해를 위해 노력하고, 또 수없이 서로 대립하던 적국의 민족들 간의 유대 관계를 다시 맺기 위하여 고통, 죽음, 애도, 눈물을 논거로 삼기란 쉬운 일이 아닙니다. 하지만 2차 세계대전, 나치즘의 만행, 홀로코스트와 무덤도 없는 수백만 명의 희생자들, 전쟁이 끝나고 나서야 멈출 수 있었던 유대 민족 말살 계획을 거치며 우리는 어떤 단계를 넘어섰습니다. 오랜 증오와 전쟁의 역사는 돌이킬 수 없는 지점에 도달했습니다. 심지어 가족 대부분을 잃은 우리 생존자들에게는 너무나 고통스러운 일이었지만, 그래도 화해를 위한 의지의 노력 없이 유럽의 국민들은 이 대재앙으로부터 다시 일어설 수 없었습니다. 우리가 한 말을 망각하는 것처럼 보인다 할지라도, 그것이 제가 가진 확신이었습니다. 바로 이 고통스러운 교훈으로부터 프랑스와 독일 간의 화해와 유럽의 건설을 위한 저의 참여가 시작된 것입니다. 그리고 저는 이 두 가지 목표가 서로를 뒷받침하며 긴밀히 연결되어 있다고 생각했습니다.

나치즘은 전 유럽을 암흑 속으로 몰아넣었습니다. 우리는 서로에게 의지하면서 함께할 때에만 다시 일어설 수 있었습니다. (…)

구체적인 첫 행동이 시작되자, 우리가 생각할 수 있었던 것보다 훨씬 더 빠른 속도로 우정이 생겨났습니다. 저는 특히 독일과 프랑스의 몇몇 주요 인사들이 보여주었던 정치적 용기와 앞날을 내다본 끈기에 경의를 표하고 싶습니다. 유럽의 창립자인 아데나워 전 독일 총리와 쉬망 전 프랑스 외무부 장관은 석탄과 철강으로 이 작업을 시작하였습니다. 위대한 선구자들의 뒤를 이어, 프랑스와 독일은 유럽을 진전시키고 이를 둘러싼 의심을 극복하기 위하여 정파적 입장을 떠나 늘 함께 강력한 행동들을 감행했습니다. 1963년 콘라트 아데나워 전 독일 총리와 샤를 드골 전 프랑스 대통령이 체결한 엘리제조약* 이후, 발레리 지스카르 데스탱 대통령과 헬무트 슈미트 총리가 유럽 통합을 위한 노력을 재개하였고, 그 뒤를 이어 프랑수아 미테랑 대통령과 헬무트 콜 총리가 베르됭의 악수**라는 너무나 감동적인 상징을 제도적 발전으로 이끌었으며, 그리고 이제 그 역할을 자크 시라크 대통령과 여기 계신 게르하르트 슈뢰더 총리

---

* 1963년 1월 22일 파리 엘리제궁에서 프랑스와 독일 두 정상이 맺은 프랑스-독일 화해 협력조약.
** 베르됭은 프랑스 북부에 위치한 도시로, 1차 세계대전 중 프랑스군과 독일군이 벌인 공방전으로 1916년 약 10개월 동안 70만여 명이 사망한, 유례를 찾기 힘든 격전지다. 1984년 9월 미테랑 대통령과 콜 총리가 베르됭에서 만나 프랑스와 독일의 무명용사가 묻힌 납골당에서 손을 잡고 화해를 다짐함으로써 베르됭은 참혹한 전쟁터에서 양국 간 평화의 중심지로 거듭났다.

님께서 이어나가고 계십니다. 저 역시 프랑스와 독일의 화해야말로 우리가 건설하고자 하는 유럽의 기둥이 될 것이라는 확신을 갖고, 프랑스의 정치인으로, 그리고 최초의 선출직 유럽의회 의장으로 재임하면서 양국 간 화해를 위해 쉼 없이 노력했습니다.

화해를 이룬 유럽에 견고한 기반을 마련해야 했으며, 이를 위해 두 가지 조건이 필요했습니다. 그것은 바로 기억의 전승과 민주주의로서, 자유의 미래를 위한 두 가지 보완적 조건이었습니다.

유럽은 민주주의의 모범이 되고, 인권 존중에서 모범이 되어야 했습니다. 어두운 과거 속 전체주의의 경험으로부터 교훈을 얻은 유럽은 연대적이고 평화로운 공존을 위해 노력하면서 모든 시민들에게 가능한 한 최대의 자유를 보장해야 했습니다. 따라서 역사의 질풍에 흔들려 민주주의에 내재한 위험을 표출하게 만드는 함정에 빠지지 않도록, 견고하면서도 유연한 성격을 가진 정당한 제도를 마련해야 했습니다. 최근 새로운 회원국들에 제시된 가입 조건이 환기하듯이, 모든 내전의 위협을 완전히 차단하기 위하여 소수집단의 권리를 존중하고, 종교의 자유를 보장해야 합니다.

민주주의는 국민의 신뢰와 공동의 미래를 함께 결정하는 모든 시민들의 신뢰에 기반하기 때문에, 이 신뢰는 의사결정을 명확히 이끄는 가치들에 의해 보호되어야 합니다. 시민적 용기, 관용, 타인에 대한 존중이라는 유럽이 추구하는 이 가치들은 나치즘의 역사를 통해 가장 어두운 시기에 가장 필요한 것으로 증명된 가치들입니다. 국가 전체가 암흑에 잠겼을 때, 몇몇 이들의 가슴과 머리에서 그리고 실천과 행동을 통해 명예를 지켜낸 것이 바로 이 가치들입니다. 나치친위대의 본거지였던 베를린에서도 결코 완전한 '유대인 청소'가 이루어지지 못했으며, 이곳에서도 유대인을 숨겨준 사람들의 용기와 영웅적 행동 덕분에 극도로 위험한 상황 속에서도 전쟁 내내 소수의 유대인들이 살아남았다는 사실을 우리는 알고 있지 않습니까? 이것은 또한 나치즘의 경험으로부터 얻은 교훈이기도 합니다. 즉, 제도는 가능한 한 가장 신뢰할 수 있어야 하고, 민주주의는 모든 종류의 보호와 견제 메커니즘을 통해 위험한 열정으로부터 보장되어야 합니다. 만약 이것이 무너지게 된다면, 그때는 오직 시민적 용기와 도덕심, 개인들의 존엄성만이 공동의 자유를 지켜낼 수 있습니다.

유럽의 두 번째 정신적 기둥은 기억의 전승이 되어야 했습니다. 유럽은 그 명암을 포함한 모든 공동의 과거를 제대로 알고 또 감당해야만 했습니다. 즉, 모든 회원국은 자신들의 실패와 과오를 인정하고 감당하며, 자신들의 과거뿐 아니라 이웃 국가와의 과거도 직시해야 했습니다. 이 기억의 작업은 모든 국민들에게 요구되는 일로서, 보통 어렵고 때로는 아주 힘든 일입니다. 그러나 이것을 통해 과거의 악습으로부터 미래를 지킬 수 있습니다. 이 작업이 이전의 배반적 과거로 파괴된 국가 단일성을 건전한 바탕 위에서 다시 세울 수 있도록 할 뿐만 아니라, 이전에 적이었던 국가들 간 지속적인 화해를 가능하게 하기 때문입니다.

이런 토양 위에서 유럽의 모든 국가가 같은 보폭으로 나아가지는 않았습니다. 프랑스와 독일은 서로 다른 과정을 통해 이 기억의 작업에 있어서 단연 선구적인 모습을 보였습니다. 나치즘의 희생자 모두가 곧바로 대상이 되진 못했지만, 그럼에도 불구하고 독일은 생존자와 그들의 후손이 겪었을 고통에 대한 배상과 사죄를 했습니다. '독일의 죄'에 대한 의식을 가졌던 콘라트 아데나워 전 총리는 파괴된 유럽 유대교의 폐허 위에 설립된 신생국가 이스라엘의 정당한 요구를 들어주기 위해 몇몇 측근들의 뜻을 거스르는 일도 마다하지 않았습니다.

이와 같은 구체적인 조치들과 함께 매우 상징적인 일도 있었습니다. 빌리 브란트 전 독일 총리가 바르샤바 게토 희생자 추모비 앞에서 무릎을 꿇었던 장면을 어떻게 이 자리에서 떠올리지 않을 수 있겠습니까?

프랑스의 경우, 1990년대가 되어서야 비시정부하에서 벌어진 범죄에 대한 국가의 직접적 책임이 공식적으로 인정되었습니다. 1995년 자크 시라크 대통령의 입에서 마침내 우리가 기다리던 말이 나왔습니다. "과거의 과오와 국가가 저지른 과오를 인정하는 것, 우리의 어두운 역사를 결코 감추지 않는 것, 이것은 인간, 인간의 자유, 인간의 존엄성을 지키는 일일 따름입니다."

모든 문제가 해결된 것은 아니지만, 우리 양국은 오늘날 역사의 어두운 페이지를 직시할 수 있습니다. 이러한 노력을 통하여 잃어버렸던 명예를 되찾았기 때문입니다.

이제 우리는 모든 나라와 민족이 용기와 품위를 갖고 평화롭고 지속적인 공존을 하기 위한 조건인, 자신의 과거에 대한 이 작업을 완수할 수 있는 길을 유럽 차원에서 제시해야 합니다. 이 작업은 모든 곳에서 같은 속도로 진행되고 있지는 않습니다. 홀로코스트는 동유럽 일부 국가들에서 아직도 충분히 인정되고 있지 않습니다. 나치의 지배를 받은 민족들이 받은 고통에 대한 기억이 오랫동안 집권한 공산주의 체제에 의해 조작되면서 유대인의 고통을 이 민족의 특수성과 함께 지우고 말았습니다. 이 현실은 인정되어야만 합니다. 공산주의의 굴레에서 벗어난 동유럽 국가들에서는 이제 또 다른 차폐 기억들이 나타나 홀로코스트에 대한 이 역사의 작업을 가로막고 있습니다. 즉, 거의 반세기 동안 구소련 체제하에 있던 이들에게 공산주의의 희생자들이 나치즘의 희생자들을 잊게 한 것입니다. 더욱 심각한 문제는 소련인들이 가한 고통으로 인해 기억과 역사가 반유대주의를 정당화하는 도구가 될 정도로 조작되고 있다는 것입니다. 유럽이 동쪽으로 확장되고 있는 지금, 이와 같은 일탈에 경각심을 가져야 합니다. 왜냐하면 이 명백한 역사적 논란은 미래 유럽의 정체성에 심각한 영향을 끼치기 때문입니다. 두 번의 전체주의를 경험했기에, 이제 통일된 독일은 새로운 회원국들이 이와 같은 기억 비대칭의 문제를 차분히 해결하는 데 도움을 줄 수 있을 것입니다.

민주주의와 기억의 전승, 이 두 가지 보완적 필요조건은 평화로운 유럽이 그의 고통스러운 과거를 잊지 않도록 할 것입니다. 어디서든 늘 다시 나타날 수 있는 위험한 욕망으로부터 보호받을 수 있는 이중의 방패입니다. 2차 세계대전과 홀로코스트가 끝난 지 60년이 지난 오늘날, 이제 유럽인들은 뒤를 돌아보며 그동안 화해를 위해 걸어온 길을 자랑스럽게 바라볼 수 있습니다. 하지만 우리에게 여전히 가야 할 길이 남아 있습니다. 우리가 거둔 결실은 이제 우리에게 다른 도전 과제들을 주고 있습니다. 구동구권 국가들이 유럽연합의 새로운 회원국으로 가입하면서 이제 유럽은 25개국 체제*로 기능해야 하기 때문입니다. 새로운 정치구조를 위한 새로운 제도적 해결책을 마련해야 합니다. 이를 위하여 유럽은 민주주의 기능의 필수적인 틀인 헌법을 제정해야 할 것입니다. 왜냐하면 이 확대된 연합은 민주주의와 인간 존중에 대한 더 철저한 요구를 비롯하여 유럽의 창립 가치 기반을 정하고, 보장하고, 또 그것을 미래 세대에 전달해야 하기 때문입니다.

사실 새로운 문제가 생겨나 우리의 가치를 지키는 능력을 시험하고 있습니다. 즉 유럽에서 다시 출현하고 있는 반유대주의의 신호들을 어떻게 염려하지 않을 수 있겠습니까? 프랑스에서는 2차 인티파다** 이후로 유대교 회당 방화 사건에서부터 학교 내 유대인 어린이들에 대한 괴롭힘에 이르기까지 여러 반유대주의 행위들이 늘어나고 있습니다. 유럽의 다른 곳에서도 비슷한 현상이 발생하고 있습니다. 소수집단의 권리 존중이라는 새 회원국의 가입 조건을 정한 서유럽 국가들은 이 땅에서 이러한 폐단이 커지는 것을 용납할 수 없습니다.

근동의 상황이나 사회 빈곤 혹은 무지가 이런 흉책에 변명이 되

---

* 유럽연합은 1995년 이후로 15개국 체제를 유지하다가 2004년 구동구권 국가를 중심으로 10개국이 가입하면서 대거 확장되었고, 이후 불가리아, 루마니아, 크로아티아의 추가 가입으로 2019년 4월 기준 28개국 체제의 연합체가 된다. 현재 진통을 겪고 있는 브렉시트가 최종 합의에 이른다면, 영국의 탈퇴로 다시 27개국이 될 것이다.
** 아랍어로 '봉기', '반란'을 뜻하는 인티파다는 독립을 지향하는 팔레스타인인들의 반이스라엘 투쟁을 통칭하는 용어다. 1차 인티파다는 1987년 촉발되어 1993년까지 계속되었고, 2차 인티파다는 2000년 발발하였다.

거나 정상 참작이 되지 않는다는 점을 다시 한번 강조하고 싶습니다. 사람들이 집단수용소와 난민수용소를 두고 함부로 부적절한 비교를 하면서 홀로코스트에 대한 기억을 왜곡하고, 갖은 뒤섞기 시도를 통해 유대인 대학살을 일반화하며, 반시오니즘 투쟁을 위하여 반유대주의 선전의 클리셰들을 사용하고 있는 지금, 유럽은 60년 전 학살당한 집단의 생존자들을 위해서뿐만이 아니라 유럽의 존엄성을 위하여 이 일탈 상황들을 막아야 할 의무가 있습니다. 1930년대에 프랑스와 독일의 유대인들이 그들을 위협하던 위험을 과소평가한 까닭이 자신들의 조국을 의심하기에는 너무도 애국심이 컸기 때문이라는 사실을 기억하고 있는 것입니까?

오늘날 프랑스와 독일은 유럽에서 가장 큰 유대인 공동체를 갖고 있습니다. 유럽은 이 되찾은 신뢰를 계속해서 지켜나갈 책임이 있습니다. 그 누구도 유럽의 합의 사항에 유대인들이 포함되는 것을 문제 삼는 일을 용납할 수 없을 것입니다. 그리고 유럽은 그 형태와 변명에 상관없이 모든 반유대주의의 재출현을 경고하고 투쟁하기 위해 단호하게 대처해야 합니다. 여기에 유럽의 힘과 미래가 달려 있습니다. 왜냐하면 우리가 역사를 통해 배웠듯, 반유대주의의 바람은 보통 사회 불안과 민주주의의 위기에 대한 징후이기 때문입니다. 이것은 스스로에 대한 작업과 경계심을 요구하는 일이 유럽에 여전히 현실성 있는 문제임을 보여줍니다.

유럽은 60년 전부터 계속해서 과거의 명암을 온전히 받아들이는 가운데, 미래를 위한 자원을 마련하고 있습니다. 그것이 유럽인 제1세대가 미래 세대를 위해 받아들인 암묵적인 약속이며, 때가 되면 미래 세대가 이 약속을 이어나갈 것입니다.

저는 마지막으로 특히 오늘 이 자리에 와 있는 독일과 프랑스 양국의 고등학생들에게 전하고 싶은 이야기가 있습니다. 여러분은 우리가 이룬 화해의 살아 있는 구체적 상징이지만, 동시에 우리가 믿고 맡기게 될 이 임무를 계속 이어갈 책임을 갖고 있습니다. 유럽의 수천 명의 고등학생들과 마찬가지로 여러분은 이 기억의 의무를 맡고 있습니다. 저는 여러분이 학교에서 아우슈비츠가 무엇이었는지 배우고 이해하며, 그로부터 얻은 교훈에 대해 생각해봤기를 바랍니다. 여러분은 야만적 상황을 초래하는 증오와 폭력의 악순환의 모든 징조를 좌절시켜야 하는 책임을 갖게 될 미래의 시민입니다.

세계에 더욱 개방된 태도를 갖고, 인권이 침해당하고 있는 이들에게 더욱 연대하며, 과거의 잔혹함에 대해 교육받은 오늘날의 젊은 세대는 아우슈비츠의 교훈을 이끌어낼 수 있을 것입니다.

저는 여러분을 믿습니다. 오늘 이 자리에 있는 독일의 청년들, 유럽의 청년들에게 저는 이렇게 이야기하고 싶습니다. "과거를 잊지 맙시다." 이제 여러분이 유럽을 만들어가야 합니다. 자유의 유럽, 평화와 인간 존엄성을 존중하는 유럽을 만들어주십시오.

2004년 1월 27일, 베를린, 독일연방의회

우리는 과거의 잘못으로부터
교훈을 얻지 않기에는
너무나 큰 야만의 대가를 치렀습니다

시장님,

의원 여러분,

영광스럽게도 제가 이곳 평생교육원의 개원 기념 강연을 부탁받았을 때, 그리고 유럽을 주제로 이야기해달라는 제안을 받았을 때, 우리 중 누구도 오늘 이렇게 관련 주제가 한창 화제가 될 것이라고는 생각지 못했습니다. 즉, 현재 유럽헌법의 영향에 대한 논쟁, 보다 정확히 말하면, 대통령이 이 문제를 국민투표에 부치기로 결정할 경우 어떤 답을 내릴 것인가에 대한 논쟁이 한창입니다.

이 논쟁이 갖는 중요성과 프랑스인들이 내리게 될 결정은 우리 모두와 관련된 문제입니다. 사실 이 국민투표의 결과가, 5월 1일부로 유럽연합을 구성하게 된 총 25개 회원국이 지난 6월 브뤼셀에서 합의한 유럽헌법의 운명에 결정적인 영향력을 갖게 되리라는 것을 생각할 때, 이것이야말로 앞으로 몇십 년간 유럽의 미래를 결정짓게 될 문제입니다. 현재 채택된 유럽헌법의 최종 문안은 발레리 지스카르 데스탱 전 대통령이 의장을 맡았던 유럽미래회의*가 만든 최초의 계획안을 토대로 작성되었습니다.

이 합의는 특히 영국의 요구로 가중다수결제를 포기하고 만장일치제를 부과하게 된 것을 포함한 몇 가지 양보를 대가로 이루어졌습니다.

비록 한계가 있긴 하지만 그것이 담고 있는 진전 사항을 고려할 때 역사적이라 할 만한 이 합의에 대해 다시 이야기할 기회가 있을 것입니다. 이제 프랑스에서 논의가 시작되었습니다. 프랑스와 유럽의 다른 모든 국가의 미래, 세계의 균형이 달려 있는 이 사건을 위하여 최대한 열린 논의가 되어야 합니다.

또한 헌법의 복잡한 문안과 제기되는 문제들을 고려할 때, 이번 일은 1950년대 이후로 유럽에 대해 우리가 가졌던 열망과 두려움에 비교하여 유럽이 우리에게 무엇을 가져다주었는지 결산해보는 기회가 되어야 합니다. 그리고 무엇보다 성과뿐만 아니라 그것이 갖고 있는 결함을 보여주면서 현재 문제가 되고 있는 쟁점들을 프랑스인들에게 명확히 밝힐 수 있는 기회이기도 합니다.

저의 경우, 현재 제가 헌법평의회에서 맡고 있는 직책 때문에 입장을 밝힐 수가 없습니다. 실은 헌법평의회에서 필요할 경우 우리 헌법에 필요한 수정 사항을 곧 발표할 것입니다. 그렇기 때문에 오늘 저의 입장을 표명할 수 없는 것입니다.

---

* 정식 명칭은 '유럽의 미래에 관한 회의'로 유럽연합의 확대 계획에 따라 그 정체성을 규정하고, 통합 유럽헌법을 제정하기 위해 2002년 2월 28일 브뤼셀에서 출범했다.

유럽에 대한 저의 확신을 모르는 사람은 아무도 없습니다. 저는 그것을 자주 밝혀왔습니다. 그리고 유럽의회 선거에서 1979년, 1984년, 1989년에 걸쳐 세 차례나 정당명부를 이끌었습니다. 1979년에는 첫 번째 유럽의회 직선제 선거가 열린 뒤 유럽의회 의장직을 맡기 위해 정부를 떠나기도 했습니다.**

제가 이렇게 유럽 문제에 적극적으로 참여하게 된 근본적인 이유는 바뀌지 않았습니다. 오히려 현재의 상황, 즉 우리의 안전과 가치가 위협받고 있는 상황이 이 위험한 세상에서 유럽인들을 더욱 단결하도록 만든다고 말씀드리고 싶습니다.

여러 유럽 기구에서의 국가 간 투표권 가중치와 관련하여, 프랑스에 상당히 불리한 내용이 포함된 니스조약의 조항들을 시행해야 할지도 모르지만, 어찌 되었든 유럽헌법조약이라는 새로운 조약이 체결되었습니다.

게다가 유럽의 잇따른 확장과 세계 힘의 균형의 변화가 유럽의 창립자들이 원래 갖고 있던 구상보다 상황을 많이 달라지게 한 것이 사실입니다.

1950년 5월 9일의 쉬망 선언과 1957년의 로마조약 이후 논의는 시작되었습니다. 이 선언은 화해의 의지 그리고 평화의 의지를 공식적으로 표명하고 있습니다.

이 선언이 프랑스와 독일의 석탄과 철강 공동생산이라는 구체적인 목표를 가지고 있었던 것은, 무엇보다 "우리 사이에, 특히 프랑스와 독일 간에 전쟁을 불가능하게 하는 연대"를 구축하기 위한 것

** 당시 시몬 베유는 프랑스정부의 보건부 장관이었다.

이었습니다. 로베르 쉬망은 이를 위해서는 "우리의 말뿐만 아니라 우리의 이익을 걸 수 있는" 체제를 찾아야 한다는 것을 알고 있었던 것입니다.

이렇게 발표된 문서는 웅변적이기만 한 것은 아니었습니다. 매우 짧기는 했지만, 서유럽 국가의 지도자들을 대상으로 하는 의도와 제안을 담은 선언문 그 이상이었습니다. 이 문서는 석탄 철강 연합을 운영하기 위해 설치되어야 하는 기관들을 정하면서, 공동독립 고등기관, 의회, 정부 대표자들로 구성된 이사회, 재판소를 언급했는데, 현재 유럽의 주요 기관들을 이미 예견하고 있었던 것입니다. 또한 이 문서는 언급된 기관들의 역할과, 이 생산 연합의 공동 과제가 따라야 하는 이념과 규칙을 규정하고 있습니다.

이와 같은 프랑스 측의 제창을 접한 콘라트 아데나워 전 총리는 당시 서독이 서유럽 국가들의 협력에서 유리한 위치를 점할 수 있는 이 제안에 그 즉시 동의를 표했습니다. 이탈리아, 네덜란드, 벨기에, 룩셈부르크도 곧 독일의 뒤를 따라 로베르 쉬망의 제안을 받아들였습니다. 저는 이 자리를 빌려 유럽과 평화의 선구자들이었던 알치데 데가스페리 전 이탈리아 총리, 폴앙리 스파크 전 벨기에 총리, 조제프 베슈 전 룩셈부르크 총리에게 경의를 표하고 싶습니다.

어떤 이들에게 유럽공동체는 차근차근 건설되어야 하는 진정한 연방제의 시작이었습니다. 또 어떤 이들에게는 국가연합, 더 정확히 말하면 국가들의 연맹 구축일 뿐이었습니다.

사실 제가 강조하고 싶은 것은, 유럽이 6개국(프랑스, 독일, 이탈리아, 벨기에, 룩셈부르크, 네덜란드)으로 구성되어 있을 때도, 25개 회원국으로 구성된 오늘날에도, 프랑스가 항상 주도적인 역할을 해왔다는 것입니다.

6개국으로 구성된 유럽의 창설을 이끌었던 로베르 쉬망의 선언을 다시 떠올리면서 저는 장 모네의 결정적 역할에 대해 언급하지 않고 지나갈 수가 없습니다. 왜냐하면 바로 이 선언은 그의 구상에서 시작된 것이기 때문입니다. 장 모네는 유럽인들 간 전쟁을 불가능하게 만드는 본능과 연대가 필요하다는 사실을 일찍이 간파했습니다. 그는 그것이 제대로 작동하는 데 필요한 기구와 법망이 사실상 초국가적 권력 기구의 설립을 이끌 것이라고 생각했습니다. 그에게는 이것이 진정으로 중요한 문제이자 평화의 대가였습니다. 1950년 5월 9일 로베르 쉬망이 발표한 선언이 바로 이 화해와 평화의 의지를 공식적으로 천명한 것입니다.

1950년은 유럽에서 인류 역사상 가장 끔찍했던 전쟁이 끝난 지 5년이 흐른 뒤였습니다. 모든 대륙이 직접적으로든 간접적으로든 겪었던 전쟁이었습니다.

어린이를 포함한 수천만 명의 사람들이 전투와 폭격으로 목숨을 잃었으며, 희생자 가족들은 여전히 슬픔에서 벗어나지 못했던 상황이었습니다.

유럽은 폐허가 되었습니다. 도시와 공장들은 겨우 다시 재건되기 시작했고, 들판은 불발탄의 위험으로 인해 황무지 상태로 방치되고 있었습니다. 포로로 잡혔던 수억 명의 사람들은 아직 집에 돌아오지도 못하고 있었습니다.

어제의 동맹이었던 국가들 간에 벌어진 냉전은 다시 평화를 위협했습니다. 한국전쟁은 핵무기의 위험을 드리우는 3차 세계대전에 대한 두려움을 불러일으켰습니다.

둘로 나뉜 유럽에는 도처에 증오가 지속되고 있었습니다. 60여년 동안 서로를 파괴하기 위해서라면 모든 것이 허용되고 모든 것이 가능했던 이곳에서 어떻게 그와 다른 상황을 기대할 수 있겠습니까? 물론 자유 진영이 파시즘과 인종차별적 증오라는 절대 악에 대해 승리를 거두기는 했지만, 그것을 위해 우리가 어떤 대가를 치렀습니까?

유럽의 민족이나 국가를 통합하고자 하는 생각은 새로운 것이 아니었습니다. 그것을 시도했던 사람들 가운데 가장 유명한 이는 아마 800년의 카롤루스대제일 것입니다. 다른 여러 왕과 황제도 자신의 나라의 지배권이나 주도권을 확장하고자 유럽 통합을 시도했습니다. 그러나 그것은 덧없는 기도였습니다. 작가들과 철학자들도 세계에 영향력을 확장하고 보편적 메시지를 전달하는 통일된 유럽을 꿈꿨습니다. 빅토르 위고가 유럽 합중국과 같은 형태를 상상하고 직선제로 구성되는 유럽의회를 꿈꾸기는 했지만, 이런 모든 계획은 대부분 이상적인 단계에 머물렀습니다.

1950년, 처음으로 6개 국가의 외무부 장관들이 하나의 계획안에 합의했습니다. 물론 제한적이었지만 분명하고 짜임새를 갖춘 계획이었습니다. 이렇게 유럽석탄철강공동체 그리고 1957년부터 유럽경제공동체가 화해의 의지로부터 탄생했습니다. 이 기구들은 공동의 이익을 추구하고 평화를 증진하기 위하여 우리 국가들 사이에 최대한의 관계를 구축하려는 목적으로 설립되었습니다.

우리는 과거의 잘못으로부터 교훈을 얻지 않기에는 너무나 큰 야만의 대가를 치렀습니다. 평화만큼이나, 그것을 보증하는 자유와 민주주의도 유럽을 건설하는 데 협상 불가능한 요소입니다. 그 역사가 우리 공동의 가치와 인간 존엄성의 존중과 함께해야 한다는 것은 당연한 이치였습니다.

저로서는 그와 같은 행보를 지지할 수밖에 없었습니다. 그것은 바로 저의 생각을 담고 있었습니다. 저는 어릴 적 양차 대전을 겪으며 다른 많은 프랑스의 어린이들처럼 독일을 증오하며 자랐습니다.

강제수용소에 끌려가고 부모님과 오빠를 잃고 아우슈비츠에서 극단적 야만을 겪으며, 저 역시도 당시 감히 화해를 생각하지 못했습니다. 그러나 미래 세대가 더 비극적인 재앙을 겪지 않게 하려면 결국 모든 힘을 다해 화해를 해야 한다는 생각이 들었습니다.

유럽을 위한 저의 참여는 이렇게 평화에 대한 열망에 기반하고 있습니다. 그리고 이 평화는 화해와 민주주의, 근본적 가치에 대한 존중에 기반하고 있습니다. 적어도 이제 유럽은 평화를 얻은 것 같습니다. 그러나 저는 분명히 '그런 것 같다'고 말씀드립니다. 그 이유는, 모든 평화는 우리가 살고 있는 폭력과 위험한 열정, 무관용의 세계에서 너무나 취약하기 때문입니다.

유럽인의 역사에서 처음으로 우리는 60년이 넘는 시간 동안 전쟁을 하지 않았습니다. 그러나 벌써 여러분의 반박이 들립니다. 보스니아와 코소보 분쟁은요? 유럽인들이 구유고슬라비아 분열에서 촉발된 이 비극적인 갈등에 제대로 개입하지 못한 것은 사실입니다. 그것은 유럽이 무능력해서가 아니라, 정치체로서의 유럽의 부재, 즉 유럽이 독자적으로 개입할 수 있는 힘의 부족 때문입니다. 그럼에도 불구하고 우리는 대응 방식에 합의함으로써, 사라예보가 다시 한번 모든 지역을 불바다로 만드는 갈등의 발원지가 되는 최악의 상황을 피할 수 있었습니다.

윈스턴 처칠이 1946년부터 표명한 유럽연합의 꿈은 그 당시에 받아들여지기엔 너무나 이상적이었습니다. 그로부터 착안하여 1949년에 설립된 유럽평의회는 매우 상징적인 기구였지만, 당시 그 영향력과 수단이 제한적이었기 때문에 이처럼 이상적인 구상에 부응하기에는 역부족이었습니다. 유럽인권조약과, 조약의 위반을 처벌하는 재판소가 이제 유럽의 모든 국가의 인권 존중에서 중요한 위치를 차지하고 있습니다.

로베르 쉬망은 당시 혁명적인 제안으로 통합 유럽의 초석을 다졌지만, 그럼에도 불구하고 그는 그것의 정확한 성격을 규정하는 데는 신중한 입장이었습니다. 그는 우리 여러 국가가 참여하는 독립적 법인격으로 구성된 기구에 주권을 양도 혹은 위임하게 될 경우 직면할 수 있는 난관들을 완벽히 예상했습니다. 미래를 위태롭게 할 수 없었기에, 그에 대비하면서 제도와 사고방식을 변화시키는 임무를 시간에 맡겨야 했습니다.

50년이 흐른 오늘날, 경제 연합이라는 접근은 일각에서 기대하던 정치 연합을 정착시키는 데 충분하지 못했다는 사실을 인정합시다. 논쟁은 계속되고 있습니다. 유럽연방론자들과 모든 형태의 초국적주의에 반대하는 자국주권론자들 사이의 논쟁과 대립은 계속되고 있습니다.

저는 이 논쟁에 참여하지 않을 것입니다. 그 이유는 무엇보다 유럽의 연이은 확장으로 상황이 많이 바뀌었기 때문이고, 또한 앞으로 확장이 계속되면서 그에 따라 제도를 수정해야 할 것이기 때문입니다.

그러나 누가 어떤 원칙을 택하든 간에, 무엇보다 정확히 인지해야 할 사실은 처음부터 고등기관과 특히 사법재판소는 연방제로부터 착안된 것이었고, 1979년부터 제가 의장직을 맡았던 유럽의회도 마찬가지였다는 것입니다.

특히 단일통화를 도입한 마스트리흐트조약을 비롯하여 순차적으로 체결된 여러 조약을 통해 오늘날의 모습을 갖춘 유럽 조직은 사실 비정형적 성격을 지닌 독특한 기구이며, 아마도 바로 이 점이 그것이 지닌 결점과 약점에도 불구하고 계속해서 유지될 수 있게 해준 요인일 것입니다.

유럽의 건설이 오랫동안 프랑스인들을 자국주권론자들과 유럽통합론자들로 나누는 논쟁의 씨앗이었던 것이 사실입니다. 한쪽에서는 무엇보다 국방 및 외교 정책에서 주권을 위임하는 일체의 행위를 반대하였고, 반대로 다른 한쪽에서는 역사를 혁신적으로 바꾸고자 하였습니다.

오랫동안 유럽의 수평적 확장이 협력의 심화보다 우위에 있었습니다. 우리는 이 두 가지를 동시에 추진하지 못했습니다.

1958년 드골 장군이 대통령이 되었을 때 일각에서는 그가 로마조약을 두고 어떤 입장을 취할지 상당한 관심을 보였습니다. 그는 체결된 조약을 이행했을 뿐만 아니라, 독일과 엘리제조약을 체결하여 아데나워 총리와 함께 양국 간 화해에 힘을 실으면서 유럽 건설을 위한 행보를 이어나갔습니다.

수십 년 전부터 프랑스의 대통령과 독일의 총리 사이에 구축된 우정과 신뢰에 기반한 양국의 특별한 동맹이 해온 역할을 어떻게 강조하지 않을 수 있겠습니까.

드골-아데나워, 지스카르 데스탱-슈미트, 미테랑-콜, 그리고 어떤 면에서 시라크 대통령까지 순차적으로 이어지는 짝을 이룬 양국 지도자의 협력은 서로 다른 정당 소속에도 불구하고 상당한 진전을 가능하게 한 동력이었습니다.

초기 양국 지도자들의 협력으로, 유럽이사회와 유럽통화제도의 설립, 유럽의회 직선제 시행이 가능했습니다. 그리고 콜 총리와 미테랑 대통령의 협력에 대해서는 무엇보다 1983년 콜 총리의 퍼싱 미사일 배치 결정에 보낸 지지와, 아주 상징적 의미를 가졌던 양국 정상의 베르됭 공동 방문을 꼽고 싶습니다. 단일통화를 도입하게 한 마스트리흐트조약은 이렇게 구축된 우리 양국 간의 연대, 그리고 다른 파트너 국가들로 퍼져나간 그 파급효과가 아주 구체적으로 발현된 결과라고 할 수 있습니다.

1989년 11월 9일 베를린장벽이 붕괴되자 독일 통일 문제가 곧바로 제기되었고, 미테랑 대통령은 이에 동조하면서 그 실현을 도왔습니다. 그리고 베를린장벽 붕괴로 촉발된 대격변 상황과 소련의 세력 및 공산주의 체제하에 있던 국가들에서 발발한 벨벳혁명, 그 뒤 이어진 소련의 해체는 유럽공동체에서 이 국가들의 위치에 대한 문제를 제기하게 됩니다.

솔직히 저는 최근 유럽의회 선거의 저조한 참여율에 크게 놀라지 않았습니다. 특히 권한과 의사결정 방식에 관련한 유럽의 제도가 너무나 복잡한 나머지 유권자들이 그것에 관심을 갖게 만드는 것, 심지어는 그들에게 명확히 설명하는 것조차 어렵기 때문입니다. 따라서 국민투표에 앞서 진행되는 토론이 이 부분을 명확히 밝혀줄 수 있는 기회가 되어야 합니다.

근본적으로, 대부분의 정당 대표들이 취했던 입장은 최근 몇 년 전부터 상당 부분 합의에 이르렀습니다. 사실상, 특히 가장 최근의 확장을 비롯한 연이은 유럽의 확장, 베를린장벽 붕괴와 소련의 해체 이후 재편된 국제 정세가 상황을 매우 바꾸어놓았고, 극단적인 입장들과 거리를 두면서 여러 입장을 가깝게 만들었기 때문입니다.

이전과는 상황이 근본적으로 달라졌기에 생각이 달라진 것입니다.

따라서 저는 장 모네와 '유럽 창립의 아버지들'이 구상한 유럽은 현재 건설 중인 확장된 유럽에는 더 이상 맞지 않다고 생각했습니다. 이미 유럽연합의 인구는 너무나 많고 문화도 너무나 다양합니다. 뿐만 아니라, 세계화 혹은 글로벌화가 국가 정체성의 확립과 정착에 대한 필요성을 일깨웠고, 그것을 무시하는 것은 위험한 일이기 때문입니다.

그와 동시에, 다른 한편으로 세계화는 테러리즘, 국제범죄, 소련 붕괴로 인한 미국의 패권이 불러온 새로운 위험들과 함께 강한 유럽, 즉 한목소리로 의견을 내고 국내 안보뿐만 아니라 엄밀히 군사적인 측면에 있어서도 스스로 방어할 수 있는 능력을 갖춘 강한 유럽 건설의 필요성을 더욱 공고히 만들었습니다. 법관들조차도 마스트리흐트조약의 세 번째 기둥*을 통해 이루어진 진전에도 불구하고 현재 안보 분야에서 드러나고 있는 유럽의 취약점에 대해 유감을 드러내지 않았습니까?

이것이 아마도 최근 대선에서 결선투표에 오를 가능성이 큰 두 후보자들이 유럽의 제도를 두고 대립하지 않았던 이유라고 볼 수 있을 것입니다. 그것은 단지 대통령과 내각이 협치를 이뤄야 했던 오랜 동거정부 체제가 가져온 결과만은 아닙니다.

이렇게 여러 정당 사이의 큰 대립들은 대부분 사라졌지만, 1958년 당시에는 많은 이들이 드골 장군이 로마조약의 폐기를 통고하는 것은 아닌지 의문을 가졌습니다. 그는 몇 가지 해석을 강행하고(룩셈부르크 타협과 공석 정책**), 영국의 가입을 거부했으며, 또한 결국은 무산된 '푸셰 플랜'***(그 이후 사람들은 이 계획이 외교정책 분야에서의 첫걸음이었던 것은 아닌지 생각했습니다) 실행을 시도하기는 했지만, 그래도 로마조약의 원칙을 온전히 수용했습니다. 유럽을 둘러싼 정당 간 대립이 있기는 했지만 정당 연합은 결국 유럽에 대한 동맹이

---

* 마스트리흐트조약 체결 시 세 가지 주요 정책 분야를 정했는데, 첫 번째는 기존의 경제협력, 두 번째는 공동외교안보, 세 번째는 내무사법이다.

** 당시 프랑스는 유럽공동체의 초국적 기능이 강화되는 데 큰 불만을 가졌고, 특히 공동농업정책의 결정에 가중다수결 방식이 예정되어 프랑스에 불리한 결과가 초래될 것을 우려한 드골 대통령은 회원국 주권 침해 등을 이유로 각료이사회 상주대표부에서 자국 대표들을 철수시킨다. 프랑스 대표단의 철수에 따른 공석 위기를 극복하기 위해 회원국들은 룩셈부르크에 모여 유럽공동체의 초국적 기능을 제한하고 만장일치제를 통해 개별 국가의 이익과 주권을 보호하는 내용을 골자로 하는 정치적 합의를 한다.

*** 1961년 드골 대통령이 제안한 '국가연합' 구상을 담은 계획으로, 유럽 국가들 간 초국가적 요소를 배제하고 외교안보 및 경제협력을 목표로 하는 정부 간 협력체를 설립하려는 것이었다. 회원국 대부분의 반대로 무산되었다.

아닌 전통적인 정당 연합, 즉 프랑스민주연합당과 공화국연합당의 좌우 연합과 사회주의자들과 공산주의자들 사이의 연합으로 성사되었습니다.

일부의 노력에도 불구하고, 유럽의회에서의 기술적 동맹 이상으로 대부분의 가결을 이끈 것은 유럽 통합을 위한 참여라기보다는 바로 이러한 대립이었습니다.

일각에서는 독일 통일이 가져온 충격과 그것이 유럽경제공동체에 끼친 즉각적인 영향, 그리고 중앙유럽 국가들을 해방한 소련 붕괴가 유럽의 건설에 치명타가 되기를 기대했습니다. 그러나 결과는 정반대였습니다. 1989년 12년 스트라스부르의 유럽이사회와 몇 달 뒤 열린 더블린의 유럽이사회 이후로 모든 회원국은 유럽 건설 과정을 가속화하기로 합의하였습니다.

이런 변화는 프랑스만 겪은 것이 아닙니다. 두 가지 극단적인 예를 들자면 바로 영국과 이탈리아의 경우인데, 제가 유럽의회에서 13년 동안 일하면서 더욱 가깝게 접할 수 있었습니다. 영국은 마스트리흐트조약, 암스테르담조약, 파리조약과 같은 여러 조약을 통하여 특히 유럽의회 권한 강화와 신속대응군 창설과 같이 더 큰 통합으로 나아가는 조치들을 수용했던 반면, 예전에는 앞장서서 연방주의를 주장하던 이탈리아는 현 총리가 취임한 이래로 유럽 통합에 더욱 주저하는 태도를 보이고 있습니다. 이뿐만 아니라, 뒤늦게 유럽공동체나 유럽연합에 가입했기 때문에, 어제의 적이었던 국가들 사이의 화해를 이루려는 의지에 근거한 유럽 창립자들의 사상에 근본적으로 큰 영향을 받지 않았던 스페인, 북유럽 국가들, 오스트리아의 영향력도 무시할 수 없었습니다.

그렇다고 해서 유럽의 상황과 그 미래가 제기하는 문제들이 간단해진 것은 아닙니다. 왜냐하면 연합의 쟁점은, 양국의 지도자가 속한 정당에 상관없이 50년 가까이 유럽 통합의 동력이 되어온 프랑스-독일 협력이 이제 그만큼의 영향력을 갖지 못하는 이상, 분석하고 통제하기 더 어렵기 때문입니다.

마지막으로, 현재 화제가 되고 있는 주제로 돌아오기에 앞서, 물론 어려운 과정이었지만 유럽이사회에서 만장일치로 이룬 타협 덕분에 어떤 회원국도 문제 제기를 하지 않는 성과들을 얻어낸 제도적 절차의 발전을 어떻게 강조하지 않을 수 있겠습니까?

이 점에서, 지난 10년 동안 이룬 진전이 그에 앞선 30년 동안의 성과보다 모든 분야에서 훨씬 더 많은데도 불구하고, 현재 유럽의 건설을 가로막고 있는 어려움과 난관에 대해 쏟아지는 매우 비관적인 발언들이 저로서는 잘 이해가 되지 않습니다.

하지만 1976년까지 회원국은 6개국뿐이었고 모두 의욕이 넘쳤습니다. 이 국가들은 한창 경제성장을 겪고 있었으며 냉전과 핵우산을 통해 지정학적으로 안정된 상태였습니다. 아마도 이것이 다음 사실을 설명해주는 요인일 것입니다. 즉, 보다 강하고 보다 연대하는 유럽을 통해 더욱 연합할 필요성을 느끼려면 우리가 좀 더 취약하다고 느꼈어야 했다는 것입니다. 그러한 관점에서 구유고슬라비아의 비극 앞에서 유럽이 보인 무능력함은 정치인들에게는 뼈아픈 교훈이었고, 모두에게는 고통스러운 광경이었습니다.

오늘날 우리가 합리적으로 우려하고 있는 것은 미국의 정치·군사적 힘과 자신들의 목적을 강요하기 위해 그로부터 얻어내는 영향력입니다. 반면 유럽은 인구와 국민총생산을 고려할 때 훨씬 더 큰 영향력을 행사할 수 있어야 합니다. 이 점에서, 중동의 경우가 명확한 예가 되는 까닭은, 유럽공동체가 이 국가들의 발전에 훨씬 더 큰 기여를 하고 있기 때문입니다.

베를린장벽 붕괴 당시 유럽공동체 12개 회원국들은 유럽공동체가 새로운 상황에 적응해야 한다는 필요성을 절감했으며, 그것은 경제와 화폐 통합을 골자로 하는 1992년 마스트리흐트조약으로 나타났고, 그 결과 유로화가 도입되었습니다. 뿐만 아니라 보조성의 원칙*도 명시되었습니다. 그 후 1997년 10월에는 암스테르담조약이 체결되어 또 다른 진전이 이루어졌습니다. 바로 공동외교안보정책 분야의 진전으로, 필요한 경우 군비 분야 협력을 통한 공동방위정책을 규정하고, 공동외교안보정책 고위 대표직을 수행하는 이사회 사무총장직을 신설했습니다. 또한 유엔과 같은 국제기구에서 회원국들 간 협력을 통하여 공동 입장을 옹호하기로 하였습니다.

경찰력, 관세 당국, 사법 당국 등 범죄 문제의 사법 협력과 관련한 조치들도 포함되었습니다(현재 7개국이 유럽체포영장을 승인했습니다). 그럼에도 불구하고, 이 세 번째 기둥은 정부 간 협력 형태이지 공동 정책이 아닙니다.

그리고 마침내 현재 우리가 퇴보라고 평가하고 있는 니스조약이

---

* 강력해지는 유럽공동체의 권한에 대해 각 회원국의 권한을 보호하기 위하여, 공동체는 제안된 목표가 회원국들에 의해 충분히 달성될 수 없고 따라서 공동체에 의해 더 잘 수행될 수 있을 때에만 행동을 취할 수 있다는 것을 명시한 규정이다.

체결됩니다. 이 조약은 집행위원의 수와 이사회 내 국가별 투표권 가중치 조정 등 15개 회원국이 암스테르담에서 합의하지 못했던 사안들을 해결하려는 목적으로 2000년 12월 개최되었던 유럽이사회 결과 채택되었습니다. 이 조약은 암스테르담의 실패 이후 위임된 임무를 충분히 완수하지 못했다는 이유로 상당한 비판을 받았습니다. 물론 언급된 두 가지 사안에 대해서는 일리 있는 비판이지만 유럽 확대를 위해서는 가장 중요한 것이었습니다. 이러한 이유로 일각에서는 이 조약이 비준되지 않기를 바랐던 것입니다.

제가 이 조약에 대해 더욱 유감스러운 점은 바로 투표권 가중치 조정에 대한 결정입니다. 제 생각에, 독일 유럽의원들의 영향력 증대가 심각한 문제를 초래할 수 있는 유럽의회에서보다는 이사회에서 독일의 투표권 가중치를 높이자는 안을 받아들이는 편이 더 바람직했을 것입니다(사람들이 유럽의회의 공동결정* 권한의 결과를 잊은 것 같다는 생각이 듭니다).

니스조약의 유일한 장점은 더 이상 미룰 수 없었던 유럽의 확대를 위하여, 그리고 '강화된 협력'의 실행 가능성에 대하여 단호하고 명확한 조치들을 취한다는 것이었습니다. 역사의 관점에서 비추어 볼 때, 그리고 유럽의 안정성을 생각할 때, 유럽의 확대는 선행 과제가 되었습니다.

저는 이와 관련하여 여담으로 드리고 싶은 말씀이 있습니다. 저

---

* 자문 역할에 머물던 유럽의회의 권한을 강화하는 조치로, 유럽의회가 제출된 지침과 규정안에 대하여 이사회와 합의를 통해 공동으로 그 채택을 결정할 수 있는 절차다. 현재는 '일반입법절차'로 그 명칭이 변경되었다.

는 1990년부터 당시 전체주의에서 벗어나게 된 국가들을 유럽의 민주주의 기구로 지체 없이 받아들여야 한다는 필요성을 절감했고, 그에 따라 우리와 이 국가들 양쪽이 각각 겪게 될 난관들에 대해 잘 인지하고 있었기 때문에, 유럽평의회를 개혁하여, 특히 정치 협력에 있어서 유럽경제공동체와 연계한다면 임시적으로나마 그 국가들의 열망과 우선적으로 필요한 사안들을 충족할 수 있을 것이라 생각했습니다. 자크 들로르는 이를 원하지 않았습니다. 그리고 미테랑 대통령은 국가연합제를 고수했습니다. 프라하에서 바츨라프 하벨 체코 대통령에게 제시한 이 계획은 가차 없이 모두에게 거부당했습니다. 저는 1992년 정신과학 및 정치학 아카데미에 초청된 자리에서도 이 구상을 포기하지 않았으며, 오늘날까지도 그것이 많은 회원국들에게 지지를 받을 수 있었고, 또 유럽의 확대를 이행하는 과도기에 그 역할을 다할 수 있었을 것이라고 생각합니다. 그러나 과거의 일을 돌이켜보는 것은 아무런 소용이 없겠지요.

니스조약이 유럽 확대에 따른 문제들을 해결하지는 못했지만, 그래도 다행히 유럽 제도 개편을 논의하는 2004년의 차기 정상회의에 여지를 남겼습니다. 여기에는 유럽연합과 회원국 사이의 권한 분배, 유럽인권조약의 법적 지위 명시, 회원국 의회들의 역할 재고, 그리고 적어도 체계 정리에 있어서 그간 체결된 조약들의 간소화에 대한 논의가 포함되어 있습니다.

바로 이런 바탕 위에서, 자크 시라크 대통령과 게르하르트 슈뢰더 총리를 포함한 다양한 인사들이 유럽국가연방이라는 용어를 다시 사용하면서 발의한 유럽헌법이라는 구상이 탄생한 것입니다.

그런데 이 표현은 매우 다양한 가능성과 상당한 모호성을 내포하고 있습니다. 특히 우리가 어쨌든 전례 없는 독자적 기구를 만들어야 한다는 사실을 인지하고 있을 때, 이 표현은 수많은 가능성을 열어두는 장점을 갖고 있었습니다. 물론 이 표현은 더 이상 오늘날의 현실에 맞지 않기는 하지만, 바로 이러한 성격이 유럽공동체의 독자성을 만들어내고 성공을 견인한 것입니다.

니스조약의 후속 조치로, 2001년 발레리 지스카르 데스탱 전 대통령을 의장으로 하여 차기 정상회의를 준비하는 협의회*의 출범이 결정되었습니다. 그 임무에 대해서 다음과 같이 인용하겠습니다. "라켄선언**과 이 선언이 제시하는 전망은 시민들에게 더욱 단일한 유럽으로, 계속해서 목표를 추구하는 가운데 더욱 강한 유럽으로, 그리고 세계에서 더욱 영향력을 발휘하는 유럽으로 나아가는 결정적 단계이다."

협의회 출범과 동시에 포럼도 조직되어 유럽연합의 미래를 두고 이미 시작된 공론을 조직화하고 확대했습니다.

이처럼 세계화된 환경에서 새롭게 설정된 유럽의 역할은, 유럽연합이 그은 유일한 국경은 민주주의와 인권의 국경이라는 원칙을 중시합니다. 유럽연합은 자유선거, 소수집단 존중, 법치국가와 같은 근본적 가치들을 준수하는 국가들에게만 열려 있습니다. 따라서 터키의 신규 가입을 둘러싸고 이러한 가치들만으로 가입 조건의 문

---

* 앞서 언급된 '유럽미래회의'를 가리킨다.
** 2001년 12월 15일 유럽연합 15개국 정상이 합의한 것으로, 유럽연합의 제도 개혁을 주도할 '유럽미래회의' 설립 등의 내용을 담았다.

제가 제기됩니다.

시민들의 기대에 부응하기 위하여 유럽연합은 국제범죄에 맞선 사법과 안보, 이민자 유입 통제, 망명 신청자와 난민 수용의 영역에서 갈수록 더 큰 역할을 수행해야 합니다. 명확히 공동체적이고 투명하고 효율적이며 민주적인 방식으로 운영되는 접근이 필요합니다. 시민들이 기대하는 것은 더 많은 성과와, 구체적인 문제에 대한 더 나은 대응입니다.

제안된 제도 개혁은 회원국들 간 평등과 연대 원칙을 준수하면서 보다 나은 방식으로 유럽연합 내 권한을 분배하고 규정하며, 공동외교정책과 보다 일관된 방위정책을 명시하고, 민주주의, 투명성, 효율성을 더욱 중시하는 연합 기구들의 간소화를 이룰 수 있어야 합니다.

이러한 목적을 위해 어떻게 집행위원장을 지명해야 했을까요? 뿐만 아니라 유럽의회와 이사회, 회원국 의회들의 역할을 강화해야 했을까요?

기구들 간 균형과 상호 통제를 어떻게 보장할 수 있을까요? 요컨대 의사결정 과정의 효율성을 어떻게 제고할 수 있을까요? 가중다수결을 통한 의사결정을 확대해야 할까요? 6개월 주기의 순환의장국 제도를 유지해야 할까요? 특히 기본권헌장을 이번 조약에 통합해야 할까요? 혹은 현재 기대되는 간소화 작업이 결국 헌법 문안의 채택을 이끌어야 하지 않을까요? 즉 부여된 임무가 너무나 방대하고 개방적이었던 것일까요?

그것은 불가능한 도전이었던 걸까요?

의장으로서 발레리 지스카르 데스탱의 선택은 정말 탁월했습니다. 그에게 반대하려고 했던 이들도 그것을 인정할 수밖에 없었습니다.

저는 매우 개방적인 방안들에 대해 이야기했지만, 사실 많은 관련국들의 국가별 전통과 우선 사항과 관련된 제약들이 제안의 범위를 현저히 축소했습니다. 그렇지 않으면 실패의 위험을 무릅써야 합니다.

첫 번째 가능성은, 꽤 큰 규모의 개혁을 가장하여, 발의하고 결정하고 법제화하고 집행하는 각 기구의 역할도, 연합과 회원국 사이의 권한도 실질적으로 명시하지 않는 것입니다. 이것은 과소평가해서는 안 되는 실제적 위험입니다. 왜냐하면 바로 이것이 50년 전부터 유럽공동체도 유럽연합도 해결하지 못한 본질적인 문제이기 때문입니다. 이 점에서 장 모네는 잘못 생각한 것입니다. 경제 통합은, 심지어 화폐 통합도 정치 통합을 이끌어내지 못했습니다.

두 번째 가능성은 자국주권론으로의 회귀일 것입니다. 그러나 이 방안은 라켄선언을 통해 배제되었습니다. 따라서 이것은 더 이상 적합하지 않습니다.

원칙을 둘러싼 문제들을 넘어서, 저는 여기서 중대한 난점들을 보았습니다. 어떻게 동일한 제도를 가지고 이토록 서로 다른 임무를 가진 두 가지를 공존시킬 수 있을까요? 현재의 체제에 만족하는 이들을 위하여 개선을 통해 현행 기구를 유지시키고, 연방의 중심을 위하여 위원회나 의회와 같은 다른 기구들을 신설해야 할 것입니다.

또 다른 난점은 영국이 방위정책에서 매우 중요한 역할을 할 수 있음에도 불구하고 연방의 중심에서 배제될 것이라는 사실에 있습니다. 이와 약간 유사한 또 다른 시나리오는 경제·세무·사회 분야 정책 강화를 우선시하면서 유로화를 중심으로 전위부대를 결집시켜 유럽국가연방을 이루는 것입니다. 집행위원회의 권한은 상당히 강화될 수 있을 것입니다. 일각에서는 프랑스-독일 간 짝을 이룬 협력이 경제 분야와 정치 분야의 몇몇 우선 과제들을 중심으로 단단한 중심을 세워주는 기초가 될 것이라고 생각하기도 했습니다.

독일은 다른 국가들을 배제하는 이러한 절차에 참여할 의향이 없었습니다. 이것이 오랫동안 유럽 건설을 이끈 동력이었음에도 불구하고, 독일은 양국 간의 특별한 관계를 드러내는 데 언제나 프랑스에 비해 소극적이었습니다.

마지막으로, 우리는 어느 정도 프랑스 헌법을 따르고 또 유럽연합에서 이미 받아들인 것을 인정하는, 아주 다른 형태의 체제를 생각해볼 수 있습니다. 즉, 경제·사회 분야에서의 위원회의 역할을 인정하고, 브뤼셀에 상주하는 이사회를 개편하여 회원국들의 주권과 관련된 모든 문제와, 정부 간 협력이나 통화, 내무사법, 방위, 안보, 외교정책과 같은 분야에서의 특수한 상황들에 관련된 모든 문제를 맡기는 것입니다.

물론 이 모든 시나리오에는 유럽의회와 회원국 의회들의 역할을 명시함으로써, 오늘날 흔히 발생하고 있듯이 공시 절차 및 의회의 통제가 없어 이사회가 투명성과 민주적 통제에서 벗어나는 일이 일어나지 않도록 해야 할 것입니다.

유럽미래회의는 자신의 임무를 수행했습니다. 한편에서는 이것이 장 모네와 초기의 유럽통합주의자들이 꿈꾸던 진정한 연방을 시행하는 데 큰 성공을 거두지 못할 것이라는 평가를 내리기는 했지만, 그래도 매우 광범위한 합의가 이루어졌습니다.

반대로 다른 한편에서는, 특히 대부분의 영국인들과 최근의 가입국 국민들은 이 계획이 특히 사회와 세무 문제에 대한 가중다수결 투표와 관련하여 그들이 수용할 수 있는 것을 넘어설 것으로 내다보았습니다. 반면 영국인들은 기본권헌장이 동일한 영향력을 갖고 헌법 문안에 통합되는 것을 받아들일 수밖에 없었습니다.

프랑스에서 최근 일어난 논쟁은 제도 그 자체에 관한 것이 아니라, 미래의 유럽이 시행할 정책에 부과되어야 하는 일반적인 원칙들에 대한 것입니다.

유럽미래회의가 제시한 헌법안은 사회정책 분야의 내용이 포함되지 않아 너무나 자유주의적인 구상으로 평가되었습니다. 증인이자 때로는 특권적 관계자였던 저는 우리 각자의 제도와 의견의 다양성을 고려할 때 모든 국가가 처음부터 타협을 해야 한다는 사실을 확인할 수밖에 없었습니다.

이사회의 여러 조직을 구성하는 것은 바로 각국의 선거로 선출된 장관들이며, 유럽의 정치 다양성을 구성하는 것은 프랑스의 총리와 대통령입니다. 제가 앞서 강조한 바와 같이 프랑스와 독일의 관계는 이러한 상황으로부터 전혀 훼손되지 않았습니다. 오히려 이 상황으로부터 혜택을 입었으며, 이 관계를 통해 유럽도 혜택을 입었습니다.

유럽의회에 대해 말씀드리자면, 몇몇 문제를 두고 좌우 대립이 발생하기는 하지만, 자유로운 의견을 가진 이들은 사회 문제에는 좌파 의원들과 함께하고, 경제 문제에는 우파 의원들과 함께 표를 던지면서, 주제에 따라 다수당이 달라집니다.

요컨대, 이 정치그룹*들의 행동은, 이 그룹들 내부의 국가별 그룹의 정치적 입장과 마찬가지로 달라집니다.

하지만 우리가 부인할 수 없는 사실은, 진짜 문제는 모든 조인국들의 동의가 요구되는 헌법의 수정과 관련하여 제기된다는 것입니다. 그러나 대개 욕심이 지나치면 도리어 일을 그르치게 되는 법입니다.

2004년 10월 1일, 오본, 평생교육원

---

* 회원국 인구 비례에 따라 직선제를 거쳐 구성되는 유럽의회 의원들은 출신국이 아닌 각자의 정치노선에 따라 '정치그룹'을 구성한다. 즉 범국가적 연합으로서 유럽연합에서 일종의 정당 역할을 수행하며, 국민당그룹, 사회당그룹, 자유당그룹 등 좌우파를 비롯한 유럽 내 다양한 정치 이념을 반영하고 있다.

오늘날 우리 사회와 세계에서의
유럽 문화에 대한
나의 생각의 기반에 대하여

양차 대전 사이에 태어난 저의 유년기는 1차 세계대전이 낳은 애도와 고통, 그리고 1933년부터는 나치 독일이 촉발한 새로운 갈등에 대한 공포로 연달아 얼룩져 있습니다. 우리의 민주주의는 너무나 취약했기에 이 위기에 대해 경고하던 모든 사람들, 특히 박해와 탄압을 피해 독일을 떠나야만 했던 이들의 말에 귀 기울이지 않았습니다.

그때까지 지식인들과 예술가들을 자랑스럽게 여기던 독일은 유대인이나 정치적 반대 세력인 작가들과 예술가들의 책과 작품을 불태우고, 이들을 수용소에 보내거나 추방하는 일을 서슴지 않았습니다. 다시 한번, 창작과 표현의 자유는 독재와 양립할 수 없다는 것이 이렇게 증명되었습니다.

소크라테스에서 오늘날에 이르기까지 지식인들과 예술가들은 추방이나 죽음의 위협을 무릅쓰고 언제나 사상과 창작의 자유에 대한 권리를 주장해왔습니다. 이렇게 그들 대부분은 정치권력에 굴복하는 대신 저항하고 망명하고, 때로는 침묵하는 편을 택했습니다.

개인적으로 저는 뮌헨협정*을 두고 프랑스인들이 비겁하게 안도하는 모습에 상당히 충격을 받았으며, 앞날을 우려했습니다. 프랑스의 패배, 독일의 점령, 제가 살았던 니스에 아주 많았던 유대인과 프리메이슨단원, 외국인에게 내려진 조치들이 저에게 깊은 충격을 안겼습니다.

1944년 모든 친지들과 함께 강제수용소로 끌려갔던 저는 결국 증오와 복수심을 극복했습니다. 적어도, 어떠한 보복을 한다고 해도, 홀로코스트의 흉악한 야만에 견줄 수가 없기 때문입니다. 그 어떤 것도 수용소에서 목숨을 잃은 부모님과 오빠를 저에게 되돌려줄 수 없을 것입니다. 잊어서는 안 된다는 것과 또 그로부터 교훈을 얻어야 한다는 것을 매우 중시하는 대부분의 생존자들도 마찬가지입니다.

그것이 제가 오직 공동의 제도와 인간주의적 가치에 근거한 화해만이 동족상잔의 전쟁을 끝낼 수 있다고 생각해온 이유입니다. 모범적인 문명과 사회를 이루는 이러한 가치의 확립이 유럽 문화에 대한 저의 생각의 기반이며 또 유럽 문화가 갖춰야 하는 조건입니다.

* 1938년 9월 30일, 독일 뮌헨에서 독일, 프랑스, 영국, 이탈리아가 체결하였으며, 독일과의 무력 충돌을 원치 않았던 열강들이 히틀러의 요청에 따라 당시 많은 독일인들이 거주하던 체코슬로바키아의 수데텐란트를 독일로 합병시킨 협정이다. 명백한 국제법 위반이었으며, 당시 프랑스도 체코슬로바키아와 맺었던 동맹을 어기고 히틀러의 요구를 승인한다. 그러나 6개월 후 독일은 협정을 파기하며 체코슬로바키아를 완전히 병합했고 뒤이어 폴란드까지 침공하며 2차 세계대전을 일으킨다.

바로 이러한 마음가짐으로 저는 1979년 정부를 떠나 유럽의회로 자리를 옮기게 되었고 한동안 이 기구의 의장직을 수행하게 되었습니다.

유럽연합의 회원국이든 가입후보국이든 간에, 모든 국가는 조약에 의거하여 공동 가치를 존중하고 집단 연대에 기반한 사회 모델을 따라야 할 의무가 있습니다. 보다 확실하게 조약에 명시되지 않았고 일부 관점에서만 고려되어 사람들이 아쉬움을 표하고 있는 문화정책만으로는 유럽 문화를 구성할 수 없습니다. 반면 다양성에 대한 존중은 모두를 위한 풍요로움의 원천입니다.

물론 유럽인들은 공동의 유산을 지키고 발전시키고자 합니다. 그러나 동시에 그들은 에이즈나 수많은 민족 갈등으로 인해 불행이 계속해서 커지고 있는 모든 국가들에 대한 관심과 연대의 의무를 느낍니다.

진정한 대륙 국가라 할 만한 다른 강대국들이 자의적으로 이러한 국제 협력에 거리를 두고 있는 반면, 유럽은 이 책임을 다하기로 하였습니다. 그것이 바로 제가 몇 년 전부터 헤이그 소재 국제형사재판소 산하의 반인도적 범죄 피해자들을 위한 신탁 기금을 이끄는 책임을 맡고 있는 이유입니다.

2005년 9월

자문 기구에서 세상에 하나뿐인
초국가적 의회로

내외 귀빈 여러분,

발레리 지스카르 데스탱 대통령의 제안으로, 각 정당에서 지명된 국가별 의원들이 아닌 직선제를 통해 선출된 의원들로 유럽의회를 구성하게 된 것이 1979년의 일입니다.

물론 유럽의회 의원직은 소속 국가의 다른 직무와 겸직할 수 있지만, 의원들은 점차 대부분의 활동을 이 직무에 할애하고 있습니다.

1979년, 5년째 장관직을 맡고 있던 저는 발레리 지스카르 데스탱 대통령으로부터 유럽의회 선거에서 정당명부를 이끌어달라는 요청을 받았습니다. 대통령께서는 우리 국가들 간의 화해에 기반이 되는 유럽의 건설에 대한 저의 열정을 잘 알고 계셨습니다. 또한 대통령께서는 가족 대부분이 나치 독일에 의해 희생된 옛 강제수용소 유형수였던 제가 양국 간 화해를 위해 노력하고 유럽의회에 입성하여 가능하다면 최초의 의장이 됨으로써 새로운 의회 수립의 가치를 드높일 수 있다는 상징성에도 큰 의미를 부여하신 것 같습니다.

의회에 입성한 저는 스트라스부르의 유럽의회가 사실은 스트라스부르에 거의 소재하고 있지 않다는 사실을 알 수 있었습니다. 당시에는 의사당을 갖추지 못하고 있었기에 유럽평의회 시설을 이용했습니다. 또한 의회 사무국은 룩셈부르크에 있었기 때문에, 공무원들은 스트라스부르에 오기를 주저했고 파업도 서슴지 않았습니다. 또 어떤 이들은 집행위원회 회의가 열리는 브뤼셀에 거주했습니다.

프랑스 의원들은 정부에서는 함께 의석에 앉았지만 유럽의회에서는 특히 공화국연합당 소속 의원들에게 부과된 '회전문 시스템'이라는 이상한 제도 때문에 상당히 나뉘어 있었습니다. 이에 일부 의원들의 완강한 반대가 있었습니다. (…)

매우 제한된 권한에도 불구하고, 유럽의회는 자리를 잡았습니다.

당시 유럽의회의 유일한 권한은 유럽공동체 예산에 대한 것이었으며, 그 외에 개입할 수 있는 부분은 매우 제한적이었습니다. 2년 연속 유럽공동체 예산안 채택을 두고 프랑스 정부와 유럽의회 간 분쟁이 일어났습니다. 당시 예산안 심사 결과 사용 가능한 약간의 재정 여유분이 있었고, 의회는 이 예산을 세계 기아 퇴치를 위해 쓰기로 의결했습니다. 의장으로서 제가 해당 예산안을 채택했습니다. 사실 아주 적은 금액이었으나 프랑스 총리는 그것을 두고 원칙 문제를 제기했고 유럽사법재판소에 제소한 것입니다. 그 결과 임시 예산 사용 의무가 생겼습니다.

저는 유럽의회 사무국 소재지인 룩셈부르크를 자주 방문했고, 또한 상당수의 회의가 계속해서 그곳에서 열리고 있었습니다. 그러나 의원들은 회의 장소가 여러 곳에 분산되어 있어 효율적이지 않다는 이유로 점점 그곳에 가는 것을 거부했습니다. 그때 유럽의회는 스트라스부르에서 유럽평의회 시설을 사용하고 있었고, 총회에 필요한 모든 서류들은 룩셈부르크에서 스트라스부르로 이송되었습니다. 이런 상황에서 스트라스부르 시장의 주도로 의사당과 의원들의 개별 집무실을 마련한 건물을 신축하였습니다.

제가 이런 문제들을 다시 언급하는 이유는 이 문제들이 늘 반복되는 토론과 논쟁을 불러일으켰기 때문입니다. 하지만 아주 제한적이었던 권한에도 불구하고 유럽의회의 영향력이 없진 않았습니다. 각 회기의 목요일은 특히 인권을 주제로 한 심의를 진행하여 특정 국가들이 상당히 관심을 가졌던 표결로 이어지기도 했습니다. 뿐만 아니라 유럽의회는 몇몇 국가를 대상으로 하는 재정 협약을 수용하거나 거부할 수 있었습니다. 사실 정치그룹들은 이런 협약을 일괄적으로 표결하기 위한 심의를 열지 않기로 합의했습니다.

당시 유럽의회의 권한이 거의 없었음에도 불구하고, 일부 심의와 채택된 결의안은 직접적인 관련국들에 실질적인 영향을 끼쳤습니다. 의원 대표단들은 수많은 나라를 방문하여 우리 기구에 대해 알리고, 특히 남미의 지도자들을 만났습니다. 사실 직선제가 시작될 때부터 유럽의회는 제한적인 권력에도 불구하고 유럽의 대변자 역할을 했습니다. 저 역시도 많은 나라에 초청되었습니다. 아마도 제가 여성이라는 사실이 이 전례 없는 새로운 기구에 대한 호기심을 증폭시켰을 것입니다. 뿐만 아니라 이런 외국 방문을 통하여 브뤼셀의 집행위원회 대표들이 관련국의 지도자들과 만날 기회를 마련함으로써 상호 협력을 지원하기도 했습니다.

저는 당시 정치그룹들에 대해 거의 언급한 적이 없습니다. 저는 장마리 르펜이 대표를 맡고 있는 프랑스 극우 정당을 제외하고, 스스로를 언제나 유럽의회 전체의 대표라고 여겼습니다.

당시 베를린장벽은 아직 붕괴되지 않았기에 일부 동유럽 국가들과의 관계가 제한적이었습니다만, 그래도 특히 폴란드를 비롯하여 조금씩 교류가 있었습니다. 게다가 일부 의원들은 개의치 않고 동독을 방문하기도 했습니다. 프랑스인들은 그 실현 가능성을 낮게 봤지만, 콜 총리는 저에게 독일인들의 최우선 과제가 바로 통일이라고 설명했습니다. 바로 이런 상황에서 1982년 1월, 저의 임기 종료를 앞두고 자유당그룹 대표가 저에게 동독 방문을 권유한 것입니다. 저는 이 나라의 비참한 상황에 매우 당황했습니다. 또한 동베를린에 방문할 기회가 있었는데, 그때 독일 대사가 자신의 주요 임무가 통일을 대비하는 것이라고 말했을 때 저는 놀라지 않았습니다. 당시 공산주의 체제하의 동유럽 국가들과의 관계가 너무나 소원해 보였기 때문에 사람들은 감히 그런 생각을 거의 하지 못했던 것입니다.

오늘날 유럽에 대해 회의적인 사람들이 많습니다. 그러나 저는 그렇지 않습니다. 오히려 그 반대로, 전 세계가 직면해 있는 난관에 맞서 그 어느 때보다도 더, 특히 중국과 러시아의 부상은 경제적 측면뿐만 아니라 유럽의 가치를 지키는 일에서 우리의 관계를 더욱 공고히 하게 만든다고 생각합니다. 오늘날 유럽이야말로 경제적 이익뿐 아니라, 인권에 대한 우리의 입장, 초월적 가치들과 자유에 대한 우리의 집념을 지킬 수 있는 유일한 기회입니다. 그 후 유럽의회의 권한은 점차적으로 확대되었습니다.

저는 국민투표 부결로 나타난 아일랜드인들의 거부감을 예사롭게 여기지 않고 있습니다.* 국민투표라는 것은 언제나 예측 불가능하고, 아일랜드의 상황은 꽤 특수합니다. 제가 유럽의회 총회를 주재하던 당시 아마도 가장 고통스러웠던 기억은 바로 테러 혐의로 영국인들에게 형을 선고받은 보비 샌즈**를 위한 동의안을 가결했던 일입니다. 당시 우리의 가결은 아무 소용이 없었습니다. 하지만 그 뒤 결국 유럽은 승리했습니다. 수백 년간의 압제 끝에 두 국가를 화해시켰기 때문입니다.

현재 프랑스가 의장국을 맞고 있는 이 어려운 시기에 리스본조약의 시행은 정말 중요합니다. 리스본조약은 집행위원회의 권한과 유사한 수준으로 유럽의회의 권한을 규정하고 있다는 점을 강조하고 싶습니다.

---

* 2005년 유럽헌법조약이 프랑스와 네덜란드의 국민투표 부결로 비준되지 못한 경험이 있었기 때문에, 리스본조약 비준 절차 추진 과정에서 의회 절차를 통한 비준을 준비하는 등 여러 노력을 기울였으나, 아일랜드는 헌법 규정상 유일하게 국민투표를 진행할 수밖에 없었고 2008년 6월 실시 결과, 부결된다. 이후 유럽연합 정상들은 아일랜드의 요청을 수용하였고, 2009년 10월 2차 국민투표를 진행하여 결국 통과된다.

** 아일랜드공화국군임시파 요원으로, 무기 소지죄로 교도소 수감 중 아일랜드 공화주의자 수감자들의 정치범 대우를 요구하며 벌인 1981년의 아일랜드 단식투쟁의 지도자였으며, 옥중 영국 하원의원 보궐선거에 출마해 당선되기도 한다. 하지만 결국 그는 단식투쟁 중 교도소 병원에서 27세의 나이로 사망한다. 그의 사망으로 북아일랜드 공화주의자들은 곳곳에서 봉기를 일으켰다.

빠른 시일 내에 채택되어 시행되길 바라 마지않는 리스본조약은 모든 유럽인들에게 아주 중요한 기점이 될 것입니다. 이 조약을 통해 우리의 관계를 한층 더 강화하고 세상에 하나뿐인 국제 의회를 만들 수 있을 것입니다.

2008년 9월 25일, 유럽의회 창립 50주년,

룩셈부르크, 유럽의회

비정형적 성격을 지닌 독특한 기구

    인류 역사상 적어도 유럽에서 가장 잔혹했던 전쟁이 끝난 지 5년이 흐른 1950년 5월 9일, 로베르 쉬망은 6개국 대표들을 파리에 모이게 하여 선언문을 발표했습니다. (…)

    몇몇 사람들이 감히 화해를 이야기하고 심지어 그것을 실현할 수 있는 계획을 제안하는 용기와 대담함, 지성과 관대함을 갖추려면, 아마도 우리가 파멸의 끝까지 갔어야 했나 봅니다.

    1950년 5월 9일의 쉬망 선언은 바로 이 화해의 의지, 이 평화의 의지를 공식적으로 표명하였습니다.

    이 선언은 프랑스와 독일의 석탄과 철강 공동생산이라는 구체적인 목표를 가지고 있었고, 그것은 무엇보다 "우리 사이에, 특히 프랑스와 독일 간에 전쟁을 불가능하게 하는 연대"를 구축하기 위한 것이었습니다. 로베르 쉬망은 이를 위해서는 "우리의 말뿐만 아니라 우리의 이익을 걸 수 있는" 체제를 찾아야 한다는 것을 알고 있었던 것입니다. (…)

　장 모네는 바로 이 기획을 구상한 사람입니다. 그는 전쟁을 불가능하게 만들려면 유럽인들 간 이해관계와 연대를 구축해야 한다는 사실을 일찍이 간파했습니다. 그리고 그것이 제대로 작동하는 데 필요한 기구와 법망이 자연스럽게 초국가적 권력 기구의 설립을 이끌 것이라고 생각했습니다.

　그에게는 이것이 진정으로 중요한 문제이자 평화를 얻기 위해 치러야 할 대가였습니다.

　특히 단일통화 도입을 비롯하여 순차적으로 체결된 여러 조약을 통해 오늘날의 모습을 갖춘 유럽 조직은 사실 비정형적 성격을 지닌 독특한 기구이며, 아마도 바로 이 점이 그것이 지닌 결점과 약점에도 불구하고 계속해서 유지될 수 있게 해준 요인일 것입니다.

　이렇게 장 모네의 기억과 정신을 떠올린 뒤, 이제 저는 유럽의 역사를 제대로 알기에는 너무 젊거나 혹은 관심이 많지 않은 모든 분들을 위해 로베르 쉬망의 업적에 대해 간단히 설명하겠습니다.

　그는 전쟁의 상처를 특히나 깊게 입은 사람입니다. 오늘 제가 방문한 이곳의 많은 알자스와 모젤 지방 사람들이 그랬듯이, 전쟁의 승리와 패배에 따라 사는 땅이 병합되면서 어떤 때는 프랑스인이었다가 또 어떤 때는 독일인이 되어, 때로는 조국의 것이 아닌 군복을 입어야 할 때도 있었습니다. 이 전쟁은 다른 어떤 전쟁보다도 그들에게 특히나 고통스럽고 받아들이기 힘든 것이었습니다. 게다가 유럽에서 그들만 이런 시련을 겪은 것도 아니었습니다.

　결국 이런 상황에 종지부를 찍은 통합 유럽의 깊은 의미를 이해할 수 있도록 오늘 이 자리에서 다시 이 이야기를 하는 것이 적절하다고 생각합니다.

유럽의 국민들이 평화, 자유, 번영을 보장하는 정치체를 목표로 경제공동체를 창설할 수 있게 하는 모든 것이 이미 갖춰져 있었습니다. (…)

민주주의와 자유는 평화를 위해 가장 중요한 조건입니다. 오직 민주주의 체제를 갖춘 나라만이 유럽의 기구에 가입할 수 있으며, 그 참여를 통해 민주주의와 자유는 위협으로부터 더욱 굳건해질 수 있습니다.

갈등을 예방하는 소수집단에 대한 보호는 회원국들 간 체결된 협약과 모든 차별을 금지하는 공동체 규범에 의해 효율적으로 보장됩니다. 또한 유럽사법재판소와 유럽인권재판소는 법 해석을 통해 인권의 엄격한 존중을 보장하고 있습니다.

연대 또한 공동체 창립 이념입니다. 각자의 이기주의에 굴복하고 강자들의 패권주의의 유혹에 저항하지 못한다면 공동체는 살아남지 못할 것입니다.

연대는 우리 각자의 개인적 운명과도 관련이 있습니다. 전통적으로 우리 국가들은 약자들을 보호하는 사회제도의 영속화를 중시합니다. 이것은 특징적 측면으로, 저는 바로 우리 사회의 문화적 측면이라 말하겠습니다. 다른 선진국들과는 달리, 사회보장제도가 대부분 보험의 개념이 아닌 연대의 원칙을 통해 만들어졌습니다. 우리의 사회보장제도의 전적인 통합을 시행하지 않더라도, 사람들은 유럽인들이 어느 정도 '유럽식 사회 모델'을 유지할 것이라고 생각할 수 있습니다.

수억 명의 사람들이 빈곤 속에서 굶주림과 쉽게 치료 가능한 질병으로 죽어가고 있는 반면, 어떤 사람들은 재산을 불리고만 있다는 사실은 견딜 수도 용납할 수도 없습니다. 우리가 이 문제를 해결하지 않는다면 이 또한 장차 갈등의 원인이 될 것입니다.

하지만 전쟁이 끝나자 그 누구도 쇠퇴하거나 소외되는 것으로 묘사하지 않던 유럽은 오늘날 자신의 경제적·기술적 능력에 비추어 자신이 해야 할 정치적 역할을 다하지 못하고 있습니다. 르네 카생이 세계인권선언을 작성하여 대변하였던 보편적 소명을 가진 유럽은 적어도 이 분야에서만큼은 한목소리를 내어서 세계가 귀 기울일 수 있도록 해야 합니다.

이 여정에는 유럽이 극복해야 할 중대한 과제들이 있었고, 또 현재에도 남아 있습니다.

첫 번째 과제는 중동부 유럽 국가들로의 확대였습니다. 억압적인 체제에서 벗어나면서 이 국가들은 그와 동시에 우리의 자유를 위해 노력했다는 사실을 잊을 수 없었습니다. 그들은 우리 공동체의 소속이 되길 희망했습니다.

역사 그리고 문화와 함께 지리적 국경을 되찾게 된 통합된 유럽에서 한목소리를 내고 협력하여 행동하는 것이야말로 평화를 보장하는 최상의 방법입니다.

저는 나치의 야만의 피해자였지만, 전쟁이 끝나자 화해의 길, 즉 잊지는 않되 복수하지 않으려는 길만이 야만의 귀환을 막을 수 있는 유일한 방법이라고 생각했습니다. 저는 유럽에 정착된 평화가 보여주는 기적에 아직도 놀라고 있지만, 유럽의 창립자들에게 경의를 표하면서 그들의 작업이 동일한 용기와 동일한 결단력으로 계속되길 바랄 따름입니다.

현재의 위기는 유럽에 괄목할 만한 진전을 가져오게 될 리스본조약을 위협하고 있습니다.

우리 국가들 중 일부는 유럽에 새로운 회원국들을 받아들이기에는 이제 늦었다고 평가하고 있습니다. 저는 일부 국가가 도입하기를 원치 않았던 유로화가 떠오릅니다. 오늘날 이 통화는 현재 유럽뿐만 아니라 전 세계를 뒤흔들고 있는 금융위기의 여파를 막아주고 있습니다. 그리하여 유로존 밖에 머물길 선택했던 국가들은 다른 유럽 국가들보다 더 큰 타격을 받으며 유럽에 지원을 요청할 수밖에 없는 상황에 놓였습니다.

현재 우리 경제와 안정성을 뒤흔들면서 앞으로도 지속될 위험이 있는 위기로부터 보호받을 최상의 방법이 바로 우리들 간의 연대임에도 불구하고, 유럽으로부터 많은 것을 받았으나 오늘날 영국을 포함한 다른 모든 회원국들이 결정한 조치에 대한 지지를 거부하고 있는 아일랜드의 태도를 어떻게 규탄하지 않을 수 있겠습니까?

특히 노르웨이를 비롯하여 유럽연합에 들어오지 않기로 했던 국가들이 이제 다시 우리에게 합류하길 원하고 있습니다.

2008년 11월 29일, 스트라스부르,
동부국경아카데미, 유럽상 시상식

프랑스-독일 협력의 결정적인 중요성

시장님,

회장님,

내외 귀빈 여러분,

유럽을 위한 저의 노력이 인정받아 오늘 이렇게 하인리히 하이네 상을 수상하게 되어 큰 영광으로 생각합니다. 심사위원단 여러분께 깊은 감사의 말씀을 전하며, 바쁜 일정에도 불구하고 저를 위한 기념사 낭독을 위해 뒤셀도르프까지 와주신 한스게르트 푀테링 전 유럽의회 의장님께도 진심으로 감사드립니다.

60년 전부터 저 역시 빠질 수 없는 일원인 유럽 건설의 모든 투사들과 마찬가지로, 우리 대륙의 통합과 관련된 모든 것은 저에게 소중합니다. 그리고 오늘 이 기회를 통해 여러분께 유럽 건설의 중요한 주제, 보다 정확히 말하면, 유럽 건설의 본질적인 기반인 프랑스-독일 양국의 우정에 대해 말씀드릴 수 있게 되어 기쁩니다. 이 우정은 1797년 하인리히 하이네가 태어난 이곳 뒤셀도르프에서 한스게르트 푀테링 의원님과 제가 현재 상징하고 있는 것이기도 합니다.

빅토르 위고처럼 하인리히 하이네도 프랑스와 독일의 가까운 관계에 대한 미래를 내다본 얼마 안 되는 19세기의 예언자일 것입니다. 유대인 가정에서 태어난 그는 국가사회주의 시대에 이 사실로 인해 사회에서 소외될 것이 분명했기에, 젊은 나이에 개신교로 개종하였고, 이 개종은 그가 직접 언급한 것처럼 그에게 "유럽 문명에 대한 접근을 허용하는 티켓"이 되었습니다.

애국자인 하이네는 나폴레옹 전쟁이 끝나고 전쟁 이전의 상태를 되찾은 독일이 민주주의의 길로 나아가길 희망했습니다. 그러나 인간을 억압하는 것을 견디지 못하는 영원한 반항자인 그는 결국 자신이 사랑하던, 그러나 불가능한 사랑을 할 수밖에 없었던 독일을 떠나게 됩니다. 여행과 자유를 사랑하는 서정시인인 그는 프랑스에서 그의 이상과 보다 가깝게 살아갈 수 있는 가능성을 발견합니다. 이렇게 그는 1830년부터 파리에 정착하여, 독일 일간지 『모르겐블라트』의 통신원 활동을 하면서 시를 쓰고 풍자를 즐깁니다. 방랑하는 삶 끝에 그는 프랑스를 떠나지 않았고, 1856년 2월 17일 몽마르트르 묘지에 묻힙니다.

독일어에 높은 수준의 섬세함과 문체적 우아함을 부여한 낭만주의 시인 하인리히 하이네는 프랑스에서 매우 추앙받는 독일인입니다. 1956년, 그가 우리 양국의 우정에 가교 역할을 한 공로를 기리기 위해, 국제 만남의 장소이자 프랑스-독일 문화센터인 하인리히 하이네의 집이 문을 열었습니다.

오늘 제가 받게 된 이 상은, 1972년, 하인리히 하이네 탄생 175주년을 기념하며 뒤셀도르프 시에서 제정한 상으로, 그가 평생 동안 지켜온 가치인 인권, 사회 진보, 민족들 간 화합을 위해 그가 펼친 정치적·문화적 활동을 기리기 위한 것입니다. '유럽에 영혼을 가져다준 공로'를 기리기 위해 저에게 이 상을 수여하시면서, 여러분께서는 제가 확신에 차서 투쟁적으로 걸어온 유럽인으로서의 길을 다시 떠올릴 수 있는 기회를 마련해주셨습니다.

저는 항상 유럽의 통일은 무엇보다 프랑스-독일 양국의 화해에 달려 있다고 굳게 믿었습니다. 베르겐-벨젠 수용소에서 목숨을 잃은 어머니는 저의 어린 시절 내내 브리앙과 슈트레제만*이 양국을 화해시키지 못한 일을 두고두고 아쉬워하셨습니다. 바로 그것이 아우슈비츠에서 돌아온 제가 새로운 독일이 민주주의의 길을 걷게 되자 그 즉시 이 화합을 이루기 위해 노력한 이유입니다. 전쟁이 끝난 이후, 저는 화해가 기억을 지우지 않을 것이라고 생각했습니다. 기억은 한쪽에게는 보복의 욕망을 없애고, 다른 한쪽에게는 다시 광기에 빠지는 것을 피하는 데 꼭 필요하기 때문입니다.

그 뒤로 60년이 조금 넘는 시간이 흘렀고, 이제 저는 유럽에 정착된 평화의 기적에 감탄하고 있습니다. '창립의 아버지들'의 주도로 만들어진 지금의 유럽은 이제 전 세계에 안정성, 민주주의, 인권 존중의 모범이 되었습니다. 1950년부터 장 모네, 로베르 쉬망, 콘라트

---

* 각각 1925년 로카르노조약을 성사시킨 프랑스와 독일의 주역으로, 국제분쟁의 평화적 해결을 위한 노력을 인정받아 1926년 노벨평화상을 공동으로 수상했다.

아데나워, 알치데 데가스페리의 주도로, 6개국이 처음으로 모였습니다. 그리고 오늘날 유럽연합은 27개 회원국이 함께하고 있습니다.

하인리히 하이네가 세상을 떠난 뒤 한 세기 동안 세 번의 전쟁이 일어났고, 그중 두 번의 전쟁이 세계적인 차원으로 확대되고 나서야 결국 역사상 최악의 불운을 끝낼 수 있었습니다.

1950년 이후로 일어난 모든 일들을 되돌아보면, 유럽 건설을 위해 이뤄진 모든 진전은 결국 다른 나라로까지 확대되었던 과정들의 원동력이 되어온 프랑스-독일 양국의 협력을 기반으로 하고 있다는 사실을 확인할 수밖에 없습니다. 저에게 프랑스-독일의 관계는 만족감과 동시에 걱정을 안겨주는 근본적이고 영원한 주제입니다.

화해를 이룬 독일과 프랑스가 함께 합의점을 찾을 때마다 유럽이 진전하는 것을 보며 저는 만족감을 느꼈습니다. 그것은 물론 '우정'이었지만, 자국중심주의적 행동보다는 유럽의 통합을 더 중요시했던 두 국가 지도자들의 의지를 통해 가능한 것이었습니다. 이렇게 프랑스와 독일은 유럽 건설의 대안 없는 선두 주자이자 모든 통합 계획의 견인차였습니다.

그러나 저는 이 프랑스-독일의 축을 일반화하는 일부 경향을 확인할 때면 우려하게 됩니다. 이제 유럽은 60년 전부터 평화를 되찾았고, 젊은 세대는 강하고 영속하는 유럽의 조건인 우리 양국의 좋은 관계가 유지되려면 양국에서 그리고 새로운 통합 계획에서 단결된 여론이 필요하다는 사실을 조금씩 잊어가고 있습니다. 동구권 국가들로 유럽이 확대된 이후, 우리 정치지도자들의 우선 과제가 변화했습니다. 독일은 중동부 유럽에서 본래의 영향력을 되찾았고, 프랑스는 지중해 국가들에 더 많은 관심을 쏟고 있습니다. 이제 이런 일탈을 끝내고 우리 양국의 화합을 위해 가능한 모든 노력을 다해야 할 때입니다.

바로 이런 의미에서 오늘 이 자리에 와 계신 한스게르트 푀테링 의원님과 제가 지난 9월 13일 프랑스와 독일에서 동시에 『르몽드』와 『프랑크푸르터 알게마이네 차이퉁』을 통해 우리 둘의 서명과 함께 논설을 발표한 것입니다. 이 공동 호소문에서 우리는 오늘날 필요한 유럽의 도약을 위한 프랑스-독일 협력의 결정적인 중요성을 다시 한번 주장하였습니다.

세계 위기와 함께, 그리고 아마도 바로 이 세계 위기 때문에, 프랑스-독일의 협력은 새롭게 열린 이 다극적 세계에서 새로운 활력을 찾아야 합니다. 다행히도 최근 연구가 시작된 세무 공조, 시장경제에 위협이 될 수 있는 금융 활동에 대한 규제, 지구온난화 방지, 에너지 자립, 유럽의 '산업 챔피언' 육성, 미래 기술의 공동 개발과 같은 다양한 분야에서 우리는 새로운 로드맵을 짜야 합니다. 프랑스와 독일이 이 모든 분야에서 협력함으로써, 유럽이 새롭게 도래하는 이 세계에서 자신의 능력과 자원으로 펼칠 수 있는 역할을 수행하도록 할 수 있으며 또 그렇게 해야만 합니다. 이제 독일과 프랑스는 전력을 다해, 공동안보방위정책, 우리 양국이 주도적으로 나서야 하는 유럽군 창설, 문화협력의 재개를 통해 유럽연합이 국제적 차원에서 자신의 입지를 확실히 다질 수 있도록 해야 할 것입니다.

이야기를 마치기에 앞서, 제가 이 상을 받을 수 있는 영광을 주신 푀테링 의원께 다시 한번 각별한 감사의 말씀을 드리고 싶습니다. 우리 둘은 모두 유럽의회에서 같은 직무를 수행했습니다. 제가 최초의 선출직 의장으로서 유럽의회를 이끌었던 일이 이제 거의 30년이 되어갑니다. 친애하는 한스게르트 푀테링 의원님의 임기는 지난 2009년 5월 종료되었지요. 지난 1979년 이후로 우리 기관의 발전을 위해 일어난 중요한 변화들에 대해 저는 매우 기쁘게 생각합니다.

독일의 시인 하인리히 하이네와 뒤셀도르프 시에 경의를 표하면서, 오늘 이렇게 2010년 하인리히 하이네 상을 수상하게 되어 진심으로 자랑스럽고 기쁘다는 말씀을 드립니다.

2010년 12월 13일, 뒤셀도르프, 하인리히 하이네 상 시상식

타협은 결국 공동 정책의
중요한 구성 요소가 됩니다

시장님,

회장님,

친애하는 리타 쥐스무트,

총영사님,

심사위원 여러분,

친애하는 동료 여러분,

먼저 저는 오늘 실러 상 시상식에 참여하지 못한 데 대한 저의 깊은 유감과 슬픔을 전하고 싶습니다. 과로로 인해 어쩔 수 없이 그곳으로의 여정을 포기할 수밖에 없었습니다.

마르바흐암네카어 시에서 평화와 민주적 유럽을 위해 노력한 공로를 인정하여 저에게 실러 상을 시상하겠다는 의사를 전해왔을 때 저는 깊은 감동을 받았습니다. 심사위원 여러분, 그리고 저를 위한 기념사 낭독을 위해 마르바흐까지 와준 리타 쥐스무트에게 진심으로 감사합니다. 뿐만 아니라 오늘 저를 대신하여 저의 소감을 낭독해주시고 제 이름으로 상을 받아주신 총영사님께도 감사의 말씀을 드립니다.

친애하는 리타 쥐스무트. 지난 세월 우리가 유럽인으로서 확신에 차 걸어온 길 위에서 우리는 참으로 많이도 만났습니다. 오늘 함께하지 못해 너무나 슬프지만 그래도 나를 위해 마르바흐까지 와준 것에 대해 큰 감동을 받았습니다.

60년 전부터 저 역시 빠질 수 없는 일원인 유럽 건설의 모든 투사들과 마찬가지로, 우리 대륙의 통합과 관련된 모든 것은 저에게 소중하며, 특히 유럽 건설의 가장 중요한 기반인 프랑스-독일 양국의 우정이 그렇습니다. 오늘날 우리가 하루하루 느끼고 있는 유럽의 평화는 프랑스와 독일의 화해가 없었더라면 불가능했을 것입니다. 우리 양국은 50년도 더 전부터 유럽 건설의 선두 주자이자 모든 통합 계획의 나침반이었습니다. 통합 유럽의 길을 닦은 것은 바로 프랑스-독일의 협력이었으며, 그것은 우리가 이렇게 이 행보의 선두에 나섬으로써 다른 회원국들에게도 길을 열어주었기 때문입니다.

60년이 지난 지금도 프랑스와 독일의 화해만이 새로운 갈등을 피할 수 있게 해주었다는 저의 확신에는 변함이 없습니다. 강제수용소에서 돌아온 지 얼마 되지 않았던 저는 독일이 민주주의 국가가 된 그 순간부터 양국의 화해를 위해 노력했습니다. 1950년에 체결된 초기 조약들의 최우선 과제는 항구적인 평화를 정착시키고 민주주의와 자유를 보장하는 것이었습니다. 저는 여전히 60년도 더 전부터 유럽에 자리 잡은 평화의 기적에 놀라곤 합니다.

유럽의 건설과 함께 프랑스와 독일의 우정도 1963년 드골 대통령과 아데나워 총리 사이에 체결된 엘리제조약과 같은 중요한 단계들을 거치며 한층 더 깊어졌습니다. 그 이후로 양국의 초중고, 대학교, 기업, 도시 혹은 지역 간 수많은 협력들이 이루어졌습니다. 1997년에는 우리의 영웅 프리드리히 폰 실러가 말년을 보낸 도시이기도 한 바이마르에서 협정이 체결되어 양국 학생들이 이중 학위과정을 밟고 연구자들이 공동연구를 진행할 수 있게 되었습니다. 저는 이와 같은 문화 분야의 협력이 지속되는 것이 정말 중요하다고 생각합니다. 타자를 통해 더 배우고 다양한 주제에 대해 의견 교환을 하는 것은 모든 신세대들에게 기대하는 일입니다. 이 문화협력의 바탕은 바로 우리가 서로의 언어를 배우는 것입니다. 이 분야에서 우리가 해야 할 일이 아직 너무나 많습니다. 저는 프랑스와 독일 양쪽에서 서로의 언어에 대한 학습을 장려하는 정책을 긴급히 추진해야 한다고 생각합니다. 또한 유럽 내 학생 교류를 장려하고 각자의 문화에 대한 상호 이해를 도와야 합니다.

2차 세계대전 이후로 우리가 목도하고 있는 양국의 화합에는 그 이전 시대부터 서로 대립하는 가운데서도 민족 간의 화합과 자유의 가치를 주장하던 프리드리히 폰 실러나 하인리히 하이네와 같은 몇몇 선구자들이 있었습니다. 번뇌하는 시인이자 재기 넘치는 작가, 반항적 기자였던 하인리히 하이네는 양국의 화해와 유럽 건설의 선지자였습니다. 그와 실러는 당시 프랑스의 혁명적 이상과 자유의 원칙에 동조했습니다. 결국 하이네는 1830년 프랑스로 이주를 선택했고, 실러는 폭정에 맞서 쓴 글들이 인정받아 1792년

8월 입법의회로부터 프랑스 시민권을 부여받았습니다.

많은 점에서 프랑스와 독일은 서로 다른 전통과 역사 유산의 영향을 받았습니다. 이 다양성은 풍요의 원천입니다. 서로 다른 의견은 필연적으로 타협을 이끌고, 이것은 결국 공동 정책의 중요한 구성 요소가 되기 때문입니다. 2008년 이후로 유럽이 겪고 있는 금융위기가 바로 그 예입니다. 지금까지 의사결정은 독일과 프랑스의 공동 지침 아래 회원국들 간 합의를 통해 내려졌습니다. 이 연대는 우리의 통화를 뒤흔드는 위기에 맞선 단결의 중요성을 보여줍니다. 세계적 위기 상황에 직면하여 프랑스와 독일이 공동의 성향을 만들어나가고 있다는 사실은 참 흥미롭습니다. 정상회의를 거칠수록, 특히 2000년에 열린 니스 정상회의의 경우가 보여주듯, 우리 양국의 합의가 없을 경우 큰 혼란이 초래된다는 사실을 우리는 확인할 수 있습니다. 반면 앞서 체결된 조약들은 대개 확실한 공동체의 입장을 보여주었습니다. 유럽이 제대로 기능하기 위해서 프랑스와 독일의 공조는 꼭 필요합니다. 양국 협력은 유럽 건설에서 늘 필수적인 동력이었으며, 그것은 안타까운 현재 상황이 보여주듯 오늘날도 마찬가지입니다. 그렇기 때문에 일부 회원국의 위기와 파산을 막기 위한 목적으로 2010년 유럽재정안정기금이 회원국들의 합의와 프랑스와 독일 간 협의를 통해 설립된 것입니다.

몇 개월 전부터 유럽이 겪고 있는 비극적인 상황에 대한 저의 우려를 여러분께 감출 수 없을 것 같습니다. 유로화를 둘러싼 이 새로운 위기 국면이 우리 대륙의 견고하고 본질적인 제도를 위태롭게 하고 있습니다. 저는 우리 지도자들의 공동 결단과 그들이 몇 달 전부터 펼치고 있는 노력을 통해 빨리 그리스 위기의 출구를 찾을 수 있기를 간절히 바라고 있습니다. 저는, 많은 희생을 무릅쓰고 이 위기가 다른 회원국으로 옮겨 가는 것을 막기 위해 앙겔라 메르켈 총리와 니콜라 사르코지 대통령이 보여주고 있는 강력한 의지에 경의를 표하고 싶습니다. 그들의 공동 결단은 본보기가 될 만한 것이며, 그리스로서는 그것을 이해하는 것 외에 다른 해결책은 없습니다.

이 위기는 유럽에 대한 관념을 뿌리째 흔들어놓으면서 유럽의 결함과 과오를 드러냈습니다. 유럽과 유로화는 어떻게 이 위기로부터 벗어날 수 있을까요? 유럽 발전의 새로운 단계는 무엇일까요? 어떻게 그 과정들을 함께 받아들일 수 있을까요? 프랑스와 독일의 협력은 모든 회원국의 희망과 문제 제기를 고려해야 합니다. 저는 현재 꼭 필요한 유럽의 재건은 프랑스와 독일이 힘을 합친 강한 추진력을 통해 이루어질 수 있다고 생각합니다.

오늘의 주인공인 프리드리히 폰 실러에 대한 이야기를 잠시 할까 합니다. 괴테와 동시대인이자 그의 친구였던 실러의 창조적 재능은 매우 다양한 분야에서 나타났습니다. 우리는 그의 천재성을 신문에 실린 풍자화나 희곡 작품에서 발견할 수 있습니다. 뿐만 아니라 그는 자신의 작품을 통해 정치적·윤리적·미적 문제를 다루면서 사회 및 정치 사상에 널리 기여했습니다. 고전주의와 낭만주의 작가인 프리드리히 폰 실러는 곧 유럽 문학의 작가입니다. 저는 그의 이름을 딴 상을 받게 되어 매우 영광으로 생각합니다.

저는 베토벤 교향곡 9번 제4악장으로 널리 알려지고 유럽연합의 공식 찬가가 된 실러의 시 「환희의 송가」의 한 부분을 기쁜 마음으로 인용하고자 합니다. 이 시를 통해 그는 통합과 박애의 이상을 노래했습니다.

백만 인이여, 서로 껴안으라!
이 입맞춤이 온 세계에 닿기를,
우리의 채무 장부가 사라지기를!
온 세계는 화해했다.
환희여! 아름다운 신들의 불꽃이여,
지상낙원의 딸이여,
우리는 광휘에 취하여
빛이 가득한 그대의 신전으로 들어가노라.
세상의 법이 갈라놓았던 것을
당신의 신비로운 조화로 다시 결속시키리라.
당신의 온유한 날개가 머무는 곳에서
모든 사람은 형제가 되리라.

마지막으로 마르바흐 시에 감사드립니다. 실러 상 상금으로 주신 1만 유로는 프리드리히 실러 고등학교에 기부하고자 합니다. 사실 이 학교가 2003년 도입한 '국제 만남의 수업'이라는 기획을 알게 되었습니다. 학생들 간 국제 교류를 장려하는 프로그램으로, 이를 통해 매년 외국 학생들이 마르바흐 고등학교에 와서, 9명의 외국인 학생들과 18명의 독일인 학생들로 구성된 반에서 함께 공부하고 있습니다. 이 교육적·사회적 프로그램에 마음이 끌린 저는 이 기획을 지원하고 싶은 마음에, 상금을 이 프로그램의 장학금 형식으로 써달라고 제안했습니다.

또한 오늘 저를 위해 이 자리에 참석한 리타 쥐스무트와 저를 대신해주신 미셸 샤르보니에 총영사님께도 다시 한번 깊은 감사의 인사를 전합니다.

2011년 11월 10일, 실러 상 시상식

3부

여성해방을 위한 투쟁

자발적 임신중단에 관한 법안

오늘 제가 의원 자격이 아닌 보건부 장관이자 여성으로서 이 연단에 오른 것은 국민의 대표이신 여러분께 임신중절에 관한 법안에 대한 대대적인 개정을 요청드리기 위해서입니다. 프랑스 남성들과 여성들 각자의 가장 내밀한 곳에서 일어난 커다란 공명을 마주할 때와 마찬가지로, 해당 사안의 어려움 앞에 선 제가 깊은 겸허함을 느끼고 있으며, 우리가 함께 맡아야 하는 책임의 엄중함에 대해서도 확실하게 인식하고 있다는 것을 믿어주시기 바랍니다.

하지만 저는 정부가 오랫동안 고심하고 심의한 이 법안을 수호하고자 하는 굳은 신념을 가지고 있습니다. 대통령님의 말씀대로 이 법안은 "우리 시대 가장 어려운 문제를 풀기 위한 신중하고 인간적인 해결책을 마련하여 이 혼란스럽고 부당한 현실을 끝내고자" 마련되었습니다.

정부가 오늘 여러분들에게 이러한 안을 선보일 수 있었던 것은 다양한 분야에 계신 많은 분들 덕택입니다. 몇 년 전부터 많은 분들께서 사회적 규범과 우리 나라 현실에 맞는 새로운 법안을 마련하고자 노력을 기울이셨습니다. 또한 메스메르 정부는 책임을 다해 혁신적이고 대담한 법안을 제안해주셨습니다. 우리 모두는 장태탱제 전 법무부 장관님의 감동적이고 인상 깊은 연설을 기억하고 있습니다. 뿐만 아니라, 베르제 위원장님의 주재로 모인 특별위원회를 중심으로, 많은 의원님들과 이 분야의 전문가들을 비롯하여 일반 가족을 대표하는 분들께서 몇 시간 동안이나 귀를 기울여주셨던 덕분이기도 합니다. 그러나 어떤 이들은 여전히 질문을 던집니다. 새로운 법안이 꼭 필요한가? 어떤 이들에게 문제는 단순합니다. 임신중절을 금지하는 법이 있으니, 그것을 적용하기만 하면 된다는 겁니다. 또 어떤 이들은 왜 지금 의회가 나서서 이 문제에 대한 결단을 내리려 하는지 의문을 제기합니다. 그 누구도 원래부터, 특히 금세기 초부터 엄격하게 존재해온 임신중절 금지법이 거의 집행되지 않았다는 것을 모르지 않습니다. 그렇다면 무엇이 달라졌기에, 도대체 누가, 이 법에 개입하려고 하는 것일까요? 왜 원칙을 고수하지 않고 예외적인 경우에만 법을 적용하려고 하는 것일까요? 왜 이렇게 예민한 실체를 다루고 심지어 장려하는 위험을 감수할까요? 왜 우리 사회의 방임주의를 법적으로 인정하고, 애국주의와 준엄함의 윤리를 되살리는 대신 개인의 이기주의를 두둔하는 것일까요? 왜 임신한 모든 여성들이 아이들을 낳고 키울 수 있는 관대하고 건설적인 가족정책을 추진하는 대신 출산율 저하를 더욱 심각하게 만들려는 것일까요?

모든 상황들이 이런 질문이 나올 수밖에 없다는 것을 보여줍니다. 현 정부와 전 정부가 가능한 다른 해결책에 대해 생각하면서도 이 법안을 마련하여 여러분들에게 선보였을 것이라고 생각하십니까? 지금 우리는 이 문제에 있어 한계에 다다랐고 당국은 더 이상 책임을 피할 수 없게 되었습니다. 몇 년 전부터 진행된 연구들과 과제들, 위원회의 청문회들, 다른 유럽 국가들의 경험 등이 이를 증명해주고 있습니다. 그리고 여러분 대부분은 음성적으로 이루어지는 임신중절을 막을 수 없으며 모든 여성들을 법에 따라 엄격하게 처벌할 수 없다는 사실을 잘 알고 계실 것입니다.

그렇다면 왜 계속 눈을 감고 있을 수는 없는 것일까요? 현재 상황이 무척이나 나쁘기 때문입니다. 통탄할 만한 비극적인 상황이라고 하는 것이 더 맞을 것 같습니다. 법은 공개적으로 무시당하고 있으며 조롱당하고 있습니다. 현재 벌어지고 있는 위법행위와 그 결과 사이의 간극은 엄청나서, 이제 처벌을 논하기 힘들 정도입니다. 시민들의 준법 의식과 국가의 권위가 흔들리고 있습니다. 의사들은 진료실에서 법을 위반하고, 그 사실을 공개적으로 알립니다. 검사들은 조사를 하기 전에 매번 법무부에게 책임을 돌립니다. 공공 사회복지 단체는 어려움을 겪는 여성들에게 임신중절을 가능하게 하는 정보를 제공하고, 공공연하게 여성들을 모아 임신중절이 가능한 외국으로 보내기도 합니다. 더 이상 지속될 수 없는 혼돈과 무질서의 상황이라고 할 수 있겠습니다.

그렇다면 도대체 왜 상황이 악화되는 것을 내버려두고 왜 이 상황을 용인하는지 물으실 것입니다. 왜 법을 존중하지 않는지 궁금해하실 것입니다.

의사들, 사회복지사들과 일부 시민들이 이러한 불법행위에 가담하는 이유는 그들에게는 이 방법밖에 없기 때문입니다. 때때로 개인적인 신념에 위배된다 하더라도, 도저히 등한시할 수 없는 상황과 마주했기 때문입니다. 임신 상태를 중단하겠다는 결단을 내린 여성에게 조언과 지지를 해주지 않는다는 것은 그를 고독과 불안 속에 내던지는 것이며, 최악의 경우 영원한 불구의 상태로 살게 하는 것임을 잘 알고 있기 때문입니다. 같은 처지의 여성이라 하더라도, 부유하고 교육을 받은 여성이라면 이웃 나라로 향하거나 어떤 위험이나 처벌 가능성 없이 임신중절수술을 받을 수 있는 국내의 병원을 찾습니다. 이 여성들이 특히 비도덕적이거나 무분별한 사람들인 것도 아닙니다. 매년 30만 명의 여성이 임신중절수술을 받습니다. 이들은 모두 우리의 이웃입니다. 매일 마주치면서도 그들의 고뇌와 비극을 알 수 없는 이웃 말입니다.

이제는 이러한 혼돈을 끝낼 시간입니다. 이와 같은 부당함은 멈추어야 합니다…….

하지만 어떻게 해야 할까요?

저의 확고한 신념과 함께 말씀드리겠습니다. 임신중절수술은 예외적으로 존재해야 하며, 막다른 상황을 위한 최후의 수단이어야 한다고 믿습니다.

하지만 어떻게 해야 임신중절이 예외성을 잃지 않고, 사회가 임신중절을 부추기는 것처럼 보이지 않으면서 이를 허용할 수 있을까요?

거의 모든 분들이 남성이신 이 의회에서 이런 말씀을 드리기가 송구합니다만, 우선 여성으로서 저의 신념을 말씀드리고자 합니다. 그 어떤 여성도 즐거운 마음으로 임신중절수술을 받지 않습니다. 그저 여성들의 이야기를 듣는 것으로 충분할 것입니다. 여성에게 임신중절수술은 언제나 비극이었고, 앞으로도 그러할 것입니다.

현 상황을 고려하여 만들어진 이 법안이 임신중절의 가능성을 인정한다면, 이는 그만큼 그 가능성을 통제하고, 여성들을 최대한 만류하기 위한 것입니다.

여성들을 만류하기 위한 조치를 마련하면서, 우리는 고뇌에 빠진 모든 여성들이 의식적으로 혹은 무의식적으로 요구하는 바에 답하고자 했습니다. 이들의 요구는 1973년 여름에 소집된 특별위원회의 일부 위원들에 의해 충분히 밝혀지고 분석되었습니다.

지금 이 비참한 상황에 있는 여성들을 누가 돌보고 있습니까? 법은 여성들을 모욕과 수치, 고독에 빠뜨릴 뿐만 아니라, 익명의 존재로 만들고 기소에의 두려움에 떨게 만듭니다. 자신의 상태를 숨겨야 하는 이 여성들은 자신의 말을 들어주고 지지를 보내고 보호를 제공하여 빛을 비추어줄 이 하나 없이 버려지게 되는 것입니다.

오늘날 이 억압적인 법안의 잠재적인 수정을 위해 투쟁하는 사람들 중에 얼마나 많은 이들이 비탄에 빠진 이 여성들을 돕기 위해 걱정을 했겠습니까? 홀로 아이를 키우는 젊은 엄마들의 잘잘못을 가르기보다는 그들을 이해하고 그들이 기댈 수 있는 큰 도움을 준 이들은 또 얼마나 많겠습니까?

물론 그렇지 않은 여성들도 있다는 것을 잘 알고 있지만, 일반화해서 말씀드리겠습니다. 책임을 깊이 통감하며 모성을 발휘하기 위해 모든 시도를 해보았을 여성들의 존재를 부정하지 않습니다. 우리는 그런 여성들의 시도를 돕고자 합니다. 이 여성들은 법률이 정하는 사회적 상담을 받을 수 있게 될 것입니다.

하지만 배려와 도움이 임신중절수술을 받지 않도록 설득하는 데 충분한 조건이 될 수는 없습니다. 물론, 여성들이 마주한 어려움이라는 것이 그들이 느끼는 것보다 실제로는 덜 심각한 경우도 많습니다. 어떤 여성들은 이 비극을 딛고 일어서는 반면, 어떤 여성들은 자살이나 가정 파괴, 자식의 불행과 다를 바 없는 궁지에 몰린 상황이라고 여깁니다.

바로 이것이 우리가 '편의상' 임신중절이라고 부르는 것보다 훨씬 흔하게 일어나는 현실입니다. 그렇지 않다면 왜 과거에는 임신중절수술에 엄격하게 제재를 가하던 많은 나라들이 법안 개정을 통해 합법화를 하려 하겠습니까?

많은 이들이 보기에 부당하기 그지없는, 더 이상은 묵과할 수 없는 현실 앞에서, 정부는 개입을 하지 않는 입장, 즉 방임주의라는 쉬운 길을 포기하기로 했습니다. 책임을 통감한 정부는 현실적이고 인간적이며 공정한 해결책을 마련하기 위해 법안을 발의하게 되었습니다.

분명 어떤 이들은 우리가 여성의 이익에만 신경을 쓰고, 그러한 시각에서 이 법안을 마련했다고 생각할 것입니다. 사회나 국가, 아버지나 태어날 아기는 고려의 대상이 아니라고 말입니다.

저는 이 사안이 여성 개인만의 일이며 국가의 일이 아니라고 생각하지 않습니다. 여러 각도에서 살펴보면, 동일한 해결책을 가질 수 없는 이 문제는 첫 번째로 국가와 관련되어 있습니다.

국가의 이익이란, 인구의 연령대가 젊어야 하고, 인구수가 증가세를 띠어야 한다는 의미일 것입니다. 피임 합법화 법안에 이어 임신중절 합법화 방안이 채택되면 이미 심각하게 하락하고 있는 우리 나라의 출생률이 급격하게 저하될까 봐 걱정되시겠지요.

하지만 출생률 저하는 새로운 현상도, 오직 프랑스에서만 일어나고 있는 현상도 아닙니다. 유럽의 모든 국가들에서는 피임이나 임신중절 합법화와는 상관없이 1965년부터 꾸준히 출생률과 출산율이 낮아지고 있습니다.

이렇게 일반적으로 일어나는 현상에 대해 단순한 원인을 찾으려고 하는 것은 무모한 일입니다. 그 어떤 설명도 국가적 차원에서 일어나는 일을 완벽하게 설명할 수는 없습니다. 우리가 살고 있는 문명사회가 우리는 잘 알 수 없는 복잡한 규칙들로 돌아간다는 방증입니다.

다른 많은 나라들의 인구통계는 임신중절법 개정과 출생률, 특히 출산율의 변화는 별다른 상관관계가 없음을 보여줍니다.

물론 루마니아의 사례는 이 주장에 대한 반론을 제기할 수 있는 것처럼 보이기도 합니다. 1966년 말, 루마니아 정부가 1956년에 채택했던, 임신중절에 대한 억압적이지 않은 입장을 번복한 직후, 출생률이 폭발적으로 증가했기 때문입니다. 하지만 우리가 간과한 사실은 폭발적인 증가세 못지않게 그 이후 출생률이 하락했다는 점입니다. 루마니아에서는 그 어떤 현대적인 방식의 피임법이 존재하지 않았기 때문에, 임신중절수술이 산아를 조절하는 유일한 방법이었습니다. 이러한 맥락에서 이루어진 억압적인 법의 난폭한 개입은 어째서 이 현상이 예외적으로 반짝 등장했는지를 설명해줍니다.

이 법안의 채택이 프랑스 출생률에 거의 영향을 끼치지 않을 것이라는 점과 함께, 잠깐 동안의 혼란스러운 시기가 지나고 나면 음성적으로 이루어지던 임신중절수술이 합법적으로 이루어질 것이라는 점을 생각해보아야 합니다.

물론 저출산 문제가 임신중절에 관한 법안의 상황과 큰 관련이 없다 하더라도, 이는 분명 우려스러운 상황이며, 정부는 시급하게 대처해야 할 것입니다.

대통령 직속 기획위원회 중 한 곳에서 프랑스의 인구통계학적인 문제들을 살펴보고 국가의 미래를 위협하는 우려스러운 현실에 제동을 걸 수 있는 방안을 모색할 예정입니다.

가족정책에 관해서 정부는 저출산 문제와 임신중절 법안은 별개의 사안이라고 여기고, 입법 논의에서 이 두 가지 문제를 연결 짓지 않기로 하였습니다…….

가족정책이 중요하지 않다고 이야기하는 것이 아닙니다. 금요일부터 의회는 비혼모에게 돌아가는 양육수당과 고아수당을 현저하게 개선할 법안을 논의할 예정입니다. 이 법안은 출산수당 체계와 젊은 부부들의 대출 조건 체계 개혁과도 연결될 것입니다. 저는 다양한 법안을 의회에 제출하고자 합니다. 그중 하나는 일하는 여성들을 지원하고 임신기간 중에 혹은 아이를 낳아 기르는 초반에 어려움을 겪는 젊은 어머니들을 위한 모자 센터의 운영과 재정 상황을 개선하는 것입니다. 특히 저는 불임으로 고생하는 부부들을 위해 진료비 본인 부담분을 전액 삭감하고자 합니다. 많은 부부들을 고통스럽게 하는 이 문제를 해결하기 위한 연구를 진행할 수 있도록 1975년부터 국립보건의학연구원에 의뢰를 맡겼습니다.

또한 법무부 장관님과 함께 리비에레 의원님께서 작성하신 입양에 관한 보고서의 결론을 이끌어내기 위한 준비를 하고 있습니다. 아이를 입양하고자 하는 많은 이들의 바람에 답하기 위해 입양에 관한 최고위원회를 설치하기로 결정하였습니다. 이 위원회를 통해 이 문제에 관한 유용한 모든 제안들이 정부 측에 전달될 것입니다. 마지막으로, 뒤라푸르 노동부 장관님이 말씀하신 대로, 정부는 내주부터 가족 관련 단체와 협상을 통하여 협정을 맺을 것이며, 제가 주재하는 가족자문위원회의 결정 사항을 기반으로 하는 협정 내용은 가족 관련 단체 대표들의 동의를 얻어 작성될 것입니다.

모든 인구학자들이 강조하듯이 실질적으로 중요한 것은 프랑스인들이 두 부부 사이에 태어나는 이상적인 아이의 수에 대한 생각을 바꾸는 것입니다. 이 문제는 말할 수 없이 복잡하기 때문에, 임신중절에 대한 논의는 재정 문제로 국한해서 이루어질 수 없습니다.

두 번째로 이 법안에 등장하지 않는 존재는 바로 아버지입니다. 우리 모두 알고 있다시피, 임신중절은 여성 혼자만의 결정이 아닌 배우자와 함께 고민하여 내린 결정이어야 합니다. 저는 그렇게 되기를 항상 바라기 때문에, 위원회가 이 문제를 해결할 수 있는 수정안을 제안할 수 있도록 하였습니다. 그러나 아버지의 법적 의무 사항을 규정하는 것은 사실상 불가능합니다.

마지막 세 번째로, 이 법안은 여성이 품고 있는 잠재적인 생명에 대해서는 언급하지 않습니다. 이미 위원회의 청문회들에서 과학적이고 철학적인 논의들이 해결될 수 없는 문제를 제기하는 것을 보았기 때문에, 저는 이 논의에는 참여하지 않겠습니다. 철저하게 의학적인 관점에서, 그 누구도 배아가 인간 존재가 될 잠재성을 확실히 가지고 있음을 부인하지 않습니다. 하지만 배아는 여전히 생성 중일 뿐이며, 때가 되기 전까지 무수한 위험을 뛰어넘어야 하는, 삶의 연약한 연결 고리만을 가지고 있기도 합니다. 임신 100건 중 45건이 초반 2주 안에 유산하며, 3주 이상 된 임신 100건 중 4분의 1은 오로지 자연적인 이유로 출산에 이르지 못한다는 세계보건기구의 연구를 상기해볼 필요가 있습니다. 우리가 유일하게 확신할 수 있는 사실은, 여성이 언젠가 태어날 자신의 아이를 강하게 인지하는 것은 자신의 몸에서 명백한 생명의 징후를 느낀 이후에야 가능하다는 것입니다. 강한 종교적 신념을 가진 여성들을 제외하면, 여성들이 아직은 강하게 느끼지 못하는 태중의 아이에 대한 감정과 실제 태어난 아이에게 품게 되는 감정 사이에는 간극이 있기 때문에, 영아살해를 끔찍하게 여길 것이 분명한 여성들도 임신중절에는 또 다른 생각을 가질 수 있습니다. 소중한 존재의 미래가 돌이킬 수 없을 만큼 위태로운 상황에 놓여 있다면, 때로는 원칙보다 감정이 앞설 수 있다는 것을 모르는 사람이 우리 중에 얼마나 되겠습니까…….

만약 임신중절이 정말 다른 유사한 범죄처럼 취급되었다면, 지금과 같은 상황이 벌어지지 않았을 것입니다. 본 법안의 표결에 격렬하게 반대하는 이들 중에서도 일부는 임신중절에 대한 기소를 멈추어야 한다는 데 동의합니다. 임신중절이라는 행위가 특별한 성격을 띠고 있고, 특정한 해결책을 필요로 하는 것을 알고 있기 때문입니다.

제가 이 문제에 대해 오랫동안 이야기하고 있다 해서 저를 원망할 의원님들은 안 계실 것으로 믿습니다. 여러분께서는 이 점이 바로 핵심이자 논의의 기반이라는 것을 느끼셨을 것입니다. 그리고 저는 법안의 내용에 대하여 언급하기 전에 이 부분을 먼저 말씀드려야 한다고 생각했습니다.

오늘 여러분께 보고드릴 법안을 준비하면서, 정부는 세 가지 목표를 설정했습니다.

—현실적으로 적용 가능한 법안

—임신중절을 억제할 수 있는 법안

—여성을 보호할 수 있는 법안

이와 같은 세 가지 목표는 본 법안의 원칙을 잘 드러내줍니다.

우선 본 법안은 현실적으로 적용 가능한 법안입니다.

임신중절이 허용되는 경우를 정의하기 위해 그 양태와 결과를 면밀히 조사한 결과, 이 시도 자체에 용납할 수 없는 모순들이 존재한다는 것을 알게 되었습니다.

만약 임신 상태가 여성의 심리적, 정신적 건강에 심각한 위험을 초래하거나, 강간이나 근친상간에 의한 임신임이 법관에 의해 밝혀진 경우와 같은 조건들을 정의하여 현실에 적용한다면, 본 개정안은 목적을 달성하지 못할 것입니다. 실제로 이루어지는 임신중절 중 이러한 동기에 의한 것은 그 비중이 무척 적기 때문입니다. 반면 심리적인 건강이나 안정에 위협을 가한다거나 물질적이고 윤리적인 조건의 어려움과 같은 보다 광범위한 성격을 띤 제약 조건의 경우, 그 법적 부합 여부에 대한 결정권을 한두 명의 의사나 위원회에 맡기기에는 지나치게 주관적으로 해석될 여지가 있습니다.

이러한 시스템에서는 임신중절수술 허가가 의사나 위원회 구성원 개인의 생각에 따라 좌우될 수밖에 없으며, 관대한 의사 혹은 포용력 있는 위원회를 찾지 못한 여성들은 또다시 막다른 길로 몰리게 됩니다.

이러한 부당함을 피하기 위해, 임신중절수술 허가는 자동적으로 내려져야 합니다. 허가를 받기 위한 시스템은 소용없어질 것이며, 더 이상 법정에 선 것과 같은 모욕을 느끼고 싶어 하지 않는 여성들에게 결정권이 주어질 것입니다.

입법부가 이미 발효된 법조문을 개정하고자 하는 것은 음지에서 행해지는 임신중절에 종지부를 찍기 위해서입니다. 사회적인 이유, 경제적인 이유 혹은 심리적인 이유로 곤경에 처했다고 느낄 때 여성들은 자신의 조건과는 상관없이 임신을 중단하고자 합니다. 그렇기 때문에 정부는 모호하고 애매한 방식 대신 현실을 마주하는 것이 옳다고 판단, 최종 결정은 여성에 의해서 이루어져야 한다는 것을 인정코자 합니다.

여성에게 결정권을 준다는 것이 임신중절을 억제한다는 법안의 두 번째 목적과 상충하는 것처럼 여겨지지 않으십니까?

이것은 모순되지 않습니다. 여성에게 자신의 행위에 온전히 책임을 지게끔 한다면, 다른 이가 자신 대신 결정을 내린다고 느낄 때에 비해 더욱 신중히 고민할 것이기 때문입니다.

정부는 여성의 책임을 분명히 하는 해결책을 선택했습니다. 여성이 직접 내리는 결정은 관련자인 척하다가 곧 정체가 드러날 제3자가 내려주는 허락보다 더 강력한 억제책이 될 것이기 때문입니다.

중요한 것은 여성이 고독이나 번뇌 속에서 이러한 결정을 내리지 않도록 하는 것입니다.

그러한 책임을 떠넘기는 절차를 피하고 여성으로 하여금 자신이 내리고자 하는 결정의 심각성을 헤아리게 하는 것을 목표로 하는 본 법안은 다양한 상담을 준비하고 있습니다.

여기서 의사의 역할은 매우 중요합니다. 임신중절수술이 여성의 몸에 가져올 위험에 대해서, 특히 차후에 아이를 가졌을 때 조산의 위험이 있음을 알려주어야 하며, 피임 문제에 대한 경각심을 일깨워야 합니다.

이러한 만류와 조언의 임무는 의사 집단의 특권적인 방식으로 이루어질 것이며 저는 의사들의 경험과 인간에 대한 감정을 믿습니다. 의사들은 여성들이 때로는 무의식적으로 원하는 인간적이고 사려 깊은 대화를 위해 노력할 것입니다.

이 법안은 또한 여성 혹은 커플이 특수 기관을 찾아 자신들의 고통에 대해 털어놓고 필요한 상담을 받을 수 있도록 하고 있으며, 만약 재정적인 어려움을 겪고 있다면 적절한 도움을 제공하고, 아이를 낳는 데 걸림돌이 되는 실제적인 장애물의 실체에 대해 인지하게 합니다. 이러한 상담 과정을 통해서 여성들은 익명으로 경제적 부담 없이 출산을 할 수도 있으며, 아이를 입양 보내는 것도 한 가지 해결책이 될 수 있다는 것을 알게 될 것입니다.

물론 우리는 이러한 상담이 가능한 한 다양해지기를 바라고 있습니다. 특히 어려움에 처한 젊은 여성들을 담당하는 특수 기관의 경우, 이 여성들이 계획을 바꾸도록 꾸준한 보살핌과 도움을 제공할 것입니다. 모든 지원은 기본적으로 일대일로 이루어질 것이며, 곤경에 빠진 여성들을 보살피는 이들의 경험과 심리는 여성들이 생각을 바꾸는 데 무시할 수 없는 영향을 끼칩니다. 이는 여성들에게 다시 한번 피임이라는 문제를 환기시키고, 다시는 임신중절이라는 결정을 내리지 않도록 피임법을 활용하는 것의 필요성을 깨닫게 할 새로운 기회가 될 것입니다. 임신중절을 억제할 수 있는 가장 좋은 방법은 산아제한에 필요한 정보라고 생각하기 때문에, 임신중절 수술이 이루어지는 시설에서 관련 정보를 제공하지 않을 경우 폐업한다는 조건과 함께 이를 의무화하였습니다.

두 번의 면담과 일주일의 숙려 기간은 여성으로 하여금 이 행위가 정상적이거나 평범한 것이 아니며, 그 결과의 무게를 견디지 않고는 내릴 수 없는 심각한 결정이므로 최대한 피해야 하는 상황임을 자각하게 하는 필수적인 조치입니다. 이러한 인식을 한 후에도 여성이 결정을 철회하지 않으면, 그는 임신중절수술을 받게 됩니다. 이 수술은 여성을 위한 의료 조건이 엄격하게 보장되지 않고서는 이루어질 수 없습니다. 이것이 법안의 세 번째 목표인 여성의 보호입니다.

무엇보다도, 임신중절수술은 초기에 이루어져야 합니다. 수정된 지 10주가 지나면 임신중절로 인해 여성이 받게 될 신체적이고 정신적인 위해가 심각해지기 때문입니다.

또한 임신중절수술은 오로지 의사에 의해서만 이루어져야 합니다. 이는 임신중절 법안을 개정한 모든 나라에서 정한 규정이기도 합니다.

마지막으로, 여성들에게 더욱 확실한 안전을 보장하기 위해서 수술은 개인 혹은 공립 병원에서만 이루어져야 합니다.

정부가 필수로 규정하는 조치들과 형법 317조에 의해 여전히 처벌에 이를 수 있는 이러한 조치들을 존중하는 것에 정부가 추진하고자 하는 개혁에의 진지한 의지가 담겨 있음을 숨겨서는 안 될 것입니다. 여성들이 현실적으로 안전한 조건에서 합법적으로 수술을 받음으로써 최근까지 이루어졌던 유감스러운 선전은 끝이 날 것이며, 더 이상 용인될 수 없을 것입니다.

또한 정부는 1920년 법률(임신중절 금지법)에 마련된 선전과 광고에 관한 조치를 대신할 만한 새로운 원칙을 적용하고자 하는 강한 입장을 보였습니다. 소문과는 달리, 본 법안은 법안 및 임신중절에 대한 정보 제공을 금지하지 않습니다. 다만 임신중절을 부추기는 것은 용납될 수 없기 때문에 엄격하게 금지됩니다.

정부는 누군가가 임신중절수술을 통해 금전적 이익을 보는 일이 생기지 않도록 이와 같은 강경한 태도를 유지하고자 합니다. 수술비나 입원비는 정부가 비용과 관련하여 마련한 법안에 근거하여 정해진 상한선을 넘을 수 없습니다. 몇몇 국가에서 나타난 악용 사례를 피하기 위한 비슷한 우려에서 외국인 여성들은 임신중절수술을 받을 때 거주지를 증명해야 합니다.

이제 임신중절수술 비용은 사회보장제도를 통해 환급되지 않는다는 것을 확실히 한 정부의 결정에 대해 말씀드리겠습니다. 격렬한 비판을 받기도 한 결정이었습니다.

치과 치료, 선택 접종, 돋보기안경이 사회보장제도를 통해 환급되지 않거나 환급되더라도 그 액수가 매우 적다는 점을 감안할 때, 어떻게 임신중절수술이 환급 대상에 포함된다는 사실을 납득할 수 있겠습니까? 사회보장제도의 일반적인 원칙에 대해 생각해보면, 임신중절수술은 치료 목적이 아니므로 환급 대상이 될 수 없습니다. 이 원칙에 예외를 두어야 할까요? 우리는 그렇게 생각하지 않습니다. 일부 여성들에게 재정 부담을 안기는 경우가 있음에도 불구하고, 예외적인 상황으로 한정되어야 할 임신중절수술의 심각함을 강조하는 것이 필요하다고 여기기 때문입니다. 중요한 것은 형편이 여의치 않아 임신중절수술이 필요한 여성이 수술을 받지 못하는 상황이기 때문에, 빈곤층을 위한 의료 지원책을 마련하였습니다.

여성들이 아이를 원하지 않을 때 전적으로 권장되며 사회보장제도를 통해 비용을 환급하기로 결정한 피임과 임신중절은 구분되어야 합니다. 임신중절을 사회가 용인한다고 해서 피임처럼 국가가 그 비용을 부담하거나 권장하지는 않을 것입니다.

아이를 원하지 않는 여성들은 드뭅니다. 모성애는 삶에서 여성들이 누리는 성취감의 일부이며 그 행복을 알지 못하는 여성은 깊은 고통을 받습니다. 일단 한번 태어난 아기는 거의 버려지지 않고 어머니의 품으로 건네집니다. 아이가 처음으로 어머니를 향해 미소를 지으면, 어머니는 자신이 경험할 수 있는 최고의 행복을 맛보게 됩니다. 그러나 어떤 여성들은 그들이 처한 심각하게 어려운 상황 탓에, 아이에게 마땅히 주어야 할 감정적인 안정과 배려를 줄 수 없다고 느낍니다. 그럴 경우 여성들은 아이를 갖지 않기 위하여 혹은 책임지지 않기 위하여 무엇이든 합니다. 그 누구도 그 여성들을 막을 수 없습니다. 하지만 몇 달 후 자신이 처한 감정적 혹은 물질적 상황이 나아지면, 가장 먼저 아이를 원하고 누구보다도 사려 깊은 어머니가 됩니다. 그렇기 때문에 여성들이 불임이 되게 하거나 여성들의 건강에 치명적인 해를 입히는 음성적인 임신중절수술을 끝내야 합니다.

제가 준비한 발언이 거의 끝나갑니다. 저는 법안의 내용을 세부적으로 조목조목 들여다보기보다는 법안에 깃든 철학에 대해 말씀드리고 싶었습니다.

이 법안이 아무리 임신중절수술을 음지에서 꺼내고 금지 대상에서 제외할 수 있게 한다 해도, 여러분 중 일부는 양심에 따라 이 법안에 찬성하지 않으실 것을 알고 있습니다.

이 법안이 임신중절 문제에 대한 모든 면모를 심도 있고 정직하게 숙고한 결과이며, 정부가 이 법안을 의회에 제출했다는 것은 법안이 가져올 즉각적인 반향뿐만 아니라 국가의 미래를 고려한 책임감 있는 행동임을 믿어주시기 바랍니다.

입법 과정에서는 매우 예외적으로 정부가 본 법안의 적용 기간을 5년으로 제한하였다는 점이 그 증거가 될 수 있습니다. 여러분께서 투표하는 본 법안이 한시적으로 시행되는 동안 인구 변화나 피임 기술의 발달과 같은 의료적인 발전과 맞지 않는다고 여겨지면, 5년 뒤 의회는 새로운 정보를 고려하여 다시금 의견을 낼 수 있습니다.

어떤 이들은 여전히 주저합니다. 그들은 비탄에 빠진 많은 여성들의 상황을 잘 알고 있으며 그들을 돕고자 합니다. 하지만 동시에 법안이 야기할 효과와 결과에 대해 두려워합니다. 이들에게 저는 법이 일반적이고 추상적일 경우, 개인적인 상황에 적용될 때 우려스러운 상황이 일어나는 것이라고 이야기해주고 싶습니다. 법이 임신중절을 금지한다고 해서 임신중절에 대한 권리가 생겨나는 것은 아닙니다. 몽테스키외가 이야기한 것처럼 "인간 법의 속성은 일어나는 모든 사건에 승복하며 인간의 의지가 변함에 따라 다양하게 바뀌지만 종교 법은 절대 바뀌지 않습니다. 인간 법은 선을 규정하고, 종교 법은 최선을 규정합니다."

바로 이러한 정신에 입각하여 지난 10여 년간 민법이 개혁되고 새로워질 수 있었습니다. 이는 전적으로 법제사법위원회 위원장님 덕분이며, 저는 위원장님께서 법무부 장관이셨던 시절 함께 일할 수 있었던 것을 영광으로 생각합니다. 누군가는 새로운 가족상像을 법적으로 인정하면 그것을 망치게 되는 것은 아닌지 두려워합니다. 그러나 이것은 사실이 아닙니다. 우리는 이제부터 보다 정당하고 인간적이며, 우리가 살고 있는 사회에 더 적합한 민법을 가지게 되었음을 자랑스러워할 수 있습니다.

오늘 우리가 토론하고 있는 이 문제가 각자의 양심을 뒤흔드는 지극히 심각한 사안임을 잘 알고 있습니다. 하지만 궁극적으로 이는 사회문제이기도 합니다.

마지막으로 이것만 말씀드리겠습니다. 장차 심의가 진행되는 동안, 저는 그 어떤 저의도 없이 오로지 저의 모든 신념을 걸고 정부의 이름으로 이 법안을 지켜낼 것입니다. 물론 이 법안을 변호하면서 만족감을 느낄 사람은 아무도 없으리라는 것 역시 사실입니다. 임신중절이 비극이 아니게 될 때에 이르러서야 그저 하나의 실패로 여겨질 수 있다는 것에는 본 보건부 장관을 비롯한 그 누구도 이의를 제기할 수 없을 것입니다.

우리는 이 나라의 여성을 해치고, 우리의 법을 조롱하고, 필요한 이들에게 모욕과 트라우마를 남기면서 자행되는 연간 30만 건의 임신중절수술을 더 이상 좌시할 수 없습니다.

저는 미래를 의심하는 유의 사람이 아닙니다.

프랑스 국민들을 분열시키는 것처럼 보이던 대대적인 논쟁들이, 지나고 보면 우리의 관용과 절도의 전통에 맞는 새로운 사회적 합의를 탄생시켰음을 역사는 보여줍니다.

젊은 세대는 우리와는 다른 모습으로 우리를 놀라게 하기도 합니다. 우리 역시 우리가 자라던 방식과는 다른 방식으로 그들을 길러냈습니다. 젊은 세대는 용감하고, 다른 세대와 같이 헌신과 희생을 다할 줄 압니다. 그들이 자신의 삶에서 가장 중요한 가치를 잃지 않으리라는 것을 믿어봅시다.

1974년 11월 26일, 파리, 의회 연설

프랑스 여성들은 일과 가정의 양립을
추구하고자 합니다.
공권력의 책무는 여성들의 이러한 욕구를
고려하는 것입니다

존경하는 회장님,

내외 귀빈 여러분,

여성 의료인을 주제로 하는 이번 비샤 학회*에 참석할 수 있게 되어 영광으로 생각합니다. 회장님의 환대에도 감사를 표합니다.

여러분들 앞에서 이야기할 주제를 가지고 처음에 조금 망설인 것은 사실이지만, 거칠게나마 여성들이 처한 상황에 대해서 발언하기로 결심했습니다.

보건부 장관으로서 이러한 주제를 선택한 것에 다소 놀라신 분들도 계시겠지만, 이렇게 많은 여성분들이 모이신 자리이니만큼 괜찮을 것이라고 생각합니다.

---

* 근대 병리조직학의 창시자인 마리 프랑수아 그자비에 비샤의 이름을 딴 의학 학회. 매년 9월 일주일간 열리는 연례 학회로, 의과대학 교수들이 진행하는 200여 개 세미나에서는 다양한 의학 관련 주제들이 총망라된다.

그간 많은 협회와 모임에서 제게 이 주제에 관해 이야기해주기를 요청했으나, 다른 부처의 소관이기도 하거니와 이러한 모임들 중 몇몇의 전투적인 성격이 저와 맞지 않기도 해서 그간 그 요청을 거절해왔습니다.

하지만 의료 직군의 여성화에 대한 성찰을 위해 이렇게 모이신 만큼, 관련 논의를 다른 직군의 여성들로 확대해도 무방할 것이라고 생각합니다.

저는 이 분야와 관련된 학설에 대해 알지 못하고, 모델이 될 만한 여성을 제시하기도 힘들며, 그 모델이 꼭 지금 우리 사회의 여성이어야 하는지 혹은 미래의 여성상이어야 하는지에 대한 확신도 없기 때문에, 오늘 제 발언은 조금 들쑥날쑥하게 들릴 것입니다.

제가 아는 것은 모든 여성들이 여성의 지위에 관한 문제를 겪고 있고, 그들 자신과 타인들을 위하여 이 문제를 인지하고 있다는 사실입니다.

저 역시 다른 여성들과 마찬가지로, 저 자신이 어떻게 여성의 지위에 대한 문제를 겪고 있는지에 대한 지극히 감정적이고 개인적인 의견을 가지고 있습니다.

제가 아는 것은 이 문제에 대해 이야기하는 것이 우리 사회의 균형과 미래를 위한 근본적인 질문을 던지는 일이지, 다른 방식의 삶에 종속되는 일이 아니라는 것입니다.

이 문제에 관한 제 생각은 지극히 개인적인 두 가지 경험을 통해 구체화되었습니다.

첫 번째 사례는 작년 이스라엘 여행 중에 인터뷰를 통해 만났던

골다 메이어* 씨입니다.

저는 그에게 다음과 같은 질문을 던졌습니다. "당신이 여성이라는 사실이 정치적인 사안들에 대한 접근법을 변화시켰거나 특정한 어려움과 마주하게 했습니까?" 골다 메이어 씨는 꽤나 건조한 어조로 "아니요"라고 답했습니다. 본인과 관련 없는, 큰 의미가 없는 질문이었다는 듯이 말입니다.

그런데 지난여름 그의 회고록을 읽으면서, 메이어 씨가 겪었던 모든 중요한 사건들에 대해 알게 되었습니다. 그는 정치적인 활동을 하면서 남편과 아이들, 가족과의 관계 속에서 마주쳤던 어려움들을 고백했습니다.

여느 남성 정치인들의 회고록과 다를 바 없는 기록이기도 한 그의 회고록은 그렇게 한 여성의 특별한 고백이 되었습니다.

두 번째 사례는 한 개발도상국을 방문했을 때 그 나라의 외교부 장관과 가졌던 대화입니다. 원래 계획에는 예정되어 있지 않은 만남이었습니다.

그는 "제가 당신을 만나러 온 것은 대외 정치에 대해서 이야기하기 위한 것이 아니라, 우리 나라가 곧 직면하게 될 여성 문제에 대해 의견을 나누기 위해서입니다"라고 말했습니다.

그는 남성들이 양도할 생각이 없는 권리들을 지나치게 빠른 속도로 얻고자 하는 여성들의 욕망이 그의 나라에 불러일으킬 전복적 상황에 대한 염려를 털어놓았습니다.

---

* 이스라엘을 건국한 정치인 중 하나. 신생 이스라엘국의 노동부 장관, 외무부 장관을 거쳐 네 번째 총리를 역임했다. 이스라엘의 첫 여성 총리다.

이렇듯 이 문제는 많은 곳에서 제기되고 있고, 우리는 이에 관해 확실히 인식해야 합니다.

프랑스의 공권력은 그간 이 주제들을 가족정책의 차원에서 바라보느라 노동정책의 입장에서 고려하지 못했습니다.

여성의 사회참여라는 측면에서 노동계는 진화했습니다. 확실히 오늘날 노동을 하는 여성의 비율은 1900년에 비해 줄어들었으나, 여성들의 직업 활동은 여러 가지 새로운 면모를 보여주고 있습니다.

금세기 초의 많은 여성들은 수공업 혹은 농업에 종사했습니다. 집에서 머물면서 일을 한 것입니다. 하지만 오늘날의 문제는, 여성들이 일을 하기 위해서는 가정을, 집을 떠나야 한다는 것입니다. 이러한 변화의 시초는 국가가 여성 노동력에 의존할 수밖에 없었던 1914년 전쟁 시기**에 마련되었습니다. 여성들도 애국 행위와 국가 수호에 참여하게 된 것입니다. 남성들의 일터였던 공장이 처음으로 프랑스 여성들에게 문을 열었습니다. 이러한 현상은 1939년부터 영국에서 특히 심화되어 공장은 거의 여성들만의 일터가 되었습니다.

1965년 이래로, 120만 명의 여성들이 프랑스의 노동력 확충에 기여하고 있습니다. 오늘날 20세부터 55세 사이 여성의 절반 이상이 전문적인 직업을 가지고 있습니다. 노동가능인구 중 여성이 차지하는 비율 역시 36%에서 38%로 증가하였습니다. 여성 봉급 노동자는 점점 더 많아지고 있습니다. 결혼과 출산 이후에도 많은 여성들이 기존의 일을 다시 이어가는데, 특히 높은 직급의 여성들이 그렇습니다.

** 1차 세계대전 시기.

어떤 여성들은 경제적 문제가 시급하지 않음에도 불구하고 일을 합니다. 또 어떤 여성들은 첫째 아이 혹은 둘째 아이를 출산한 이후에야 직업 활동을 그만둡니다.

오늘날 우리는 엄청나게 변화한 환경에서 살고 있습니다.

사회적 삶과 가족의 모습은 변했습니다. 일터에서 멀리 떨어진 곳에 거주하는 여성은 아침 일찍 집을 나서고 저녁 늦게 돌아갑니다. 그리고 이 상황은 커플과 가족에게 물질적인 문제뿐 아니라 심리적인 문제를 야기합니다. 마찬가지로, 학업을 지속하면서 젊었을 때의 생활을 유지하는 것은 부모 자식 관계에서의 변화를 초래합니다.

이러한 현상은 중요한 시사점을 보여줍니다. 오늘날 전체 학생의 40% 이상이 15세와 20세 사이의 여성이며, 바칼로레아* 학위 소지 여학생 수가 남학생 수를 넘어서고 있습니다. 고등교육을 받는 인구의 절반은 여성들입니다.

사회에서 점점 더 적극적인 역할을 수행하고 있음에도 불구하고, 여성들이 결정권을 지닌 요직에 실질적으로 참여하는 비율은 매우 제한적입니다.

이는 프랑스만의 문제는 아니며, 어쩌면 중국을 제외한 전 세계의 모든 나라가 같은 문제를 겪고 있습니다.

결정권이 있는 요직에 대해 살펴보겠습니다. 임원진, 고위공무원(대학 제외), 산업, 전문직 프리랜서 등의 직종에는 여성보다 남성의 비중이 더 높습니다. 해당 직종에 종사하는 여성의 비율은 전

---

* 프랑스의 대학 입학 자격시험.

체 경제활동 여성 인구의 3.7%에 불과하며, 남성의 경우는 8.3% 입니다.

여성들의 진입이 가능한 그랑제콜**의 경우에도, 에콜폴리테크니크 전체 학생의 6%만이 여학생입니다.

기술 분야에서의 젊은 여성들의 비율은 요구되는 자질의 측면에서 역전된 비율을 보인다고 할 수 있습니다.

1946년 이래로 법조계에 많은 여성이 진입하고 있는데, 이는 이 직종에 대한 남성들의 무관심으로 설명할 수 있을 것이며, 법조계에서도 결정권을 지닌 상위 직급에는 여전히 극소수의 여성들만이 오를 수 있습니다.

회장님께서 잘 지적해주셨듯이, 장급長級의 여성 의료인은 아주 드뭅니다. 현재 파리 지방법원장이 여성이긴 하지만, 여전히 지방법원장직이나 검사장직에는 극소수의 여성 법조인들만이 임명됩니다. 대법원장과 고등법원장은 한 번도 여성이었던 적이 없습니다.

정치계와 노동계의 이야기를 해보겠습니다.

상원의원 282명 중 여성 의원은 7명이고, 하원의원 490명 중 여성 의원은 9명입니다. 이는 1946년보다도 낮은 수치입니다. 정부 내각에서는 여성 장관 4명이 활동 중입니다. 외국 내각에 비해 월등히 높은 이 숫자는 대통령의 강한 의지 덕분에 가능했습니다만, 지방정부로 눈을 돌려보면 지방의원의 4%, 지자체장의 1.8%(37000명 중 700명), 도의회 의원의 2%만이 여성입니다.

** 프랑스 특유의 소수 정예 고등교육기관 체계. 이곳 출신들은 프랑스 학계, 정관계, 재계, 산업계의 최고위직에 대거 포진되어 있다.

게다가 여성 지자체장 700명은 모두 인구 5000명 이하의 작은 행정구역에서 선출됐습니다.

각 정당 지도부를 살펴보아도, 여성의 비율은 지극히 낮습니다.

노동조합 조직에서도 여성의 역할은 대부분 여성 문제에 국한되어 있기 때문에, 전체 조직 지도부에서 활동하는 여성의 수는 매우 적습니다.

이러한 상황은 여성들과 가정의 어머니들의 삶에 직접적으로 영향을 끼칩니다. 전국가족협회 이사진의 5%만이 여성이며 학부모 교사연합회 지도부에는 여성이 거의 없다는 사실을 알았을 때 놀라지 않을 수 없었습니다.

이러한 현상은 비단 우리 나라에서만 일어나는 것이 아닙니다. 미국의 경우는 더욱 심각합니다. 소비에트연방 혹은 폴란드의 경우, 의료계에 종사하고 있는 60～70%의 여성들 중 교수와 같이 결정권이 있는 직위에 있는 여성은 극소수입니다. 정치계에서도 역시 여성들의 역할은 미미합니다. 제가 지난 5월에 방문했던 스웨덴조차도 내각 전체에서 여성은 정무차관 한 명뿐이었습니다.

저는 이 문제에 관해 여성들이 보다 적극적으로 탄원해야 한다고 생각합니다.

공권력은 노동계에서의 여성 문제에 중요한 방식으로 행동을 취할 수 있기 때문입니다. 다른 문제에 관해서는 이렇게까지 잘못하지 않았는데 말입니다.

1960년대의 많은 국가들은 노동력 부족에 시달렸고, 여성들의 노동을 장려하기 위한 조치를 감행했습니다. 이와 반대로, 경기가 좋지 않거나 인구가 감소하는 시기에 여성들은 사회보장수당의 논리나 미비한 사회제도에 의해 가정에 머무르기를 강요받았습니다.

우리는 여성의 직업 활동과 더불어 여성의 삶의 방식에 대해 생각해보아야 합니다.

저는 이러한 용어들과 함께 종종 따라오는 잘못된 논쟁에 참여하고 싶지 않습니다. 여성들은 일을 해야 한다 혹은 집 안에 있어야 한다, 여성 해방이냐 속박이냐 같은 논쟁 대신, 저는 여성들이 바랄 수 있고 바라야 하는 것은 무엇보다도 선택의 자유라고 생각합니다. 다시 말해, 여성들은 어떤 결정을 내리는 것에 익숙해져야 합니다. 거기서부터 삶의 틀과 환경이 세워지고, 이어서 여성의 존재 방식의 모델이 생겨나기 때문입니다.

저는 또한 이 문제에서 책임을 행사하는 권리가 여성들에게 주어져야 한다고 생각합니다. 이를 통해 여성들은 부부 생활을 비롯하여 자녀들과 함께하는 삶에 필수적인 자기 만족감을 얻을 수 있기 때문입니다. 그리고 이러한 자기 만족감은 경우에 따라, 인생의 단계에 따라, 가정 혹은 직장에서 얻을 수 있습니다.

작년에 이 문제와 관련하여 새로운 가족정책 정의에 대한 연구를 진행했습니다. 그리고 여성 노동에 대한 매우 다양한 개념들을 맞닥뜨리게 되었습니다. 그러나 여러 차례의 설문조사를 통해 프랑스에서 가족이 얼마나 생생한 현실의 문제인지 알게 되었습니다.

프랑스 가정은 가족의 행복을 추구하며, 이러한 가정의 행복 속에서 중요한 기능을 하는 것은 다름 아닌 여성의 깊은 기대와 만족이었습니다.

그렇다면 그들은 무엇을 기대하고 있을까요?

프랑스의 많은 젊은 여성들은 직업 활동을 하고 싶어 하는 동시에 가정생활과 직업 활동이 양립할 수 있기를 바라고 있습니다.

젊은 프랑스 여성들의 이와 같은 입장은 "나는 직업적인 성공을 선택했어. 그러므로 나는 결혼을 하지 않을 것이고 아이도 갖지 않을 거야"라고 말하기도 하는 다른 나라의 여성들과는 다릅니다. 저는 프랑스에서 이렇게 확신에 찬 발언은 들어보지 못했습니다. 프랑스 여성들의 특징은 일과 가정 양립의 추구라고 할 수 있습니다.

공권력의 책무는 이러한 욕구를 인식하고 노동시간과 사회보장수당 관리를 통해 어떻게 여성들이 원하는 균형을 실현할 수 있을지 고민하는 것입니다.

이 문제에 관해 효과적으로 대응할 수 있는 가능성이 있습니다.

다음 봄 회기에 열릴 의회에서 소개될 사회보장수당 개정안을 예로 들어 이야기해보겠습니다. 우리는 젊은 여성들이—일을 할 수도 있고 하지 않을 수도 있습니다—어린 자녀를 가졌을 때 도움을 주기 위해 중립성의 원칙을 채택했습니다. 문제는 3세 미만의 어린 아이들과 관련된 것이었습니다. 우리는 이러한 개혁이 오늘날 프랑스 가정의 사회 현실에 적합하다고 생각했습니다. 여성들이 스스로 일을 할 것인지 하지 않을 것인지를 자유롭게 선택할 수 있게 하는 중립성의 원칙이 중요하다는 것입니다.

마찬가지로, 여성들로 하여금 어머니로서의 의무를 다하면서 직업 활동을 할 수 있도록 하는 일련의 기준을 정하고, 보다 적절한 시간표를 운용하는 것이 필요하다고 생각합니다.

그렇게 된다면 만족스러운 균형을 이룰 수 있을 것입니다. 여전히 가야 할 길이 멉니다. 특히 정치적이고 사회적인 결정권의 영역에서는 더욱 그러합니다. 어떤 학파를 지지하건 어떤 이익을 추구하건 상관없이 여성들에게는 중요한 목적이 있습니다.

여성들이 정치적 행동에 참여하는 것을 원치 않는 경우, 그것은 대부분 이 정치적 행동을 위해서는 자신을 내던져야 하며, 어머니, 아내 혹은 주부의 삶이 이 추가적인 비영리활동을 아주 어렵게 만들기 때문입니다.

마지막으로, 저는 우리 나라가 이 문제를 겪고 있는 여성들을 위한 조화로운 균형을 찾고 있다고 진지하게 생각합니다. 지금의 젊은 여성들이 어쩌면 그 선배들에 비해 더 많은 어려움과 맞닥뜨리고 있기는 하지만 말입니다.

제 세대의 여성들은, 앞선 세대들과 마찬가지로, 자신들의 목소리를 내는 데 성공하기 위해서는 많은 타협을 거쳐야 한다는 것을 잘 알고 있었습니다. 오늘날의 젊은 여성들이 이것에 대해 인식하고 있는지, 예전에 비해 남성들이 집안일을 많이 하게 되었다 해서 이러한 갈등과 고민이 존재하지 않는지는 확신할 수 없습니다. 저는 여전히 몇몇 젊은 여성들이 가정에서의 '중책'을 내려놓지 못하는 것에 종종 실망하는 것이 두렵습니다.

하지만 저는 균형이야말로 조화로운 우리 사회를 위한 것이라고 믿습니다. 여성들은 우리 사회에 예전과는 다른 새로운 것들을 가져다주었기 때문입니다. 저는 "남성과 여성 사이에 완벽한 평등이 존재한다"고 외치는 여성들과는 전혀 다른 입장이고, 여성과 남성은 다르게 창조되었으며 다르게 살아간다고 생각합니다. 우리 사회의 균형과 조화는 각자의 참여를 필요로 합니다. 마오*의 말을 인용하겠습니다. 그는 "여성은 하늘을 받치는 나머지 절반이다"라고 말했습니다. 이 절반의 존재들은 잊혀서는 안 됩니다. 오늘날 우리 사회의 관심사 역시 여성들이 형식주의적 시각에서 벗어나 보다 일상적이고 인간적이며 구체적이고 객관적인 방식으로 문제에 다가가고, 이를 통해 각자의 삶을 이루고 있는 작은 디테일에 가까이 갈 수 있는 접근법을 택하는 것에 있습니다. 분명 프랑스 여성들은 자신들이 느끼는 행복의 일정 부분이 여성의 지위에서 온다는 것을 확실히 인식하고 있습니다. 그렇기 때문에 여성들은 이를 포기하거나 우리 사회에서 통합되기 힘든 평등주의적 요구를 표명할 준비가 되어 있지 않다고 생각합니다.

프랑스 페미니즘의 지향점이 지나치게 전통적인 노선과 급진적인 노선 사이에서 균형을 잡는 것이라고 생각하는 입장으로서, 모든 여성들이 동시에 패배할 것이 자명한 혁명에 대한 구상을 보면 적잖이 놀라게 됩니다.

여성들은 지나치게 위대한 혁신을 경계하기 때문입니다. 이러한 입장을 지지하는 몇몇 여성들은 꽤나 종종 현실적이라기보다는 표면상으로 드러나는 부분을 더 중시합니다. 엄마와 아빠 모두 출산 휴가를 쓸 수 있음에도 대부분 엄마만이 이 제도를 이용하는 스웨덴의 사례를 봅시다. 또 우리는 흔히 미국 여성들은 매우 해방되었다고 이야기합니다. 과연 그들도 그렇게 느끼고 있는지, 자신들의

* 중국 공산당 지도자 마오쩌둥.

기대를 충족하기 위한 실질적인 기구를 조직할 수 있는지에 대해서는 확신할 수 없습니다.

여성의 지위란 우리 프랑스 여성들을 위한 것이며, 부부와 가족의 행복과 직업 생활에서의 자기만족 사이의 균형을 추구하는 것이야말로 궁극적으로 이상적인 조화를 찾고 유지할 수 있게 해줄 것이라고 생각합니다.

최근 몇 주 동안 이 문제에 관해 아일랜드 여성들이 취한 태도에 대해 이야기하며 연설을 마치겠습니다. 성별에 기반한 연대를 통해 자신의 나라를 뒤흔든 폭력에 맞서고자 한 여성들의 움직임은 매우 인상적이었습니다.** 아일랜드 여성들의 예는 우리에게 시사하는 바가 큽니다. 여성들이 이뤄낸 위대한 용기는—간절히 바라건대—우리 사회를 좀먹는 '미래에 대한 불안'을 줄여줄 수 있기 때문입니다.

1976년 9월 28일, 여성 의료인 학술대회

** 1975년 북아일랜드 공화국군 지도자 암살과 그 보복의 일환인 아일랜드 영국 대사 암살 등 극렬한 분위기로 치달은 상황에서 아일랜드 여성들은 '북아일랜드 여성 권리 연합'을 창설하여 다양한 사회 문제를 해결하고자 했다.

여성의 지위 향상에 관한 고찰

저는 결코 일시적인 해결책을 위해 이 문제가 표면적으로 다루어져서는 안 된다는 확실한 신념을 가지고 있습니다. 앞으로 다가올 몇십 년의 여성 지위 향상을 위한 방법은 근본적인 파동을 일으키는 것이어야 합니다. 미래 혹은 여성의 평등 그 자체만을 논하는 것에서 벗어나, 사회 전체의 균형, 특히 사회의 근간이 되는 가정에서의 균형에 대해서 생각해보아야 합니다.

모든 이들이 여성의 지위가 눈에 띄게 향상되었고, 특히 지난 반세기 동안의 변화는 괄목할 만한 것이라고 이야기합니다. 그러나 우리가 흔히 생각하는 것처럼 여성의 지위 향상은 일하는 여성의 비율 증가에 기인한 것이 아닙니다. 노동하는 여성 인구 비율은 금세기 초에 비해 크게 늘지 않았습니다. 여성들이 종사하는 노동의 종류가 크게 달라졌을 뿐입니다. 예전에 대부분의 여성들은 수공업이나 농업에 종사하였고, 가정에서 멀지 않은 곳에서 일을 했습니다.

광산에서의 여성 노동력의 대규모 증가—지난 두 번의 전쟁에 의한 필요로 인해 이루어졌던—는 노동환경을 근본적으로 변화시켰고, 자연스럽게 가정생활과 사회적 삶도 영향을 받게 되었습니다. 가정과 직장 사이의 거리 때문에 부부 관계가 어려워졌고, 예민한 문제들이 발생했으며, 자녀를 갖고자 하는 이들의 당연하고 자연스러운 욕구는 물질적이고 심리적인 제약들과 맞닥뜨리게 되었습니다.

교육 수준이 높아지고 바깥세상으로의 개방이 이루어지면서 여성들의 직업 활동이 보다 수월해짐과 동시에, 사회에서 갈수록 더 적극적으로 역할을 수행해야 하는 여성들은 더욱 높은 수준의 평등과 직업적, 사회적 승진을 기대하게 되었습니다.

이 시점에서 공권력은 중요한 역할을 수행해야 합니다. 우선 합법적으로 행사할 수 있는 결정권이 있는 요직에 여성들이 보다 쉽게 접근할 수 있는 권리를 보장해주어야 합니다.

이 부분과 관련된 필수적인 개혁들이 이미 이루어졌습니다. 적어도 문서상으로는 말입니다. 시민의 권리 차원에서 남성과 여성 사이의 모든 차별은 철폐되었습니다. 여성도 친권을 행사할 수 있고, 공동재산을 관리할 수 있으며, 혼자가 되었을 때도 가족권 전반을 행사할 수 있도록 가족권 역시 많이 변했습니다. 최근 들어 여성들이 몇몇 직종과 직군에 접근하는 것을 막아왔던 사법적, 행정적 제약들도 마침내 철폐되었습니다. 하지만 현실에서 이러한 조치들이 성공적으로 시행되기에는 아직도 갈 길이 먼 듯합니다. 상급 직군에 종사하는 여성들의 비율은 남성에 비해 여전히 미미한 수준이며, 이는 공공 영역과 사기업 혹은 전문직을 막론하고 마찬가지입니다. 정치단체나 노조 쪽 역시 같은 상황입니다. 현재 상원의원 7명과 하원의원 7명이 활동 중인데, 이는 1946년보다도 낮은 수치입니다. 대부분의 다른 나라에서도 상황은 크게 다르지 않습니다.

현실에서 실질적인 변화가 일어나기 위해서는 여성들이 자신들이 할 수 있는 역할의 중요성에 대한 인식을 제고해야 합니다. 시민사회를 위해 책임 의식을 가지고 삶의 양태를 개선하며, 자신의 개인적인 성공을 위해 가정과 자녀를 희생시킬 필요가 없는 조건들을 만들어가는 역할에 대해서 말입니다. 저는 이것이 정말 중요하다고 생각합니다.

현 정부에서 일하는 여성들 4명의 존재—물론 주어진 문제들을 해결하기에 그들만으로는 턱없이 부족합니다—는 의미 있는 가치를 상징합니다. 지방선거를 준비하면서 입후보자들의 명단을 작성하기 위해 더욱 많은 여성들에게 제안이 이루어지고 있는 모습을 봅니다.

공권력은 문서 속에서 이루어진 개혁이 실질적으로 적용될 수 있도록 행동해야 합니다. 이러한 조치들이 경제적인 수당에만 머물면 안 된다고 생각합니다. 전반적인 정책 시행을 통해 일상생활 환경—주거, 교통 등—개선이 이루어지는 동시에 보육 제도의 발전, 학교 방학 기간의 설정, 여가 선용, 직업 교육과 같은 사안들 역시 고려되어야 할 것입니다. 이러한 방향 속에서 바람직한 가족정책을 결정할 수 있습니다.

그렇지만 저는 국가가 '전업주부'와 '일하는 엄마'를 구분 짓는 담론에 참여하지 않기를 바랍니다. 그 대신에 여성들이 가능성을 가지고, 주어진 상황 속에서 개인적 기대와 가족의 상황에 가장 적합한 선택을 할 수 있었으면 합니다. 이를 통해 정부는 '현재 이루어지고 있는 사회보장제도를 대신할 수 있는' 가족정책을 마련할 수 있을 것입니다. 여성이 처한 상황이 어떠하든 가정의 수입을 반영한 사회적 보조가 이루어져야 합니다. 물론 여성이 일을 할 경우, 아이를 돌보는 비용을 고려한 약간의 상한액 차이를 두고 말입니다.

이러한 조치들은 오늘날 우리 나라 여성들이 염려하고 있는 바를 해결해줄 수 있을 것입니다. 그들 대부분은 엄격한 평등주의적 주장에는 크게 관심이 없고, 이 문제에서 대부분 형식적인 결과만을 가져오는 눈에 띄는 혁신에는 신경 쓰지 않는다고 확실히 말할 수 있습니다. 그러한 혁신들이 부정적인 결과를 가져오는 경우를 제외하고는 말입니다.

우리 프랑스 여성들에게 1977년을 사는 여성이라는 사실은 우리가 우리의 지위를 책임진다는 것이며, 차이에 의한 우리의 권리를 인식한다는 것이고, 우리의 직업적 기대와 가정의 행복을 양립시킬 수 있는 삶의 새로운 균형을 추구한다는 것을 의미합니다.

1977년 1월 22일

여성의 구체적인 상황이 고려될 수 있도록 언제나 새로운 방법을 모색하고 행동해야 합니다

장관님,

회장님,

그리고 여기 모이신 모든 여성분들께,

비록 아주 짧은 시간이나마 오늘 제가 여러분과 함께할 수 있어 얼마나 기쁜지부터 말씀드리고 싶습니다.

드라가랑드리 씨께서 여성법조인협회를 창설하고자 하는 기획에 참여하도록 저를 불러주신 지 벌써 몇 달이 지났습니다. 이것은 권리의 평등을 위한 여성들의 투쟁의 시기에 제기된 진정한 요구에 응답하기 위한 시도입니다.

사법관, 장관 혹은 유럽의회 의장 등의 직책에 임명됨으로써, 저는 여성의 권리 평등과 신장을 위한 참여 의지를 매우 구체적인 방식으로 드러낼 수 있는 특권을 누렸습니다.

1957년부터 1964년까지 교정행정국에서 사법관으로 일하면서,

저는 남성들보다 훨씬 적은 수의 여성 수감자들을 접하며 왜 그들이 자신들이 받은 처벌에 관해 전혀 의구심을 가지지 않는지, 왜 중앙행정 당국에서는 그들의 수감생활환경에 조금도 관심을 가지지 않는지 등에 관심을 쏟게 되었습니다.

당시 대부분의 교도소는 상상할 수 없을 정도로 노후했기 때문에, 이 여성 수감자들의 물질적인 상황이 상대적으로 양호했다는 사실을 먼저 말씀드려야 할 것 같습니다. 그러나 규율의 측면에서 보면, 특히 장기수가 많은 렌 중앙교도소의 경우, 가혹한 규칙으로 인한 비인간적인 대우가 여전히 계속됐습니다. 원칙을 고수했던 당국은 이러한 교화 방식이 사회 재통합의 기회에 반한다는 것을 인정해야 했습니다. 알제리의 교도소들을 시찰한 후, 저는 민족해방전선에 가담했던 이 장기수들을 프랑스로 이송하는 업무를 담당하게 되었습니다. 그리고 분쟁이 끝날 때까지 이 여성 수감자들은 교도소 한곳에 함께 수용되었습니다. 이들에게는 공부를 하고 협상의 희망을 담은 규정의 혜택을 누릴 수 있는 권리가 제공되었습니다.

민사 담당 국장을 맡게 된 덕에, 저는 한창 추진 중이던 가족권에 관한 중요한 법 개정 절차에 참여할 수 있었습니다. 개정의 대부분은 기혼 여성의 채권債權과 재산권은 물론, 친권과 같은 다양한 권리를 신장하는 것을 목적으로 하였습니다. 같은 시기에 저는 여성노동위원회의 일원으로서, 여성들이 보다 다양한 직업 활동을 할 수 있도록 여성의 노동조건 개선을 위한 소송에도 참여하였습니다.

이 일—아마도 다른 많은 업무보다 우선시되었던—에 대해 이야기할 때, 당시 정부가 여성들의 노동을 장려하였고, 이것이 당시 한창 성장 중이던 경제 때문이었다는 것은 강조할 만한 사실입니다. 이민자들은 특정 유형의 노동 활동을 수행할 수 없었고, 이에 따라 여성 노동력을 유치하려는 시도가 이루어졌습니다. 이러한 맥락에서, 저희 위원회에서는 과연 파트타임 노동을 장려하는 것이 적절한 것인가에 대한 논의가 오래도록 이어졌다는 사실을 강조하고 싶습니다. 일부 위원들은 이 사안에 대해 원칙적으로 적대적이었지만, 논의의 초점은 더 많은 여성들이 일을 하도록 하는 동시에 풀타임으로 일하는 여성들이 파트타임으로 일하는 것을 장려할 수 있는 파트타임 노동의 유연성에 맞추어져 있었습니다. 이 논쟁은 여성들이 이민자 출신 노동자들같이 경제의 필요에 따라 부름을 받거나 돌려보내질 수 있는 추가 노동력으로 간주된다는 사실을 완벽하게 반영하고 있었습니다.

여성은 직업 활동과 가족 내 역할을 조화시킬 수 있어야 하기 때문에, 시간 및 근무 일정과 관련된 문제는 특히 여성에게 중요합니다. 자녀가 있는 모든 여성들은 어느 시점에서건 이 문제와 직면하게 됩니다. 어떤 사람들은 나이가 든 부모님이나 시부모님을 보살피는 일에도 남성보다 여성이 적합하다고 주장합니다. 이러한 상황은 여성들에게 점점 더 부가적인 짐을 지우게 됩니다. 따라서 여성의 전문적인 활동을 촉진하기 위해서는, 근무시간을 조정하고 완화하는 문제를 고려해야 합니다. 제가 보건부 장관에 임명되었던 1974년, 병원들은 간호사 인력 부족 사태를 겪고 있었습니다. 예외적인 3교대 근무가 허용되었고, 이 조치는 매우 성공적인 결과를 가져왔습니다. 간호사들이 다시 일하기 위해 병원으로 돌아올 수 있도록 장려했기 때문입니다.

같은 맥락에서, 사회복지보건부에서는 여성들이 수요일*에 출근하지 않고 자녀를 돌볼 수 있는 여지를 처음으로 마련했습니다. 돌봄 대안이 없는 상황에서 자녀가 학교를 가지 않는 날이 종종 있기 때문입니다.

노동조합들이 여성의 노동에 불이익을 줄까 봐 이 문제에 지속적으로 관심을 가지지 않고 있다는 것이 참으로 안타깝습니다. 이는 노동조합연합 차원에서도 마찬가지였습니다.

저는 과거와 관련된 개인적인 경험에 대해 말하고 있지만, 세상은 전혀 바뀌지 않았습니다. 여전히 예전과 똑같은 어려움을 겪고 있는 오늘날의 젊은 여성들을 생각해야 합니다.

여성의 구체적인 상황이 고려될 수 있도록 우리는 언제나 새로운 방법을 모색하고, 참여하고, 투쟁하며 행동해야 합니다. 이와 관련하여 주당 35시간 노동 적용에 관한 설문조사를 보면, 여성들에게 필요한 유연성이 보장되고 있는지 여전히 의구심이 듭니다.

그런 이유로 저는 유럽연합의 차원에 걸맞은 여러분의 행보에 경의를 표하는 바입니다. 유럽, 특히 유럽공동체는 노동 및 사회보장법의 모든 분야에서 여성과 남성에게 동등한 권리를 부여하고 회

---

* 주 4일 수업을 하는 프랑스 초등학생들은 수요일에 학교에 가지 않는다. 2013년부터 수요일 오전 수업이 도입되었으나, 2017년 학교와 지자체 재량으로 주 4일 수업을 선택할 수 있도록 교육정책이 바뀌었다.

원국들에게 특정 지침에 대한 구속력을 발휘함으로써 여성의 권리 발전에 크게 기여했습니다.

브뤼셀 집행위원회와 유럽의회, 특히 여성인권위원회가 이 분야에서 중요한 역할을 수행해왔습니다. 룩셈부르크 유럽사법재판소는 여성 평등의 원칙을 엄격히 지키려고 노력해왔으며, 이를 통해 여성에 대한 모든 종류의 차별을 금지하고 있습니다. 사실상의 불평등을 바로잡기 위한 조치입니다. 물론 이러한 조치들이 고용, 승진 및 특히 임금과 관련된 여성의 매우 잦은 희생과 사실상의 차별을 제거하기에는 충분하지는 않습니다.

이론적으로, 모든 종류의 직업은 여성에게 열려 있습니다. 하지만 현실에서, 특정 분야는 여전히 남성들이 독차지하고 있습니다. 적어도 요직의 경우에는 그렇습니다. 여성의 임금에 대해 살펴보자면, 동일한 노동을 했음에도 여성은 남성보다 평균 10~15% 더 적은 금액을 받습니다. 하지만 이해당사자가 그것을 항상 증명해 보일 수는 없습니다.

이러한 맥락에서, 저는 드라가랑드리 씨께서 관심을 기울였던 여성들 간의 연대의 중요성을 강조하고자 합니다. 일반적으로 여성들은 서로를 지지하기보다는 나 홀로 걸어가거나 서로의 '발목을 잡는' 경향이 있다고 비판받습니다. 지극히 다양한 배경을 가진 여성들과 40년 이상 일할 기회를 가질 수 있었던 저는 종종 남성들보다 훨씬 더 돈독하게 연대하는 여성들을 만날 수 있었고, 특히 다른 여성들의 임명과 승진에 유리하도록 많은 주의를 기울이는 모습을 볼 수 있었습니다. 이따금 저는 수적으로 우세한 남성들 틈에서 얼마 되지 않는 여성들이 공모와 합의를 하는 것에 놀라기도 했습니다.

이러한 연대는 특히 국제적 수준에서 나타납니다. 여성들의 끊임없는 투쟁은 특정 개발도상국이 일정한 권리의 평등을 인정하게 하고, 때로는 매우 중요하기도 한 책임에 대한 접근을 허용하게 합니다. 또한 할례와 같은 잘못된 관행에 맞서 싸우기 위해 함께 행동합니다. 1993년의 카이로 회의와 1995년 베이징 회의는 좋은 예가 될 수 있을 것입니다. 여성들은 이 회의들을 통해 여성의 발전을 촉진하고 여성의 권리를 보호하며 여성의 인격과 존엄성에 대한 모든 공격에 맞서 여성의 보호를 증진하는 가장 중요한 쟁점들에 대한 입장을 표명했습니다.

뿐만 아니라, 개인 자격이건 여성운동 단체의 일원으로서건, 특히 차별적인 상황을 야기하는 정치제도나 종교 전통에 맞서 여성 희생자들을 보호하기 위해 나선 이들의 대부분이 여성이라는 사실도 재차 강조하고 싶습니다.

우리 유럽 여성들이 북미를 제외한 다른 대륙 여성들 대부분에 비해 어떤 특권을 가지고 있다면, 우리가 나서서 싸워야 하는 투쟁들 역시 남아 있음을 알아야 합니다.

각 나라의 사회문화적 유산과 관련된 전통보다는 문서를 수정하는 것이 실제로 훨씬 쉽습니다. 우리는 스칸디나비아 또는 앵글로·색슨 국가들이 라틴계 및 지중해 전통을 지닌 국가들보다 훨씬 진보했다고 생각하는 경향이 있습니다. 가까이 들여다보면, 상황은 그리 단순하지 않습니다.

각각의 상황을 더 정확하게 파악하기 위해서는 많은 요인을 고려해야 합니다. 브뤼셀 집행위원회가 수년 전에 수행한 연구에 따르면, 독일과 룩셈부르크에서 여성의 일에 대한 저항이 가장 두드러졌습니다. 의심할 여지 없이, 아침 시간으로 제한된 독일 아이들의 학교 일과는 여성들이 일하는 것을 더욱 어렵게 만듭니다.

유럽의회 의장직을 수행하면서, 저는 왜 프랑스 여성들의 정치 활동 참여가 다른 유럽 국가들에 비해 그렇게 낮은지에 대한 궁금증을 품었습니다. 당시 프랑스는 유럽의 '적신호'였습니다. 남녀동수제에 관한 법은 지금까지도 근본적으로 상황을 바꾸지 못했습니다. 반면 민간 기업에서의 책임 권한을 지닌 직책에 관해서는, 그 상황이 상당히 다르다는 것을 알게 되었습니다. 마찬가지로 우리가 종종 생각하는 것과는 달리, 일부 스칸디나비아 국가와 네덜란드의 경우, 경제 분야와 대기업의 경영 분야에서 요직을 맡은 여성은 거의 없었습니다.

이 사실은 몇 달 전 언론에서 보도된 연구 결과에 의해서도 확인됩니다.

이러한 차이에 관해 의문을 가지던 중, 저는 이 차이가 각국이 다양한 활동에 부여하는 이미지와 중요도를 반영하는 것으로 해석했습니다. 라틴계 국가, 특히 프랑스에서는 국가와 국민의 삶에 실질적 권력을 행사하는 것은 정치권력인 반면, 다른 국가들에서는 경제가 지배적인 위치를 차지합니다.

실제 현실에서는 우리가 권력과 영예를 부여하는 분야에서 여성의 존재에 대한 저항이 가장 극심하게 일어납니다.

지나치게 비관적이 되고 싶지 않은 저는 수 세기 동안 우리 사회를 형성해왔고, 개인적이고 공적인 일상의 모든 측면에 반영되는 전통이나 관습과 연결된 행동을 변화시키고 '흔드는' 것이 얼마나 어려운 것인지 강조하곤 합니다.

유럽의 진보적 통합, 공통 가치에 대한 언급, 소통의 자유는 이러한 차이를 완화할 것입니다. 하지만 시간이 걸릴 것입니다. 또한 저는 여전히 차이에 대한 권리의 포기를 받아들일 준비가 되지 않은 여성들을 봅니다. 그들이 바라는 것은 차이를 가정할 수 있게 하는 권리의 행사입니다. 우리가 자주 인용하는 스칸디나비아 모델, 특히 스웨덴의 경우에도 아버지의 역할에 관해서는 그다지 명확하지 않을 뿐 아니라, 관련된 설명 역시 그다지 설득력을 지니지 못합니다. 우리가 일반적으로 여기는 것과는 달리, 연장된 육아휴직을 사용하는 아버지의 수는 사실상 매우 적은 것이 현실입니다.

모든 곳에서 한부모가정의 증가는 남성보다 여성에게 훨씬 더 많은 영향을 끼칩니다. 한부모가정을 선택한 일부 여성들의 경우에 많은 이들의 희생이 따르는 반면, 다른 가정을 꾸린 남성들은 법의 강제에도 불구하고 다른 자녀들에 대한 책임을 지는 것을 꺼립니다. 그러한 이유로 저는 자녀를 번갈아 돌볼 것을 중요시하는, 이혼에 관한 최근의 법안에 유보적인 입장을 취하고 있습니다. 많은 경우에 이 조치는 실행이 쉽지 않고 결국 생활이 곤란한 어머니가 법적 처벌의 대상이 되지는 않을지 의문이 듭니다.

펜촉만으로는 법을 바꿀 수 없는 사회적, 심리적 현실을 무시할 수 없습니다. 그럼에도 불구하고, 대부분의 국가에서 입법은 근본적으로 남성적인 작업으로 남아 있으며, 여성의 상황을 고려하지 못합니다. 그렇기 때문에 저는 더 많은 여성들이 정치 활동에서 임무를 수행하는 것이 중요하다고 생각합니다.

교육을 통해서 남학생과 여학생의 사고방식이 조금씩 바뀔 것입니다.

남학생과 여학생의 서로에 대한 태도를 포함한, 넓은 의미의 성교육에서부터 시작할 수 있을 것입니다. 존중이란 상호적으로 이루어져야 하는 것입니다.

저는 항상 남학생들에 대한 교육을 통해 종종 10대들에게 깊은 상처를 남기는 사건과 참사를 피할 수 있을 것이라고 생각해왔습니다. 여학생들에게는 선배들이 수십 년 앞서 걸어간 길을 보여줌으로써 자신감을 심어주어야 합니다. 그들이 각자의 의지와 일을 통해 생활 속에서 보다 더 잘 무장할 수 있도록 도움을 준다면, 진정한 직업을 가지는 데 필요한 교육을 받을 수 있을 것입니다.

여성에게 독립심이란, 남성에 비해 더욱 강한 경제적 독립심과 심리적 독립심을 동시에 의미하기 때문입니다.

앞서 남녀동수제에 대해 말씀드렸습니다. '남녀동수제 선언'을 준비했던 여성들의 모임을 위해 전직 장관이었던 서로 다른 여성 열 명이 모였습니다. 특히 정치적인 성향이 매우 달랐습니다. 절반은 여당 소속이었고 나머지 절반은 야당 소속이었습니다. 그렇지만 우리에게 동기를 부여한 것에 대해 서로 이야기를 나누면서, 우리 모두는 진정한 독립을 성취해야 하며 그를 위해 진정한 직업을 가져야 한다는 것과 흥미 있는 일을 하기 위해서는 희생이 필요하다는 것을 확실히 가르쳐준 어머니들의 존재를 떠올렸습니다. 이것은 단순한 연설이 아닙니다. 저는 어린 소녀들이 여성으로서의 삶을 준비할 수 있도록 그들을 도울 수 있는 모든 구체적인 방법을 찾아야 한다고 생각합니다. 여자아이와 남자아이 사이에 차별을 야기할 수 있는 교과서나 장난감이 제공하는 틀에 박힌 이미지에 대한 이야기를 많이 합니다. 의심할 여지 없이 이러한 이미지는 차별을 강화하는 데 기여합니다. 특히 사회에서의 여자아이와 남자아이 각자의 역할에 관해서는 더욱 그렇습니다. 하지만 저는 권리의 평등을 우선적으로 획득하기 위해 투쟁하는 페미니스트들과는 달리, 오늘날의 여성들은 차이를 일부 고수해야 한다고 생각합니다. 오늘날의 여자아이들은 예전보다 훨씬 더 확실하게 스스로를 인식하고 있으며, 더 이상 남자아이들에게 열등감을 느끼거나 그들에 대해 복잡한 태도를 가지고 있지 않습니다. 심지어 저는 때로 성인 남성들이나 남자아이들이 여성들의 출산 능력을 부러워하는 게 아닐까 하고 궁금해하기도 합니다. 그러나 우리는 스스로 해방되었다고 느끼는 것에 만족해서는 안 됩니다. 이 진화를 사회가 받아들여야 할 것입니다.

감사합니다.

2002년 9월 20~21일,
프랑스여성법조인협회 유럽 학회

여성의 권리

내외 귀빈 여러분,

친애하는 여성 동료 여러분,

권리의 획득에 대해 이야기해주실 로랑스 클라이만 씨에게 발언권을 넘기기 전에, 몇 가지 개인적인 생각들을 이야기하고자 합니다. 우리 모두 여러 연사들의 의견을 듣는 것에 많은 관심이 있지만, 제게는 이 모임에서 다루어지는 다른 주제들에 관해 간단하게나마 다룰 능력이 없기 때문입니다.

저의 직업 활동에 관해 말씀드리자면, 그간 우연히 혹은 자발적으로 여성의 지위와 관계된 특정 문제들을 다루어왔습니다.

우선 법무부의 사법관으로, 저는 사법시험 통과 후, 교정행정국에 배치되었습니다. 아직 국립사법학교가 없었을 때의 이야기입니다. 단 한 명의 여자 선배가 있었으나, 오래 머물지 않고 곧 떠나갔습니다. 임명 후 어떤 부서에서는 제게 말을 걸지 말라고 하는 지침까지 내려졌다는 사실을 알게 되었습니다. 물론 이러한 대접은 오래가지 않았고 곧 동료들과 아주 좋은 관계를 유지할 수 있게 되었습니다. 저는 조직적인 차별을 딛고 완벽한 신임을 얻었습니다.

여성에게도 남성과 동등한 권위가 있다는 사실을 증명하기 위해서는, 심지어 교도소장들과의 관계에서조차 일정 시간이 지나야 했습니다. 교정행정국 소속으로서 저는 여성 수감자들이 자신들이 받는 대우에 대해 아무런 신경을 쓰고 있지 않다는 것을 알게 되었습니다. 오늘날과 마찬가지로, 여성 수감자들의 숫자는 남성 수감자에 비해 지극히 적습니다. 당시 장기수로 복역 중이던 모든 여성 수감자들은 특히 심하게 노후화된 아그노 중앙교도소에 함께 모여 생활했습니다.

여성 교정 직원 중 그 누구도 소장 직급에 오르지 못했기 때문에, 남성 교도소장은 행정 문제에만 신경을 썼고, 그 아래에 있던 여성 부소장이 수감생활환경과 관련된 모든 것을 신경 써야 했습니다. 여성의 범죄는 남성의 범죄와는 많이 다릅니다. 여성이 저지르는 끔찍한 범죄는 혈연이나 친족, 이웃과의 관계에서 자주 발생하는 경향이 있습니다. 여성 수감자들은 교정 불가능한 유명 범죄자와 같은 취급을 종종 받기도 합니다. 교도소에서 그들은 스스로 형벌을 받아들이고 진정한 교화를 증명할 때까지 '대가를 치러야' 합니다. 아그노 중앙교도소는 문을 닫았고, 모든 여성 수감자들은 훨씬 현대화된 시설인 렌 중앙교도소로 이감되었지만, 대우는 여전히 혹독했습니다. 오래된 수도원을 개조한 이 건물의 감방은 작은 침실 같은 것으로, '선량한 영혼들'을 감동시켰고, 그들은 이를 두고 기꺼이 '별 네 개짜리' 감방이라고 이야기했습니다. 이 여성들 대부분은 종신형을 선고받았는데, 가끔 사형을 선고받았다가 종신 노동형으로 감형된 경우도 있었습니다. 그들에게는 사전 허가 없이 복도나 식당의 작은 식탁에서 서로 대화를 나눌 수 있는 권리가 허락되지 않았습니다. 한번은 커피에 설탕을 넣지 않는 한 여성 죄수가 각설탕 한 조각을 같은 식탁에 앉은 동료 죄수에게 건네는 것조차 허락되지 않는 상황을 본 적이 있습니다. 죄수들 사이에 지나치게 친밀한 관계가 의심된다는 이유에서였습니다. 교도소 내의 이러한 분위기에서 지나치게 오래 지내다 보면, 지극히 사소한 규칙을 어기는 것에 대한 위협을 상시적으로 느끼게 됩니다. 이러한 상황에서 출소 후 재사회화의 가능성을 염려해야 하는 것입니다. 오늘날에 비해 수감자들의 수는 훨씬 적었음에도, 당시 중앙행정 당국은 심각하게 노후화된 감방의 상태와 민족해방전선 출신 수감자들이 일으킨 문제들로 인해 과중한 업무에 시달리고 있었습니다.

이러한 상황에서 여성들은 완전히 잊혔습니다. 규율과 관련하여 별다른 문제를 일으키지 않았기 때문입니다.

당시 저는 알제리에서 일어난 사건들과 관계된 범죄로 인해 형을 언도받고 수감된 알제리 여성 수감자들을 담당하고 있었습니다. 그중 몇몇은 부상을 입은 상태였고, 어떤 이들은 고문을 당하기도 했습니다. 그들의 수감생활환경은 특히 열악했습니다. 에드몽 미슐레 당시 법무부 장관의 명으로 1959년 알제리 교도소 시찰을 마친 저는 중형에 처해진 민족해방전선 출신 알제리인들의 프랑스 송환을 제안했습니다. 알제리에서 일어난 사건들과 관련되어 형을 선고받은 이들을 위한 '사회적 법규'가 기다리고 있는 렌 중앙교도소로 이송되기 전, 작은 구치소에 모인 알제리 여성 수감자들은 그곳에서 공부를 하는 등 몇 가지 편의를 누릴 수 있었습니다.

전혀 다른 세계에 대한 이야기 역시 제가 법무부 소속으로 있을 때 겪은 일입니다. 저는 '여성 노동을 위한 연계 위원회' 업무에 참여했습니다. 보다 많은 여성들이 직업 활동에 종사케 하기 위해 필요한 조치들을 고찰하기 위한 계획이었습니다. 이 위원회의 임무가 여성의 권리에 대한 것이 아니라, 당시 폭발적으로 증가하고 있던 여성의 취업과 재취업을 위한 실현 가능한 조치들을 제시하는 것에 집중되었음을 강조하고 싶습니다. 특별한 직업 교육을 받지 못했기 때문에 사회복지나 보건과 같은 특정 직무를 수행하지 못하는 외국인들의 이민 역시 중요하게 고려되었습니다.

이 사례는 여성들의 노동을 관통하고 있는 방식을 완벽하게 보여줍니다. 여성들은 노동력이 부족한 경제 상황에서는 탁아소 또는 유아원에서 일하거나 유연근무를 하는 등 빈곤을 해결하기 위한 노동을 강요받는 반면, 실업률이 높을 때는 가정으로 돌아갈 것을 권유받습니다. 이민자 출신 노동자들과 같이 여성들은 노동시장의 필요에 따라 조정되는 노동력인 것입니다. 전쟁 시기에 여성들은 동원된 남성 노동자들을 대신해 공장에 취업했습니다. 여성들이 그들의 역량과 힘을 통해 국가 재건에 기여하는 것이 당연하게 여겨졌습니다. 그러나 전쟁이 끝나고 나자, 많은 여성들은 실직을 하게 되었고, 그간 맡았던 업무 대신 집안일을 하도록 가정으로 돌려보내졌습니다.

제가 직접 그 변화를 경험한 여성들의 역사에 대한 생각을 몇 가지 덧붙이겠습니다. 저는 실질적인 페미니즘이란 교육과 연결된 것이며, 무엇보다도 어머니의 영향에 관련된 것이라고 생각했던 세대에 속한 사람입니다. 양차 대전 사이에 우리 어머니들은 대체로 교육을 받았으나 전통에 위배된다는 이유로 그중 많은 이들이 직업을 가지지 못했습니다. 그뿐만 아니라, 부부 관계와 가정생활을 꾸리는 데에 모계 중심의 질서는 전혀 확립되지 않았던 시절입니다. 제 세대만 하더라도 고등교육을 받은 여성들 중 극히 소수만이 직업적 경력을 가질 수 있었습니다. 공무원과 같이 여성들의 접근을 제한한 직군이 많았기 때문입니다. 시몬 드 보부아르의 『제2의 성』의 출간은 많은 것을 드러냈습니다. 우리는 정교하게 구상된 페미니즘의 개념을 발견했습니다. 권리의 완전한 평등을 단언하는 페미니즘일 뿐만 아니라, 남성과 여성 사이에 존재하는 자연적인 차이를 부정하는 페미니즘 말입니다. 그들에게는 아주 어린 나이의 소녀들에게 주어지는 교육과 여성의 역할이 지닌 특수성에 대한 '진부함'으로 움직이는 이미지들만이 두 성별 간 차이들의 기원일 것입니다.

오늘날 우리가 시몬 드 보부아르의 "우리는 여성으로 태어나지 않는다, 여성으로 만들어진다"라는 말을 인용할 때, 이 명제가 정반대의 의미로 해석된다는 점은 매우 흥미롭습니다.

페미니스트건 아니건, 많은 수의 여성들이 그들의 차이를 인정할 뿐 아니라 차이에의 권리를 주장하고 있습니다. 그들은 인류가 절반의 남성과 절반의 여성으로 이루어지기를 바라거나 혹은 여성이 조금 더 많이 존재하기를 바라며, 사회가 서로의 필요와 기대를 인식해주기를 원합니다. 남성중심적 시각이나 권리의 평등에의 집착을 버리고 말입니다.

분야를 막론하고 주요 요직에 여성들의 참여가 부재한다는 사실 때문에 여성들의 법적 요구는 폭넓게 무시되고 있습니다. 자신들이 이해당사자인 경우에도 말입니다. 최근까지도 건축은 물론이거니와 인테리어 업계에서도 밀려나 있었던 여성들은 그들이 주로 사용하는 선반이나 개수대의 높이와 같이 지극히 일상적인 사안에서도 중요하게 고려되지 않았습니다. 그러나 여성들이 할 수 있는 것은 유감을 표현하는 일뿐이었습니다.

대중교통의 경우에도 마찬가지입니다. 일반적으로 남성이 디자인한 비행기 좌석의 경우는 특히 여성보다는 남성의 편안함을 위해 제작됩니다. 일상생활에서 이와 같은 예는 수없이 많습니다. 1970년대 민법 개정이 이루어지기 전까지 아버지이자 남편으로서 남성들이 누리던 권리인 자녀 교육이나 친권, 재산권보다도 훨씬 더 불합리하고 유해한 것이 바로 여성의 실생활과 요구에 대한 이해의 부재입니다.

여성들이 요구하는 것은 실질적으로 모든 종류의 결정에 참여할 수 있는 권리입니다. 저는 1974년 발레리 지스카르 데스탱이 대선에 출마하였을 때, 그의 내각에 여성들을 임명하겠다고 결심한 계기를 종종 생각합니다. 앞으로의 사회에서 여성들이 수행할 수 있는 역할을 인식함과 동시에 정치에서 여성들을 실질적으로 배제하는 것이 불가능함을 깨달은 데스탱은 여성들이 자신의 정부에 새로운 능력과 생각을 가져다줄 수 있을 것이라고 생각했습니다.

저는 데스탱을 자신의 어머니에게 존경과 감탄을 표할 줄 아는 남성이라고 여겼고, 이런 남성들이라면 여성들이 표현하는 바를 알아차릴 준비가 되었다고 생각했습니다. 이와 같은 행보를 통해 그는 현대적인 흐름에 올라탈 수 있었습니다.

7년 임기 중 첫 내각을 꾸리는 데 이러한 입장을 고수하던 데스탱은 성년 연령 하향 조정, 이혼, 혹은 임신중절과 관련된 사회개혁을 추진했습니다.

당시 사람들이 이야기하던 것과는 반대로, 저는 그가 단지 선거 전략상 행보나 상징적 행위를 위해 이러한 행동을 하는 것은 아니라고 생각했습니다.

여성 장관 지명만으로는 확실한 증거가 될 수 없었습니다. 여성 의원들의 수는 1946년보다도 적었으며, 임명된 여성들은 모두 시민사회 출신이었습니다. 이것이 그의 후임자들이 따르지 않을 수 없었던 결정의 시작이었습니다. 이후 여성들이 담당한 분야를 살펴보면, 여전히 몇몇 부처의 문이 여성에게 굳게 닫혀 있기는 하지만, 분명한 진전을 느낄 수 있습니다. 물론 이러한 장관 지명은 '쥐페의 여자들'*처럼 상세한 설명도 없이 하룻밤 새에 여성들을 도매금으로 취급하는 것처럼 보이기도 했지만 말입니다.

---

* 1995년 대선에서 승리한 시라크는 총리 알랭 쥐페Alain Juppé와 함께 여성 12명을 내각에 등용했다. 이를 두고 일부 언론에서는 '치마'를 의미하는 jupe에 비유하여 '쥐페의 여자들les Juppettes'이라는 표현을 쓰기도 했다.

이러한 진전은 프랑스에서만 일어난 것은 아닙니다. 스칸디나비아 국가들이나 오랜 기간 대처 총리가 강력하게 이끌었던 영국에서 훨씬 더 진일보한 정부의 모습을 볼 수 있습니다.

동시에, 유럽공동체가 추진한 남성과 여성 사이의 권리의 평등은 직장 생활의 모든 부분과 관련된 세부 지침들을 통해 법적으로 보장되었습니다. 모든 종류의 차별은 룩셈부르크 유럽사법재판소의 결정에 따라 엄격한 처벌을 받게 되었습니다.

개별적으로 개인이 구제받을 수 있는 가능성이 보장되었음에도 불구하고, 현실에서 이러한 평등이 실질적으로 구현되기까지는 여전히 갈 길이 멉니다.

이 점에서, 오늘 아침 고티에 씨가 언급하신 내용을 다시 한번 강조하고 싶습니다. 프랑스 여성들의 매우 낮은 정치참여율에 대해서 말입니다. 단순하게 수치를 살펴보는 것만으로도 충분히 의미가 있을 것입니다.

고티에 씨께서는 프랑스 여성 의원의 비율이 세계 63위라고 말씀하셨습니다. 제가 활동하던 시절에는 65위였습니다. 우리의 순위는 단 두 단계 상승했을 뿐입니다!

유럽 내에서도 프랑스의 상황은 오랫동안 적신호가 켜진 상태입니다.

다른 나라 여성들과 함께했던 유럽의회에서의 경험은 이 점에 관해 흥미로운 생각을 하게 해주었습니다. 저는 남녀동수의회가 존재하거나 여성들이 정부 주요 요직을 차지하고 있는 스칸디나비아나 네덜란드와 비교해서 왜 프랑스 여성들의 정치참여율이 현저히 낮은지 의문을 품게 되었는데, 흥미롭게도 이 국가 여성들의 경제활동 참여는 매우 소극적이었으며, 대기업의 경영이나 관리 직군에서도 여성은 배제되어 있었습니다.

지멘스사社 회장의 초대로 네덜란드를 방문하여 굴지의 대기업 경영자들 앞에서 유럽에 대한 연설을 할 기회가 있었는데, 행사장은 거의 남성들로 가득 차 있었고, 가끔 보이는 여성들은 모두 장관이거나 의원이었습니다.

국가에 따라 정계와 기업계에서의 여성 비율이 차이 나는 원인을 연구하면서, 우리는 여성들의 주요 요직에의 참여가 실질적인 권력 행사에 대한 인식과 관련이 있음을 알게 되었습니다. 자유로운 사회 분위기를 지닌 북유럽 프로테스탄트 국가들의 경우 경제력을 중시하는 반면, 라틴계 국가들의 경우 진정한 권력은 국가 공권력이라고 여깁니다.

결론은 자명합니다. 남성들은 실질적이고 인정받는 권력을 지니고 있습니다. 나라에 따라 차이는 있지만 주요한 사안이 걸린 권력은 여성들에게 허용하지 않는다는 것입니다.

의회에서의 여성 의원 비율의 격차를 강조하는 유럽 통계를 접하고, 브뤼셀의 집행위원회와 유럽의회는 학술대회를 열었습니다. 이 학술대회를 통해 모든 유럽연합 국가들에게 남녀동수의회를 강제하는 선거제도를 갖출 것을 권고하게 되었고, 이 내용은 아테네 헌장에 잘 나와 있습니다. 프랑스에서는 헌법평의회가 여성할당제에 관한 법안을 검열한 1982년 이래로, 지젤 알리미와 같은 정치인들을 중심으로 많은 페미니즘적인 움직임들이 일어났고, 그들은 현실을 바꾸는 데에 주저하지 않았습니다. 그리고 결국 헌법을 바꾸었습니다.

'쥐페의 여자들' 사건이 여성들을 움직였습니다. 자신들의 해임이 텔레비전으로 생중계가 된 몇몇 여성 장관들은 남녀동수제 위원회를 만들어, 정부에서 일했던 여성 장관들 10명(여당 출신 5명, 야당 출신 5명)으로 이루어진 내각을 제안했습니다.

우리는 그 후 1년 동안 매우 친밀한 분위기에서 선거제도를 중심으로 여성의 권리와 관련된 여러 가지 문제들을 논의했습니다. 1996년 6월 총선을 앞두고, 각 정당들에 개혁을 강제할 목적으로 우리는 남녀동수제 선언을 채택했습니다. 이 선언문은 잡지 『렉스프레스』를 통해 발표됐습니다.

헌법 개정 이후, 남녀동수의회에 관해 발의된 법안이 2000년 5월 헌법평의회에 의해 통과됐습니다. 그렇지만 여전히 이 개혁은 총선에만 적용됩니다. 선거의 종류에 따라 이 법안은 하원의원 선거에는 적용되지 않고 상원의원 선거의 몇몇 경우에만 적용이 가능합니다. 그리고 여전히 상원의원들은 여성 선출을 막기 위해 입후보자 수를 늘리지 않고 있습니다.

여성들의 능력을 인정하여 그들이 의회에 진출할 수 있도록 여성 입후보를 강제해야 합니다.

이 문제를 더 이상 거론하지는 않겠습니다. 저는 단지 여성들의 행동 없이는 여성 인권의 신장을 기대할 수 없다는 점을 보여드리고 싶었습니다. 정치적 성향이 다를지라도 같은 목적을 향해 연대한 여성들은 참여와 끈기를 통해 몇십 년이 걸리더라도 목표한 바를 이루어냅니다.

여성 협회들과 활동가들, 페미니즘 언론의 기자들 모두에게 감사를 표하고 싶습니다. 이제는 우리와 함께할 수는 없으나 찬사를 보내야 하는 너무나 많은 선구자들이 있습니다.

임신중절수술이나 남녀평등을 위해 상징적이고 실질적인 방식으로 끈기 있게 투쟁을 이끌어온 지젤 알리미에게 특별히 경의를 표합니다.

여기 상원에 서서 뤼시앵 뇌비르트를 떠올립니다. 당시에 금기시됐던 피임에 관한 법안은 격렬한 반대에 부딪혔으나, 그는 이 법안을 옹호하고 지지하는 용기를 보여주었습니다. 그것이 이 어려운 여정의 첫 발걸음이었습니다.

마지막으로, 만약 오늘 엘렌 미소프가 함께했다면, 생명윤리 법안에 관한 논쟁 때 제게 전해준 영감들에 대해 감사를 표할 수 있었을 것입니다. 많은 이들이 불가능하다고 여겼던 것을 우리는 어렵지만 해냈습니다. 감정과 인류애, 인격을 증명해 보일 줄 알았던 그의 언사와 용기는 우리의 투쟁에 지극히 효과적이었습니다. 그 누구도 여덟 자녀를 둔 어머니였던 그에게 존경을 표하지 않을 수 없었습니다.

모든 여성들은, 정치적 성향이 우파든 좌파든, 개인적 사상이 어떻든 간에 함께 연대하면 세상을 바꿀 수 있습니다. 저는 더 이상 듣는 것에 머무르지 않고, 자유롭게 제 생각을 이야기합니다. 듣기만 하는 것에는 지쳤습니다. 제가 여성들에게 가해지는 어려움과 차별에 대해 신경 쓰는 것은 제가 장관이기 이전에 여성이며, 제가 여성이라는 사실이 제게는 여러 가지로 도움을 주었기 때문입니다.

저는 여전히 여성이 희생양이 되는 특별한 제약과 차별에 주의를 기울입니다. 그렇지만 여러분들이 내리실 수 있는 처방전에 대해서는 이야기하지 않겠습니다. 헌법평의회의 일원으로서 신중이 몸에 밴 제가 여러분들의 말에 큰 흥미를 가지고 귀를 기울일 준비가 되었음을 믿어주시기 바랍니다.

다시 한번 모든 분께 감사를 드립니다.

2004년 3월, 상원, 의회역사위원회

현대사회에서 유대인 법 앞에 놓인 여성들

친애하는 여성 동료 여러분,

이렇게 친밀한 어투로 연설을 시작하는 것을 허락해주시기 바랍니다. 성찰의 날들을 열어젖히는 오늘 저녁, 제가 느끼는 이 감격을 달리 표현할 방법을 찾지 못했습니다.

로랑스 시갈의 끈질긴 설득 덕에 망설임을 버리고 연설을 하기 위해 여러분 앞에 섰음을 먼저 고백합니다.

저는 오늘의 회합 주제에 걸맞은 사람은 아닙니다. 특정한 종교 문화를 신봉하지 않기 때문에, 현대사회에서의 유대인 법과 관련된 이야기를 할 수밖에 없음을 말씀드려야 할 것 같습니다. 저는 몇 가지 전통적인 규정밖에 모르고, 그러한 관습적인 규정들의 결과에 대해서만 알고 있을 뿐입니다. 달리 말하면, 저는 지극히 비종교적인 사람입니다. 태어났을 때 저의 가정에서의 유대주의는 의심할 여지가 없는 현실이었고, 문화적으로도 저의 교육에 큰 영향을 끼쳤습니다. 자발적으로 스스로를 배제하지 않도록, 종교적인 영감에 근거한 그 어떤 행위나 견해는 강요되지 않았습니다.

몇 년 전부터—보다 정확히 말하면 강제 이송에서 돌아온 이래로—가지기 시작한, 유대인으로서의 제 삶에 영향을 주는 모든 것에 대한 관심은 저의 독서 생활에 분명히 큰 영향을 끼쳤습니다. 그러나 저는 오늘날 사라진 공동체나 가족들의 운명과 역사, 그들의 일상에도 많은 관심을 기울이고 있으며, 무엇보다도 생생하고 깊은 신앙과 관련된 규칙과 원칙의 확실한 영향력에 대해 가장 많은 관심을 가지고 있습니다.

부모님이 제공해주신 교육뿐 아니라 유대교의 문화와 윤리와 관련된 준거를 통해서도 스스로를 유대인이라고 느낍니다. 종교적인 차원이 부재하더라도 말입니다.

두 분 모두 홀로코스트의 희생자이신 부모님은 제게 이런 유산을 물려주셨습니다. 두 분 다 뼛속까지 프랑스인이셨으며 비종교적이셨고, 그 어떤 투쟁주의자의 면모도 지니지 않으신 분들이셨습니다. 다시 말해, 유대인성에 대한 콤플렉스를 가지고 있지 않으셨습니다.

한 가지 예를 들어보겠습니다. 제가 열다섯 살 되던 해, 그러니까 한창 전쟁 중인 시기였는데, 어느 날 아버지께 제가 유대인이 아닌 남자와 결혼하는 것을 받아들이시겠는지 여쭈어본 적이 있습니다. 아버지는 생각도 해본 일이 없는 질문이었을 것입니다. 아버지는 제게 결혼은 개인적인 선택의 문제이기 때문에 부모는 간섭할 권리가 없지만 자신이라면 유대인 혹은 귀족 가문의 여인하고만 결혼할 것이라고 답하셨습니다. 이러한 집안들만이 몇 세기에 걸쳐 진정한 문화를 가지고 있기 때문이라는 것이 그 이유였습니다.

저는 부모님께서 제게 각각 물려주신 것에 대해 항상 확신을 가지고 있었습니다. 부모님께서 의식하고 계셨는지는 알 수 없으나, 그분들에게 가치란 본질적으로 가장 중요한 것이었습니다. 아버지에게 가장 중요한 가치가 문화였다면, 어머니에게 가장 우선시되는 가치는 윤리였습니다.

오늘 저녁 행사에 대한 로랑스 시갈 씨의 제안에 제가 주저하고 망설였던 것은, 시갈 씨가 저를 염두에 두고 초대한 이유는 제가 유대인 여성이기 때문일 터인데, 저는 종교적인 사실과는 거리가 먼 비종교적인 사람이기 때문입니다.

여러분들을 실망시키거나 여러분들에게 충격을 드리고 싶지는 않습니다. 의심할 여지 없이 저는 때로는 설명하기 힘들지만 우리 모두가 알고 있는, 유대교에 대한 어떤 충성심에 이끌려 이 자리에 섰습니다. 홀로코스트 이후 태어난 3세대의 젊은이들에게서 불고 있는 종교적인 실행이나 감정의 부흥의 바람 역시 생각할 거리를 던져준다고 이야기할 수 있습니다. 유대교에 대한 이러한 충성심이 홀로코스트나 강제 이송, 수용소에서 돌아가신 부모님에 대한 추억보다도 저의 존재 안에 더욱 뿌리 깊게 남아 있습니다. 저의 직업 활동이나 정치적인 행동과 마찬가지로 개인적인 삶 속에 깊이 새겨진 것은 부모님께서 전해주신 이 가치들이지, 고통스러운 과거라고 할 수는 없습니다. 살아남은 우리는 그러한 가치들이 과거의 기억을 전달하는 것과 과거의 일에서 교훈을 얻어내는 것보다 훨씬 강하게 우리에게 속해 있다는 것을 잘 알고 있습니다.

물론 이것은 프랑스에 있는 유대인들뿐만 아니라 디아스포라로 인해 흩어진 대부분의 유대인들 모두 마찬가지일 것입니다.

국가와 종교가 분리되어 있지는 않음에도 지극히 비종교적이고 세속적인 이스라엘 사회에 대해서는 이야기하지 않겠습니다. 역설적이게도 이스라엘에서는 미국에서보다도 훨씬 더 자명하게 이러한 상황이 펼쳐지고 있습니다.

그러므로 유대인들은 사는 곳을 막론하고 비슷한 문제에 직면해 있으며, 오늘날 우리는 이에 대해 깊은 성찰을 해보아야 합니다.

몇십 년 전부터 일어나고 있는 서구 민주주의의 근본적인 변화들을 어떻게 외면할 수 있을까요? 특히 이러한 진화, 아니 혁명이라고 부르는 것이 더 걸맞은 여성의 지위에 관한 변화와 관련된 문제들은요?

19세기 후반부터 산업화와 도시화로 인해 여성들은 가정 밖의 일터에서 노동을 하기 시작했습니다. 소년들과 마찬가지로 교육의 기회를 부여받은 소녀들은 해방을 꿈꾸며 정치적인 권리를 비롯한 모든 권리의 평등을 요구했습니다. 연달아 일어난 전쟁과 여성들에게 주어진 책무를 통해 이러한 과정은 금세 가속이 붙었습니다. 그런 의미에서, 프랑스 여성에게 투표권이 주어진 것이 2차 세계대전 종전 직후라는 것은 정말 놀랍지 않습니까?

시몬 드 보부아르의 『제2의 성』은 1950년대부터 여성들에게 많은 영향을 끼쳤고, 권리의 평등을 위한 1968년 5월 이후 몇몇 페미니스트 운동가들은 단순한 권리의 평등만을 요구하는 것에서 벗어나 여성의 특성을 반영한 차이에의 권리 역시 주장하기 시작했습니다. 불과 몇 년 전이긴 하지만, 1804년 이래로 변하지 않았던 민법 역시 기혼 여성의 지위와 관련된 조항을 중심으로 국가적인 차원과 개인적인 차원을 고려하여 근본적으로 개정되었습니다.

남편의 동의 없이는 행동의 자유를 제대로 누릴 수 없던 여성들이 마침내 자녀의 친권을 비롯한 권리의 평등을 이루어냈습니다.

1970년대는 피임과 자발적 임신중단을 허용하는 법안을 마련한 진정한 혁명의 시기로 기록될 수 있을 것입니다. 이제 여성이 출산과 관련된 결정을 내릴 수 있게 되었습니다. 새로운 법조문은 천 년 넘게 지속된 종교적이거나 비종교적인 전통을 뒤집었습니다. 남편(다른 여성들과 공유해야 했던)이 아닌 다른 남성들과의 접촉으로부터 여성을 떼어놓을 목적으로 내려왔던 전통 말입니다. 비슷한 시기에, 로마조약*에 의한 남성과 여성 사이의 차별 철폐 원칙을 적용하면서, 유럽연합의 국가들은 권리의 평등을 위해 고용, 임금, 승진 등 노동과 관련된 법 조항을 개정하게 되었습니다.

매우 엄격한 실행이 이루어지는, 지극히 종교적인 유대교 공동체라고는 하지만, 이러한 변혁의 움직임은 전혀 감지되지 않고 있습니다. 저로서는 이러한 침묵이 종교와 국가의 분리 원칙을 존중하기 때문인 것인지, 혹은 각자가 자신의 신념에 따라 스스로에게 부과한 규칙과 원칙을 결정하라는 관용의 일부인지 이해하기 힘듭

---

* 1950년 유럽평의회를 중심으로 로마에서 체결한 조약. 정식 명칭은 '인권 및 기본적 자유를 보호하기 위한 조약'으로, 세계인권선언과 유엔헌장 인권 규정에 빠져 있는 법적 보장을 국제법적으로 확립했다.

니다. 제가 확언할 수 있는 것은 권리 평등을 위해 싸운 엘리자베트 바댕테르, 피임과 자발적 임신중단을 주장한 베유알레, 조엘 코프만, 지젤 알리미를 비롯한 많은 유대인 여성들이 여성의 권리 신장을 위해 투쟁하고 있다는 것입니다.

유대인의 비율이 아주 낮은 나라에서건, 이스라엘과 같이 유대인 비율 증가가 국적의 기준이 되는 나라에서건, 우리는 단지 비종교성뿐만 아니라 많은 이들에 의해 공인된 관용주의가 지니는 의미 역시 의심해보아야 한다는 말씀 정도만 드리고 싶습니다.

2004년 3월 13일, 유대교 박물관

역사 속의 여성들

파리 시장님,

의원님들,

내외 귀빈 여러분,

친애하는 동료 여러분,

제7회 역사와의 조우 행사를 주재할 수 있을지에 대한 고민을 하게 해주시고, 영광스럽게도 이 자리에서 발언할 기회도 제공해주신 역사와의 조우 학술위원회장 장 노엘 잔네 씨께 특별히 감사를 표하는 바입니다.

지난 6년 동안 열렸던 '역사와의 조우'는 역사를 뒤흔든 중요한 질문들과 오늘의 현실을 만들어내는 주체에 대해 생각하고 토론하고자 하는 교수, 연구자, 교사, 기자, 사상가, 정치가와 만날 수 있었던 소중한 자리였습니다.

저는 역사학자가 아니지만, 역사는 제 정치적인 삶의 모태와도 같습니다. 역사적인 준거 없이는 우리가 사는 사회를 이해할 수 없으며 정치적인 결정을 내리기도 힘듭니다.

개인적으로 저는 학교에서 역사 교육이 충분하지 않다는 것에 유감을 느끼고 있습니다. 많은 경우에 역사는 여러 가지 교훈을 주는 좋은 상담가의 역할을 하는데 말입니다.

역사, 혹은 우리가 역사를 바라보는 시선은 분명 가변적입니다. 말레와 이사크의 교과서*를 통해 기억하고 있는 제 유년 시기는 오늘날 제가 들은 바와는 꽤나 많이 다르게 느껴집니다. 역사적 사건은 변함이 없지만, 그들의 해석은 종종 다른 방식으로 이루어졌습니다. 역사학자들의 최근 연구들은 이에 대한 설명뿐만 아니라, 숨겨져 있는 이데올로기나 정치적 올바름에 대해서도 이야기하고 있습니다. 저를 놀라게 하는 것은 여전히 자신들의 조상이 경험한 사건으로 인해 드러나는 특정한 집단성과 집단기억에 대한 것입니다.

종교전쟁은 직접적인 피해자들, 즉 프랑스로 피신해야 했던 프로테스탄트들에게뿐만 아니라, 양 진영 사이의 대립과 대치가 이루어졌던 지역의 사람들에게도 큰 영향을 끼쳤습니다. 몇 세기가 지났음에도, 이 사건과 연결된 사고방식은 여전히 사람들에게 깊이 남아 있고, 권력과의 관계에서 나오는 특정 행동에 대한 설명을 제공해줍니다. 르샹봉 시**와 그 인근 지역의 주민들이 전쟁 기간 동

---

* 알베르 말레와 쥘 이사크가 집필을 담당한 20세기 초중반의 프랑스 중·고등학생용 역사 교과서.

** 프랑스 남부에 위치한 작은 마을 르샹봉쉬르리뇽을 의미한다. 위그노파 공동체로서 겪어야만 했던 차별과 추방에 대한 역사적 기억은 르샹봉 주민들로 하여금 박해받는 소수 집단으로서의 공감대를 통해 유대인들을 구조하는 활동에 적극 협력하게 했다.

안 유대인들에게 호의를 베푸는 엄청난 용기를 보여준 것은 결코 우연이라고 할 수 없습니다. 올빼미당* 당원들과 혁명가들 사이에 벌어진 전쟁의 기억들 역시 방데 지방에 지울 수 없는 흔적들을 남겼습니다. 마찬가지로 홀로코스트의 기억을 생생하게 가지고 있는 유대인들에게 역사는 이러한 기억을 가르치는 것임에 놀라서는 안 될 것입니다.

이 회합의 초반부터 여러분과 함께함으로써 며칠 동안 이루어진 다양한 토론과 강연에서 나온 생각들을 나누었으면 정말 좋았겠다는 생각이 듭니다.

솔직히 말씀드리면, 이토록 다양하고 풍성한 프로그램이 마련된 것을 보면서, 행사 주제를 하나로 요약하기란 불가능하리라고 생각했습니다. 저보다 훨씬 능력 있는 연사들께서 다루시지 않을 만한 독창적인 주제에 대해 말씀드리는 것도 무리일 것이라는 생각도 했습니다. 그러한 이유로 저는 여성의 역사에 대한 특정한 관점을 지니지 않는 발제를 통해 여러분께서 그간 저의 참여와 경험에 비추어 개인적인 생각을 떠올리지 않으시기를 바랐습니다.

이미 언급된 문제들로 돌아가보겠습니다. 충분히 훌륭하게 다루어졌던 문제들일지라도 말입니다. 이 점에 대해서는 여러분께 미리 양해를 구합니다.

향후 몇십 년간 여성들이 마주할 운명은 어떤 것일지 곰곰이 생

---

* 방데 지역을 중심으로 활동했던 집단으로, 프랑스혁명기에 반혁명 지지 세력 중에서 가장 유명했다. 혁명정부가 급진적인 반종교 분위기로 나아가는 것을 경계했으며, 당시 '올빼미당'이라는 용어는 군주제에 호의적이고 반혁명적 성격을 띠는 지방 집단을 의미했다.

각해보았습니다. 우리 눈에 더디게만 보이는 여성의 지위에 관련한 변화와 진보는, 사실 지난 수 세기, 심지어 수천 년을 돌아보면 지나치게 빠르고 일관성이 없는 방식으로 이루어졌기 때문에, 저는 지나친 상상력을 동원하거나 반대로 충분한 비전을 갖지 않음으로써 스스로를 기만하게 될까 두렵습니다.

저는 오늘날 여성들의 행복과 불행, 희망과 낙담, 성취와 더불어 지속해야 하는 투쟁에 대한 저의 생각들에 대해 이야기하려 합니다.

저는 제가 이야기하는 사람들이 지닌 재능이나 지식은 갖추고 있지 않지만, 여러분에 비해 나이와 관련된 특권은 가지고 있다고 생각합니다. 나이의 특권이라는 것을 이야기할 수 있다면 말입니다. 제가 특권이라 표현하는 것은 제가 전환기적인 세대에 속하기 때문입니다. 이는 교육 혜택과 더불어 다음 세대들에게 영향을 끼친 전통들과는 전혀 다른 전통의 영향을 받은 젊은 시절을 보낸 세대를 말합니다.

양차 대전 사이에 태어난 저는 적어도 중산층의 가정에서는 대부분의 어머니가 직업 활동을 하지 않았던 세대에 속합니다. '전업주부'였던 우리 어머니들은 이혼을 하지 않았고, 대부분의 경우 경제적으로 독립하지 못했습니다. 개인적인 재산이 있었던 경우에도 마찬가지였는데, 남편이 재산 관리를 담당했기 때문입니다. 재산을 분할해야 하는 경우를 제외하고는 자신들의 방법대로 재산을 사용할 수 없었습니다.

적어도 전쟁 시기에는 동원된 남성들을 대신하여 여성들이 그간 문이 잠겨 있던 다양한 직업 활동을 수행하였으나, 남성들이 돌아오자 그런 직업들은 원래부터 여성들에게 맞지 않는 것으로 여겨지게 되었고, 가정으로 돌려보내졌습니다.

이와 같은 상황에 대한 해결책으로 미국에서는 직업 활동을 하는 여성들에 의해 '여성의 직업적, 정치적, 법적 지위 향상'을 목적으로 하는 존타 인터내셔널*이 창설되었습니다.

이런 종류의 협회들의 활동을 볼 때마다 여성들 사이의 직업적 연대와 함께 구호救護적 소명의식을 목적으로 만들어진 이러한 모임에 여성들이 접근하기가 쉽지 않다는 사실에 언제나 놀랍니다.

파리 로터리클럽에서도 몇 년 전 비슷한 일이 있었습니다. 저의 강력한 요청에도 불구하고, 회원들의 배우자들은 초대받지 못했습니다.

저는 때때로 지부장의 이름으로 발송된 초대장을 받았습니다. 회의 참석자들의 배우자들에게 '한담'을 제공하기 위해서였습니다. 요약하자면, 저는 배우자들에게 배정된 패션쇼나 산책을 대체한 것입니다.

이 모든 것은 아주 고무적인 일입니다. 최고의 교육을 받은 남성들이 스스로의 천박함을 전혀 인식하지 못하고 있는 것을 보게 될 때는 더욱 그렇습니다.

여담을 해서 죄송하지만, 제게는 매우 의미가 큰 이야기를 해보겠습니다. 제 손녀딸 세대의 유년 시절과 매우 닮아 있는 저의 유년 시절 이야기를 해보겠습니다. 빼어나게 아름다우셨던 어머니께서는 많은 자질을 지니고 계셨으나 독재적이었던 남편에게 복종해

* 여성 지위 향상을 위해서 1919년 시카고에서 창립된 국제 여성운동 단체.

야 했습니다. 화학을 공부하셨던 어머니는 결혼 때문에 학업을 중단하신 것을 후회했습니다. 경제적으로 완전히 남편에게 의존해야 했기 때문에, 어머니는 소액 대부를 받아야 했습니다. 악몽과도 같은 생활이었지요. 저를 애지중지하셨던 어머니는 가계부를 조작하시기까지 하셨습니다. 어머니는 세 딸들에게 각자의 생활을 영위할 수 있고 전문적인 직업 활동을 할 수 있는 교육을 받아야 한다고 강조했습니다.

우리 눈에는 학교 선생님들이야말로 자유로운 여성들처럼 보였습니다. 종종 독신이거나 과부였던 선생님들의 약혼자나 남편은 전쟁터에서 죽음을 맞이했습니다. 남녀공학이 없었다는 사실에는 그렇게 신경 쓰이지 않았습니다. 그런 것들은 문제로 여겨지지도 않던 시절이었으니까요. 우리는 남학생과 여학생이 배우는 과목과 그 내용이 다르다는 것에 민감하게 굴었습니다. 고등학교 1학년 교실에서 여학생들은 『페드르』를 읽을 수 없었는데, 여학생들에게는 지나치게 대담하다는 이유에서였습니다. 물론 우리 중 몇몇의 순진함은 기함할 정도였습니다. 오늘날 다섯 살 아이만큼이나 섹스와 출산에 대해 무지했지요!

남성들에게 모든 것은 가능해 보였고, 여성들에게 가능한 일은 훨씬 적었습니다. 유년기와 청소년기 내내 제가 남자아이가 아니라는 것이 안타까웠습니다. 오늘날의 여자아이들은 일반적으로 이런 감정을 느끼지 않을 것입니다. 여성을 희생양으로 삼는 프로이트식 콤플렉스가 아이를 낳지 못하는 것에 낙담한 남성들과도 관계있다고 생각하는 경향도 있는 모양입니다.

많은 점에서 프랑스 여성의 지위는 상당히 모순적입니다. 오랜 역사 동안—실제로는 매우 적은 수의—여성들은 정치 무대에서 성정 혹은 재능의 힘을 발휘해왔습니다. 잔 다르크와 멩트농 부인, 카테리나 데 메디치를 떠올릴 수 있을 것입니다. 그런가 하면 개인적인 영향력을 통해—'살롱'을 운영하면서 말입니다—존재감을 남긴 여성들도 있습니다. 그러나 대부분의 다른 민주주의 국가들에 비해 프랑스에서 여성의 권리들의 법적 인정은 매우 뒤늦게 이루어졌습니다. 채권 및 재산권을 포함하여 미성년 자녀에 대한 친권 등 기혼 여성의 모든 권리를 박탈해왔던 부계 질서 중심의 1804년 나폴레옹 민법전은 1960년대에 들어서서야 근본적으로 개정되었습니다. 장 푸아예 당시 법무부 장관의 발의로, 사회적인 변화를 반영한 민법 개정이 이루어졌습니다.

직업적 차원에서 여성 권리의 평등에 대해 살펴보면, 1970년대 유럽의회의 지침에 따라 채용과 급여, 승진에서의 차별이 금지되었습니다. 그러나 통계들이 잘 보여주듯이, 근본적인 차별 철폐에도 불구하고, 여전히 커다란 격차가 존재합니다. 대부분의 유럽 국가들에서 직업적 평등은 여전히 요원한 이야기입니다.

혁명기 이후 몇 년 지나지 않아 투표권을 획득했다가 얼마 후 다시 박탈당한 프랑스 여성들의 경우를 어찌 강조하지 않을 수 있겠습니까? 프랑스 여성들은 모든 민주주의 국가에서와 같은 투표권을 마침내 행사하기 위해 1944년까지 기다려야 했습니다. 이미 많은 민주주의 국가에서는 이미 다 이루어진 일이었습니다. 그로부터 60년이 지난 오늘날, 프랑스의 선출직 여성 정치인의 숫자는 모든 유럽 국가들 중 가장 적습니다. 오늘날 의회에서의 여성 비율은 파리 해방* 다음 날 시행된 초기 선거 결과와 별반 다르지 않습니다. 이 분야에서 프랑스는 전 세계 63위입니다.

이 분야에서의 프랑스의 도태는 유럽 통계에서도 잘 드러납니다. 몇몇 페미니스트 단체들—'남녀동수제 운동', '선택하라'—은 여성할당제나 남녀동수제를 정착시키기 위해 행동에 나섰습니다. 남녀동수제는 유럽의회와 집행위원회의 주도로 헌장에 권장된 해결책입니다. 1982년 모루아** 정부의 주도로 여성할당제에 관한 법안이 발의되었으나 헌법에 보장된 평등권을 침해한다는 이유로 헌법평의회에서 기각되었습니다.

1995년 '쥐페의 여자들' 사건은 여성들의 행동을 불러일으켰고, 총선을 얼마 앞두고 정당들을 압박하여 개혁을 이루기 위해 '남녀동수제 위원회'는 『렉스프레스』에 선언문을 게재했습니다.

2000년 5월, 헌법이 개정되어 남녀동수제에 관한 법안이 헌법평의회 표결에 부쳐지고, 가결되었습니다. 여전히 이러한 개혁에 대해 많은 이들은 이의를 제기했으며, 이들 중에는 몇몇 여성도 포함되어 있었습니다. 현실은 상당히 실망스럽습니다. 특히 투표 방식의 이유로 여전히 의회의 여성 의원 수는 아주 적습니다. 반면, 지방의회의 여성 의원 수는 현저히 증가했으며, 여성들이 여러 대도시의 시장이 되는 것도 가능해졌습니다. 최근의 상원의원 선거는 여성 상원의원 수의 증가라는 대단히 큰 의미를 지닙니다. 남녀동

---

* 　2차 세계대전 중 1944년 8월 25일, 나치 독일에 점령됐던 파리에 연합군이 입성했다.
** 　프랑스의 정치인. 프랑수아 미테랑 대통령하에서 총리를 지냈다.

수제 법을 우려하는 반대자들의 저지에도 불구하고, 상원의원 중 25% 이상이 여성 의원들입니다.

그렇다면 도대체 왜 프랑스에서는 이웃 나라인 스칸디나비아 국가들이나 네덜란드에 비해서 여성 정치인의 비율이 낮은가, 라는 질문은 매우 의미 있을 것입니다. 이 국가들에서 남녀동수제는 완벽하게 지켜지고 있으며 여성들은 정계의 주요 요직 역시 차지하고 있습니다. 그러나 대기업 경영직과 관리직에 종사하는 여성들의 비율은 여전히 매우 낮습니다.

다른 나라 여성들과 대화를 나누면서, 이러한 상황은 실질적 권력에 대한 인식과 관련이 있음을 알게 되었습니다. 자유로운 사회 분위기를 지닌 북유럽 프로테스탄트 국가들의 경우 경제력을 중시하는 반면, 라틴계 국가들은 진정한 권력이란 국가 공권력이라고 여깁니다. 정치적인 힘이야말로 국가를 지배하는 역할을 가진 고귀한 권력이라고 생각하는 것입니다.

결론은 자명합니다. 남성들은 인정받을 수 있는 권력을 독점하고 있습니다. 국가에 따라 다르지만, 남성들은 여성들에게 주요하게 여겨지지 않는 분야에서의 권력만을 내어주는 것입니다. 정계에의 여성 참여는 단순한 권리 평등의 문제만은 아닙니다. 오히려 여성들이 사회 속에서 표방하는 것, 사회에 가져다줄 수 있는 것이 무엇인가에 대한 성찰의 결과가 필요한 시점입니다.

같은 세대에 속한 많은 여성들처럼 저 역시 『제2의 성』을 읽고 많은 충격을 받았습니다. 남성과 여성 사이의 평등을 위한 시몬 드 보부아르의 참여는 남성과 여성 사이에 자연적인 차이가 없다는 생각을 토대로 이루어졌습니다. 그는 여자아이들에게 아주 어린 나이부터 제공되는 교육과, 여성의 역할에 대한 고착된 스테레오타입에 의해 통용되는 이미지들이 양성 간의 행동 차이를 가지고 온다고 주장했습니다.

오늘날, 페미니스트건 아니건, 많은 여성들은 남성과의 차이를 인정할 뿐만 아니라, 차이에 대한 권리 역시 주장합니다. 그들은 인류의 절반인 여성이—실제로는 여성의 수가 조금 더 많습니다만— 남성적 시각에 특권을 주지 않고 각자의 기대와 욕구가 고려되는 사회를 만드는 데 적합하다고 주장합니다.

분야를 막론하고 결정권을 지닌 요직에 참여하는 여성의 비율이 적기 때문에, 여성들의 법적인 기대는 대부분 무시되게 마련입니다. 여성들의 이해관계와 밀접한 일상생활에 관한 법안의 경우에도 말입니다.

사회생활의 모든 부분이 '여성적 모델'의 정의와 사회에서의 여성의 위치와 관련되어 있습니다. 성생활, 부모와의 관계, 커플의 균형, 자녀 돌봄, 여성의 경제적 자립, 여성에 대한 남성의 태도, 가정폭력 혹은 성폭력(성고문)은 물론, 직장 생활 역시 여성의 지위와 그 변화에 직접적으로 영향을 받는 문제입니다.

이것은 이러한 질문들이 몇 년 전부터 제기하는 논쟁의 중요성을 설명해줍니다. 일부 사람들은 여기에 열정을 더했습니다. 저는 제가 얼마나 이 문제와 관련되어 있는지 이야기하는 데 일말의 망설임도 없습니다. 법 조항, 교육과 양성養成의 문제를 넘어, 정치적이고 경제적인 고려 사항들을 넘어, 이는 각자의 호의와 감정, 윤리와 자기 확신, 타인에 대한 존중에 관한 문제입니다.

　사회 진화의 결과라고도 할 수 있는 다층적이고 복잡한 정보의 수렴 지점으로서 사회에서의 여성의 위상에 대한 문제는 오늘날 매우 중요하고 심각합니다. 이 문제에 '역사와의 조우' 학술 행사의 한 자리를 할애해주셔서 정말 만족스럽습니다.

　어떤 사람들에게 이 문제는 이미 지난 일처럼 여겨질 것입니다. 차별은 철폐되었고, 평등은 실현되었다고 생각하니까요. 그들은 정부 고위 요직에 있는 몇몇 여성들이 그 증거라고 주장합니다. 그간 남성들에게 속해 있던 분야의 문호가 이제 여성들에게도 넓게 열렸다고 말합니다.

　30년 전 프랑스 대통령은 여성의 지위 문제를 해결하기 위해 여성 장관을 임명했고, 모든 대륙에 퍼져 있는 많은 나라들이 이 선례를 따랐습니다.

　선출직 정치인의 상황을 보면 통탄을 금할 수 없습니다. 분명히 문제가 있었고, 적어도 많은 여성들이 그렇게 느꼈습니다.

　이 문제에 대한 개인적인 일화를 곱씹어보고자 합니다. 1975년 보건부 장관의 자격으로 알제리를 찾게 되었고, 부테플리카 외무부 장관 측에서 저를 만나고 싶다는 요청을 보내왔습니다. 우리는 두 시간 정도 환담을 나누었고 대화의 대부분은 여성 지위의 향상에 관한 내용이었습니다. 부테플리카 장관은 이 문제에 대한 제 의견을 알고 싶어 했습니다. 그는 전통적인 문화를 고수하고 있는 국가들에서 지나치게 빠른 속도로 격상되고 있는 여성의 지위가 야기할 정치적이고 사회적인 결과에 대해 많은 신경을 쓰고 있었습니다. 알제리의 상황은 알제리 여성들의 기대들 사이의 불일치를 받아들일 준비가 되지 않았기 때문입니다.

벌써 30년 전 이야기지만, 그 이래로 바뀐 것은 아무것도 없습니다. 하지만 여성들을 위한 의미 있는 개혁이 막 예고되었습니다. 물론 이 변화들은 강력한 반발도 불러일으킬 것입니다.

역시나 개인적인 경험에서 관찰한 이야기를 통해 이 일화를 마무리하겠습니다. 저는 장관으로서, 유럽의회 의장으로서, 현재 여러 직위를 수행하는 사람으로서 많은 여행을 했습니다. 공식적으로, 혹은 공식적인 지위에서 지지를 받는 것은 드문 일은 아닙니다. 많은 회합과 토론, 인터뷰가 이루어졌고, 사회경제적으로 각기 다른 환경에 있는 여러 국가들이 주장하는 저마다 다른 관심사들이 표명되었습니다. 이러한 논의는 결코 같은 생각이나 행동을 반영하지 않았습니다.

만약 정치인들이 여성의 지위에 대해 특별한 관심을 가지고 어떠한 기대를 충족시키기 위한 방법을 찾고자 한다면, 이는 충분히 많은 수의 사람들의 요청에 답하는 것이 될 것입니다. 이러한 태도, 말하자면 이러한 정치를 바라는 다수의 사람들 말입니다. 다시 말해, 여성들 말입니다.

제가 여전히 서류 덮개가 닫혀 있다고 이야기하면서 주장하는 내용입니다. 네 명 혹은 다섯 명의 정부 수반이 여성인 경우는 없습니다. 여성들은 보다 진지한 분야로 여겨지는 외무부와 재경부가 아닌, 교육 같은 사회문제를 다루는 부처의 몇몇 장관직에 만족해야 합니다. 그리고 이러한 현상은 특히 프랑스에서 낮게 나타나는 여성 의원 비율과 같은 불평등을 상쇄해줄 수 있는 여지를 없애버립니다.

보다 일반적으로, 사기업과 공기업을 막론하고 고위직에 여성이 거의 없는 현실은, 근본적인 부정의와 불평등과 더불어, 산업화를 이룬 국가와 현재 개발도상국의 여성들 수백만의 상황을 악화시키고 있습니다. 이러한 불평등은 많은 리포트와 연구의 주제입니다. 참고삼아, 남녀 간의 임금 격차와 높은 여성 실업률, 더 고되지만 봉급이 적은 직군에서의 여성의 비율, 직업 활동과 자녀 교육, 집안일 사이에서 축적되어가는 추가적인 부담과 피로 정도만 언급하겠습니다.

최근에 이루어진 모든 연구를 보면, 경제적인 이유만큼이나 사회적인 이유에서 여성들의 활동이 갈수록 증가하는 것을 알 수 있습니다. 이러한 진화는 보다 집중적인 여성들의 정치 및 사회 활동 참여로 이어질 법하지만, 현실에서는 정반대의 양상을 보입니다. 결과적으로, 제기된 문제들은 갈수록 더욱 첨예하게 드러나고 있습니다.

자녀 교육이나 집안일을 위해 헌신하는 여성들이 사회생활을 하지 않는다는 이유로 스스로 소외되었다는 감정을 갖게 되는 상황을 더 이상 묵과할 수는 없습니다. 자녀들이 다 자란 후, 직업 활동이 필요하게 되었을 때, 그 여성들이 부딪히게 되는 현실적 어려움들 역시 마찬가지입니다.

이것이 잘사는 국가의 배부른 투정이라고 치부하는 것은 무의미한 일입니다. 물론 개발도상국 여성의 지위는 일반적인 발전의 문제와 밀접하게 연결되어 있다고 해도, 구체적인 문제 역시 똑같이 중요한 문제라고 여겨야 할 것입니다. 예를 들어, 유산에 대해 충분히 보장받지 못한 채 농사일을 하는 일부 아프리카 국가의 여성들은 농촌을 떠나 그들에게 개인적인 소득을 올리게 해줄 유급 노동을 찾고 싶어 합니다. 이것은 여성의 민사상 지위가 초래할 수 있는 결과와 더불어 여성의 특별한 책임과 제약에 대해 우려하는 사람들의 인식을 드러내는 한 예에 불과합니다.

노동 시장에 대한 여성의 침범에 위협을 느끼는 이들은 작업을 수행하는 데 여성보다 남성이 더 적합하다는 평계를 댑니다. 그러나 여성들은 전통이 부과해왔던 것과 다른 역할을 수행할 준비가 되었거나 혹은 그 역할을 수행할 것을 강요받습니다.

여러 번 반복해서 말씀드리지만, 어떤 이들에게 이 문제는 매우 중요합니다. 분쟁으로 흔들리는 세계에서도, 실업의 위협에 시달리는 세계에서도, 인구의 3분의 1이 기아로 고통받는 세계에서도 마찬가지로 말입니다.

불행과 불안, 비참함에도 불구하고, 이러한 문제가 꾸준히 중요하다고 인식되는 것에 기쁨을 느낍니다. 개개인 각자의 기대를 헤아릴 방법을 모색하는 것이 현대사회의 진보입니다. 우리의 현실과는 거리가 멀지라도, 세계인권선언 및 유럽인권조약은 이 원칙을 중요하게 생각하고 있습니다.

실제로 역사 속에서 가장 어두운 시기에도 여성과 남성은 살아남아 창조하고 사랑하는 것을 멈추지 않습니다. 그리고 이를 통해 끔찍한 사건들을 견뎌냅니다.

수치를 나열하는 많은 분석들과 저작들은 내일의 사회를 예측하기 위해 경제 이론과 기술 발전에 근거한 도식을 만들어냅니다. 그렇지만 이러한 연구들은 종종 우리 사회가 여성과 남성으로 이루어져 있으며 이들이 오늘날의 현실을 무시한 예측들과는 다른 기대와 열망을 가지고 있다는 사실을 잊으려는 경향이 있습니다.

인류 역사의 기원 이래로, 삶의 전승과 출산은 개인으로서의 인간과 사회에게 연속성과 동시에 종의 생존에 대한 근본적인 문제를 제기해왔습니다.

인간의 역사는 살아남기 위한 투쟁, 자연과의 투쟁, 자연재해와의 투쟁, 서로와의 투쟁이자 질병과 죽음과의 투쟁이라고 할 수 있습니다. 이 투쟁은 수정 직후의 배아 시기부터 시작되고, 우리는 아주 짧은 시간 동안만 수정란을 존재하게 하는 자연선택이 일어난다는 것을 알고 있습니다.

이러한 생존의 힘, 살아남아 자손을 남기는 것에 대한 필요라고도 할 수 있는 이러한 생존의 힘은, 출산을 모든 종교적이거나 윤리적인 사고 속에 숨겨진 사회적 선입견의 정중앙에 두려는 힘이기도 합니다.

그러므로 오늘날과 마찬가지로 고대의 모든 종교가 출산과 생식 과정에서 담당하는 역할에 부여된 중요성에 따라 남성과 여성에게 각기 다른 역할을 부여하였다는 사실은 새삼스러울 것이 없습니다.

우리가 종종 이야기하는 것과는 상관없이 여성이 신체적으로 약해서 차별과 보호를 받게 된 것이 아닙니다. 실제로는 여성들이 좀 더 강인하며, 이는 임신 직후부터 그런 것처럼 보입니다. 사실 여성에 대한 이러한 대우는 여성을 세상과의 접촉에서 분리하여 가정에 '낯선 존재'가 들어오는 것을 막기 위한 것입니다. 이 규칙은 종교를 포함한 규칙의 기초가 되며, 사춘기 직후부터 부부 관계를 벗어난 남성과의 모든 관계와 시선에서 여성들을 배제합니다.

이것은 인구통계학적이고 경제적이며 정치적인 결론들과 더불어 출산 억제와 관련된 중요한 근거들 중 하나로, 많은 열광과 논쟁을 불러일으킵니다. 페미니스트들과 보수주의자들은 착각하지 않습니다. 이렇게 안전하고 쉬운 방식으로 이루어지는 출산 억제는 그 동기를 뛰어넘어 여성과 남성 간의 관계를 근본적으로 전복시킵니다.

출생에 대한 예방적 제한인지 자발적인 임신중단인지에 상관없이, 이것은 역사의 과정에서 특정 사회 집단이 자발적으로 의지했던 끊임없는 선입견과 관행입니다.

그들은 해부학적 또는 의학적 지식의 수준에서 이러한 행동을 하는 것이 아닙니다. 우리는 언제나 '참한 여인'이라는 이름의 치료법에 기대왔습니다. 이것은 개인의 차원에서 자발적으로 행하는 행동으로 이끄는 심오한 사회학적 동기지만, 사회적인 장에서는 집단적이고 거의 무의식적인 태도로 부상하였습니다.

종교적 보전, 자녀의 숫자로 상징되는 남성적 힘의 신화, 자녀, 특히 남성 자녀가 상징하는 부富는 이러한 행동에 대한 강력한 장벽을 형성했습니다. 특히 높은 영아사망률에 의해 다산의 의미가 보장되었던 시기에는 더욱 그러했습니다. 그러나 이러한 주장은 여전히 충분하지 않습니다. 아직도 일부 중남미 국가에서는 남성우월주의가 피임의 발전에 여전한 걸림돌이 되는 반면, 이른바 자연적인 산아제한은 양차 대전 사이의 프랑스에서 널리 퍼진 관행이었습니다. 종교적 영향이라는 것에서는 이론의 여지가 없습니다.

일부 국가, 특히 아프리카의 경우 관행적인 산아제한은 노예제도로 거슬러 올라가는 집단기억의 반영일 것입니다. 동시에, 도덕적 진보는 모든 성적인 문제에 대해 훨씬 더 개방된 접근 방식을 이끌어냈습니다.

정치 지도자들과 연구자들은 자신들이 하는 일의 본질을 따라, 재생산 현상이 야기한 모든 측면에 관심을 기울였습니다. 그리하여 피임법이 널리 보급된 시기에 불임 퇴치를 위한 새로운 길 역시 열렸습니다. 실험실에서의 수정이나 정상적으로 수정된 난자의 이식과 같은 인공수정에 대해 생각해봅니다.

그러나 이러한 방법으로 열린 전망은 윤리적이고 법적인 문제들로 이어졌습니다. 저는 법적으로 이러한 현상을 막고 싶었습니다. 1975년의 법안을 둘러싼 논쟁만큼 격렬하지는 않았으나, 1994년 생명윤리에 관한 법안 상정 역시 엄청난 반발에 부딪혔습니다.

피임법을 포함하여 생명의 권리라는 이름으로 모든 산아제한 방법에 대한 대부분의 종교적 권위에 맞서 절대적인 반대 입장을 고수하는 것은 의미가 없을 것입니다. 그러나 아이의 개념 역시 여전히 잠재적입니다. 반면 제가 강조하는 것이 유용하다고 생각하는 것은 1974년 뇌비르트 법 개정 및 자발적 임신중단법 표결을 위해 실행해야 했던 지속적인 투쟁의 시기에 접한 반응들입니다.

일부 의원들, 특히 상원의원에게 피임 관련 논쟁은 임신중절보다 훨씬 더 내밀하고 개인적인 거부감의 표현인 것처럼 보였습니다. 여성에게 상담이나 정보 제공 없이 스스로 피임 통제를 할 수 있는 새로운 피임법의 사용 가능성은 그들로 하여금 남성성을 빼앗기고 특히 그들 아내의 성생활을 통제할 가능성을 박탈당하는 것처럼 여기게 한 것입니다. 이제부터 부부 관계에서 출산을 결정하는 것은 여성의 몫이 되었습니다. 이러한 상태는 단지 박탈뿐 아니라 정욕과 방탕으로 이끄는 방종처럼 여겨졌습니다.

사실 남성들은 자발적 임신중단은 많은 여성들에게 트라우마를 남기는 반면, 피임은 여성의 자유라고 생각해왔던 것입니다.

종교적 금지를 넘어서서, 커플의 친밀감과 각자의 권리 또는 존엄성에 대해 우리가 인식하고 있는 영역에 대해 전통과 관련된 반사 반응이 유발하는 불안이나 거부반응을 무시할 수 없었습니다.

과학적으로 부정되었음에도 불구하고, 피임약이 암을 유발한다거나 살찌게 한다는 유해성에 관해 의사들이 나서서 주도한 캠페인과 같은 근거 없는 경고는 임신중절 건수에 영향을 주었습니다.

한편으로, 이 문제가 작금의 미국의 대통령 선거운동에서 가지는 의의만이 우리 상황의 핵심을 찌를 수 있을 것 같습니다. 몇 년 전, 의사들은 직접적으로 위협을 당했을 뿐만 아니라 살해되기까지 했습니다. 1975년 법안의 표결 이후 수년 동안 프랑스에서는 자발적 임신중단을 다소 공격적이고 폭력적인 방법으로 방해하려는 수십 명의 '특공대'가 종종 등장했습니다. 그들에게 가해진 제재는 그들을 낙담시켰지요.

유럽에서도 아일랜드와 포르투갈, 그리고 가장 최근에 유럽연합에 합류한 여타 국가들이 매우 억압적인 임신중절 반대 법안을 개혁하기 위한 시도에 여전히 강경하게 맞서고 있습니다.

유럽인권재판소가 결정을 내리려 할 때, 이것을 국내법 문제로 간주할 수도 있습니다. 배아의 본성에 관한 프랑스 법원의 판결에 대한 항소가 기각되었을 때처럼 말입니다.

사람들의 행동을 바꾸고 그들의 사생활과 신념 및 전통에 영향을 주는 법을 강제하는 데에 따르는 어려움을 인식해야 합니다. 민주적인 국가에서 법으로 개입하는 것은 국민 대표의 몫입니다. 모든 국가에서 이러한 문제는 오랜 투쟁과 강력한 반항의 대상이 되어왔습니다. 특정 인물의 행동이 없었다면, 대망의 개혁은 프랑스에서 결코 이루어질 수 없었을 것입니다. 저는 그중에서도 특히 지젤 알리미와 여성 잡지들의 지지를 받았던 페미니스트 단체들을 꼽고 싶습니다. 그러나 풍부한 자원을 보유하고 있었던 반대자들은 압력과 협박 등 가능한 모든 방법을 동원하는 것을 주저하지 않았습니다.

법안을 위해 투표한 의원들은 틀리지 않았습니다. 그 전에는 인식하지 못했던 국민 대다수가 그들 뒤에 있었던 것입니다.

많은 나라들에서 근본주의와 전통주의의 부상으로 인해 문제가 제기된 것은 아닙니다. 저는 여성이 어렵게 얻은 자유와 권리를 점진적으로 축소하는 이슬람주의에 대해서만 생각하지 않습니다. 모로코나 알제리와 같은 마그레브의 몇몇 국가와 사하라사막 이남 아프리카의 몇몇 국가를 제외하고, 대부분의 다른 곳에서의 상황은 점점 악화되고 있습니다.

프랑스에서는 시행 중인 법률에도 불구하고, 일부 의사의 경계심만으로 여성, 특히 여성 청소년을 가정 내에서 이루어지는 제약과 폭력으로부터 보호하는 데에는 한계가 많습니다. 기소와 처벌에도 불구하고 여전히 할례는 자행되고 있습니다.

여성들에게 가해지는 종교와 전통의 무게에 대해 이야기하던 저는 최근 중국에서 며칠을 보낸 후, 출생률에 대한 상황을 언급하지 않을 수 없었습니다. 인구가 14억 명에 달하는 이 나라에서는 산아 제한을 위해 수년간 매우 억압적인 조치가 취해졌습니다. 처벌의 위력(배우자와의 분리) 아래서, 모든 이들은 단 한 명의 자녀만을 가질 수 있습니다. 전통적으로 여자아이보다는 남자아이를 선호합니다. 왜냐하면 부모의 사망 이후, 남성 자녀가 조상에 대한 숭배 의식을 담당하기 때문입니다. 최근까지도 여자아이들은 출생 시 제거되거나 버려졌습니다. 이제는 출생 전에 아이의 성별을 알 수 있는 가능성을 고려하여, 늦은 시기의 임신중절수술에 앞서 양수천자 검사가 이루어집니다. 여자아이의 제거는 심각한 성비 불균형으로 이어질 것이며 수백만 명의 남성은 아내를 찾을 수 없을 것입니다.

이러한 문제를 넘어서서, 정치적 전체주의가 사라지지 않았으나 동시에 경제적 자유주의가 타오르고 있는 역동적이고 진취적인 중국에서 출산의 자유에 대한 제한은 중국인들을 고통스럽게 하고 있습니다. 중국인들이 국가가 정서적이고 성적인 생활을 좌우하는 것을 과연 얼마나 오랫동안 받아들일 수 있을지 궁금합니다.

여성들은 각자의 개인적인 철학과 정치적인 성향에 상관없이 함께 서 있을 때 변화를 가져올 수 있습니다. 한계에 다다른 저는 자유롭게 발언할 필요를 느꼈고, 더 이상 기다리지 않습니다. 저는 가끔 여성들이 직면하는 차별과 어려움에 대해 이야기하는 것에 가책을 느낍니다. 제가 여성이었기 때문에 장관이 되었고, 또 다른 경우에도 제가 여성이라는 점이 큰 지지가 되었기 때문입니다.

점점 더 많은 여성들이 서로 간의 대화와 서로에 대한 지원의 필요성을 느끼고 있습니다. 그들은 거기에서 즐거움을 찾으며, 그들에게 본질적인 것처럼 보이는 것, 그들의 차이와 다양성을 넘어 감히 그들끼리 이야기할 수 있는 것을 되찾고 있습니다. 평화와 민주주의의 원천인 가장 큰 포용을 보여주면서 말입니다.

모두에게 감사의 마음을 전합니다.

2004년 10월 17일, 블루아, '역사와의 조우' 행사

장애는 우리에게 낯설어 보이는 존재들을 통해 특별한 풍요로움을 발견할 수 있게 해줍니다

시장님,

이렇게 저를 환대해주시니 어떻게 연설을 시작해야 할지 모르겠습니다. 여러분께서 관용의 정신으로 이 회합과 학술대회를 훌륭하게 개최하여 다양한 협회를 맞이하시고자 얼마나 많은 노력을 기울이셨는지 잘 알고 있습니다.

회장님,

회장님께서 주도하시는 '이야기하는 여성, 행동하는 여성' 운동으로 말미암아 조직된 이번 행사에 초대해주시고 후원을 맡겨주셔서 얼마나 기쁜지 모릅니다. 어떤 이유로 제가 오늘 아침 이 자리에 서 있는지, 왜 이 행사의 후원을 맡았는지 묻는 사람들이 있었습니다. 저는 망설임 없이 여러분과 함께하고 싶어서라고 대답하겠습니다. 그 어떤 의무감에서가 아닌 순전한 애정에서 우러난 것이라고 말입니다.

1974년 보건부 장관으로 임명되었을 때, 장애와 관련된 법률의 개정 역시 한창 논의 중이었고, 1975년 의회 표결 전까지 저 역시 해당 사안을 검토했습니다.

개인적으로도, 관련 당사자들의 매우 다양한 상황에 가장 적합한 방식으로 답할 수 있는 적용 가능한 해결 방안들을 모색하기 위해, 중요하기 이를 데 없는 장애인 문제에 관심을 쏟지 않을 수 없었습니다.

특히 장애인 가족들과의 관계를 중요하게 생각했다는 것을 말씀드려야 할 것 같습니다. 당시 전국장애아부모연합은 직접적인 이해관계에 놓여 있으면서도 스스로의 기대와 의견을 표출하기보다는 더 중차대한 장애인 문제에 몰두해 있었습니다. 그래서 저는 그들 중 일부 협회들과 긴밀한 관계를 맺어오던 중 1993년 두 번째로 보건부 장관으로 임명되어 자폐증 환자에 대한 국가적 지원 방식에 대해 공론화를 이끌어냈습니다.

회장님께서 2003년 조직한 단체의 맥을 잇는 '이야기하는 여성, 행동하는 여성' 협회와 오늘 아침의 포럼은 매우 많은 수의 여성들을 서로 연결해주었습니다. 물론 남성들을 배제하지 않고 말입니다. 이 모습은 제게 장애에 대한 완전히 새로운 비전과 접근법을 제시해주었습니다. 이는 여러분 대부분이 이 문제와 직접 관련이 있으시고, 이 문제에 대한 책임을 맡고 계시기 때문이기도 하지만, 무엇보다도 장애아에 대한 부모로서의 지지와 보호가 여러분 스스로의 자율적이고 자발적인 행보와 개인적인 책무와는 전혀 다른 것이기 때문입니다.

이러한 맥락에서 유전적인 질환과 관련된 장애가 있는 상황에서 임신 가능성을 알게 되어 자발적 임신중단에 대해 질문을 받았던 경험에 대해 금기 없이 말씀해주신 브리아르 씨의 발제는 매우 흥미로웠습니다. 몇 주 전, 초청을 받아 참석한 산부인과 학회의 주제는 출산 전후 기간에 관한 것이었습니다. 그 자리에서 늦은 임신 주차에 치료 목적으로 이루어지는 임신중절이 여성에게 보장된 합법적인 주수 내에 이루어지는 자발적 임신중단에 비해 얼마나 고통스러운 문제들을 야기하는지 이야기하던 의사들은 힘든 결정을 내려야 하는 자신들이 겪는 중압감에 대해 토로했습니다. 열린 자세로 이러한 문제들을 논의하는 것은 매우 중요합니다만, 저는 '공동으로'라는 표현을 쓰고 싶지는 않습니다. 한 명의 개별적인 시민으로서 사유하고 행동하고자 하는 여성들, 자신의 행동과 삶에 기꺼이 책임을 지고자 하는 여성들이 모인 이 자리에 어울리지 않는 단어라고 생각하기 때문입니다.

용기와 통찰력을 가지고 여러분이 지닌 장애의 결과에 대해 개인적으로 느끼는 여러분만의 딜레마를 드러내야 합니다.

다른 사람의 입장이 되어보는 것, 자신이 마주하게 될지도 모르는 특정한 어려움에 대해서 인지한다는 것은 언제나 쉽지 않은 일입니다. 우리의 어떤 태도들은 지나치게 기계적이 되어 여러분의 특정한 어려움과 독자적인 감수성에 주의를 기울이지 못한다는 것도 잘 알고 있습니다.

회장님께서는 2003년 포럼을 후원했던 뤼시 오브라크의 연설을 언급하셨습니다. 그는 기아와 추위를 비롯하여 강제 이송된 이들을 모욕하기 위해 마련된 열악한 조건에서 살아남기 위해 겪었던 어려움을 이야기했습니다. 저의 경우, 강제 이송 경험을 떠올려보면 이미 지나간 일이라 다시 상상하기가 힘들어서일까요, 육체적인 고통은 이미 잊힌 것 같습니다. 반면 언제나 생생하게 남아 있는 것은 잃어버린 존엄과 모욕의 감정입니다. 여러분께서도 장애와 관련된 고통과 어려움을 잊는 것은 불가능할 것입니다. 어쩌면 완전한 치유는 불가능할지도 모릅니다.

하지만 여러분께서는 서로가 서로를 지지하고 있기 때문에, 장애의 종류와 상관없이 장애의 결과를 완전하게 극복할 만한 의지를 가지게 되었습니다.

행동과 저항에의 의지는 불평과 요구로 가득 찬 길 대신, 사회 속에서 여러분의 자리를 찾기 위한 책임감 있는 시민 활동의 길로 여러분을 인도할 것입니다.

이러한 자발적인 행보는 단순히 특정한 행동만으로 귀결되는 것이 아니라, 한계 속에서도 자신의 운명의 주인이 되고자 하는 의지와 진정한 철학으로 해석될 수 있습니다. 요컨대 그 무엇보다도 여러분께서 요구해야 하는 것은 여러분의 인격, 능력, 감수성에 대한 인식입니다.

감수성 이야기가 나왔으니, 우리 안에 감수성이라는 것이 얼마나 생생하게 존재하는지 다시 한번 강조하고 싶습니다. 이는 심각한 정신장애를 겪는 이들도 마찬가지입니다. 언뜻 감정을 느끼지 못하고 격리되어 있으며 완전히 고립된 곳에 갇힌 것처럼 보여도 말입니다. 반대로 감정과 감각에 대한 능력이 예기치 못한 다양한 방식으로 드러나는 환자들의 경우도 있습니다. 선천적인 문제일 수도 있고, 감정과 사랑, 때때로 폭력에 대한 역량이 다른 것일 수도 있습니다. 몇몇 자폐증 환자의 경우, 이 문제는 부모 혹은 그들을 책임지고 돌보는 특수 교사와의 관계와도 밀접하게 관련되어 있습니다.

물론 이 질환은 아직까지 우리가 원인과 치료법을 밝혀내지 못한 특수한 장애이기는 하지만, 이 문제에 관해 지속적으로 이야기해야 할 것입니다. 우리에게 그토록 낯설어 보이는 존재들을 통해 특별한 풍요로움을 발견할 수 있기 때문입니다. 또한 이러한 발견을 통해 우리는 타인을 낙담하게 하거나 경멸하지 않고, 반대로 차이와 낯섦을 포함한 타인의 존재를 존중할 수 있을 것입니다.

우리는 모두 쉽게 타인을 배려하지 못하고, 무의식적으로 남들에게 모욕감을 주는 경박함을 지니고 있습니다. 이러한 성향을 넘어서기 위해서는 노력이 필요합니다. 오늘 이 자리에서 제 의견을 표명할 수 있었던 것은 완전한 시민으로서 인정받기 위해 함께 싸워온 '이야기하는 여성, 행동하는 여성' 여러분에 대한 저의 특별한 감정 덕입니다. 타인에 대한 존중은 오래전부터 현실로 나타났습니다.

2005년 11월 16일, '이야기하는 여성, 행동하는 여성' 포럼

보건부 장관으로 임명된 지
며칠 지나지 않은 가운데
어떻게 의회에서 피임과 자발적
임신중단에 관한 법안을
준비하고 지지하게 되었는가

피임과 자발적 임신중단에 관한 법률 초안 작성과 관련된 문제는 모쉬라보 씨께서 완벽하게 발표해주셨기 때문에, 저는 엄격한 법적 문제를 다루는 대신 1974년 7월 보건부 장관으로 임명된 지 며칠 지나지 않은 가운데 어떤 맥락에서 이 법안에 대해 의회에서 발제하게 되었는지에 대해서 말씀드리겠습니다.

우선, 제가 장관으로 임명된 지 며칠 되지 않았다는 점을 다시한번 상기시켜드리고 싶습니다. 또한 의회 의원이 아니었으며 특정 정당에 속하지 않았다는 점도 말입니다. 간단히 말해, 저는 사람들이 어느 정도 불신을 가지고 보았던 시민사회 출신의, 조금은 특별한 범주에 속하는 장관이었습니다. 저를 보건부 장관으로 임명한 대통령의 선택은 오늘날에도 여전히 제가 대통령 선거운동 기간 동안 그가 추진했던 법안과 관련된 서류를 담당한 덕분이었다고 여겨집니다. 당시 대통령은 1920년의 법률을 개정하여 임신중절수술을 허용하고자 하는 의지를 가지고 있었는데, 세부 지시 사항은 따로 없었습니다. 제가 법무부의 사법관, 특히 1964년 이래로 민사 담당 국장을 지냈다는 사실을 고려해보면 이 임명이 그렇게 이상할 것이 없을 것입니다.

실제로 1964년과 1970년 사이에 저는 장 푸아예 당시 법무부 장관님이 책임자로 임명한 카르보니에 교수님의 주재하에 가족권의 대대적인 개혁 업무에 참여한 바 있습니다. 기혼 여성의 권리 대부분을 남편의 후견 아래 두었던 나폴레옹법전 이후 크게 변화가 없었던 기혼 여성의 지위를 개선하기 위한 일이 큰 부분을 차지했습니다. 재산 분할의 경우를 제외하고, 아내의 재산과 공동의 재산을 관리한 사람은 남편이었습니다. 이뿐만 아니라, 적어도 이론적으로는, 부부의 자녀들에 대해 유일하게 친권을 행사할 수 있는 것도 남편뿐이었습니다.

게다가 입양에 적대적인 입장을 고수했던 카르보니에 교수는 후견인 제도를 통해 아이가 본래의 가족을 떠나지 않은 상태에서도, 입양한 사람들이 아이의 친권을 행사할 수 있으리라고 생각했습니다. 장 푸아예 장관님은 제게 친부모와 양부모 사이의 소송을 일으킬 수 있는 상황을 피하게 할 새로운 법안을 준비할 것을 요청했습니다. 12년에 걸친 소송 끝에 입양된 자녀가 자신이 알지 못하는 친부모에게 넘겨지게 된 노바크 사건*은 대중, 특히 양부모들의 정서

* 1960년대 초에 일어난 사건으로, 비밀리에 태어나 다른 가정에 입양된 아이의 존재를 알게 된 친부가 친권을 주장하며 소송을 제기하였다. 몇 년간에 걸쳐 법정 공방이 이어지는 동안, 아이는 친부모와 양부모 사이를 반복해서 오가야 했다. 법원은 최종적으로 아이의 유일한 부모는 친부모 측이라는 판결을 내렸다. 프랑스 사회에 친권과 양육권에 대한

를 움직였습니다.

이 개정안에 관해 발제를 맡았던 법무부 장관과 동반해 의회에 출입하게 된 저는 각종 위원회나 회의에 참석하며 많은 의원들을 만나고 의회 토론의 경험을 쌓았습니다.

페미니스트임을 선언하지는 않았으나 교정행정국 소속이었던 저는 극히 소수만 남은 여성 수감자들의 생활환경에 특히 관심을 가지고 있었습니다. 수감자들은 규율과 관련하여 별다른 문제를 일으키지 않았기 때문에, 중앙행정 당국은 그들의 상황에 큰 관심을 기울이지 않았습니다. 지나치게 엄격한 규율이 강요되던 렌 중앙교도소에 중대 범죄자들이 수감되어 있었는데도 말입니다. 이뿐만 아니라 1950년대에는, 테러 혐의로 수감된 알제리 여성 죄수들 중 일부가 프랑스로 송환되었습니다. 제가 책임자로서 그들에 대한 조사를 마친 후의 일인데, 사고 발생 시 죄수들의 안전은 전혀 보장되지 않았습니다. 그 시절 저의 페미니즘은 훗날에 비해 훨씬 덜 참여적이었으나 저는 특정한 문제에 직면한 여성들과 차별의 희생자들에 대한 강한 연대 의식을 가지고 있었습니다. 당시 저희는 기혼 여성의 지위를 변화시키고 남성과 여성에게 동등한 권리를 부여하기 위한 이 개혁이 특히 직업적인 측면에서 차별을 종식하리라고 기대했습니다. 그러나 오히려 경제위기와 실업은 남성보다 여성에게 더 많은 불이익을 가져왔습니다.

여전히 '영광의 30년'*이라고 부를 수 있었던 1960년대 후반, 저

많은 이슈를 남긴 사건이다.
* 1945년부터 1975년까지 프랑스 경제의 고도성장기를 의미한다.

는 법무부의 요청으로 장 푸라스티에가 주재하는 위원회에서 여성들의 취업과 재취업을 장려할 수 있는 조치에 대해 연구하게 되었습니다. 많은 분야에서 일손 부족을 호소하던 시기였고, 이민 노동력은 모든 필요를 충족하지 못했기 때문입니다.

몇 년 후인 1973년 1차 석유파동과 더불어 상황이 악화되자, 이후의 정부들은 여성들을 가정 내에 머물러 있도록 장려하는 정책을 폈습니다. 여성의 노동은 이민자들의 노동과 같은 것으로 여겨졌던 것입니다. 여성들의 개인적인 상황이나 요구 사항은 물론, 여성들이 받을 수 있었던 교육 등은 일자리 맞춤 조건이 되지 못했고, 이혼과 같은 상황이 닥쳤을 때 자녀들을 돌보아야 하는 건 대부분 여성들의 몫이었습니다. 이것이 여성들의 실업률이 특히 높고 한부모가정은 더욱 빈곤해지는 현상에 대한 해석입니다.

저는 어머니가 일을 하지 않는 것이 일반적이었던 세대, 남편(농부, 장인, 상인) 곁에서 일을 하더라도 부인들은 어떤 지위도 없고 남편은 이들의 노동 실태를 신고할 필요가 없다고 여겼던 세대에 속합니다.

당시 많은 여성들처럼 저의 어머니 역시 주부라고 불렸습니다. 결혼으로 학업을 중단했고 개인 자산을 소유하지 못했기 때문에, 경제적으로 항상 남편에게 의존해야 했습니다. 그러한 이유로 어머니는 당신의 딸들에게 진정한 직업을 가질 수 있는 교육을 받아야 하고 직업 활동을 해야 한다는 이야기를 끊임없이 강조하셨습니다.

저는 1945년 강제수용소에서 돌아오자마자 전문적인 활동을 하고 싶다는 의지를 가지고 학업을 시작했습니다. 남편은 변호사가 되고 싶다는 저의 바람을 인정하지 않았고, 저는 사법관이 되었습니다. 법무부는 변호사로서는 가지지 못했을 만족감과 기회를 제공해주었기 때문에, 저는 이 선택을 결코 후회하지 않습니다. 사법관으로서, 특히 정의 구현의 측면에서 사회의 여러 가지 역기능과 마주하게 되었으나, 우리가 느꼈던 신중함에 대한 의무감으로 인해 공개적으로 법을 비판할 수 없었습니다. 그러나 적어도 우리 사이에서, 임신중절수술에 대한 엄격한 억압의 문제는 논쟁의 대상이 되었습니다. 관련된 의사들은 협회이사회의 규정에 따라 의료 행위 금지라는 매우 중한 처벌을 받았습니다. 일부 예심수사판사는 밀고를 토대로 수행한 감찰을 자랑스럽게 떠벌리고 다니기도 했습니다.

그러나 이를 통해 여성들은 완전히 경험이 부족한 다른 여성들에게 도움을 청하지 않아도 되었습니다. 많은 경우에 이러한 이들의 개입은 병원에서의 긴급 진료와 수술로 이어질 수밖에 없었습니다.

남성 동료 대부분은 이러한 문제에 거의 민감하지 않았지만, 적극적으로 나선 여성들은 법무부 손에 달린 개혁을 위해 병원에서 캠페인을 벌였습니다. 이프 씨와 함께 가족계획과 관련된 운동은 점점 더 투쟁적이 되었고, 지젤 알리미 변호사가 회장을 맡고 있던 단체 '선택하라'나 일부 여성 잡지 등은 더 이상 상황을 좌시하지 않겠다는 입장을 표명했습니다. 알리미 변호사는 1971년 임신중절수술을 한 어린 여성의 무죄를 이끌어낸 바 있습니다. 1973년 장 태탱제 당시 법무부 장관은 지극히 제한된 범위의 법안을 의회에 제출하였고, 이 법안은 즉시 위원회에 회부되었습니다. 이러한 조치로 인해 위원회는 매우 많은 청문회를 개최할 수 있었고, 백서의 배포는 1974년의 논쟁에서 아주 유용하게 쓰였습니다.

여성의 지위와 관련된 다른 분야들에서와 마찬가지로 이 문제에 관해서 프랑스는 이웃의 몇몇 나라들에 비해 크게 뒤떨어져 있었습니다. 정보를 얻게 된 프랑스 여성들은 몇 년 전부터 외국으로 가서 임신중절수술을 받았습니다. 그 이전에 효과적인 피임법에 접근하기 위해서 그랬던 것처럼 말입니다.

의회에 진출한 여성들이 거의 없다는 사실이 이 상황을 부분적으로 설명해줍니다. 대부분의 민주주의 국가에서 여성들이 몇십 년 전부터 투표를 하는 동안, 프랑스 여성들은 1944년이 되어서야 투표권을 가지게 되었다는 사실을 떠올리지 않을 수 없습니다.

뤼시앵 뇌비르트 의원이 발의한 피임에 관한 법안을 둘러싼 상원의회에서의 논쟁을 정리한 보고서를 다시 읽는 것은 매우 흥미로웠습니다. 현대적인 피임법의 승인에 대한 이 논쟁은 이 법안에 적대적이던 참석자들 대부분이 지니고 있던 남성우월적 시각을 드러내주었습니다. 이들은 피임법이 여성들에게 악덕과 욕망, 간통으로 통하는 문을 열어줄 것이라고 거리낌 없이 주장했습니다.

물론 피임을 통해 여성은 상대의 의사와는 상관없이 출산에 대한 통제를 할 수 있으며 자신의 의도를 알리지 않을 수 있습니다. 진정한 진보로 여겨진, 여성을 위한 이러한 변화는 상실감을 느낀 남성들에게는 매우 잘못된 변화로 느껴졌습니다. 반면, 매우 힘든 결정을 내린 후 임신중절수술을 한 여성을 처벌하는 데에는 여전히 민감하게 구는 한편, 남성들과는 관련이 없는 문제라고 여겼습니다.

1974년 임신중절수술을 둘러싼 논쟁에서, 고위직을 포함한 남성들이, 스스로 알아서 관리해온 '참한 여인들'의 문제에 왜 법이 개입해야 하는지 모르겠다고 이야기하는 것을 들었습니다. 도대체 무엇을 위해서 법을 제정하는 것입니까?

여성들의 안위와 관련된 이 고통스러운 문제에 대한 이러한 무관심 혹은 건방진 태도에 대해서는 제가 오랫동안 겪은 바를 통해 증명할 수 있습니다. 그들이 제게 다가와서 "제 아내가 당신에게 감탄을 하더군요"라고 이야기하면, 저는 '임신중절수술은 나랑은 상관없는 문제지만, 내 아내가 어떻게 생각하는지는 전해주지'라고 해석했습니다.

논쟁의 맥락과 분위기에 대해서 말씀을 드리고 있는 만큼, 겉으로 보이던 태도와는 달리 명백한 적개심을 품은 채 저를 비방하던 이들의 위선에 대해 언급하는 것은 적절하지 않다고 생각합니다. 저는 이 문제에 대해 그 어떤 환상도 가지고 있지 않았습니다.

반면, 의원님들께서 보여주신 용기와 인류애에 대해서는 한 번 더 강조하고 싶습니다. 외젠 클로디위스프티 의원은 개인적인 신조에도 불구하고, 극적인 상황과 마주한 여성들에 대한 연민에서 우러난 멋진 연설을 해주셨습니다.

보건부 장관으로 임명된 다음 날, 과연 제게 이 법안에 대해 의회에서 발언할 만한 자격이 있는지 궁금했습니다. 전통적으로 이 일은 법무부 장관의 소관이었기 때문입니다. 1년 전, 특수 상황에서의 임신중절수술을 허용하는 법안 역시 장 태탱제 법무부 장관에 의해 발표되었습니다. 저의 전임 보건부 장관인 미셸 포니아토프스키는 인수인계가 끝나자마자 제게 입안의 다급함에 대해서 강조하였습니다. MLAC*와 같은 몇몇 협회에서 낙태죄 폐지를 요구하며 정부를 압박하고 있다는 이야기와 함께 말입니다.

해당 법안은 의료적인 성격을 띠고 있기 때문에, 이 문제에 관한 한 법무부 장관보다 보건부 장관이 더욱 적합하다고 여겨졌는데, 처벌을 받는 이들의 개인적 상황과 조건은 그다지 중요하게 고려되지 않는 듯했습니다. 얼마 지나지 않아, 대통령 비서실 측에서도 해당 개혁의 방향성에 대해 직접적으로 관여하게 되었습니다. 장 르카뉘에 법무부 장관은 부위원으로 참여하였습니다.

르카뉘에 장관은 1년 전 장 태탱제 법무부 장관에 의해 발표된 내용에 가까운 조문을 선호하기는 했지만, 그가 1920년 법안을 개정해야 한다는 취지에는 전혀 적대적이지 않았다는 사실을 한 번 더 강조하고 싶습니다. 자신에게 권한이 없는 것을 아쉬워했으나, 자신의 정치적 동료들에 맞서 제게 소중한 지지를 보내주기도 하였고, 상원의 내각석에서 제 옆을 지켜주기도 하였습니다.

하지만 대다수의 비난이 예상되던 이 개정 법안의 표결을 시작하기 전에, 법률 적용 연령을 미성년자로 제한한, 로베르 불랭** 시대에 만들어진 뇌비르트 법안 시행 법령, 즉 피임에 대한 접근을 용이하게 해주는 새로운 조문을 표결하는 것이 더 적절하게 생각되었습니다.

---

*   '임신중절과 피임의 자유를 위한 모임'의 약자.
** 1969~1972년 보건부 장관을 역임했다.

우리가 특히 안타깝게 생각했던 것은 피임에 대한 법적인 허용이 프랑스에서 특히 늦게, 그리고 지나치게 제한적으로 이루어졌다는 점입니다. 실질적인 진보가 일어나지 못했고, 가족계획을 원하던 여성들 대부분은 피임법을 충분히 활용하지 못했습니다.

뇌비르트 법안 개정은 별다른 문제가 없었던 반면, 여전히 진행 중이던 자발적 임신중단 법안은 사정이 달랐습니다. 장 태탱제 법무부 장관의 짧은 법안 발표 이후 위원회에 회부되었으나 여전히 연구하고 결정해야 할 부분이 많이 남아 있던 1973년의 극히 제한적인 법안을 이어받을 이유가 없어졌던 것입니다.

당시 제 사무실에서는 콜레트 멤 참사관과 에즈라티 씨가 대통령 비서실과 이 서류를 둘러싼 소통을 담당하고 있었습니다. 우리는 법안의 맥락에서 유지되어야 할 기본 원칙들에 대한 수렴 지점을 찾고자 했습니다. 임신중절수술을 특정 상황으로 제한한다는 생각을 버리자, 여성이 타인의 허가를 받지 않는 주체적인 자기 결정권을 가져야 한다는 원칙이 분명하게 드러났습니다. 그 타인이 의사라 할지라도 말입니다. 물론 부모의 허락이 필요한 미성년인 경우는 제외하고 말입니다.

여성은 그것을 증명할 필요가 없이 자신의 결정에 대한 이유를 제시할 수 있게 되었습니다. 숙고 결과, 상황을 가늠하고 방법을 강구하는 것이 자신의 손에 달린 여성의 상태는 고뇌라는 단어로 가장 적합하게 요약되었습니다.

여성이 자유롭고 신중하게 결론을 내릴 수 있도록 하기 위해서는 숙고 기간과 의사와의 상담, 최대한 위생적인 환경에서 임신중절수술이 이루어질 수 있는 사회서비스 등과 같은 몇 가지 세부 조건을 마련해야 했습니다. 수술은 임신 10주 내에 의료 시설에서 이루어져야 한다는 강제 조항도 넣었습니다. 의사들은 이 기한이 가능한 한 짧아야 한다는 의견이었습니다.

의사들, 산과 의사들의 태도에 대해 말씀드리자면, 이 문제에 대한 의사들의 태도가 이토록 변화한 것에 매우 놀랐음을 고백합니다. 젊은 산부인과 의사들 일부를 비롯하여, 죽어가는 상태로 병원으로 오는 여성들과 직접 만나고 그들을 살리지 못한 경험이 있는 인턴들은 이 법안에 대해 완전히 공감하고, 법 개정을 위해 함께 행동에 나서기도 했습니다. 반면, 나이 든 의사들과 대학 학장들, 혹은 문제를 해결하기 위해 외국으로 가거나 비싼 금액을 치르는 대가로 프랑스 내에서 방법을 찾을 수 있는 부유한 고객들을 상대하는 개인병원 의사들의 반대는 예상대로 매우 격렬했습니다. 특히, 의사협회이사회의 반대가 아주 극심했습니다.

1975년 법안이 개정되어 적용된 후 지난 30년 동안, 여성 인권 담당 장관이었던 펠티에 씨는 임신중절수술 가능 기간을 11주로 늘리는 등 다양한 유연성을 더해주었고, 오브리 씨와 기구 씨는 특수한 상황이라는 조건을 폐지하였습니다. 이와 관련하여 법안은 큰 논쟁을 불러일으키지 않았고—'그들을 살려두라' 운동의 앙심에 찬 반대는 예외로 치겠습니다—사회 비평가들 역시 여성들의 필요에 답할 수 있는 의료서비스가 불가능하거나 혹은 거부당하는 어려움에 대해 이야기하는 데에 열중했습니다.

이것이 다수의 대학을 비롯해, 산부인과 협회를 포함한 협회들이 법안 제정 30주년을 맞이하며 학술대회를 개최하고 제게 경의를 표하시기 위해 저를 초대해주시는 등 진정한 기념행사를 마련하시면서 보여주신 관심에 제가 이토록 놀란 이유입니다.

협회 분들은 인턴 시절 최악의 상황에서 행해진 임신중절수술의 희생양이 되었던 여성들을 구하고자 했던 헛된 시도를 언급하며 1975년의 법안이 자신들의 직업생활을 얼마나 바꾸어놓았는지 강조하였습니다. 자발적 임신중단에 대해 이야기하는 것을 듣고 싶어 하지 않던 대선배들 중 일부 역시 생각을 바꾸고 1975년의 법안을 받아들이게 되었음을 주저 없이 고백했습니다.

유감스럽게도 임신중절수술 건수 못지않게 중요한 사실은 여성들이 충분히 피임을 하지 못하고 있다는 것입니다. 여기에는 여러 가지 이유가 있습니다.

우선 오늘날 자발적 임신중단 건수와 1975년의 법안 이전에 행해진 자발적 임신중단 건수—매우 부정확하고 분명 실제보다 적게 취합된 수치일 것입니다—를 비교해볼 때, 관련 인구가 증가하였으며 무시할 수 없는 수의 여성들이 외국, 특히 영국이나 네덜란드로 향하고 있다는 사실을 강조할 필요가 있습니다. 또한 관련 여성들 중에서 특히 가장 어린 연령대의 여성들은 매우 잘못된 정보를 가지고 있다는 점이 눈에 띄는데, 이는 혼자서 의사를 찾아갈 수 없는 특정한 계층에서 더욱 두드러지게 나타나는 현상입니다. 마지막으로, 매우 엄격하게 주기적인 규칙성과 규율을 요구하는 피임법들은 강제적이며 실제로 따르기가 쉽지 않고, 예상치 못했던 상황들도 다수 벌어지기도 하지만, 그 어떤 예방 조치도 미리 검토되지 않는다는 점입니다.

오늘날 홍보 캠페인, 특히 텔레비전을 통한 캠페인이 완전히 사라졌다는 사실에 대해서도 매우 유감스럽게 생각합니다.

2006년 6월, 〈위대한 증인〉

더욱 많은 여성 정치인들이 필요합니다

여러분들 앞에서 발언을 하게 되다니 감격스럽기 그지없습니다. 제가 여성들의 투쟁을 함께해온 것은 사실이지만, 동시에 이것이 일종의 특혜처럼 여겨질까 신경 쓰이는 것도 사실입니다. 제가 여자라는 이유만으로 경력을 쌓을 수 있었던 것은 아니기 때문입니다.

사실 저는, 사법관이었던 시절, 여성과 관련된 모든 문제들에 큰 관심이 있었지만 정치를 할 생각은 하지 않았습니다. 오랜 기간 동안 저는 교정행정국에 몸담았는데, 수적으로는 얼마 되지 않는 여성 수감자들이 끔찍한 대우를 받고 있는 것을 알게 되었습니다. 그들이 규율과 관련된 문제를 일으키지 않았기 때문에, 이 행정 당국의 그 누구도 그들을 돌보지 않았습니다. 젊은 여성 사법관으로서 저는 1957년 혹은 1958년 푸아티에서 상관을 대신하여 임무를 수행하던 중에 매우 불쾌한 경험을 한 기억이 있습니다. 회합을 준비한 사법관이 제가 여성이고 유대인이라는 이유로 저를 맞이하기를 거부한 것입니다. 그러나 그 후 1974년, 저는 오직 여성이라는 이유로 내각에 들어가게 되었습니다. 여성들의 정치참여를 독려하고자 했던 발레리 지스카르 데스탱 대통령 후보의 뜻에 따라서 말입니다.

저는 정치를 하려는 생각을 가져본 적이 없었고, 법무부에서 하던 업무들에 훨씬 더 큰 애정이 있었습니다. 여성들에게 아주 중요했던 가족권에 대한 중요한 개혁들이 1970년대에 시도되었고, 저는 이 문제에 깊이 관여하고 있었습니다. 여전히 나폴레옹법전이 기세등등하던 프랑스는 이 부분에서 매우 뒤처져 있었습니다. 저는 투사가 되지는 않았지만, 항상 스스로를 페미니스트라고 여겨왔습니다.

저는 어머니가 직업 활동을 하지 않는 것이 당연한 세대에 속하는 사람입니다. 물론 직업이 없는 가정의 어머니 역시 인정받지 못하는 일을 끊임없이 해야 했습니다. 마찬가지로 많은 수의 장인과 상인, 농부의 아내들도 엄청난 양의 노동을 했습니다. 가족 사업을 돌보는 동시에 모든 집안일을 해야 하는 부담이 그들의 어깨를 짓눌렀습니다. 제가 장관이 되었을 때, 이 여성들은 은퇴조차 할 수 없다는 것을 깨달았습니다. 남편에게 인정받지 못하던 이 여성들은 무직자로 여겨졌고 노동의 대가를 받지 못했기 때문에, 지극히 미미한 전환 연금*을 제외하고는 그 어떤 보상도 받지 못하였습니다. 어머니는 아버지와 결혼하시기 전 화학 공부를 하셨는데, 결혼 후 아버지께서 어머니가 일하는 것을 반대하셨기 때문에, 학업을

* 수령인의 사후에 배우자 또는 자녀들에게 권리가 승계된다.

끝마칠 수 없으셨습니다. 하지만 어머니는 제게 다른 두 자매들에게와 마찬가지로, 단지 노동만을 해서는 안 되며 진짜 직업을 가져야 한다고 가르치셨습니다. 우리는 모두 강제 이송되었고, 어머니도 아버지도 돌아오지 못하셨습니다. 너무 지친 상태로 돌아온 우리 세 자매는 숨을 돌리고 싶었습니다. 그럼에도 불구하고 우리는 바로 학업을 다시 시작했습니다. 그리고 어머니의 말씀대로 모두 일을 하게 되었습니다. 우리는 지적인 만족을 제공해주는 진정한 직업을 가지는 데에서 자유와 독립심이 온다는 것을 깨닫게 되었습니다.

저는 강제 이송에서 돌아온 지 1년이 겨우 지났을 무렵, 아주 어린 나이에 결혼했습니다. 학업을 지속하는 것이 결코 녹록지는 않았으나, 많은 노력을 기울였습니다. 어머니의 가르침을 항상 생각하고 또 생각했습니다. 특히 '여성 노동을 위한 연계 위원회'를 조직했을 때, 우리 어머니들이 전해주신 바를 떠올리면서 모든 여성들이 이 행동에 함께했습니다. 일하지 않았던 어머니들은 경제적으로 독립을 하지 못했기 때문에, 많은 고통을 겪었습니다. 지참금으로 가지고 온 재산조차 남편이 예금을 요구하는 등 그에 대한 권리를 행사했습니다. 그들은 아무것도 할 수 없었습니다. 그런 여성들은 자녀와의 관계를 통해서만 스스로의 가치를 찾고자 했습니다. 장성하여 가정을 떠나기 시작하는 자녀들은 직업적인 연결 고리가 없는 어머니 대신 아버지와의 관계에 더 큰 비중을 둡니다. 그러므로 무엇보다 중요한 것은 진짜 직업을 갖는 것이라고 생각합니다. 얼마 지나지 않아 사법관 시험의 문호가 여성에게도 개방되었고,

저는 합격하여 사법관이 되었습니다.

저는 직업상의 이유로 페미니즘 운동에 적극적으로 참여하지 않아도 여성들과 관련된 문제를 다룰 수 있는 기회를 가질 수 있었습니다.

교정행정국에서 일하던 시기에, 여성 수감자들의 문제에 특히 많은 신경을 썼습니다. 여성 장기수의 비중은 그리 높지 않으나, 종종 중범죄를 저지른 수감자들도 있었습니다. 렌 중앙교도소는 현대화된 시설을 자랑하기는 했으나, 이곳으로 이송된 수감자들은 지극히 엄격한 규율을 따라야 했습니다. 저는 그곳의 부소장이 여성들 간의 친밀한 관계에 대해 강박적인 태도를 보이는 것을 보고 많은 충격을 받았습니다. 그들은 교도소 내의 질서를 난잡하게 하는 레즈비언이라는 의심을 아무렇지도 않게 받아야 했습니다. 만약 한 수감자가 커피에 설탕을 넣지 않는다 해도, 제 몫의 설탕을 동료에게 줄 수 없었습니다.

당시 파리의 로케트 교도소에는 수녀원 시절에나 있었을 법한 간수들이 있었는데, 일반 행정 간수들에 비해 훨씬 개방적이었기 때문에, 알제리전쟁 이후 수감된 여성 수감자들을 탈옥시키려는 음모를 꾸미고 있는 것이 아닌가 하는 의심을 할 정도였습니다. 물론 행정 당국은 이러한 탈옥의 음모에 대해서도 큰 관심이 없었습니다.

그 후 알제리에서 테러에 참가했다는 죄목으로 장기 수감형을 선고받은 여성들이 있는 감방을 돌아볼 기회가 있었습니다. 그들은 프랑스로 이송되기 전까지 여성이라는 이유로 특별한 형벌을 받아야 했습니다. 우리는 프랑스로 온 그들에게 수업을 듣고 함께 머무를 수 있게 하는 등 알제리에서보다 덜 가혹한 환경을 제공했습니다.

법무부의 사법관이던 1960년대에 저는 '여성 노동을 위한 연계위원회'의 활동에 참여했습니다. 경제학자이자 철학자인 장 푸라스티에는 어떻게 하면 여성들의 직업 활동을 장려할 수 있는지 연구하기 위해 이 위원회를 조직했습니다.

'영광의 30년' 시기였고, 많은 여성들이 간호사, 교수, 교사, 간호조무사로 일하거나, 남편의 경제적 능력이 만족스러울 경우 일을 그만두었습니다. 아이가 생겼을 때도 마찬가지였습니다. 당시에는 오늘날에 비해 혼자서 아이를 키우는 일이 적었습니다. 하지만 정말 놀랐던 것은, 여성들의 출신과는 상관없이, 여성들을 이민노동자를 대하던 방식으로 대했다는 사실이었습니다. 아이를 키우는 일이야말로 여성들에게 적당한 일로 생각되었습니다. 필요에 의해 불러들였던 여성들이 필요 없게 되자, 곧바로 일터에서 배제했습니다. 여성들은 남성들보다 더 극심한 실업난을 겪어야 했고, 여성들을 제1순위로 해고할 때는 대단한 변명거리가 필요하지도 않았습니다. 여성들에게 상황을 끼워 맞춘 것입니다.

그런 상황에서 저는 1974년에 보건부장관이 되었고, 다양한 유관 협회들과 오랫동안 열심히 연구해왔던 자발적 임신중단에 관한 법안을 상정하였습니다. 이 협회들이 의회에서 차지하는 비중은 높지 않았지만, 이들 대부분은 저를 지지해주었습니다. 법안은 아주 끔찍한 분위기에서 표결에 부쳐졌습니다. 유독 공격적이고 천박한 태도를 보인 의원들도 있었습니다. 자신들의 남성우월주의를 드러낸 것입니다.

이듬해에 저는 사회보장 부문의 업무도 담당하게 되었고, 여성들에게 가해지던 모든 종류의 차별을 철폐하고자 했습니다. 그중 특히 한 가지 사안은 제 개인적 상황에도 영향을 주었습니다. 다른 모든 어머니들처럼, 제가 의료비와 약값을 지불하였음에도, 의료보험 환급은 항상 남편의 이름 앞으로 이루어진 것입니다.

보다 걱정스러운 오늘날의 현실로 다시 돌아오겠습니다. 최근 몇 년간 상황은 오히려 악화되었습니다. 저는 1979년 직접보통선거를 통해 최초의 여성 유럽의회 의장으로 선출되었는데, 당시 구舊의사당에 위치한 사무국에서 일하는 이들은 대부분 남성들이었습니다. 여성들의 인권을 신장하기 위한 위원회를 꾸리고자 했을 때, 엄청난 반발에 부딪혀야 했습니다. 이베트 루디가 위원회의 수장을 맡아주었고, 정치적인 소속과는 상관없이 유럽의회에서 일하는 모든 여성들이 모였습니다.

이 시기에 여성과 남성의 평등에 대한 지침들이 유럽연합에 속한 모든 국가들에게 권고되었습니다. 프랑스 법률은 이 부분에서 유독 뒤처져 있었고, 사실 여전히 차별적인 상황이 이어지고 있습니다. 브뤼셀의 집행위원회와 유럽의회, 여성인권위원회는 그간 유럽의회에서 많은 역할을 수행해왔던 여성들과 더불어—남성들에 비하면 소수에 불과함에도 불구하고 유럽의회의 여성들은 대단한 존재감을 보이고 있습니다—진보를 이끌어냈습니다.

헌법이 개정되었고, 마침내 정치기구에서의 남녀동수법이 시행되었습니다. 이 새로운 조처가 상원 의회에 가져다준 긍정적인 효과에도 불구하고, 의회의 정당들은 강제성이 없는 남녀동수의 원칙을 지키느니 벌금을 내는 편을 택했습니다. 오늘날 프랑스 여성 정치인의 숫자는 심각할 정도로 적습니다. 앞으로의 선거에서는 진정한 진보가 이루어지겠지만, 현재까지는 녹색당 이외의 나머지 정당들은 더 많은 여성들의 정치참여를 독려하기보다는 어마어마한 금액을 지출하는 게 낫다고 생각하고 있습니다. 여성들이 당선될 매우 희박한 경우를 제외하고 말입니다. 전 세계 다른 국가들과 비교해보면, 이 부분에서 프랑스의 위상은 정말 낮습니다. 심지어 아프가니스탄 의회의 여성 의원들의 수가 훨씬 많습니다. 실질적인 영향력은 별개의 문제이긴 하지만 말입니다.

다른 나라 여성들과 함께 일했던 유럽의회에서의 경험을 통해 많은 생각을 하게 되었습니다. 이 여성들을 통해, 프랑스에서는 여성들이 유독 정계에 진출하는 비율이 적은 반면, 상대적으로 여성의 정계 진출이 활발한 스칸디나비아 국가들과 네덜란드에서는 기업을 책임지는 직급의 여성들의 수가 적다는 것을 알게 되었습니다. 프랑스 기업들의 경우에는 다른 나라의 상황에 비해 크게 차이가 나지 않는데 말입니다. 이와 관련하여 저는 북유럽 국가에서 실질적인 권력은 경제력이기 때문이라는 결론을 얻게 되었습니다. 프랑스에서의 실권은 정치력인 반면에 말입니다. 남성들은 여전히 넘어서기 힘든 장애물 쪽으로 여성들을 몰아넣고 있는 것입니다.

저는 여성과 남성의 평등이 실제로 이루어질 수 있다는 것에 꽤나 회의적입니다. 많은 여성들이 실업 상태에 있습니다. 여성들은 전문 양성 과정을 이수하지 못했기 때문에, 전문 직군에서 구인을 할 때 충분한 조건을 갖추지 못한 상태가 됩니다. 바른 방향의 진로 지도가 결여되어 있는 것입니다. 여성들 사이의 연대 의식 부족을 원인으로 꼽는 이들도 있습니다. 하지만 그와는 반대로, 남성들에 비해 여성들 사이에서 진정한 연대가 이루어지지 못하는 이유는, 여성들에게 충분한 시간적 여유가 없기 때문입니다. 우리가 일을 할 때 어떤 정신적 상태인지 떠올려보십시오. 우리는 모두 어떤 진 전을 이루기 위한 의지와 연결되어 있습니다. 형식적으로 쓰인 문 서들에서 나아가, 남성과 여성 사이의 평등을 가져올 수 있는 최소 한의 조치를 취하기 위해 노력해야 합니다.

현재 헌법평의회 위원 아홉 명 중 세 명이 여성입니다. 상원의장 에 의해 임명된 우리 세 여성들은 매우 돈독한 관계를 유지하고 있 습니다. 하지만 "우리가 셋이 아니라 넷이었다면 어땠을까?"라고 질문을 던진다면, 아마 이런 답을 듣게 될 것입니다. "헌법평의회 위원은 세 명씩 임명되므로 여성 한 명을 더 임명하기 위해서는 두 명을 더 임명해야 해요." 네, 그런데 왜 그런 일은 일어나면 안 되는 것일까요? 우리 남성 동료들은 아주 당황하면서, 마치 저희가 엄청 난 무례를 저질렀다는 듯한 표정을 짓습니다.

그동안 유럽은 여성들이 많은 진보를 이룰 수 있도록 해주었으 며, 이는 계속 이어져야 합니다. 여러분의 행동과 활동이 식자층에 게 영향을 끼칩니다. 우리 사이에 보다 실질적인 교류가 이루어져 야 합니다. 우리가 무엇을 할 수 있을지 살펴봅시다. 아무리 미미한 것일지라도, 모든 발걸음이 매우 중요합니다. 저는 페미니즘 운동에 참여하지는 않았지만, 항상 그들을 지지해왔습니다. 심정적으로 저는 투사 성향의 인물은 아닙니다. 그럼에도 정치활동을 통해 여성들의 편에 섰던 것은, 여성들은 매우 다른 존재들이기 때문입니다. 저는 시몬 드 보부아르의 『제2의 성』이 큰 영향을 끼쳤고 그로 인해 진일보한 세대에 속합니다. 실제로 권리의 평등을 이야기하게 된 것은 눈부신 진보입니다. 어렸을 때 제가 남자아이가 아니라는 것에 불만이 많았고, 저의 성별을 장애와 같은 것으로 느꼈습니다. 오늘날 저는 많은 여성들처럼 여성으로서의 저의 모습을 기꺼이 드러내고 싶습니다. 여성은 남성과 전혀 다른 존재이며 우리에게는 두 성별이 다 필요합니다. 우리는 상호 보완적이어야 하고, 서로를 이해해야만 합니다. 우리를 제도 밖으로 쫓아내려 하고, 우리를 받아들이려 하지 않는 것은 사회적 손실입니다. 그래서 정치가 중요합니다. 의회는 법안을 입안하고, 사회를 조직합니다. 법안을 만드는 남성들 곁에 여성들이 존재하지 않는다면, 그 법은 오직 남성들이 생각하는 바를 담아낼 것이고, 여성들이 생각하는 바는 상대적으로 적게 반영하게 될 것입니다. 우리는 꽤나 많은 중요한 문제들을 서로 다른 시각에서 바라보니까요.

고통스러운 문제들이 가득한 혼란스러운 오늘날의 사회에서, 어떻게 하면 더 많은 시민의식과 연대의식을 가질 수 있을까요? 어떻게 하면 잘못돼가고 있는 것이 자명한 이 사회의 상태와 타인에 대해 더 많은 관심을 쏟을 수 있을까요? 정계에 더욱 많은 여성들이 있다면…… 이러한 감정적인 문제에 더욱 많은 우선권을 부여할 것이라고 생각합니다. 다행스럽게도, 많은 여성 시장님들과 여성 지역 의원님들이 계시지만, 여전히 많이 부족합니다. 남성과 여성이 비슷한 존재라면, 이 정도로 함께하면 될 것입니다. 하지만 우리는 모두 다릅니다. 그리고 때때로 했어야 하는 일들이 여전히 그대로 남아 있다면, 그것은 충분한 숫자의 여성들이 있지 않았기 때문입니다. 제가 하지 못했던 일을 해내고 계신 투사 여러분들이 계신다는 것이 참으로 기쁩니다.

2007년 6월 9일

4부

더 나은 사회를 위한 투쟁

최근 환경오염이 건강에 미치는
심각한 영향에 대하여

회장님,

내외 귀빈 여러분,

현대 사회의 변화로 초래된 환경파괴와 이 상황이 인간의 건강에 가하는 위협은 오늘날 우리가 상당히 우려하고 있는 문제입니다.

20세기 초 이래, 보건 환경 당국은 환경오염의 세균학적 측면을 최우선시하여, 콜레라나 장티푸스 같은 대규모 풍토병의 퇴치에 힘썼습니다. 물론 최근에는 일부 병원균의 항생제 내성의 증가나 사람들의 대륙 간 이동 증가처럼 근래에 나타난 요인들로 발생하는 새로운 문제들이 생겨나고 있기는 하지만, 그럼에도 백신 개발과 환경위생의 개선, 설치류나 곤충과 같은 질병 매개체에 대한 소탕 작업 등이 실시된 덕분에 이 분야에서 상당한 진척이 이루어질 수 있었습니다.

그런데 약 30년 전부터 선진국을 중심으로 환경오염이 심화되고 있고, 이러한 상황은 인간의 건강에 거대한 위협이 되고 있습니다. 대기오염, 수질오염, 식품오염, 소음공해 혹은 다양한 환경에서 노출되는 미세 오염물질의 작용처럼 환경오염과 관련된 문제가 상당히 다양하고 심각하다는 것은 이제 부인할 수 없는 사실입니다.

현재 우리는 이런 상황을 초래한 원인들을 잘 알고 있으며, 이 원인들은 이미 공론의 장에서 폭넓은 논의의 주제가 되고 있습니다. 환경오염은 근본적으로 다섯 가지 원인에서 기인합니다. 일부 산업에서 배출하는 엄청난 양의 독성물질, 농업 분야에서 대량으로 사용하는 비료 및 살충제와 같은 다양한 화학물질, 엄청난 수의 사람들이 밀집되어 있는 일부 대도시의 인구과잉, 폭발적으로 증가한 자가용 운행, 마지막으로 기술혁신을 통해 매년 400~500가지씩 시장에 등장하고 있지만 아직 인간의 건강에 미치는 모든 잠재적 영향을 예측하는 것이 거의 불가능한 새로운 화학물질입니다.

이러한 상황에서 두 가지 유혹이 생겨날 수 있습니다. 첫 번째는 현재의 발전 상태를 유지하려는 것입니다. 즉, 새로운 공해 발생에 대한 두려움 때문에 모든 기술혁신을 철저히 가로막는 것입니다. 두 번째는 반대로 이 문제를 숙명으로 받아들이는 것입니다. 즉, 우리 사회의 변화가 공공보건에 미치는 모든 악영향을 상쇄하는 일을 신의 섭리나 향후 질병 치료법의 발견에 맡기는 것입니다.

이 두 가지는 모두 극단적인 태도입니다. 첫 번째 방식이라면, 지난 세기에 우리는 승객들의 질식사를 막기 위한 철도 터널을 결코 뚫지 못했을 것입니다. 두 번째 방식은 기술에 대한 맹목적인 믿음에서 오는 것으로, 미나마타병*이나 탈리도마이드 사건**과 같은 재앙을 초래할 수 있습니다.

하지만 과학계와 많은 나라의 정치지도자들이 갖고 있는 자세는 이와 완전히 다릅니다. 이들은 객관성과 현실감각을 갖고, 또 상황에 대한 인상과 불안이라는 비합리적 자세를 버리고, 환경으로 인한 건강의 위협이라는 이 중대한 문제를 준엄하고 정확하게 다루고 있습니다. 오늘 여러분의 심포지엄은 바로 이 결과에 도달하고자 하는 우리의 공동의 의지를 강력하게 표현하고 있습니다.

이론의 여지 없이, 환경오염에 따른 질병과 장애의 상황은 매우 우려스럽습니다.

공장 가동, 도시 난방, 자동차의 독성물질 배출, 쓰레기 소각 활동이 결합되어 발생하는 대기오염은 일부 지역에서 매우 심각한 결과를 초래할 수 있는 폐질환을 유발하고 있습니다. 사실상 대기오염과 폐기종 및 폐암과 같은 일부 기관지 질환 사이에는 밀접한 상관관계가 있습니다. 예를 들어, 1958년 런던에서 발생한 스모그로 일주일 만에 약 5000명이 급작스러운 심폐 질환 악화로 목숨을 잃은 사건을 모두 기억하실 겁니다.

수질오염의 위험도 비슷한 수준입니다. 산업폐기물 배출뿐만 아니라 과도한 도시 집중화가 원인이 되는 수질오염은, 오염된 물을 섭취한 지 몇 년이 지나야만 독성 효과가 드러나는 탄화수소, 살충

---

* 1950년대 일본의 미나마타 시에서 발생한 수은중독 공해병. 주변 화학 공장이 방류한 폐수의 유기수은에 오염된 어패류를 섭취한 주민들이 앓은 중추신경계 질환이다.
** 20세기 최악의 의약품 부작용 사건 중 하나. 탈리도마이드는 1957년 독일의 제약 회사에서 출시된 진정제로, 당시 이 약이 임산부의 입덧을 방지하는 효과가 있다고 알려지면서 임산부들에게 무분별하게 판매되었다. 그러나 이 약은 기형아 출산이라는 심각한 부작용을 초래했고, 결국 판매 종료되었다.

제, 세제와 같은 미세 오염물질로, 급성중독 증상과 만성질환을 초래합니다.

그러나 대기질과 수질의 악화만이 공공보건을 위협하는 것이 아닙니다. 공기, 물, 식품처럼 우리를 둘러싼 모든 환경에 널리 퍼져 있는 석면, 납, 수은, 카드뮴, 이산화황, 유기인계살충제와 같은 일부 물질들도 매우 위험한 요소입니다. 게다가 이 물질들의 독성은 우리가 아직 밝혀내지 못한 시너지 효과로 배가될 수 있습니다. 이런 다양한 오염 외에도 또 다른 공해 요인이 존재합니다. 특히 소음의 경우 상황에 따라 청력을 저하시키고 신경계 손상을 일으킬 수 있습니다.

의학의 발전 덕분에 인간의 기대수명이 계속 늘어갈 것처럼 보였던 긴 세월이 지나고, 이제 우리의 우려가 다시 커지는 것은 바로 이러한 이유 때문입니다.

따라서 이번 심포지엄이 맡은 임무는 매우 중요합니다. 또한 우리 모두 잘 알고 있듯이 매우 어려운 임무이기도 합니다.

환경오염이 인간의 건강에 악영향을 끼친다는 사실은 누구도 반박할 수 없습니다. 미국 클리블랜드 대학의 학자들이 발표한 보고서 가운데 다음과 같은 구절이 이 점을 아주 잘 보여주고 있습니다. "암처럼 이제까지 자연발생적이라고 여겨졌던 많은 만성질환들이 주변의 오염물질에 의해 발생된다는 사실을 의심하는 사람은 이제 거의 없습니다." 그러나 이렇게 환경오염의 독성에 대해서는 전 세계적으로 이견이 없는 반면, 그 현상은 오염원뿐만 아니라 그로 인해 건강에 해를 입은 사람들에 이르기까지 너무나 다양하게 발현

되기 때문에 정확한 파악이 거의 불가능합니다. 따라서 보건 당국이 안게 된 문제는 상상하기조차 어려운 복합성을 띠고 있습니다. 수질오염의 예만 들어본다면, 사고로 발생한 오염의 신속한 탐지, 지하수 오염, 식수 포장, 바이러스성 간염 등 해결해야 할 문제가 너무나 많습니다.

이 어마어마한 임무를 바로 여러분이 각자의 전문 분야에서 수행하고 계십니다. 여러분의 연구는 기초연구에서 응용연구에 이르기까지, 역학조사에서 가장 미세한 물질의 검출을 위한 초미세 입자 추적에 이르기까지, 설문조사에서 신체검사에 이르기까지, 의료 분야 동물실험에서 환자들이 걸린 다양한 질병의 원인에 대한 연구에 이르기까지 매우 다양한 과학적 방법을 동원해 이루어지고 있습니다. 이제 오늘 심포지엄은 이 모든 연구의 결과들을 한데 모아 종합적으로 정리해볼 수 있는 기회가 되어야 합니다.

저는 환경오염과 그것이 건강에 미치는 영향에 대한 과학적 데이터들을 보다 철저히 종합하는 작업에서 고려해야 할 매우 중요한 점을 강조하고자 합니다. 확실하고 반박이 불가능한 연구 결과를 얻기 위해서는, 역학조사 시행 지침, 오염인자의 측정법, 혹은 연구를 위한 모집단의 선정 등에 있어서 모든 관련 연구자의 합의를 거친 동일한 정의와 동일한 측정기구를 사용해야 한다는 것입니다.

이처럼 다양한 이 모든 연구의 최종 목표는 당면 문제를 확실히 파악하여 정확한 규범을 마련하는 것입니다. 그래야 오염물질의 사용을 규제하고, 관련 사고나 남용을 탐지하며, 그런 일이 발생할 경우 제재할 수 있기 때문입니다.

관련 당국이 이 문제에 매진한 것은 아주 오래전부터의 일입니다. 수질오염 및 대기오염과 관련한 첫 번째 중요한 법적 조치들이 20세기 초 프랑스에서 시행되었고, 특히 약 15년 전부터는 환경보호 분야에서 수많은 법조문과 규정문이 생겨났습니다. 그러나 이제 훨씬 더 앞으로 나아가야 합니다. 특히 범위, 신뢰도, 관리망의 자동화를 개선하여 1972년 스톡홀름에서 개최된 유엔 회의가 권고한 지구환경모니터링시스템을 마련해야 합니다. 바로 이런 의미에서 프랑스 환경 당국은 경보시스템을 구축하고자 루앙에 대기오염측정시스템을 설치하였으며 곧 포쉬르메르에도 설치할 예정입니다.

이 모든 규제들은 상당히 많은 기술적 문제들, 예를 들어 일부 제품의 오염성을 검증하고 주변 환경에서 그것을 탐지하는 문제를 제기한다는 점을 우리는 쉽게 이해할 수 있습니다. 또한 규범을 정하고 그것을 비준해야 한다는 점에서 법적인 문제도 제기되며, 환경보호 조치가 실행되면 대부분의 경우 특정 품목의 가격이 상승한다는 점에서 경제적인 문제도 제기됩니다. 이 모든 난관들은 오직 과학계, 보건 분야 종사자, 행정기관, 환경부, 산업부, 농업부와 같은 여러 정부 부처, 그리고 아마도 가장 절실한, 모든 시민 사이의 긴밀한 협력이 이루어질 때에만 해결될 수 있습니다.

한편으로는 모든 시민의 삶의 질이 향상되는 긍정적 영향과 그들의 건강에 미치는 악영향을 모두 받아들이면서 기술 발전을 계속해서 촉진하는 것, 다른 한편으로는 발전을 통제하고 필요한 경우 안전을 우선시하여 제한하는 것 사이에서 선택을 내려야 하는 이 중대한 문제에서 가장 중요한 사항은, 대중에게 문제의 모든 요소들에 대한 정보를 온전히 제공하고 그들이 자신에게 적절한 해결 방법을 결정하도록 해야 한다는 것입니다. 강요보다는 교육, 정보제공, 토론, 설득이 훨씬 더 효율적인 방법일 것입니다. 예를 들어, 건강을 지키는 핵심 요인인 개인위생의 경우, 사람들을 일일이 통제하면서 개인위생을 잘 지키지 않는 사람을 처벌하는 것보다 모든 시민들에게 그 중요성을 설득하는 편이 확실히 나을 것입니다.

보건 당국은 현대사회의 새로운 위협을 막기 위한 합리적인 계획을 세우고 시행하는 아주 중요한 역할을 맡고 있습니다. 의료 데이터는 환경의 다양한 위협으로부터 건강을 지켜줄 수 있다는 점에서 가장 먼저 고려되어야 합니다.

환경보호 정책의 정의에 따르면 보건 당국은 이 분야에서 시행되는 활동들을 관장하는 업무를 맡은 '특별한 주체'입니다. 바로 이런 관점에서 프랑스 보건부는 세계보건기구의 지침에 따라 공공보건 서비스 재편을 시행한 것입니다. 뿐만 아니라 프랑스 국립보건의학연구원은 활동의 상당 부분을 환경오염이 건강에 미치는 영향에 대한 연구에 할애하고 있습니다.

회장님, 여러분, 바로 이러한 것들이 제가 프랑스 보건부 장관으로서 심포지엄을 개막하는 이 자리에서 말씀드리고 싶은 몇 가지 견해입니다. 저는 이번 심포지엄이 우리가 아직도 그 복합성의 범위 전체를 파악하는 데 많은 어려움을 겪고 있는 문제들을 보다 명확히 밝히는 데 큰 기여를 할 것이라 믿어 의심치 않습니다. 시간이 좀 더 흐르면, 자연환경의 오염을 막기 위해 실시하는 모든 분야에서의 활동에 대한 경제적 비용을 보다 정확히 산정할 수 있게 될 것입니다. 또한 의무 예방접종 분야에서 적어도 암묵적으로 채택된 것처럼 환경 분야에서도 심도 있는 논의 끝에 사람들이 받아들일 수 있는, 위험에 대한 개념을 정립할 수 있을 것입니다.

또한 어떠한 경우에도 우리의 우려가 비관주의로 확대되어서는 안 됩니다. 사실 주변 환경의 오염이 초래하는 위험에 대해 우리 모두가 인식하게 된 그 순간, 이러한 인식의 변화는 오히려 가장 큰 희망을 가능하게 합니다. 예를 들어, 프랑스에서는 완전히 오염되었던 강에 동식물이 다시 서식하기 시작했고, 생분해가 불가능한 물질이 함유된 세제는 거의 대부분 금지되었으며, 현재 공공보건과 환경 분야에서 한층 강화된 규제들이 만들어지고 있습니다.

인간을 주변 환경의 다양한 위협으로부터 지키고자 하는 이 어마어마한 전쟁에서 여러분의 활동은 가장 중요한 기여를 하게 될 것입니다. 왜냐하면 우리 모두 잘 알고 있듯이, 얕은 부식층과 취약한 문명의 유약으로 덮여 있는 우리의 유일한 생존의 땅 지구가 온갖 탐욕이 도사리는 거대한 장이 아니라, 마침내 온전한 인간의 대지가 될 수 있도록 우리가 해야 할 일이 많이 남아 있기 때문입니다.

1974년 6월 24일, 유네스코 국제 심포지엄

오직 동의를 얻은 계획만이
프랑스 보건 시스템의 높은 수준과
자율성을 지킬 수 있습니다

현재 어떤 국가의 어떤 장관도 보건지출을 억제할 수 있는 해결책을 갖고 있지 않습니다. 따라서 저는 이 중요한 문제를 두고 우리가 어떤 방향으로 나아가야 하는지 말씀드리고 싶습니다. 논의의 주제를 정확히 이해하고, 또 그것이 제기하는 문제들을 제대로 평가하기 위해서는 몇 가지 통계수치가 필요합니다. 이 수치들은 대치하고 있는 힘의 균형을 보여줍니다.

우리는 건강의 가격에 대한 문제를 제기하는 것은 통념을 거스르는 일이라고 생각할 수 있습니다. 사실상 몇 세대 전부터 모든 사람들에게 '건강은 가격을 매길 수 없는 것'이었습니다. 보다 정확히 말하자면, 건강은 행복이라는 값을 하고 있기 때문입니다. 프랑스를 비롯한 여러 국가에서 시행된 수많은 설문조사는 모든 사람들에게 가장 중요한 관심사가 바로 건강이라는 사실을 보여주고 있습니다. 일보다, 심지어는 우정보다 건강이 우선으로 나타났고, 사랑보다 앞선 관심사라고도 말씀드릴 수 있을 것 같습니다. 모든 사람들은 기본적으로 건강이라는 이 본질적인 필요조건을 인간의 자아 성취의 조건이자 인격의 조건이라고 느끼고 있습니다. 하지만 현재 모든 국가에서 이런 건강의 가격을 둘러싼 동일한 문제가 제기되고 있습니다. 저처럼 사회보장제도를 담당하지 않는 장관들까지 포함한 모든 보건부 장관들이 보건지출 증가라는 근본적인 문제를 안고 있는 것입니다.

사실, 우리는 선택의 기로에 놓여 있습니다. 그리고 만약 보건을 전담하는 부처에서 이 선택을 하지 않는다면, 건강에 대한 염려를 온전히 반영하지 못한 채 경제적인 고려에 따라 선택이 이루어질 위험이 큽니다. 따라서 우리는 사회보장제도를 담당하는 장관들과 전적으로 협력하여 함께 보건정책을 수립해야 합니다. 그러지 않으면 최상의 선택을 이끌어내지 못하게 될 것입니다. 이런 이유로 저는 보건부 장관으로서, 공공기금에 대한 책임과 공공보건에 대한 책임, 즉 프랑스인들의 행복에 대한 책임감을 느끼면서 건강의 가격에 대해 이야기할 수 있다고 생각합니다.

이런 우려는 모든 국가에서 동일하게 나타나고 있습니다. 심지어 국가가 보건의료비의 일부만을 부담하는 미국에서도 그 지출의 증가가 매우 심각한 우려를 낳고 있습니다. 개발도상국이든 선진국이든, 사회주의국가든 자유주의국가든, 대개 보건의료비가 기금 시스템이나 국가를 통해 전액 부담되는 다른 모든 국가들은 이런 선택을 해야 할 상황에 놓여 있습니다. 왜냐하면 보건지출 증가 문제는 우리 나라와 상황이 거의 비슷하기 때문입니다.

프랑스의 경우 보건지출은 1975년 기준 980억 프랑에 달합니다. 사회보장제도 차원에서 그 내역을 살펴보면, 일반 제도*의 질병보험을 통해 환급된 의료비의 55%가 종합병원 진료비, 12%는 개원의 진료비, 4%는 치과 진료비, 18%는 약제비, 11%는 생의학 및 의료 보조 분야였습니다.

일일 지급액은 70억 프랑에 이르며, 이것은 일반 제도의 질병보험 분야 수당의 12%에 해당하는 금액입니다. 이 금액의 비중이 갈수록 커지고 있고, 사회보장제도의 심각한 재정난을 초래하는 원인이기는 하지만, 이때 우리가 망각하는 사실은 이것은 전 세계적인 현상이며 사회보장제도에서 다른 분야에서보다 더 큰 증가는 없다는 것입니다. 따라서 보건지출 증가의 원인을 다른 곳에서 찾아야 합니다.

보건지출의 증가는 그 전체 규모에서만 나타나는 것이 아닙니다. 가계지출에서도 1970년 9.5%였던 보건지출은 1975년 11%로 늘어났습니다. 뿐만 아니라, 국민총생산에서 차지하는 비중도 같은 기간 6.4%에서 7.7%로 증가했습니다.

이렇게 보건지출이 증가한 원인은 무엇일까요? 보통 예산 낭비 때문이라고 답하거나 의사들 탓을 하기도 합니다. 그러나 저는 이 증가의 원인에 대해 과학적인 방법으로 분석을 해봐야 한다고 생각합니다. 먼저, 노인의 수가 늘면서 보건지출도 함께 늘어났습니

---

* 프랑스의 사회보장제도는 피보험자의 직종에 따라 일반·특별·자영업자·농업인 제도 등으로 구성되며, 대부분의 프랑스인들은 일반 임금근로자를 대상으로 하는 기본 모형인 일반 제도에 가입되어 있다.

다. 매년 65세 이상이 되는 인구가 30만 명씩 늘고 있습니다.

게다가, 의학에 대한 국민들의 지식이 늘어나면서 의료에 대한 수요가 갈수록 증가하고 있는 추세입니다. 의학 관련 텔레비전 프로그램이 방영되거나 기사가 실리면, 그 후로 며칠 동안 특정 의료 행위가 갑자기 증가하거나 잠재적인 질병의 위험에 대한 관심으로 건강검진을 받는 사람들이 늘어나는 것을 확인할 수 있습니다.

사람들이 건강 문제에 더욱 민감해지고 안락한 생활을 추구하게 된 것 또한 보건지출 증가의 원인입니다. 마지막으로, 전반적인 문화 수준의 상승과 가속화되는 도시화도 증가 요인이라고 할 수 있습니다. 의료비 지출 총액은 사회경제적 요인에 따라 두 배까지 차이가 납니다. 요컨대, 의료비 지출이 문화와 취미를 위한 지출 혹은 의복비 지출보다는 덜 불평등한 것 같지만, 식비 지출보다는 더 불평등하게 나타납니다.

예를 들어 대학 졸업자는 대학을 졸업하지 못한 사람이나 농업노동자, 최저임금 근로자보다 일반의 진료에 22%, 치과 진료에 144%, 전문의 진료에 198% 더 많은 돈을 지출합니다. 요컨대, 대학 졸업자는 앞서 언급된 직업군보다 의료비 지출이 180%나 더 많습니다.

따라서 삶의 수준 향상과 도시화가 프랑스 국민들의 의료비 지출을 증가시킨 요인임은 분명한 사실입니다.

그리고 사회보장제도를 통한 의료비 환급액이 1946년 이후로 꾸준히 늘어났다는 점에 주목해야 합니다. 보건지출에서 사회보장제도의 비중은 1950년과 1975년 사이에 44%에서 70%로 증가하였습니다. 1975년에는 53%의 프랑스인들이 그 혜택을 보았는데, 현재는 그 수치가 98%로 늘어났으며, 1978년이 되면 사회보장제도는 모든 국민을 대상으로 하게 됩니다.

1945년에는 치료비가 많이 드는 4종 중증질환만 사회보장제도로 전액 보상되었지만, 현재는 25종으로 늘어났습니다. 이 외에도, 예전에는 사회보장제도로 보장되지 않았다가 현재는 가능한 의료 서비스가 수없이 많습니다.

그러나 보건지출 증가의 가장 중요한 요인은 바로 의료서비스 그 자체에서 찾을 수 있습니다. 현재 1976년의 의료 행위는 1945년과는 완전히 다릅니다. 개원의의 외래진료만 살펴보더라도, 갈수록 더 기술적으로 발전된 의료 행위가 시행되고 있습니다.

1945년 일반의의 진료는 대부분 의약품 처방에 한정되어 있었습니다. 오늘날에는 38프랑의 진료비로 11프랑의 검사와 12프랑의 의료 보조 서비스와 70프랑의 의약품 처방을 받을 수 있습니다.

무엇보다 의료서비스의 발전을 확인하고 평가할 수 있는 곳은 종합병원입니다. 소생술이 고도로 발달하고 중환자실이 생기면서 의료비 지출은 어마어마하게 늘어났습니다. 예를 들어, 개심수술이 널리 시행되면서 지출이 크게 증가하여, 관상동맥우회로이식술의 경우 20프랑이던 수술비가 3만 프랑이 되었습니다. 20년 전에는 존재하지 않았던 신장이식과 혈액투석도 의료비 지출의 상당 부분을 차지합니다. 종합병원에서 혈액투석을 받는 환자는 매년 14만 4000프랑의 의료비를 지출합니다. 그리고 사회보장제도가 4050명의 혈액투석 환자들에게 지불하는 의료비는 5억 5000만 프랑에 달

합니다. 신경이식이나 재이식에 사용되는 현미수술 비용은 우리가 감히 상상도 할 수 없는 수준입니다. 이전에 비해 여성과 아기에게 보다 안전한 수준의 진료를 제공하는 현대식 산부인과에서는 출산 시 2000프랑에서 5000프랑 사이의 의료비가 듭니다. 또한, 교통사고 환자나 스키를 타다 다친 환자의 경우, 중환자실에서 한 달간 집중 치료를 받고 그 이후 재활센터에서 1년간 치료를 받으면 17만 프랑이 소요됩니다.

마지막으로 우리가 고려해야 하는 의료비 지출의 가장 주요한 요인은 바로 종합병원 환자들을 위해 시행한 환경 개선입니다. 건물 개축, 공동 병실 폐쇄, 더 나은 의료 환경 조성 등을 통한 환자 중심의 병원 환경 개선은 계획심의회의 제안에 따라 정부가 채택한 우선 과제 중 하나였습니다. 이에 따라 1980~1981년까지 모든 공동 병실은 사라질 예정입니다. 그러나 이러한 작업이 보건비를 15%에서 25%로 상승시키게 됩니다.

지금까지 우리는 보건지출 증가의 원인이 무엇인지 살펴보았습니다. 우리 모두는 보건지출 증가에 책임이 있으며, 동시에 우리 모두는 그 혜택을 받고 있습니다. 즉, 국민들 중 특정 직군이나 집단의 책임으로 돌리는 것은 무의미한 일입니다. 우리 모두가 당사자입니다. 따라서 특정 직군이나 조직뿐만 아니라 공동체 전체와 정부가 이 문제를 인식해야 합니다.

보건지출이 증가하고 있다고 의료인을 비난해서도, 보건 당국을 비난해서도 안 됩니다. 이것은 자연스러운 현상일뿐더러 발전의 요인이기도 합니다. 우리는 그저 얼마가 소요되고 있는지를 정확히 파악하고, 비용 통제를 가능하게 하는 선택의 폭을 넓혀서 우리가 이 지출을 보다 효율적으로 만들 때에만 발전이 계속될 수 있다는 사실을 인식하면 됩니다.

저는 보건비를 완전히 비생산적이라고 여기는 것은 잘못된 생각이라고 봅니다. 경제 분류를 살펴보면, 산업노동자나 상인은 생산 직종으로 여겨지는 반면, 예를 들어 간호사는 비생산 직종으로 간주됩니다. 보통 보건지출이 바로 이런 평가를 받고 있습니다. 그러나 아주 중요한 이 지출은 생산적인 것으로 간주되어야 합니다. 큰 장애가 발생하여 몇 달 혹은 1년 동안이나 일을 하지 못하게 된 환자들은 의료서비스를 통해 다시 국가의 경제활동에 참여할 수 있게 되기 때문입니다.

이처럼 의술의 발전이 없었다면 사망하거나 혹은 평생 장애를 안고 살아가야 하는 노동자들이 보건지출을 통해 다시 경제활동을 할 수 있다는 사실은 거의 언급되지 않고 있습니다.

몇 년 전만 해도, 투르 시의 한 심장병 센터에서는 심근경색 발병 환자의 35%가 입원 후 며칠 내에 사망했습니다. 현재는 6%밖에 되지 않습니다. 게다가 병을 이겨낸 사람들의 대부분은 정상적인 삶으로 되돌아가서 다시 일을 할 수 있습니다. 이와 같은 경제적 측면이 보건지출에 대한 통계에 고려되어야 할 것입니다. 그렇게 된다면 우리가 생각하는 것처럼 보건지출이 부담되지 않을 것입니다.

뿐만 아니라, 국민의 건강을 위해 대규모의 예산을 투입하는 것은 한 국가의 명예이자 공동체가 추구해야 할 최종 목표 중 하나일 것입니다. 그러나 가장 중요한 것은 공동체를 위하여 이러한 보건지출을 최대한 효율적으로 만들어야 한다는 사실입니다.

우리는 보건정책 분야에서 결코 선택이 이루어진 적이 없으며 보건의료비는 개인과 공동체가 동시에 부담했다고 생각할 수도 있습니다. 그러나 실제로 이러한 생각은 잘못된 것입니다. 한 가지만 예를 들자면, 의무 예방접종은 보건 당국의 선택에 따른 것이었습니다. 마찬가지로 특정 질병들은 여전히 특별한 보호대상이 되고 있으며, 결핵이 바로 그런 경우입니다. 오늘날 문제가 되고 있는 보건비 지출 총액을 고려한다면 이러한 선택들이 더욱더 필요합니다.

예를 들어, 종합병원의 경우 사회보장 지출의 55%가 입원비라는 사실을 알 수 있습니다. 그런데 이 지출의 65~70%가 인건비에 해당합니다.

만약 우리가 병원 비용의 상승을 2% 지연시킬 수 있다면, 다른 분야에서, 예를 들어 현재 재원이 부족한 치과 치료비 환급을 상당히 늘릴 수 있을 것입니다.

또한 우리는 현재 천연두 의무 예방접종을 계속 유지해야 할지 여부를 두고 고민하고 있습니다. 위생 문제와는 별개인 이 조치를 시행하게 된다면 우리는 그것을 통해 마련된 재원을 치유 가능한 일부 암 검진에 사용할 수 있을 것입니다.

또 다른 예를 들어보겠습니다. 만약 우리가 현재 수준으로 약제비 지출의 상한선을 정한다면, 이 조치를 통해 2년 만에 20억 프랑을 마련하여 이 새로운 재원으로 한층 적극적인 가족정책을 펼칠 수 있을 것입니다.

우리 사회는 책임의 사회입니다. 따라서 이러한 선택의 필요성을 인식하고, 그것이 옳은 선택이라면 단호히 선택하고, 필요해 보인 다면 더 발전시켜야 합니다.

이러한 책임의 가장 큰 부분은 당연히 보건 당국에 있습니다. 구조를 수정하고 선택의 방향을 결정하는 규제를 취할 수 있는 것은 바로 보건 당국입니다. 따라서 종합병원 분야와 관련하여 우리는 비용을 줄일 수 있는 유일한 방법으로서 미국처럼 병상 수를 제한하는 것을 고려해볼 수 있습니다. 현재 프랑스 병원의 병상 수는 충분합니다. 기존의 병상을 현대화해야 하며, 또 비용을 줄이기 위해서는 현재의 구조를 바꿔야 합니다. 예를 들어, 집중 치료용 병상은 중증 환자에게만 사용하고, 재활이나 요양용 병상은 의무적으로 한 달이 아닌 2주 동안 머물게 제한하는 것입니다. 우리는 종합병원에서 소요되는 비용이 보건비 지출에 큰 영향을 미친다는 사실을 확인한 바 있습니다. 이것은 적절하지 않습니다.

종합병원에 병상이 하나라도 있다면 그것은 바로 사회보장제도에 비용 부담이 됩니다. 왜냐하면 종합병원에 대한 모든 기준은 설치된 병상 수로 계산되기 때문입니다.

의료 중장비를 사용하는 신경외과와 심장외과는 진료비가 매우 비싼 진료 과목입니다. 이 장비들을 잘못 사용하면, 불필요한 지출과 낭비가 발생할 뿐만 아니라 진료 수준 자체를 위협하는 요소가 될 수 있습니다.

예를 들어, 이제 막 도입되기 시작한 엑스선단층촬영 장치와 같은 의료 장비의 설치 계획과 관련하여, 장비의 무분별한 도입은 엄청난 보건비 지출을 초래한다는 사실을 잊어서는 안 됩니다.

의약품과 관련하여 우리는 약물 과용을 이야기하였습니다. 여기에는 복용자와 처방자 모두에게 책임이 있습니다. 뿐만 아니라, 국민 대상 보건교육이나 광고 제한 등 취할 수 있는 모든 조치들을 고려해야 합니다. 예를 들어 우리는 견본 의약품에 대한 엄격한 제한 조치에 놀란 바 있습니다.

당시 유통되던 견본 의약품이 의약품 생산 전체의 3% 이상을 차지했다는 점을 말씀드리고 싶습니다.

그것은 포장 방식을 개선하여 낭비를 줄일 수 있는 규제책이기도 합니다.

마지막으로, 의료 인력과 관련하여, 10년 뒤면 프랑스의 의사 수가 두 배가 될 것이라는 사실을 간과해서는 안 됩니다. 이것은 틀림없이 추가 보건비 지출을 초래할 것이며, 이 지출은 쉽게 받아들여지지 못할 수 있습니다. 따라서 의사의 수를 관리할 수 있는 계획을 세워야 하며, 이 인력이 최대한 균등하게 분포될 수 있도록 해야 합니다.

언급된 모든 예들은 우리가 높은 의료 수준을 절대 해치지 않으면서 보건지출 증가에 어떻게 대처할 수 있는지를 보여줍니다. 오히려 저는 이런 계획이 상황을 개선할 수 있다고 생각합니다. 그리고 당연히 이러한 조치들은 보건 당국의 책임을 전제로 합니다. 그러나 우리 모두가—특히 의료인들이—이런 행동을 지지할 필요성을 느끼지 못한다면, 그것은 헛된 노력이 될 것입니다.

그러면 관료주의가 점점 더 심화될 것이고, 제약이 점점 더 엄격해질 것이며, 결국 보건 시스템은 그 높은 수준과 자율성을 모두 잃게 될 수도 있습니다. 그러나 우리가 정말 확실히 말할 수 있는 것은, 우리의 보건 시스템은 의료 수준뿐만 아니라 환자에 대한 의료비 환급에 있어서 세계 최고 수준이라는 사실입니다.

1976년 10월 21일

교정 시설 의료 처우 개선에 대하여

회장님,

내외 귀빈 여러분,

저에 대한 과분한 찬사가 가득한 회장님의 따뜻한 말씀에 저는 깊은 감동을 받았습니다.

제가 오늘 제1회 교정 시설 의료 실태에 관한 국제학술대회의 폐회식에 참석한 까닭은 개인적으로 이 문제에 특별한 관심이 있기 때문이기도 하지만, 무엇보다 이 자리를 통해 교정 시설 내 의료 처우를 개선하기 위한 회장님의 부단한 노력에 공개적으로 경의를 표하기 위해서입니다. 특히 저는 이 자리를 빌려 프랑스 최초의 교정 시설 의무관으로서, 아주 어려운 시기에 주변 모든 사람들이 감탄해 마지않던 집념과 용기를 가지고 교도소 내 보건시설의 기반을 마련한 조르주 퓔리에게 경의를 표하고 싶습니다. 그는 타성과 인습에 젖은 행정, 때로는 직원들의 불신, 그리고 항상 대중들의 두려움과 편견에 맞서 싸우면서, 수감자들의 전반적인 보건의료 처우 개선을 위해 헌신했습니다.

회장님께서는 조금 전 수감자들에게 수준 높은 의료를 제공하고, 결핵과 같이 일반적으로 교도소에서 더 발병하기 쉬운 일부 질환들의 예방과 조기진단의 가능성을 높이기 위해 전개되고 있는 노력들에 대해 말씀해주셨습니다.

그동안의 성과와 현재 진행 중인 프로젝트에 대한 이야기를 듣고 나니, 극복해야 했던 난관들과 독려하거나 이끌어야 했던 계획들이 무엇이었는지, 또 얼마나 많은 도움이 필요했는지도 알 수 있었습니다. 회장님께서는 인내심과 결단력을 갖고 이 작업을 이뤄낸 장본인이시며, 오늘 우리는 그 결실을 높이 평가합니다.

이 결실은 무엇보다 수감자를 위한 의료 환경 개선, 특히 구치소와 중앙교도소 내 일반의와 전문의의 진료 서비스 개선과 의무실 및 입원 시설의 현대화로 나타났습니다.

질병 검사 분야만 살펴보더라도, 1976년에 총 63100건의 결핵 검사와 66500건의 성병 검사, 21800건의 정신질환 검사가 시행되었습니다.

행정 구조와 재정 운영 방식으로 인해 교정 시설 내 일반 진료 시행에서 여러분이 바라던 완전한 '벽 허물기' 작업은 이루어지지 못했지만, 그럼에도 불구하고 일반 및 전문 종합병원이 교정 시설에서는 치료가 불가능한 수감자들을 계속해서 수용하고 있다는 사실을 상기하고 싶습니다. 교정행정국에서는 여러 의료기관을 통해 개원의로 활동하거나 종합병원에서 일하는 의사와 치과의사, 물리

치료사, 그리고 기타 과목의 의사 및 의료 보조 인력에 도움을 요청하고 있습니다. 이렇게 우리는 교정 시설의 의료서비스가 특수한 문제를 갖고 있기는 하지만, '폐쇄적으로' 시행되고 있지는 않다는 사실을 알 수 있습니다.

트루아지에 교수님께서 강조하신 것처럼, 교정행정과 종합병원 간 연계가 어느 정도 제도화된 분야는 바로 정신의학 분야이며, 이것은 현재 점점 자리를 잡아가고 있는 지역심리치료센터의 설립을 통해 가능했습니다.

불과 몇 년 전만 하더라도, 정신이상 증세를 보이는 수감자들에 대한 교정 시설 내 치료는 상당히 제한적이었습니다. 심지어는 샤토티에리나 아그노 교도소 둘 중 한 곳에 정신질환 환자들을 감금하거나, 그게 아니면 정신병원으로 이송하여 그것에 따른 모든 문제들을 감수해야만 했습니다.

공공 의료기관의 의사들과 민간 분야의 정신과 의사들의 도움으로 교도소 내 정신질환 상담이 확대되면서 현장에서 정신질환을 검진하고 치료할 수 있는 가능성이 상당이 높아졌습니다. 하지만 경험에 비추어볼 때, 이런 고전적인 방식으로는 수감자들의 정신질환 치료에 필요한 모든 문제에 대응할 수 없습니다. 특히 철저한 관찰이나 지속적인 감시가 필요할 때 그렇습니다.

몇 해 전부터 법무부와 보건부가 함께 머리를 맞대고 고민한 끝에 새로운 구조가 도입되어 필요에 따라 기존의 조치들을 보완하거나 강화할 수 있게 되었습니다.

바로 교정 시설이 소재하는 각 지역에 지역심리치료센터를 설립한 것입니다. 교도소와 구분된 구역에 설치된 이 센터는 약 20~30개의 병상을 마련하여 지역의 여러 교정 시설들을 대상으로 정신과 진료를 제공하고 있습니다.

지역심리치료센터의 역할은 두 가지입니다.

하나는, 교정 시설에 새로 입감되는 자들을 대상으로 사전에 정신감정을 진행하여 교도소 내 정신질환 문제를 예방하는 것입니다.

다른 하나는, 센터가 마련된 교정 시설에 처음부터 수감되었든 아니든 간에, 입감 시나 수감 중에 정신질환 증세를 보이는 수감자들에 대한 관찰과 모니터링, 그리고 치료를 담당하는 것입니다. 그러나 이들의 질환이 심각해진다고 해서 정신병원으로 옮기는 조치는 포함되지 않습니다.

이와 같은 시설을 설치하여 정신질환을 앓는 수감자들에 대한 치료 환경을 개선하게 되었고, 이들을 전문 종합병원으로 이송하는 일을 최대한 피할 수 있게 되었습니다. 현재 전문 종합병원은 매우 개방된 형태로 운영되기 때문에 그곳에서 자유를 박탈당하는 벌을 받아야 하는 환자들을 관리한다는 것이 매우 어려워졌기 때문입니다.

보건부와 지역보건복지국은 지역심리치료센터 운영에 필요한 의료진을 배치합니다. 이 의료진은 주임 정신과 의사 한 명, 필요에 따라 그를 보조하는 다른 정신과 의사들 및 정신과 인턴들, 심리학자, 정신과 간호사, 사회복지사, 의료 사무 전문가로 구성됩니다. 이들이 제공하는 진료는 의무 지출로서 지역 예산으로 충당하며, 보건부는 이 예산의 대부분을 환급합니다.

뿐만 아니라, 저는 두 관련 부처가 공동으로 수립한 규범을 통해 의료진의 독립성을 보장하고 환자의 의료 정보를 보호하며, 동시에 교정 시설의 운영에 꼭 필요한 안전을 보장하고 있다는 사실도 강조하고 싶습니다.

수감자 진료라는 특수한 목적으로 설립된 정신과 시설인 지역심리치료센터가 정신병 예방 및 치료를 위한 지역 조직으로 편입되고 있으며, 필요 시 지속적인 치료를 위하여 일반 정신과 분야와 연계되고 있다는 점 또한 말씀드려야 할 것 같습니다.

바로 이렇게 법무부와 보건부는 긴밀한 협력을 통해 정신질환을 앓고 있는 수감자들에 대한 의료 처우를 개선하고 있습니다.

이 노력은 특수한 성격으로 인해 고립되기 쉬운 교정 시설의 의료서비스에 보다 폭넓은 차원을 마련하고자 법무부가 이미 시행하고 있는 기존의 조치들을 보완하고 있습니다.

수감자의 의료 처우의 양적·질적 개선을 위한 이와 같은 관심은 단순히 '현장에서'만 나타나고 있는 것이 아닙니다. 그것은 교정 시설 의료 인력을 양성하고 그에 대한 교육을 강화하는 노력으로도 이어지고 있습니다.

오늘 막을 내리는 이 학술대회야말로, 현재 교정 시설 의료서비스가 상당한 활기를 띠고 있는 분야라는 사실과, 의사나 관련 당국 직원들처럼 직접적으로 관련이 있는 사람들뿐만 아니라 교정 시설의 의료 문제에 주목하는 다양한 영역의 모든 사람들이 이 분야에 갈수록 더 큰 관심을 보이고 있다는 것을 증명하는 자리입니다.

외국에서 오신 수많은 참석자들을 뵈니 교정 시설 의료서비스에 대한 관심이 비단 프랑스에 국한된 것이 아님을 알 수 있었으며, 이번 학술대회를 통해 상당히 유익한 교류가 이루어졌음을 확인할 수 있었습니다.

따라서 저는 교정 시설 의료서비스의 미래는 밝으며, 이에 따라 범죄자들의 사회 복귀도 보다 용이해질 것이라는 희망을 갖게 되었습니다.

1978년 11월 25일,
제1회 교정 시설 의료 실태에 관한 국제학술대회

우리 사회에서 아동은
어떤 위치를 차지하고 있습니까?

의장님,

장관님들,

내외 귀빈 여러분,

자녀 교육에 대한 가족의 책임을 논의하는 이번 회의를 개막하는 자리에 이렇게 저를 초청해주셔서 감사하다는 말씀을 드리고 싶습니다. 오늘 회의는 두 가지 점에서 상당히 의미 있는 자리입니다. 먼저 개최 날짜를 볼 때 국제 아동의 해가 시작되는 시점에 회의가 열리게 되었기 때문입니다. 그리고 회의의 주제를 살펴보면, 모든 가족들이 느끼고 있는 필요성, 즉 아이들의 더 나은 미래를 위해 자녀들을 교육하는 책임을 다해야 할 필요성을 논의하는 자리이기 때문입니다. 또한 강조하고 싶은 점은, 우리의 사고방식에서 '교육'이라는 용어가 보통 '취학'에만 너무 한정된다는 것입니다. 반면 오늘 회의가 다루는 영역은 그보다 훨씬 더 넓으며, 사실상 우리가 프랑스어로 아이를 '키운다'고 말하는 것에 대한 것으로서, 보다 정확히 영어의 '양육upbringing' 그리고 독일어의 '인격 형성Bildung'이라는 용어가 가리키는 영역입니다.

따라서 오늘의 학술대회는 가족과 사회에 제기되는 근본적인 질문에 답하는 자리가 될 것입니다. 바로 "우리 사회에서 아동은 어떤 위치를 차지하고 있습니까?"라는 질문입니다. 부모와 그들의 역할에 도움을 주거나 때로는 그 역할을 대신하고 있는 사회 기관 사이에 어떤 균형을 유지해야 할까요?

우리 사회는 수없이 다양한 모습을 갖고 있지만, 이 문제는 개발도상국이든 선진국이든 상관없이 공통적으로 제기되고 있습니다.

물론 개발도상국의 경우, 아이를 먹이고 돌보고 학교에 보내고 또 남자아이와 여자아이를 평등하게 키워야 한다는 의무가 갈수록 더 강하고 우려스럽게 느껴지고 있습니다. 높은 출생률의 압박이 계속되면서 이런 필요성이 어느 때보다도 더 커지고 있습니다. 산업사회 소비 모델이 확산되고, 사회적 소통과 교육 및 가족에게 필요한 것에 대한 성찰이 널리 확산된 것은 바로 아동에게 필요한 것이 무엇인지에 대한 질문이 심오하고 매우 걱정스러운 것이기 때문입니다.

물론 제가 오늘 말씀드리고자 하는 선진국의 경우, 역사상 전례 없는 수준의 국가 복지와 전반적으로 매우 높아진 삶의 수준을 경험하고 있습니다. 하지만 출생률 저하와 부모들 사이에 만연한 불안은 사회가 아동을 제대로 관리하지 못하고 있으며 효율적으로 부모들의 기대에 부응하지 못하고 있다는 사실을 보여주고 있습니다. 최근의 설문조사에 따르면 프랑스 국민의 57%는 사회가 어린이들에게 정말로 필요한 것을 제대로 고려하지 못하고 있다고 생각하고 있습니다.

사실, 이러한 구별을 넘어서, 아이들이 현대사회에서 갖는 위치는 상당히 공통적인 문제라고 할 수 있습니다. 그리고 그것이 바로 우리가 국제 아동의 해를 지정한 이유입니다.

이 문제는 요구를 내포하고 있습니다. 즉, 이제는 권리의 주체인 아동을 위한 요구입니다. 동시에, 그의 가족을 위한 요구로서, 가족에게 부과되고 또 그 가족이 이행하고자 하는 의무와 가족이 인정받길 원하는 권리를 모두 포함합니다.

현재 우리와 같은 국가에서 성찰되고 있는 모든 문제는 출생률의 위기 또는 부모들의 혼란이라는 위기에 주목하고 있습니다.

하지만 이처럼 어린이들의 미래에 쏠린 우리 사회의 우려와 보다 능동적인 국가정책에 대한 요구는 놀라운 일이기도 합니다.

무엇보다, 현재 우리 사회에서 어린이는 전례 없는 경제적, 감정적, 사상적 관심의 대상이 되고 있는데도 불구하고 국제 아동의 해가 선포된 것에 당황스러울 수 있습니다. 유엔이 국제 여성의 해를 지정했을 때, 모든 사람들은 그 필요성과 혁신적 성격에 공감했습니다. 그것은 분명히 남성 우위의 세월을 끝내고 인류의 절반에게 새로운 지평을 열어줄 수 있는 기회였기 때문입니다. 그런데 아동의 경우는 어떤가요?

당황스러운 점은 우리가 아동을 특정 정책의 대상으로 삼으려 한다는 사실에서도 기인합니다. 왜냐하면 아동은 적어도 우리 자유주의 사회에서는 사적 영역에 속하는 것으로 보이기 때문입니다. 작가가 부여한 모호한 범위에도 불구하고, 아동은 가족에 속한 존재라는 것을 강조한 앙드레 지드의 다음의 문장은 오늘날에도 여전히 유효합니다. "저녁이 되면 나는 미지의 마을에서 낮 동안 흩어져 있던 가족들이 다시 모이는 것을 보곤 했다. 아버지는 일터에서 지쳐 돌아오고, 아이들은 학교에서 돌아왔다. 집의 문이 잠깐 열리며 빛과 따뜻함과 웃음을 맞아들였고, 그러고 나면 다시 닫히며 밤이 되었다. 내밀한 가정, 닫혀버린 문, 질투 어린 행복의 소유."

당황스러운 점은 또 있습니다. 우리의 아이들을 위해 이미 막대한 투자가 이루어지고 있는데도 불구하고, 아동을 위한 보다 적극적인 정책을 추진하고자 하는 것이 역설적이라고 느껴지기 때문입니다.

먼저 감정적 투자에 대해 이야기해봅시다. 더 이상 가족을 생산 단위로 취급하지 않게 되면서, 아동을 부모와 결합시키는 감정적 차원이 가장 중요해졌습니다. 아이는 계속해서 자신의 부모와 함께하는 선택을 하면서 가족관계를 돈독하게 만들었습니다. 그 증거가 바로 우리 서양 사회에서 아이를 원치 않는 커플의 수가 줄어든 것인데, 1940년 전쟁 이전 20%였던 비율이 이제는 10%도 채 되지 않습니다.

다음으로 사상적 투자에 대해 살펴봅시다. 아동은 삶의 위험으로부터 떨어져 있습니다. 아동은 권리의 주체로서, 부모로부터 아동을 보호하는 법이 제정되거나, 아이들과 교육자들이 청소년에게 더 큰 자율성을 부여하라고 주장하는 것이 바로 그 증거입니다. 인간 과학이 발달하면서 우리는 아동의 개인성이라는 개념을 갖게 되었고, 이것에 더 많은 주의를 기울이고 있습니다. 이제 어린이는 라틴어 어원이 갖는 뜻처럼 '말하지 않는' 사람이 아닙니다. 그와 반대로, 어린이는 말을 하고 사람들은 그의 이야기에 귀를 기울입니다. 이제 우리는 가정생활의 핵심은 바로 아이와 부모, 아이와 세상 사이에서 이루어지는, 갈수록 더욱 평등하고 열려 있는 대화에 있다고 말할 수 있습니다. 제가 앞서 언급했던 설문조사는 이러한 새로운 경향을 잘 보여주고 있습니다. 부모가 아직도 아이들의 의견을 충분히 고려하지 않는다고 답한 프랑스인들은 49%였습니다.

마지막으로 경제적 투자에 대해 언급해야 합니다. 왜냐하면 우리의 국가들에서는 아동들에 대한 전반적인 보건 관리, 무상 교육, 교육비 대부분을 상환해주는 시스템을 구축하고 있거나 이미 구축했기 때문입니다.

아마도, 그리고 나중에 다시 말씀드리겠습니다만, 많은 가정이 재정문제를 겪고 있습니다. 즉, 아이가 있다는 사실과 부모가 자신들의 삶의 방식과 관련하여 갖고 있는 욕망 사이에 존재할 수 있는 모순들을 과소평가해서는 안 될 것입니다. 하지만 이런 사실들은 아동이 그 어떤 것과도 견줄 수 없는, 개인적, 가정적, 사회적 투자의 대상이 되고 있다는 20세기 선진사회의 분명한 특징에 비하면 부차적인 것이라고 할 수 있습니다.

말씀드린 모든 사항을 고려할 때, 이 모순은 명백해질 따름입니다. 이러한 투자를 부추기는 이유들 자체가 가족들의 요구가 커져가고 있다는 것을 보여줍니다. 따라서 우리 정부들의 문제이자 사회적·인구학적 문제는 보다 수용적인 사회를 만들기 위하여 바로 이러한 요구의 이유와 성격을 분석하는 것입니다.

그렇다면 오늘날 우리 국가들에서 아동의 상황과, 우리가 그들의 미래, 또한 부모로서 우리의 미래에 대해 갖고 있는 인식을 나타내는 커다란 흐름들은 무엇일까요?

현재 어린이들은 무엇보다 격변하는 세계 속에 살고 있습니다. 따라서 부모가 아이의 삶과 미래를 상상하는 방식은 그들의 선택에 매우 부담이 될 수밖에 없습니다.

이와 관련하여 진행된 모든 연구가 보여주는 것은, 삶의 수준 향상이나 교육에 대한 접근성 확대와 같은 우리가 겪은 물질적 개선에도 불구하고, 우리 아이들이 살아가는 세상은 힘든 세상이고 그들의 미래가 불안하다는 생각은 사라지지 않았다는 것입니다. 1975년에 프랑스 국립인구문제연구소에서 진행한 조사는 이 점을 매우 명확히 보여주고 있습니다. 우선 프랑스인들의 삶의 수준이 높아졌다는 의견이 지배적이었습니다(66%가 10년 전보다 나아졌다고 응답했습니다). 10년 혹은 20년 전과 현재의 상황을 비교했을 때, 프랑스인들은 젊은 세대가 전보다 교육의 기회를 더 많이 갖고 따라서 학업 수준이 높아질 것이라고 생각합니다. 그러나 동시에 현재 아이들을 기르는 일이 매우 어렵고, 따라서 이제 태어나는 아이의 미래는 10년 전이나 20년 전에 태어난 아이의 미래보다 오히려 어둡다고 생각합니다.

아동에 대한 특별한 정책은 없을 것입니다. 혹은 보다 정확히 말하면, 그 정책은 금세 그 한계에 부딪힐 것입니다. 결국 아동은, 아이를 갖겠다는 선택과 아이를 행복하게 해줄 수 있을 것이라는 다소 낙관적이고 안정적인 감정 속에서 우리가 미래에 대해 갖고 있는 전반적인 인식을 상징합니다.

높은 경제적·기술적 발전 수준에 비추어 이제 우리의 국가들이 주장할 수 있는 삶의 질의 상승은 이렇게 공동체의 희망과 가족의 행복을 다시 불러올 수 있는 근본적인 기반이 됩니다.

이제 아이는 점점 더 선택의 결과이기 때문에 이와 같은 미래에 대한 비전의 역할은 더욱더 큽니다. 우연적인 자연임신도, 가족경제의 필요성도 이제 더 이상 높은 출생률에 압력을 행사할 수 없습니다. 피임을 통한 계획 임신은 이제 거스를 수 없는 흐름으로 자리 잡았습니다. 동시에, 많은 자손을 두는 것에 대한 생산적 가치가 사라졌습니다. 즉, 아이들이 수공예나 농업과 같은 가업에 참여하는 일은 이제 더 이상 유효하지 않고, 또한 은퇴자들도 국가의 재분배정책의 대상이 되기 때문에 나이 든 부모를 부양해야 하는 의무도 줄어든 것입니다. 정반대로 자녀 양육 비용이 증가했습니다. 이제 아이는 삶의 여러 가지 위험으로부터 보호받아야 하는 사치품처럼 여겨지기도 합니다. 아이의 장래를 책임져야 하고, 아이가 아프거나 슬퍼하거나 혹은 죽음을 맞는 일은 결코 용납될 수 없는 일처럼 보입니다. 이제 우리는 사람들이 예전에 겪었던 삶의 여러 가지 위험들을 절대 받아들일 수 없으며, 그런 의미에서 에마뉘엘 르 루아 라뒤리가 다음과 같이 재구성한, 몽타유라는 남프랑스의 작은 마을에 사는 사람들의 대화는 우리를 놀라게 합니다. "알라나이스 뮈니에 아주머니는 매우 슬퍼하고 있었어요—오르놀라크의 목동인 기욤 오스타츠가 말했다—슬픔에 잠긴 아주머니에게 저는 그 이유를 물었죠. 아주머니는 대답했어요. '사랑스러운 아이 넷을 이렇게 빨리 잃었는데 어떻게 내가 슬퍼하지 않을 수 있겠니?' 저는 말했죠. '아주머니, 걱정 마세요. 그 아이들을 다시 만나게 될 거예요.' '그래, 천국에서 다시 보겠지!' '아니요. 그게 아니라, 바로 살아 있는 동안 만나실 거예요. 왜냐하면 아직 젊으시잖아요. 다시 임신하실 수 있죠. 세상을 떠난 아이의 영혼은 다시 잉태될 거예요. 나머지 아이들도 모두 다요!'"

이제는 왕처럼 대접받는 아이의 행복을 위한 우리의 노력이 두 가지 측면에서 두드러집니다. 바로 아이의 삶의 수준과 교육입니다.

무엇보다 어린이는 이제 온전한 소비자로 취급됩니다. 우리 사회가 풍요로워지면서 아이 양육 비용이 매우 상승되었기 때문입니다. 어린이는 시장경제 논리에 따를 수밖에 없게 되었으며, 이제는 우리 사회에서 가장 중요한 시장으로 자리 잡았습니다.

아이는 가계에서 부모나 혹은 형제자매들의 경쟁자가 된 것입니다.

그다음으로, 어린이는 교육을 받아야 합니다. 계속해서 기간이 늘어나고 있는 교육에 소요되는 비용을 가족이 부담해야 합니다. 취직 시장의 경쟁이 치열해지고 이제는 경제적으로나 직업적으로 안정되길 바라는 욕구가 일반화되면서 교육 문제는 부모의 가장 중요한 관심사로 자리 잡았습니다. 그런데 학교는 상대적으로 폐쇄적인 세계입니다. 학부모들은 학교의 절차에 낯설어하고 학교의 요구에 당황스러워합니다. 따라서 학업성취에 대한 불안이 우리 선진국 사회에서 지배적으로 나타나는 특징입니다.

길고 걱정스러운 학습 기간 동안, 아이를 맡아 책임지는 것은 당연히 그의 가족입니다. 물론 공공 제도, 그리고 우선적으로 학교가 어린이의 교육, 건강, 취미 활동을 책임지기 위해 다양한 노력을 하고 있습니다. 하지만 아이 교육의 핵심은 바로 부모의 몫입니다. 그런데 동시에 부모들은 갈수록 교육의 임무에서 고립되고 있습니다. 부모와 한두 명의 아이로 축소된 가족 모델의 일반화, 잦은 지리적 이동, 이웃과의 관계 약화와 같은 요인으로 부모들은 교육이라는 책임 앞에서 당황하고 있습니다.

과거 조부모가 같이 살며 여러 세대가 함께 어울리고 그렇게 대가족이 보편화되었던 시절에는, 삶의 지식은 어머니에게서 딸로 계속해서 전해졌고 이웃도 이렇게 삶을 가르치고 배우는 현장에 함께했으며 아이는 마을 공동체 전체가 품는 존재였습니다. 그때는 이렇게 아이가 온전히 참여할 수 있는 다양한 공동체가 한데 어우러져 공존했습니다. 게다가 17세기까지는, 가족의 라틴어 어원인 'famulus'가 '하인'이라는 뜻을 가진 것처럼, 가족은 부모와 하인 모두를 포괄하는 개념이었습니다. 라퐁텐이 가족에 대해 이야기하며 다음과 같은 글을 쓴 것은 바로 이런 의미에서입니다. "그는 아주 맛있게 점심을 먹었고, 그의 가족들도, 개, 말, 하인들 모두가 실컷 식사를 했다."

따라서 이 밀집되고 복합적인 사회는 부모와 아이 모두에게 매우 다양하고 긴밀한 교육의 기준이었습니다.

반대로 오늘날의 젊은 부모들은 대부분 고립되어 있으며 한없이 복합적인 교육의 역할을 수행해야 할 상황에 놓여 있습니다. 게다가 아이의 주위를 맴도는 여러 매체와 교육 전문가들은 긴급하지만 일관성 없는 메시지로 부모들을 혼란스럽게 합니다. 자녀 교육에 실질적인 도움을 주기는커녕 부모의 불안을 부채질하면서 아이들에게 정통 교육을 시켜야 한다고 독촉하고 끊임없이 그들의 행동을 지적합니다.

이렇게 고립된 가족에게 사회는 아직도 아이들에게 필요한 것을 충족시키는 삶의 환경을 제공하지 못하고 있습니다. 빠른 속도로 도시화가 진행되면서 아이를 위한 공간을 정비하고 공동의 시설을 마련하는 등의 충분한 노력이 이루어지지 못했습니다. 그래서 아이들은 보통 협소하고 그들의 필요에 적합하지 않은 주거 공간과, 전통적인 놀이나 신체 활동, 문화 체험을 할 수 있는 어떠한 시설도 제대로 갖춰지지 않은 바깥 환경 사이에서 이러지도 저러지도 못하고 있습니다.

낮 동안 집에 머물 수 없는 일하는 여성이 증가했지만 아이를 돌봐주고 교육하는 시설이나 서비스가 아직도 제대로 발달하지 못했습니다. 뿐만 아니라, 우리는 특히 나이가 어린 아이를 돌봐야 하는 부모들의 노동시간 조정 문제를 해결하지 못했습니다. 대개 집과 직장의 거리가 멀기 때문에 하루 노동시간은 매우 깁니다. 게다가 우리의 고용과 사회보장 시스템은 연속된 노동의 개념을 바탕으로 고안된 반면, 특히 아이들이 매우 어릴 경우에는 전일제로 일하는 기간과 시간제로 일하는 기간, 집에서 아이의 교육을 맡는 기간을 교대로 운영하는 방식이 현재 부모들의 바람에 더 정확히 부응할 것입니다.

또한, 관련 매체와 상담 기관이 늘어났음에도 불구하고 부모들은 여전히 자신들의 질문과 우려를 상대해줄 실질적인 도움을 찾지 못하고 있습니다. 왜냐하면 이와 같은 수단들은 일상과 주변으로 들어오기는커녕 외부 집단을 형성하여 모순되게도 가족의 실질적 자율성을 더 떨어뜨리기 때문입니다.

이렇게 부모들은 아이들 교육의 어려움을 토로하고 있지만 그와 동시에 그들은 개인적 자아실현의 권리도 더욱 힘차게 주장하고 있습니다. 성인들은 익숙한 삶의 형태, 즉 보통 아이가 장애물로 여겨질 수밖에 없는 삶의 형태를 포기할 준비가 되지 않은 것 같습니다.

1975년에 프랑스에서 시행된 설문조사에서 당시 부모들 대부분이 새로운 아이의 임신을 망설이는 이유가 재정적·금전적 어려움 때문이라고 응답한 반면, 이제는 아이를 재정적 부담이라기보다 일상의 제약으로 인식한다는 응답이 대부분인 사실에 우리는 놀랄 수밖에 없습니다. 아이는 일하는 여성의 독립성을 위협하고, 원하는 대로 여행을 떠나거나 문화생활 및 취미활동을 영위하고자 하는 부모들에게 방해가 되고 있는 것입니다.

부부의 행복—이기주의, 독립성, 평온함, 방해받고 염려하며 책임지는 삶을 피하고자 하는 의지, 아이를 갖지 않겠다는 단호한 의지에 대한 응답을 하나로 묶은 항목—이 프랑스인들이 둘째 아이를 낳지 않는 첫 번째 이유로 나타났습니다. 응답자의 49%가 이 대답을 선택했고, 금전적 어려움 때문이라고 답한 응답자는 22%였으며, 주거 공간 부족이라고 응답한 사람은 1%에 불과했습니다.

물론 이 비율은 셋째 아이 출산을 거부하는 이유에 대한 조사에서는 약간 다르게 나타납니다. 금전적 어려움이 37%로 첫 번째 이유가 된 것입니다. 하지만 부부의 행복도 22%로 여전히 매우 중요한 요인으로 나타났습니다.

*

이 모든 변화가 우리 서구 사회에서 가족이 갖는 모순적 위치를 잘 설명해줍니다. 아동은 그 어떤 시대보다 우리에게 풍요로움이자 행복을 가져다주는 존재지만, 사회적 맥락과 부모의 요구는 아이 양육의 부담을 맬서스식으로 여기게 만들고 있습니다.

이런 조건에서 우리 정부와 가족 단체의 정치적 행동을 어떻게 설정해야 할까요?

저는 우리가 겪은 변화를 행동의 주요 노선으로 삼아야 한다고 깊이 확신합니다. 젊은 세대의 깊은 열망을 가로막는 방식으로 돌아가는 것은 의미 없는 일일 것입니다.

게다가 부모들의 새로운 요구에는 엄청난 힘이 있습니다. 그들이 우리 사회의 발전을 누리고 싶어 하고, 자신들의 삶의 수준과 방식이 자녀의 존재로 인해 과도하게 영향받지 않을 것을 주장하는 것은 당연합니다. 자신의 아이가 성공하길 바라는 마음은 사회·직업이동과 우리 사회의 기술과 지식의 빠른 혁신에 따른 논리적인 결과입니다. 행복의 추구, 권위적인 인구정책에 대한 거부감, 교육의역할에 효율적인 도움을 받고 싶지만 그렇다고 해서 국가의 손에무작정 맡기고 싶지 않은 마음은 공공의 자유와 뗄 수 없는 것들입니다.

따라서 우리는 그들의 요구를 완전히 정당한 것으로 받아들이고 우리의 정책에 온전히 반영해야 합니다.

일하는 여성의 증가, 임신을 선택할 수 있는 자유, 자신의 아이를 사회적·직업적으로 성공시키고 싶은 욕망, 바라던 삶의 모습이 아이로 인해 지나치게 방해받고 싶지 않은 마음은 이제 돌이킬 수 없는 현상이라고 생각합니다.

이러한 상황에서 우리의 노력은 두 가지 방향으로 이루어져야 합니다.

첫 번째는 젊은 부부들의 열망에 역행하지 않도록 우리의 사회적 삶을 완전히 재정비하는 것입니다.

이를 위해서 세 가지 노력이 우선적으로 필요합니다.

가장 먼저, 아이들의 필요에 적합하지 않은 도시의 삶의 환경을 재고하는 것입니다. 물론 주거 공간을 포함하여 지역의 시설들도 고려해야 합니다.

우리의 두 번째 노력은 부모의 근무시간 조정에 투입해야 하며, 가장 먼저 어머니의 근무시간부터 시작해야 합니다. 시간제 일자리를 확충하고, 아이가 아직 어릴 경우 근무시간이나 육아휴직을 조정하는 것은 이미 충분히 보편화될 만한 조치들입니다. 그러나 보다 장기적인 관점에서, 사회의 주요 정책을 수립하는 데 주당 노동시간 문제가 더 중요해져야 하며, 이 문제가 무조건 퇴직 연령을 대대적으로 낮추는 것보다 우선적으로 고려되어야 한다고 생각합니다.

가족정책의 세 번째 축은 가족을 위한 직간접적인 재정지원을 유지하고 나아가 발전시켜야 한다는 것입니다. 생활과 소비의 모델이 부모가 아이의 출산과 양육을 고려하는 방식에 상당한 영향을 미치기 때문입니다. 자녀 양육비 전체를 지원해주길 바라는 것은 이상적인 일일 것입니다. 그럴 경우 생각하기 어려운 수준의 사회적 지원 예산이 필요하게 됩니다. 왜냐하면 현재 노인들에 대한 연금지출과 보건지출 증가도 우리의 사회 재정에 심각한 부담을 주고 있기 때문입니다. 하지만 그렇다고 해서 가족의 규모가 커질수록 삶의 수준이 낮아지는 것을 실질적으로 완화할 수 있는 재정지원을 포기할 수는 없습니다.

그런데 국가와 지자체가 최우선적인 책임자가 되는 이 노력은 아이가 인생에 풍요로움을 가져다주는 존재라는 사실을 가족들이 확실히 느끼지 못한다면 그 효과가 제한적일 수밖에 없을 것입니다.

우리 사회에서 아동이 차지하는 위치가 얼마나 개선되든지 간에, 자녀는 언제나 경제적으로나 정신적으로 부담이 되는 존재일 것입니다. 삶의 우연과 운명의 상대적 불평등은 사라지지 않을 것이며, 사실 우리 국가들에서 주변부에 머물고 있는 가난과 무능의 상황도 없어지지 않을 것입니다. 재정지원은 늘 한계가 있을 것입니다. 하지만 우리 국가들은 가족의 진정한 행복을 가능하게 하는 재정적 안정과 개선된 기회의 평등의 수준에 도달했거나 혹은 그것을 주장할 수 있습니다.

국가는, 적어도 자유주의국가는, 혼자의 힘만으로 사람들의 행동과 사고를 바꿀 수 없습니다. 하지만 이 변화를 가로막는 장애물들은 제거할 수 있습니다. 그리고 대부분의 장애물은 보통 가족들이 자신들의 미래를 만드는 일에 충분히 참여하지 못하기 때문에 나타납니다.

그중 제가 특별히 더 중요하다고 생각하는 두 가지는 지역 차원의 일상생활과 학교시설입니다. 바로 이것이 가족생활의 환경에 매우 중요한 두 가지 요소입니다. 하지만 보통 부재한 경우가 많습니다.

우리의 시설과 서비스에 대한 규제들을 재검토해야 합니다. 이 규제들은 관련 시설과 서비스에 대한 재정을 지원하거나, 그것을 감독하는 담당자, 그리고 관리하는 전문 인력의 업무를 용이하게 하려고 고안된 경우가 너무나 빈번하지 않습니까? 가족의 입장을 더 많이 고려하여 규제를 만들고 관리한다면 상황은 바뀔 수 있을 것입니다. 지역공동체 생활을 국가가 공공서비스에 대한 자신의 임무를 저버리는 것으로 인식해서는 안 되며, 이것을 다시 활성화하여 사회 조직을 더욱 긴밀하고 풍요롭게 만들어야 합니다.

바로 이러한 참여를 통하여 우리는 가족들이 공동으로 아이에 대한 교육의 책임을 다할 수 있기를 희망합니다. 이렇게 부모들이 덜 고립되고, 시장경제 체제의 제약 앞에서 더 비판적이 되며, 더 나은 사회제도에 대한 그들의 요구가 더 잘 수용된다면, 그들은 아이들을 키우면서 겪게 되는 여러 난관이나 제약을 받아들일 수 있는 더 나은 환경을 갖게 될 것입니다.

여러분, 저는 지금까지 여러분께 우리 선진국에서 특징적으로 나타나고 있는 우려스러운 문제들과 또 희망을 가질 만한 이유들을 말씀드렸습니다. 이러한 점들은 아직도 다른 많은 나라들이 현재 겪고 있는 문제들과 너무 거리가 멀어 보일 수 있습니다. 전쟁으로 국토가 황폐화되고, 경제성장률보다 인구증가율이 더 높으며, 기아 퇴치, 1차 의료시설 마련, 문맹 퇴치 및 아동 취학과 같은 더 긴급한 문제들에 직면한 국가들도 아직 많기 때문입니다.

그러나 아마도 가족을 위해 펼치고 있는 우리 국가들의 다양한 활동은 국경을 넘어서 아이와 가족 모두를 연결하는 공동체를 느낄 수 있도록 확립된 것 같습니다. 아이들의 행복을 바라고, 아이들이 잘 성장하는 것을 보고 기쁨을 느끼며, 아이들이 힘들어하는 모습에 고통을 느끼는 가족들은 다른 대륙의 가족들에게 공감을 느끼게 됩니다. 유니세프가 세계에서 가장 먼저 설립된 국제기구 중 하나였다는 것은 우연이 아닙니다. 국제 협력을 통해 얻은 결과는 제기된 문제들을 결코 해결하지 못합니다. 그것은 여러 국가가 함께 진행한 정책이라는 공적이 될 수 있을 뿐입니다. 하지만 그것은 우리 아이들의 행복을 위하여 전 세계가 함께하는 진정한 공동체의식을 보여줍니다. 저는 오늘의 학술대회와 국제 아동의 해가 이와 같은 국제적 연대의 필요성을 실감하고 발전시키는 기회가 되기를 희망합니다.

1979년 1월 8일, 파리, 유네스코 국제회의

레지스탕스

내외 귀빈 여러분,

먼저, 제가 지금 이 자리에 서도 되는지 조심스러운 마음이 듭니다. 제가 그런 마음이 드는 까닭은, 저는 지금 이 자리에 계신 분들과 같은 자격을 갖고 있지 않기 때문입니다. 이분들은 조국의 폭정에 저항하고, 그곳에서 추방당하였으며, 수많은 어려움에도 불구하고 오늘날까지 투쟁을 이어나가고 있는 분들입니다. 하지만 오늘 저를 이 자리에 초청해주셨기에, 저는 이 영광을 거절할 수 없었으며 이 영광을 온전히 받아들이기로 하였습니다. 게다가 이것은 이분들이 계속해서 투쟁을 이어나갈 수 있도록 제가 최선을 다해 도울 수 있는 기회이기도 합니다.

우리는 조금 전 보도의 문제에 대해 언급하면서, 언론에서 더 이상 아프가니스탄과 캄보디아에 대한 소식을 전하지 않는다고 이야기했습니다. 그리고 저는 이것이 우리가 '국제 레지스탕스' 운동을 지지해야 하는 첫 번째 이유라고 생각합니다. 왜냐하면 오늘날 언론은, 아직도 상당히 많은 국가에는 그들의 조국이 전체주의의 지배를 받고 있다는 사실을 잊지 않는 사람들이 있다는 사실을 세계 여러 국가의 시민들에게 더 이상 알리지 않고 있기 때문입니다. 이 전체주의는 세계를 잠식하고 있지만, 우리는 그 사실을 알고 싶어 하지 않습니다. 전체주의를 좌우로 구분할 수 있다면, 이것은 좌파의 전체주의이며 우파의 전체주의입니다. 저는 이런 수식어들은 의미가 변질되었고 부정확하다고 생각합니다. 그럼에도 불구하고 이런 말들은 몇몇 국가에서 현재 일어나고 있는 일들에 대해 완전히 침묵하고 있는 자들에 의해 사용되고 있습니다. 우리의 주변, 영화, 신문이나 텔레비전 뉴스로부터 나온 어떤 형태의 정보든, 정보를 왜곡하고 더 이상의 정보를 제공하지 않으려면 일부 국가에 대해서만 언급하는 것으로도 충분합니다. 또한 대중이 충분히 인지하지 못하고 있지만, 제 생각에 적어도 우리가 주목해야 하는 구체적인 어려움이 있습니다. 즉, 우리가 일부 국가에 대하여 전혀 모르거나 거의 알고 있는 사실이 없기 때문에 그에 대해 이야기하지 않는 편이 훨씬 더 간단하다는 것입니다. 저는 얼마 전 있었던 한 인터뷰에서, 아프가니스탄에서 매우 심각한 일들이 벌어지고 있는데 일부 신문만 그 일들을, 그것도 단 몇 줄로 보도했고, 〈프랑스 엥테르〉*에서는 당일 아프가니스탄에서 일어난 일에 대해서는 한마디도 없이 몇 달 전 레바논에서 일어난 일들을 보도하고 있었다고 이야기한 적이 있습니다.

* 프랑스 공영 라디오 방송 '라디오 프랑스'의 종합 채널.

따라서 우리는 제대로 된 정보를 위해 결집하고 단결해야 합니다. 그러나 모든 전체주의에 대항해 결집해야 합니다. 또한 저는 우리가 오늘 그 탄생을 목도하고 있는 이 운동은 용기를 가질 때에만 신뢰를 얻을 수 있을 것이라 생각합니다. 제가 용기라고 분명히 말씀드린 까닭은 그것이 어느 나라의 일이든 전체주의를 규탄하는 것은 쉬운 일이 아니기 때문입니다. 오늘날 모든 사람들이 특정 전체주의를 비난하는 경향이 있다는 것을 우리는 잘 알고 있습니다. 자신의 활동과 정치적 의견에 따라 사람들은 동유럽이나 남미의 전체주의를 비난합니다. 저는 조금 전 우리가 신뢰를 얻고자 한다면 모든 전체주의를 규탄해야 한다고 말씀드렸습니다. 그것은 쉽지 않은 일입니다. 그리고 이제 우리는 프랑스에서 겨우 이제서야 인식하기 시작한 기만을 규탄해야 합니다. 그것은 바로 "동유럽의 전체주의를 비난하는 것은 우파에 무기를 주는 것이다"라고 말하는 기만입니다. 얼마 전까지도 우리는 이런저런 인사들이 자신들은 소련에서 일어나고 있는 일을 매우 잘 알고 있다고 말하면서도, 초청을 받아 그곳에 가서는 오히려 그 체제에 우호적인 말들을 하는 것을 듣곤 했습니다. 그러면서 그들은 "맞아요. 그러나 그렇게 하지 않으면 우파에게 무기를 주는 셈이 되는 겁니다"라고 말했습니다. 그리고 우리는 여전히 "네. 확실히 우리는 그것이 완전한 자유가 아니라는 것은 잘 알고 있어요. 하지만 종합적으로 상황을 본다면 긍정적이라고 할 수 있습니다"와 같은 말들을 듣고 있습니다. 또 어떤 이들에게, 아마도 존재하지 않는 이러한 형식적 자유와 우리 민주주의 사회에 존재하는 돈과 관련된 자유는 결국 다 같은 것입니다.

우리는 이런 식의 논리를 흔히 접하고 있고, 사진을 통해 보기도 합니다.

이것을 규탄해야 합니다. 왜냐하면 모든 전체주의는 전체주의이고, 사회 및 경제적 측면에서 봤을 때 전반적으로 상황이 긍정적이라는 이유로 그것을 별개의 것으로 취급해서는 안 되기 때문입니다. 이것이 사실이 아님을 알기 위해서는 그런 국가에 직접 가보면 됩니다. 하지만 저는 민주주의와 자유의 원칙 그 자체가 문제가 되고 있다고 생각합니다. 또 어떤 사람들은 "맞아요. 하지만 남미의 일부 체제를 지지하는 것은 사실 공산주의의 쇄도를 멈추는 일입니다"라고 말합니다. 저는 그 점에서도, 우리가 자유를 옹호할 때 신뢰를 얻고자 한다면 모두를 위한 자유를 받아들일 수 있는 용기가 있어야 한다고 생각합니다. 따라서 그때에는 위험이 있을지라도 자유를 침해하는 것에 맞서 싸우고 민주주의를 위해 투쟁해야 한다는 것을 받아들여야 합니다. 또한 그때에는 일부 혁명운동 뒤에 위험이 있을지라도 그러한 상황에 처한 국가들의 민주주의와 자유를 위해 싸워야 한다고 말할 용기가 있어야 합니다. 현재 이에 대한 아주 명확한 예시가 있는데, 바로 칠레입니다. 그리고 물론 어떤 이들은 이렇게 말하고 싶을지도 모릅니다. "혁명운동 뒤에 있는 것은 쿠바입니다!" 그럼에도 민주주의를 회복해야 합니다. 아마도 칠레에서는 민주주의가 다시 회복될 수 있을 것입니다. 그 가능성을 계속 좇아야 합니다. 그러지 않으면 민주주의는 투쟁할 이유도, 승리하고자 하는 이유도 없는 것입니다.

또 다른 예를 하나 더 말씀드리겠습니다. 우리가 소련의 유대인들을 위하여 투쟁한다고 말할 때 주의를 기울여야 합니다. 즉, 유대인들만을 위해 싸우는 것이 아니라, 소비에트 압제의 피해자인 모든 사람들을 위해 투쟁해야 하는 것입니다. 유대계 소련인들이 벌이는 투쟁이 있는 것으로 알고 있는데, 그것은 진정한 투쟁이라고 할 수 있는 **모든** 자유를 위한 투쟁을 감춰버릴 위험이 있습니다. 제가 이 말씀을 드리는 이유는 최근에 제가 예루살렘에 갔을 때 겪었던 일 때문입니다. 저는 그곳에서 '제3차 세계 회의' 조직위원회의 몇몇 인사들과 이야기를 나누었는데, 그들이 저에게 이런 말을 했습니다. "그런데 소련의 체제에 반대하는 이들 중에는, 파시스트인 우크라이나인들도 있지요." 저는 우리가 소련의 누군가의 자유를 위해 싸운다면 그것은 모두의 자유를 위한 투쟁이 되어야 한다는 말씀을 드립니다. 왜냐하면, 그렇지 않다면 그것이 아무리 심각한 문제일지라도 특정한 문제만 보게 되는 것이기 때문입니다. 즉, 소련의 체제는 특정 부류만을 탄압하는 것이 아니라, 모두에 대한 억압 체제라는 사실을 인지해야 합니다.

모두를 위해 싸워야 합니다. 동시에 민주주의 국가에서 일어나고 있는 일들과 혼동을 해서는 안 됩니다. 오늘날 전 세계에 나타나는 전체주의의 움직임을 감추려 하는 특정 세력이 발달하고 있는 것을 우리는 목도하고 있습니다. 그들은 이렇게 말합니다. "하지만 우리 국가들의 상황을 좀 봅시다. 원하는 대로 자유롭게 표현하지 못하는 사람들이 있습니다. 그것은 압제이고 인권침해입니다. 정치적인 의견으로, 즉 자신이 가진 정치적 견해에 따라 행동했다는 이유로 감옥에 갇힌 사람들도 있습니다." 그들이 우리 나라에서 일어나는 인권침해라고 이야기한 것을 살펴보면, 여기에는 위험한 혼동이 있습니다. 물론 우리 국가들에서도 경우에 따라 투쟁이 필요합니다. 그것은 개별적인 경우로, 우리의 체제가 제대로 작동하지 않고 있거나, 우리의 법이 특정 권리에 대해 충분히 보호의 역할을 하지 못하고 있다고 생각할 때입니다. 그러나 언론의 자유가 있고, 투표의 자유가 있고, 시위의 자유와 파업의 자유가 있으며, 시민들이 폭력, 비밀조직, 레지스탕스 운동이 아닌 다른 모든 수단을 통해 자신의 의견을 표현할 수 있는 민주주의 국가와 전체주의 국가를 혼동해서는 안 됩니다. 절대로 혼동하지 맙시다! 왜냐하면 그것은 시민들이 자유롭게 의견을 표현할 수 없고 숨어 지낼 수밖에 없으며 조국을 떠날 수밖에 없는 나라에서 일어나는 진정한 모든 레지스탕스 운동에 대한 모욕이기 때문입니다. 우리의 상황을 그들의 상황과 비교한다면 그것은 그들에 대한 모욕입니다.

물론 우리도 민주주의를 보다 성숙시켜 완전하게 만들 수 있도록 더욱 노력해야 합니다. 하지만, 절대로, 절대로 일반화하지 맙시다. 이러저러한 이유를 대면서 우리 국가들에 자유가 없다고, 민주주의가 없다고 말해서는 안 됩니다. 그리고 양심적 병역 거부자들에 대한 처우 때문이라고 말하지 맙시다—제가 이 말씀을 당당히 드리는 이유는, 저 스스로도 유럽의회에서 일할 때 양심적 병역 거부자들의 지위를 위해 싸웠기 때문입니다—그들의 권리가 인정되고 있지 않기 때문이라고 말하지 맙시다. 우리가 민주주의 국가에 살지 않고 있다고, 앞서 언급된 전체주의 체제의 나라들과 크게 다를 바 없는 나라에 살고 있다고 말하지 맙시다.

여기에는 주의해야 할 또 다른 위험이 있습니다. 우리가 그렇게 말한다면, 민주주의와 자유는 어디에도 존재하지 않는 것이 되기 때문에, 민주주의를 위해 싸우고, 자유가 없는 국가에서 자유를 위해 싸우는 이들이 더 이상 싸울 이유가 없어지는 것입니다. 하지만 우리는 그럼에도 불구하고 우리 국가들에는 이 자유와 이 민주주의가 물론 그 결점들과 함께 존재하고 있다는 것을 알고 있습니다. 그리고 이제 막 '국제 레지스탕스'라는 운동을 조직한 이들에 대한 우리의 의무이자 권리는 그들을 돕는 것입니다. 그러나 그들이 우리와 같은 체제를 갖도록 도와야 하는 것이 아닙니다. 우리는 절대적인 모델이 아니기 때문입니다. 그러나 우리는 그들을 도울 수 있는 대단한 힘을 갖고 있습니다. 그것은 바로 자유와 민주주의입니다.

1983년 5월 16일, '국제 레지스탕스' 창립 기자회견

프랑스는 늘 박해받는 자들의
피난처였습니다

사람들이 프랑스에 거는 기대, 그리고 정치적 대립과 일상의 고충을 넘어서 대부분의 프랑스인들이 합의를 이룬 공생적 사회에서 살고자 하는 바람은 우리로 하여금 인종차별주의와 이민의 문제에 대해 차분히 성찰하게 만듭니다.

고통스럽고 심각한 결과를 초래할 수 있는 이 복잡한 문제는, 우리가 진정으로 그 현실을 정확히 파악하고 그 확산을 저지하고자 한다면, 흑백논리나 틀에 박힌 사고, 그 어떠한 정치적 계산 없이 접근해야 합니다.

인종차별주의와 외국인혐오증은 보통 함께 나타나고 있는데, 이 둘은 서로의 세력을 키우고 있기는 하지만 우리가 절대 혼동해서는 안 되는 두 가지 구분되는 현상이라는 점을 기억해야 합니다. 그것이 바로 국민전선과 같은 특정 세력들이 자신의 당 중심에도 유대인이나 마그레브 지역 출신 프랑스인들이 있다는 이유를 내세워

인종차별적이라는 비난으로부터 스스로가 당당하다고 믿는 이유입니다. 지난 선거에서 국민전선이 거둔 성과도 이민 문제를 내세웠기 때문입니다. 유럽의회 선거와 지방선거의 득표율은 11%였으며, 몇몇 도道에서는 25% 이상의 득표율을 보이기도 했습니다. 그러나 그와 동시에, 그들의 집회에서 인종차별적 구호가 빈번하게 등장하는 것을 보면 이 세력의 사상적 기반에 엄청난 양면성이 있음을 알 수 있습니다.

사실 극우파는 언제나 인종차별주의와 외국인혐오증에서 자신들이 가장 내세우는 주제를 찾았고, 그것을 중심으로 하여 선거에서 전통적으로 3~5%의 득표율을 올려온 것은 사실입니다. 40년 전 반인종차별법이 제정되어 너무 노골적인 입장은 저지되고 있지만, 암시 혹은 함축적인 언사들의 의도는 너무나 명백합니다.

이 양면성이 무엇이든 간에, 그리고 국민전선에 표를 주거나 그들의 주장에 공감 혹은 관용을 표하는 프랑스인들의 감정이 무엇이든 간에, 우리는 이 현상이 미치는 영향과 그것이 표출하고 있는 불안에 주의를 기울이지 않을 수 없습니다.

이것의 정치적 쟁점은 매우 큽니다. 내년 3월 의회 선거에서 프랑스의 운명이, 외국인들을 쫓아내려는 정책에 집중하고 있는 정치인들에게 맡겨질지도 모르기 때문입니다. 그러나 이와 같은 정치적 쟁점을 넘어서, 모든 사회계층이 포함되어 있고 다양한 정치적 성향을 가지고 있는 상당한 수의 프랑스인들이, 우리가 영원히 금지된 것으로 믿었던 사상들을 다소 공공연하게 표출하고 있는 가장 선동적인 선거운동에 현혹될 정도로 이민노동자들의 존재에 불안을 느낀다는 것은 정상적인 일이 아닙니다.

게다가 이런 현상을 규탄하면서 그것에 대응하고 저지하기는커녕 모호한 전략을 통해 그로부터 이익을 얻으려고 하는 정당들의 태도에 어떻게 우려하지 않을 수 있겠습니까. 여당은 그들의 정책이 불러일으킨 분노와 혼란으로 인해 이 현상에 다분히 책임이 있는데도 불구하고, 그 확대를 조장하는 데 주저하지 않았습니다. 정부는 거짓 선전을 하면서, 국민전선이 부상하여 야당인 공화당 세력의 승리를 저지하기를 바라고 있는 것입니다. 공화국연합의 경우에도, 국민전선과 확실한 거리를 두기까지 상당한 시간이 걸렸습니다.

한쪽으로 치우친 비합리적인 감정으로부터 정치적 논거를 이끌어내는 것은 위험한 일입니다. 그러한 감정을 불러일으킨 상황은 결국 기적과 같은 해결책을 갖고 있지도 않습니다. 그와 반대로 저는 신중하고 겸손하게 현재의 긴장과 위험한 열정을 가라앉힐 방법을 찾아야 한다고 생각합니다. 그리고 그렇게 하기 위해서는 가장 먼저 오늘날 프랑스 사회에서 제기되고 있는 이민노동자 문제를 최대한 정확하게 파악해야 합니다.

이민의 문제는 최근의 일도 아니고 우리 나라에만 국한된 현상도 아닙니다. 100년도 더 전부터 프랑스는 이웃 국가들보다 더 많은 외국인들을 받아들였습니다. 삶의 행복과 자유의 상징인 이 멋진 나라는 언제나 정치적이거나 경제적인 불행으로 조국을 떠날 수밖에 없었던 이들을 매혹해왔다는 사실을 우리는 쉽게 이해할 수 있습니다.

프랑스는 늘 박해받고 추방당한 자들의 피난처였습니다. 우리는 이 사실을 자랑스럽게 여겨야 합니다. 이민자들에게 부여한 권리를 내세우며 이민 문제에 있어 모범적이라고 자처하는 국가들에게 우리는 정치적 난민과 이민노동자의 총인원에 대한 비교를 통해 당당히 응수할 수 있습니다. 칠레인, 캄보디아인, 폴란드인, 루마니아인을 가장 많이 수용한 곳은 다른 어떤 나라도 아닌 바로 프랑스입니다.

프랑스에서 제2의 조국을 찾고자 하는 수많은 외국인들의 열망은 인구 감소 문제를 해결하려는 프랑스 당국의 희망과 오랫동안 맞아떨어졌습니다. 1차 세계대전으로 인한 대규모 인명 손실과 양차 대전 사이의 출생률 감소는 국가경제적 차원에서 외국인 노동자들의 대규모 유입을 통해서만 상쇄될 수 있었습니다. 당시, 특히 이탈리아인과 폴란드인이 대거 이주해 왔으며, 그중 대부분은 프랑스에 정착하여 프랑스 사회에 완전히 통합되었습니다.

2차 세계대전이 막을 내린 후, 베이비붐의 결과는 60년대가 되어서야 나타나기 시작했습니다. 그 전에는, 국가 재건 및 확장 정책으로 인해 늘어난 경제활동인구에 대한 요구를 충족시켜야만 했습니다. 따라서 외국으로부터의 인구 이입은 불가피했던 것입니다. 당시 이러한 노동자들의 존재는, 알제리가 독립한 1962년까지 알제리계 프랑스인들이 프랑스로 일하러 오는 것을 금지하지 않았던 만큼, 큰 반발을 불러일으키지 않았습니다. 이 시기부터 인구이동이 시작되었고, 최근까지는 이것이 모든 사람들을 만족시켰습니다. 프랑스인들이 받아들이지 않는 조건 속에서 아주 적은 임금을 받고 일하는 노동력을 쓸 수 있었던 고용주들, 그들의 노동을 통해 전반적인 혜택을 입던 모든 국민들, 낮은 경제활동인구 비율을 걱정하던 정치인들, 노동자들의 상당한 규모의 송금으로 혜택을 입던 그들의 출신국 모두가 이 현상을 통해 이익을 보았던 당사자들입니다.

그러나 실업률이 상승하면서, 그동안 제대로 관리되지 못하고 사회적·문화적 측면에서 충분히 고려되지 못했던 이민 현상이 불러올 수 있는 문제들을 더 이상 외면할 수 없게 되었습니다.

일부 고용주나 임대인의 과도한 착취를 막고자 애쓰고, 문화적·사회적 게토가 형성되는 것에 우려를 표하던 몇몇 인사들이나 관련 사회 활동을 제외하고, 누가 진정으로 이 문제에 신경을 썼겠습니까. 게다가, 민중 선동 정책인지 혹은 이상주의인지, 일각에서는 모든 사람에게 합당한 삶의 조건을 마련해야 한다고 요구하면서 정의와 연대의 이름으로 부유한 북국北國과 가난한 남국南國 간 이민의 완전한 자유를 주장하기도 했습니다.

이런 상황에서, 우리는 이민 문제의 정치적·경제적·인도적 현실을 감당하기에는 제대로 준비되어 있지 않았습니다.

이 현실은 매우 복잡하고 모순적인 것이 사실입니다.

현실은, 정치적으로나 인도적 차원에서 볼 때, 현재의 이민자들을 대거 그들의 출신국으로 돌려보내는 것은 불가능하다는 것입니다. 독일에서는 막대한 예산을 들여 터키 이민자들의 본국 귀환 장려 정책을 시행했지만 의미 있는 결과를 얻지는 못했습니다.

현실은, 가장 호황을 누렸던 시기의 미국이나 호주를 비롯하여 어떠한 국가도 선별적 선택과 통제를 시행하지 않은 채 이민정책을 추진하지 않았으며, 그 반대를 주장하는 것은 해당 국가와 우리가 받아들인 외국인들 모두에게 무책임한 모습을 보이는 점이라는 것입니다.

현실은, 프랑스와 같은 이유로 지난 수십 년간 국경을 개방해온 대부분의 유럽 국가들이 우리와 같은 문제를 겪고 있고, 직면하고 있는 여러 가지 이해관계를 조정할 수 있는 해결책을 모색 중이라는 것입니다. 지금까지는 어떤 국가도 결정적인 모델을 제시하고 있지 못한 것 같습니다. 솔직히 말씀드리자면, 네덜란드나 덴마크가 외국인들에게 투표권을 부여하는 조치를 시행하기는 했지만 사실 그로부터 어떠한 결론을 이끌어내는 것은 거의 불가능합니다. 네덜란드에서 외국인들의 정치참여는 미미한 수준이며, 덴마크의 경우, 본보기가 되기에는 이민자 인구의 비율이 너무나 낮기 때문입니다.

마지막으로, 무엇보다 우리가 이민노동자들에 대한 문제를 다룰 때 경계해야 할 점은 성급한 일반화를 내리거나 일괄적인 해결책을 제시해서는 안 된다는 것입니다. 출신국, 종교, 가족의 상황, 사회문화적 수준, 프랑스에서 보낸 기간, 우리 나라에 대한 당사자들의 입장에 이르기까지 이민자들을 구분할 수 있는 요소는 너무나 많고, 따라서 그만큼 다양한 정책이 요구됩니다.

귀국 지원, 사회통합, 귀화, 문화적·민족적 다양성 존중과 같은 다양한 정책들은 서로 상반되는 것이 아니라 서로를 보완하는 것으로서, 각각의 부류에 맞게 실행되어야 합니다.

국가 통합에 대한 결과로 평가받게 될 이 정책의 성공을 위해서는 무엇보다 프랑스 국민들의 지지가 필요합니다. 따라서 사회에 만연한 거짓된 이야기나 슬로건을 넘어서 국민들에게 제대로 된 정보를 제공하는 것은 필수적인 일입니다.

먼저, 우리는 타인과 함께 살고, 관용을 베풀며, 차이를 인정할 수 있어야 합니다. 우리는 미국이 흑인에 대한 인종차별주의를 완화할 수 있었던 것은 미디어를 통한 노력 덕분이었다는 사실을 잘 알고 있습니다. 이것은 단지 교육의 문제가 아니라, 더 넓은 차원에서 권한을 행사하거나 정보를 전달하는 모든 이들의 책임이라고 할 수 있습니다.

하지만 이민정책에 필요한 몇몇 원칙과 사실을 명확히 밝히는 일도 매우 중요합니다.

첫째, 대부분의 이민자들은 프랑스를 떠나지 않을 것입니다. 왜냐하면 그들은 프랑스인이 되었고 그들의 아이들도 마찬가지이기 때문입니다. 혹은 이미 프랑스에 산 지 너무 오래된 관계로 출신국에는 더 이상 연결 고리가 남아 있지 않기 때문입니다.

둘째, 이제 유럽공동체 내에서 자유롭게 이동할 수 있는 회원국 국민들이나 정치적 난민들을 제외하고는, 적어도 앞으로 수년간 이민이 중단되기 때문입니다.

셋째, 프랑스에 완전히 정착하고자 하는 이민자들은 국가의 일부라고 느껴야 하고, 우리의 언어를 배워야 하며, 우리의 기쁨과 슬픔을 함께해야 합니다. 한 국가의 국민으로서의 감정을 느끼게 하는 것은 보통 노동을 함께할 때가 아니라 함께 웃고 함께 눈물 흘릴 때이기 때문입니다.

하지만 그렇다고 해서 그들이 자신들의 종교적 혹은 문화적 특수성을 포기해야 할 이유가 있을까요? 차이의 존중은 지난 수십 년 동안 민주주의의 중요한 요소로 자리 잡지 않았나요? 그러나 그와 동시에 차별적 조치에 희생된 폐쇄적 민족적·종교적 집단이 형성되는 것을 조장하지 않도록 경계해야 합니다. 그러한 예는 전 세계 도처에 수많은 소수집단으로 존재하며, 그들의 미래는 대부분 낙관주의와 거리가 멉니다. 정치적 쟁점 혹은 희생양인 이 집단들은 그들이 살고 있는 나라에 영향을 미치는 사건들의 모든 잠재적 위험을 겪습니다.

이런 점에서 학교가 갖는 중요성은 상당히 큽니다. 우리가 서로에 대해 더 잘 배우고 서로를 더 잘 이해하게 되는 것은 어린 시절부터, 즉 학교에서부터라는 사실을 잊어서는 안 됩니다.

그리고 오직 일자리나 생계 수단을 찾기 위해 임시로 프랑스에 온 이들의 경우, 예를 들어 포르투갈인들처럼 우리와 아주 가까운 이들에 대하여는, 그들을 우리 나라에 완전히 정착하도록 할 수 없다는 사실이 안타깝다고 할 수 있습니다. 그 외 다른 이들은 이곳에서 살거나 또는 서로의 존엄성을 존중하면서 떠날 수 있도록 도웁시다. 왜냐하면 그것은 우리 나라의 이미지와도 관련되는 문제이기 때문입니다.

민주주의가 내포하는 관용은 큰 갈등을 피하게 하면서 점차적으로 진보하는 정신을 갖고 우리가 다 함께 어우러져 살 수 있도록 만드는 균형을 찾아줄 수 있어야 합니다. 그러한 갈등은 보통 위기감에서 발생한다는 사실을 잊어서는 안 됩니다. 그리고 늘 정당화 되지는 않는 이 위기감은 서로 다른 사고방식과 삶의 방식이 충돌 하며 심화됩니다.

공공의 안전을 내세우는 정치적 주장은 대중의 불안에 부응하 지만 그렇다고 해서 그 불안을 잠재우지는 못합니다. 젊은 이민자 들과 젊은 프랑스인들을 대상으로 한 예방적인 행동을 통해서 우 리는 폭력적이거나 소외되는 상황을 막을 수 있을 것입니다. 이는 또한 타인에 대한 더 깊은 이해를 가능하게 하는, 서로 다른 공동체 간의 보다 열린 대화를 통해 가능할 것입니다. 마지막으로, 모두가 안전하다는 느낌을 가질 수 있도록 하는, 사회학적 환경에 적합한 치안 유지 수단과 방법을 통해 가능할 것입니다.

끝으로, 우리가 외국인들에 대해 이야기할 때 그들 중 대부분은 우리 나라에서 대대손손 살게 될 것이라 생각하지 못했다는 것, 하 지만 프랑스에 봉사하고 프랑스의 영광에 공헌했다는 것을 기억했 으면 합니다.

1985년

인권과 건강

최악의 야만을 겪었던 20세기가 그 끝에 이르러 결국 인권 보호의 세기가 될 수 있을까요?

사실 인권 보호에 대한 논쟁이 오늘날 대부분의 사회문제의 중심에 있으며, 심지어는 정치 논쟁의 자리를 대체하고 있는 중이라는 사실은 의심의 여지가 없습니다.

수많은 국가에서 이러한 문제가 완전히 외면되고 있음에도 불구하고, 유엔은 이 문제를 지난 몇 년 동안 리우 환경 회의, 카이로 인구 회의, 코펜하겐 사회개발 회의, 베이징 여성 회의 혹은 이스탄불 인간 정주 회의와 같이 특정 주제를 두고 열린 모든 정상회의의 주요 관심사로 삼았습니다.

이처럼 인권이라는 주제가 여러 담론과 투쟁에서 지배적으로 등장하다 보니, 민주주의의 제도만으로 인권을 존중하는 환경을 보장할 수 있다는 사실을 잊게 만들 수도 있을 것입니다.

타인에 대한 증오와 멸시에 기반한 극우 사상의 이름으로 폭력이 자행되고 있습니다. 이에 대한 구체적인 대응을 살펴봐야 할 것 같습니다. 사실 민주주의는 모든 상황을 제대로 파악하기 어렵게 하거나 또 개인이 자신의 자유와 존엄성에 대한 모든 위협에 대해 스스로를 지킬 수 없게 만드는 너무나 추상적인 개념에 그치고 있습니다.

개인으로서 인간적인 대우를 받는 것이 문제가 되기 때문에, 여러 비정부기구가 매우 중요한 역할을 하고 있는 것입니다. 그들은 전통적 혹은 공식적 결정 기관에 맞서 충분히 조직되거나 대표되지 못한 이익들을 결집시키거나 표현하고 있습니다.

우리가 우선적으로 구체적인 내용을 부여하고자 노력했던 것은 소위 1세대의 인권, 특히 시민권과 참정권이었습니다.

세계인권선언문이 인권에 대한 폭넓은 정의를 내리고 있기는 하지만, 우리가 오랫동안 중시해온 것은 시민권과 참정권이었습니다. 이렇게 서구 민주주의는 19세기의 정치적 자유주의에서 고안된 그들만의 구상을 강요했습니다.

이후, 사회경제적 권리, 특히 건강, 노동, 주거에 대한 권리가 포함되면서 인권의 개념과 내용이 확장되었고, 이로써 일부 사회계층이 특히나 더 직면하고 있는 새로운 상황에 부응할 수 있게 되었습니다.

다른 무엇보다 건강에 대한 권리는 특별한 중요성을 갖고 있으며 계속해서 커지고 있습니다. 자기 자신의 건강과 가족의 건강은 모두에게 가장 값진 재산이기에, 이것은 놀라운 일이 아닙니다.

의사들이 여전히 기준으로 삼는 히포크라테스선서는, 의사가 환자 고유의 권리를 인정하면서 환자에 대해 특별한 의무를 다해야 한다는 의식을 담고 있습니다. 저는 특히 환자의 의료 정보 비밀 유지에 관한 권리가 떠오르며, 현재 대부분의 국가의 의사들은 그것을 존중할 의무가 있습니다.

환자에 대한 배려의 또 다른 증거는, 가난한 이들은 자선 활동의 도움을 요청할 수밖에 없는 데에 반해, 환자들은 전통적으로 최소한의 원조와 치료를 받는다는 사실입니다.

이러한 차이는 오늘날 더욱 굳어지고 있습니다. 왜냐하면 적어도 유럽에서는 돈이 없는 환자들은 보건의료 분야에서 차별받지 않을 권리가 있을 뿐만 아니라 차별을 받으면 안 되기 때문입니다. 역설적이게도, 이들은 매우 값비싼 치료의 혜택을 받고 난 뒤에는 아무도 돌봐주지 않아서, 심지어 병원을 나오면 노숙 생활을 하기도 합니다.

제가 관찰한 또 다른 예를 말씀드리자면, 프랑스에서 불법체류 외국인들이 추방되지 않는 예외적 상황이 하나가 있는데, 그것은 바로 송환된 본국에서는 받을 수 없는 치료가 필요한 상태인 환자의 경우입니다.

의학의 발전과 그에 따른 의료비 상승은 이러한 접근성을 막기는커녕 오히려 강화했습니다. 사실, 누군가에게 치료받을 가능성을 박탈한다는 것은—의학의 발전으로 기대수명이 상당히 늘어난 지금, 상승한 의료비에 대해 결국 개인은 필수적으로 공공 혹은 민간 보험 시스템에 의해 보상을 받기 때문에—더욱 받아들이기 힘든 일입니다.

70년대는 의학의 황금기였습니다. 단 몇 년 만에 의학은 지난 수천 년 동안보다 더 빠른 비약적 발전을 이루었습니다. 의학은, 적어도 선진국에서는, 가장 심각한 건강의 문제들을 정복했거나 혹은 정복해가고 있습니다.

물론 고도의 의술에 대한 의료비 지출 증가와 아직도 제3세계에 남아 있는 엄청난 난관들, 예를 들어 거대 풍토병을 정복하고 알마아타에서 '모두의 건강'을 위하여 정한 목표*들을 2000년까지 실현해야 하는 문제들을 생각할 때 이와 같은 낙관주의는 섣부른 것인지도 모릅니다.

그런데 에이즈가 등장하면서 갑자기 우리의 모든 확신을 뒤흔들어놓았습니다. 이 질병은 예전에 페스트나 콜레라 혹은 결핵이 불러일으켰던 거대한 공포를 되살아나게 했습니다.

20세기 말인 현재, 어떤 이들은 중세 시대처럼 반응하고 있습니다.

환자들, 환자를 위한 단체들, 그리고 의사, 간호사, 사회복지사와 같이 환자를 담당하는 모든 이들이 이러한 태도를 규탄하며 이성과 관대함을 호소하는 동안 환자들은 모욕과 굴욕을 견뎌야 했습니다.

에이즈 환자에 대한 보호의 문제가 극심히 제기되기까지 그들의 기본권은 심각한 위협을 받았습니다.

개인으로서의 환자들보다 공동체를 보호하라는 공공보건에 대

---

* 1978년 당시 소련의 알마아타에서 세계보건기구와 유니세프의 공동주최로 1차 보건의료에 관한 회의가 열렸으며, 이 회의에서 1차 보건의료 개념을 정립하고 2000년까지 전 세계 모든 사람들의 건강을 보호하고 증진하기 위한 목표를 정한 알마아타선언이 채택된다.

한 요구와, 개인의 권리와 자유에 대한 존중 사이에 존재할 수 있는 모순은, 에이즈가 만들어낸 새로운 상황은 아닙니다. 하지만 공공 보건 분야에서는 아마도 처음으로, 에이즈라는 특별한 환경이 환자들과 의사들로 하여금 환자의 개인 권리에 대한 존중에 특히 더 큰 주의를 기울이도록 만들었습니다.

게다가, 특정 치료법의 사용은 의사들에게 이제 정치인들이 더이상 외면할 수 없는 윤리적 문제를 불러일으켰습니다. 장기이식 정보의 의료적 사용, 기증자에 대한 장기 추출 혹은 수여자에 대한 이식 조건, 인공수정, 예측 의학, 나아가 연명치료에 이르기까지, 의료윤리와 관련된 다양한 문제들은 인간의 권리와 존엄성 존중에 대한 논쟁을 불러왔습니다.

이러한 문제들 가운데 일부는 여전히 금기시되거나 또는 그 심각성이 의도적으로 과소평가되고 있습니다. 저는 특히 예측 의학의 결과를 우려하고 있습니다.

하지만 이제 우리는 바로 여러분의 연구소와 같은 곳에서 주도적으로 시작한, 보건 분야의 모든 활동에 인권 보호를 강조하고자 하는 운동이 그 결실을 맺기를 바라고 있습니다.

보다 일반적으로 인권의 개념이 심화되면서, 사적 영역에 속한다는 이유로 너무나 오랫동안 제대로 인정받지 못했던 인권 분야를 파악하고 보호할 수 있게 되었습니다. 예를 들어, 한편에서는 경제적·사회적 권리를 발전의 요인으로 인정하게 되었고, 또 다른 한편에서는 무엇보다 여성주의적 인권이 강조되면서 여성 인권이 신장되었습니다.

그 어떤 것이든 간에 여러 접근이 시도되면서 건강과 관련된 인권을 더욱 보호할 수 있는 풍요로운 지평과 가능성이 열렸습니다.

물론 임신과 출산은 그 자체로 특별한 보호 조치의 대상이 되고 있지만, 그것은 세대 존속을 이유로 어머니보다는 태어날 아기에게 더욱 초점이 맞춰져 있습니다. 여성 인권이라는 개념은 대부분의 국가에서 완전히 외면당하고 있습니다.

아버지, 이후에는 남편의 권위 아래 놓인 여성들은 심지어 자기 자신의 신체에 대한 것일 때에도 어떠한 권리도 온전히 갖지 못합니다. 전통과 종교의 무게는 여성들에게 봉사와 속박의 상태를 강요하고 있으며, 이것은 해당국에서뿐만 아니라 국제사회가 용인하고 있습니다. 특히 중국에서는, 심지어 태어나기 전 양수천자를 통해 성별을 확인한 순간부터 혹은 태어난 직후부터 여자아이들은 이미 너무 많다는 이유로 죄인 취급을 받습니다.

아프리카의 많은 국가에서는 여성 성기의 일부를 영원히 절제하는 할례가 여전히 성행하고 있습니다. 아주 어린 나이에 강제 결혼을 당한 여성들은 에이즈를 포함한 성병에 대해 어떠한 보호도 없이 억지로 성관계를 맺어야 합니다. 피임이나 임신중절을 할 수 없어, 어쩔 수 없이 임신을 하거나, 그게 아니면 불법 임신중절수술을 받아야 하는데, 이 과정에서 매년 약 100만 명의 여성이 목숨을 잃고 있습니다.

우리 사회에서 임신의 선택은 특권입니다. 게다가 얼마 전부터는 가정폭력, 강간, 근친상간과 같이 여성들이 대상이 되는 모든 종류의 폭력에 맞서 투쟁하기 시작했습니다. 피해를 당한 여성들은 아직도 망설이고 있는 그 일을 용기를 내어 항의할 수 있어야 합니다.

남자아이들도 이제 국제사회가 해결에 나서려고 하는 이러한 폭력으로부터 안전하지 않습니다. 가장 약하고 가난한 자들의 신체 전체뿐만 아니라 그들의 정신과 존엄성까지 보호해야 합니다. 사실, 그들의 신체만큼이나 부서지는 것은 그들의 마음과, 사랑을 하고 정상적으로 살 수 있는 능력입니다.

저는 이 짧은 발언을 준비하며, 제가 이야기하고 싶은 수많은 주제 중에서 선택을 해야만 했습니다. 저는 아직도 연구할 여지가 많이 남아 있는 '건강과 인권'이라는 주제가 제기하는 문제들의 범위를 제시하고 싶었습니다.

제가 힘주어 말씀드린 바와 같이 에이즈는, 환자들도 그 주변인들도 우리가 다른 시각을 갖고 다른 행동을 취할 것을 요구하였습니다. 그들의 고통과 그들의 투쟁, 그리고 이제 그들이 얻은 승리는 우리 모두가 쟁취한 것입니다.

이제 더 이상 질병만이 고려 대상이 아닙니다. 인간, 즉 여성, 남성 혹은 아동 모두의 완전한 권리에 대해 사회가 책임감을 가져야 한다는 사실을 우리는 인식하고 있습니다.

이 생각이 용인되고, 나아가 실제로 인정되기까지 아직 해야 할 일이 많이 남아 있습니다.

뿐만 아니라, 저는 수십억 인류를 위하여 모든 것은 이제부터 시작이라는 사실을 잘 알고 있습니다.

1996년 10월 2일, 보스턴

입양과 버림받은 아동

내외 귀빈 여러분,

먼저 저를 이번 토론회에 초청해주시고 발언의 기회를 주신 조직위원회 여러분께 감사의 말씀을 드리고 싶습니다. 입양, 그리고 더 넓게는 버림받은 아동에 대한 여러 전문가분들 앞에서 발언을 하는 것이 아무래도 조금 어렵지만, 저는 이 문제에 상당한 관심을 갖고 있습니다.

사실, 여러분의 야심은 아이 포기 조건이나 양부모 선택 조건과 관련된 입양의 방식을 개선하는 데에만 그치지 않습니다. 여러분은 어떠한 편견이나 고정관념 없이, 버려진 아이들이 현재와 미래를 위해 더 나은 기회를 가질 수 있도록 우리가 할 수 있는 일과 해야 하는 일을 찾고자 합니다.

제가 수십 년 전부터 이 문제에 관심을 가졌던 것은, 저의 직무상 이 문제를 직접적으로 대면했을 때, 우선 무엇보다 어머니이자 여성으로서 이 문제에 무심할 수 없었기 때문입니다.

가장 먼저, 제가 교정행정국에 부임한 젊은 사법관이었을 때, 저는 그곳에서 교도소에 수감된 여성들의 어린아이들이 처한 상황에 대해 자세히 알게 되었습니다. 당시, 어린아이가 몇 살까지 교도소에 수감된 어머니와 함께 있을 수 있는지에 대한 문제가 제기되었습니다. 어머니의 죄가 가볍고 그에 대해 조사한 여러 사실이 아이를 위험에 빠뜨리는 경우가 아니라면, 필요할 경우 어린아이가 어머니와 함께 있는 것을 허용하는 것은 거의 문제가 되지 않았습니다. 하지만 긴 형량을 선고받은 어머니의 경우에는 문제가 달랐습니다. 그 아이를 돌볼 수 있거나, 혹은 필요한 경우라면 입양을 위한 배치 절차를 진행할 수 있는 가족 중 한 사람에게 아이가 몇 살이 되어야 맡길 수 있는지에 대한 의견이 분분했습니다. 가능한 한 오랫동안 아이가 어머니와 함께 지낼 수 있도록 교정행정국에는 상당한 압력이 행사되었습니다. 반면, 수감의 물질적·심리적 조건은 아이에게 좋을 것이 거의 없었고 어머니와의 이별은 시간이 갈수록 더 고통스러워질 위험이 컸습니다.

이 문제는 최종 결론이 나지 않았습니다. 경우에 따라 그때그때 결론을 내릴 수밖에 없었습니다. 그 후 저는 교정행정국을 떠나 민사 담당 부서로 발령을 받았고, 그곳에서 두 개혁위원회의 사무를 총괄했는데, 하나는 입양에 대한 위원회였고, 다른 하나는 금치산자에 대한 위원회였습니다.

당시 의회 법사위와 법무부 장관은 노바크 사건 이후 입양 관련 법 개정을 시급히 추진해야 한다고 판단했습니다. 그것은 10년간 지속된 소송 끝에 양어머니였던 노바크 씨가 양아들을 다시 돌려보내야만 했던 길고 고통스러운 사건이었습니다.

소송을 걸었던 젊은 커플은 아이가 태어나기도 전에 헤어졌습니다. 그래서 젊은 어머니는 아이를 완전히 포기했고, 아이는 법적 절차를 거쳐 입양됐습니다. 시간이 흐른 후 아이의 출생을 알게 된 아버지가 갑자기 다시 등장했고, 커플은 재결합하여 둘이 함께 아이에 대한 친권을 주장하게 된 것입니다. 당시 고등법원과 대법원에서는 서로 반대되는 다양한 판결이 나왔습니다. 한쪽에서는 생물학적 부모의 손을 들어주었고, 다른 쪽에서는 양부모의 손을 들어주었습니다. 결국 대법원의 마지막 판결은 아이를 최종적으로 피를 나눈 부모에게 보내도록 하는 것이었습니다. 노바크 씨는 더 이상 항소를 할 수 없었음에도 불구하고 본인이 12년 동안 키운 아이를 돌려주기를 거부했습니다. 상황은 정말 비극적이었습니다.

매스컴을 통해 연일 보도된 이 사건은 프랑스 전체를 뒤흔들었습니다.

아이와 양어머니, 친부모 모두에게 비극이었던 이와 같은 사건이 다시 발생하지 않도록 개혁을 추진해야 했습니다.

바로 이러한 맥락에서 의회 법사위가 입양법 개혁을 위한 연구위원회의 조직을 결정한 것입니다. 당시 르네 플레방이 위원장을 맡았고 제가 보좌관이었습니다. 그 시기에, 장 푸아예 당시 법무부 장관은 민법, 특히 가족법을 현대화하려고 했습니다. 그는 이 임무를 카르보니에 교수에게 맡기면서 가족법을 "최대한 혁신적으로" 개혁해달라고 주문했지만, 이 위대한 법률가는 입양법 개혁을 담당하고 싶어 하지 않았습니다.

아이의 입장이 최우선이 되어야 했고, 따라서 아이에게 정서적인 안정을 주는 것이 가장 중요했습니다. 당시에 아이가 아동복지국에 맡겨지면, 어떤 때는 아이를 맡겼다가 어떤 때는 다시 찾아가는 어머니의 태도로 인해서 많은 아이들이 입양되지 못했습니다. 이처럼 아이를 기르고 싶은 욕망과 생계를 이어나가는 어려움 사이에서 갈등하는 어머니들은 아이의 상황을 위험하게 만들었습니다.

하지만 상황은 달라졌습니다. 그 배경도 달라졌습니다. 오늘날의 구체적 현실은 그때와는 많이 다릅니다. 가정생활은 순탄히 흘러가야 하지만, 현재의 모습은 그것과 거리가 멉니다. 예전에는 가정이 더욱 단단했습니다. 하지만 이제 사회가 도시화되면서 높은 실업률을 기록하고 있고 폭력 사건이 끊임없이 발생하는 지역들도 꽤 생겨났습니다. 한부모가정도 계속해서 늘어나는 추세입니다. 아이를 포기하는 문제 때문에 더 이상 어린아이들이 유기되지 않기를 바랐지만 현실은 그 반대입니다.

여성들이 점차 피임을 하게 되고 1975년 임신중단법이 통과되면서 이론적으로는 여성들이 임신과 출산을 선택할 수 있게 되었지만, 아직도 많은 여성들은 피임에 대해 잘못된 정보를 갖고 있고, 일부 여성들은 이러한 피임에 대한 접근성도 매우 떨어지는 경우가 많습니다. 물론 출산 시 버려지는 아이들의 수가 크게 줄었고 위탁이 임시적인 것으로 여겨지는 경우가 많아서 예전보다 국가가 관리하는 고아들의 수가 적어지기는 했지만, 그럼에도 불구하고 버려지는 아이들이 아직도 너무나 많습니다. 많은 어린이들이 자신이 무엇을 받을 권리가 있는지도 알지 못한 채 불안정하고 애정이 결핍된 상태로 방황하고 있는 것입니다.

양차 대전 사이에는, 아이를 갖지 않는 선택이 드문 일이 아니었습니다. 당시의 불안한 정세와 경제적 어려움 때문에 미래가 어두웠기 때문입니다. 1차 세계대전의 끔찍함과 뒤이어 찾아온 경제위기가 사람들에게 깊은 영향을 끼쳤습니다. 오늘날, 모든 커플들뿐만 아니라 독신들도 자신들은 아이를 가질 권리를 갖고 있다고 생각합니다. 아이가 없는 여성들에게 인공수정은 큰 희망을 불러왔으며, 이들은 실패에 쉽게 굴복하지 않습니다. 아이를 입양하고자 하는 이들은, 완벽하고 자신의 바람에 부응하는 파란 눈에 금발인 아이를 원하거나…… 자신들을 닮은 아이를 찾습니다. 적어도 입양 절차를 시작할 때는 그렇습니다. 그 후 우리는 입양하려는 가족들에게 무엇보다 가족과 행복을 필요로 하는 아이들이 있다는 사실을 이해시켜야 합니다. 예비 양부모들은 스스로를 어려운 길을 선택한 '훌륭한 부모'로 생각합니다. 이들은 입양을 할 수 있는 국가를 찾아 나섭니다. 그리고 이 길을 택한 것은 많은 난관을 극복할 준비가 된 것입니다. 그들과 닮지 않은 아이를 입양하기로 한 것이지요. 일부 국가의 고아원은 아이들로 넘쳐나고 있지만, 아이를 입양하고자 하는 이들은 아이를 매매하려고 하는 것은 아닌지 쉽게 의심받습니다. 아이에 대한 양육 포기 및 입양에 대한 조건을 관리하기 위하여 국제 협약을 통해 엄격한 절차가 마련되었습니다.

1965년, 개혁위원회가 임무를 마치자 이제는 법안을 작성해야 했습니다. 입양에 반대 의견을 가졌던 카르보니에 교수는 민법에 명시된 후견 제도로 충분히 상황을 해결할 수 있다고 생각하며 아이가 법원의 판결을 통해 가족을 바꿀 수 있다는 사실을 받아들이지 못했기에 결국 위원회가 내놓은 개혁 법안 작성을 거절했습니다.

푸아예 당시 법무부 장관은 결국 저에게 그 임무를 맡겼습니다. 저는 노바크 사건과 같은 상황이 다시는 발생하지 않도록 생물학적 부모와 양부모 사이의 분쟁을 막을 수 있는 절차 마련의 필요성을 강조한 개혁위원회의 결론을 바탕으로 법안을 작성해야 했습니다. 저는 이 문제에 큰 열의를 갖고 임했습니다. 먼저, 아이가 입양되고 몇 년이 지난 뒤 친부모가 소송을 걸어 양부모가 아이를 돌려보내야 하는 상황이 발생하지 않도록 법을 정비해야 했습니다. 즉 친부모와 아이를 분리시키는, 입양을 위한 위탁이 이루어져야 했습니다. 바로 이러한 맥락에서 친권 포기에 관한 민법 350조가 작성된 것입니다. 하지만, 법원과 아동복지국에서 어머니가 나타나지 않을 경우 어머니를 다시 설득하려 하거나, 아버지가 아이를 인정하지 않았거나 혹은 인정하려 하지 않을 경우 아버지를 찾으려 하는 사례가 많았던 점에 대해서는 아쉬움이 남습니다. 법원에 소환된 어머니는 걱정이 많았다, 나타날 수는 없었지만 그렇다고 아이를 포기하고자 했던 것은 아니었다…… 라는 설명을 하곤 했습니다. 이렇게 결정은 매번 연기되었습니다. 1996년 결국 법이 개정되어 그 적용을 용이하게 만들었습니다.

1974년, 정부에서 일하고 있었던 저는 법이 어떻게 적용되고 있는지 알고 싶어서 보건복지국에 가서 아동복지국 담당자와 직접 만난 적이 있습니다. 그 결과 법이 지역마다 다르게 적용되고 있다는 것을 알 수 있었습니다. 어떤 지역에서는 아이의 입장을 우선적으로 고려하여 아이가 결국 끝까지 시설에 남게 되는 것을 막고자 애쓰고 있었는가 하면, 또 어떤 지역에서는 친모와 아이의 관계가 아무리 약하더라도 그 관계를 유지시키고자 최선을 다하고 있었습니다.

법안을 만들기 전, 우리는 특히 최종 결정을 위해 친모에게 주어지는 유예기간—1년이 합리적인 기간으로 생각되었지만, 그 후 아이를 위해 위탁 결정도 내릴 수 있어야 했습니다—과 입양을 원하는 이들이 충족해야 하는 조건에 대해 깊이 고민했습니다. 의회 심의에서, 의회와 상원은 법안을 거의 고치지 않았습니다. 입양부모 협회의 입장도 고려되었습니다.

결론적으로, 1966년의 개정법은 입양을 위해 위탁된 아이에 대한 반환 요구를 막고, 그에 따라 아이에게 확정적 지위를 부여했다는 점에서 입법자의 의도를 충족시켰다고 볼 수 있습니다. 아주 드물게 법적 분쟁으로 이어진 경우, 소송은 결실을 맺지 못했습니다. 오늘날의 문제는, 출생 시 아이의 친권이 포기되는 일은 거의 없지만, 우리가 부모가 겪는 어려움에도 불구하고 그들이 집세를 내지 못해서 사는 곳에서 쫓겨났을 때 도움을 받을 수 있다면 아이가 아동복지국에 위탁되는 일은 피할 수도 있을 거라 생각한다는 점에서 기인합니다.

마지막으로, 이러한 모든 문제와 더불어 생각해야 하는 것은, 대개 친부의 태도가 이중적이라는 사실입니다. 그는 존재하지 않으면서 존재합니다. 그는 아이에 대해 완전히 무관심함에도 불구하고, 법적으로 아이를 인정하여 아이의 미래를 위한 결정을 막아버립니다. 물질적 어려움 외에도, 가족이 해체되면서 아이의 상황은 더 어려워졌습니다. 이제는 아이를 맡아줄 조부모도 거의 없습니다. 입양 조건이 늦게 갖춰질 경우 그것은 모두에게 해로운 일입니다. 갈수록 아이를 입양하고자 하는 커플들이 늘어나고 있는데도 불구하고, 1966년의 법은 갈수록 더 복잡해지는 이러한 상황을 충족하지 못하고 있습니다. 갈수록 그들은 외국에서 희망을 찾으려고 하지만, 그곳에서도 많은 난관에 부딪히고 있습니다.

이제 여러분의 토론을 통해 수많은 고찰과 제안이 필요한 까닭입니다.

2004년 8월, 입양에 관한 토론회

타인을 알아가게 하는 모든 일은
장려되어야 합니다

대사님,

미셸 세르파티 제사장님과 달릴 부바쾨르 원장님,

내외 귀빈 여러분,

친애하는 동료 여러분,

먼저, 프랑스의 유대인과 무슬림 간의 관계를 강화하기 위해 처음으로 열린 이 회합을 마무리하는 자리에 제가 이렇게 여러분과 함께하게 되어 얼마나 기쁜지 말씀드리고 싶습니다.

오늘의 만남을 조직해주신 부바쾨르 파리 모스크 원장님과 미셸 세르파티 제사장님을 비롯한 모든 분께 감사드립니다.

세르파티 제사장님께서 저에게 스테티에 대사님과 함께 유대교도와 이슬람교도 간의 우호 협회 창립 행사의 사회를 맡아달라고 부탁을 하셨습니다. 그리고 저 스스로도 그랬듯 여러분께서는 무교인 제가 왜 이 제안을 받아들였으며 왜 이 자리에 여러분과 함께하고 있는지 의문을 가지실 수 있습니다.

제가 이 제안을 수락한 것은, 특히 요즘처럼 지성인들이 혼란을 겪고 세계 도처에서 심각한 폭력이 갈수록 커지고 있는 때일수록, 선의를 가진 사람들이 함께하는 일은 장려되어야 한다고 믿기 때문입니다.

하지만 이유는 그것뿐만이 아닙니다. 종교계 대표자들이 반유대주의 및 인종차별주의 폐지를 위한 투쟁과 무슬림들을 대상으로 한 수많은 차별과 폭력에 반대하는 투쟁에서 수행해야 할 중요한 역할이 있다면, 이러한 문제들은 공동체 간의 문제나, 심지어는 공동체 간의 집단주의 문제로 취급되는 것이 아니라, 정치적이고 국가적인 차원으로 다뤄져야 하기 때문입니다. 프랑스인들은 무슬림이든, 유대인이든, 기독교인이든 간에 무엇보다 프랑스 시민입니다. 그렇기 때문에 당연히 자신이 가진 특정 종교적 신앙에 따라서만 규정될 수 없습니다. 그럼에도 불구하고 저는 특히 최근 프랑스로 이민을 온 세대인 경우, 그들의 교육과정, 사회계층, 부모와의 관계, 출신국과 그 역사가 형성하는 개인의 정체성을 무시할 수는 없다고 여기고 있습니다.

또한 프랑스에서는 아주 오래전부터 인종차별적 증오와 배척의 담론이 일반화되고 반유대주의적 행위와 폭력이 증가하고 있기 때문에, 따라서 이런 현상들을 분석하여 예방해야 하기 때문입니다. 뿐만 아니라, 다른 많은 이들과 마찬가지로 저 또한, 대개 몇 세대 전부터 프랑스인으로 살고 있는 젊은 무슬림들이 종교가 있든 없든 상관없이 차별의 대상이 되고 있고 심지어는 매우 심각한 이슬람혐오증의 피해를 입고 있다는 사실에 개탄하고 있습니다.

마지막 이유는, 저는 늘 이념적 담화보다는 현실과 사실의 교훈에 주의를 기울이기 때문입니다.

그런데 우리는 현실로부터 무엇을 배우고 있나요?

우리는 법이 명시한 표현대로 종교와 국가의 분리가 지켜지길 바라고 있지만, 현실은 그렇지 못하다는 것을 잘 알고 있습니다.

최근 프랑스에서 벌어진 정교분리 논쟁*, 유럽헌법에 대한 논쟁, '십자군 전쟁'이 되어버린 민족·종족·경제·영토에 대한 이익을 둘러싼 전쟁, 테러리스트들의 힘을 키우거나 무관용을 낳는 원리주의와 종교적 광신과 같은 예들은 정치가 종교와 결합되고 있다는 사실을 충분히 보여줍니다.

저는 선험적으로 현실은 다른 것이라고 생각하는 경향이 있습니다. 현실은 복잡하고 모순적일 때가 많습니다. 정치와 종교가 종종 섞이는 경우가 있는 것이 현실이라면, 동시에 저는 힘 있는 저명한 종교계 인사들의 주도적 행동으로 위험한 열정을 잠재우고 긴장을 종식시키며 서로를 가깝게 만들 수 있는 견고한 관계가 구축될 수 있다는 것을 알고 있습니다. 종교 교리뿐만 아니라 박애 정신도 이것에 기여할 수 있습니다.

---

* 정교분리는 프랑스 사회를 설명하는 중요한 키워드다. 1905년 정교분리법 제정 이후 특히 공공 교육 분야에서 이 원칙을 매우 중시하는 프랑스는 2004년 공립학교 내에서 특히 무슬림 여학생들의 히잡을 비롯하여 유대교의 키파, 기독교의 십자가처럼 개인의 종교를 과시적으로 드러내는 상징물 착용을 금지했고, 이 결정에 대한 논란은 지금까지도 계속되고 있다.

이렇게 대제사장께서는 강한 확신과 섬세한 지성으로 종교인이 우리에게 가져다줄 수 있는 것이 무엇인지를 보여주셨습니다.

헌법평의회 위원으로서 저는 최근에 큰 논란이 되었던, 학교에서 종교적 상징물을 착용하는 문제에 대한 의견을 공개적으로 표현할 수 없었습니다. 하지만 오늘 제가 드릴 수 있는 말씀은, 바로 이 논쟁이 우리의 공화주의적이고 민주적인 사회에서 사회의 안정과 인간의 평등에 대한 공동의 가치가 갖는 우월성을 명확하고 정당하게 보여주고 있다는 것입니다. 그런데 '의복', 이 경우에는 무슬림 여학생들의 '히잡'이 그들에게 부과된 가치에 대한 반항 혹은 단절의 의지 표시로 이해될 수 있었던 것입니다.

이제, 시민사회, 우리 모두, 그리고 학교의 교사와 교장은 그들에게 우리 사회의 풍요로움을 보여주어야 합니다. 하지만 동시에, 최근에 우리가 목격한 것처럼, 외국인혐오, 인종차별, 반유대주의, 역사 수정주의에 물든 극우파나 혹은, 반시온주의를 가장하여 실제로는 인종차별적이고 반유대적인 운동을 펼치는 탈세계화주의의 불순한 기운을 감출 수 있는, 과격하거나 배척적인 정교분리에 빠지지 않도록 경계해야 합니다.

논의의 핵심으로 돌아오자면, 따라서 우리 모두는 각자의 역할을 수행하고 각자의 임무를 다해야 합니다. 그리고 종교적 믿음을 가진 이들의 임무는 당연히 너무나 중요하지만…… 그것은 인간, 삶, 그리고 박애에 대한 믿음이 다른 모든 신념보다 우위에 있을 때 중요한 것입니다.

이제 이 자리에 계신 이슬람교 및 유대교 대표분들과 내외 귀빈 여러분께서는 왜 제가 이 만남을 환영받을 일이라고 생각하는지, 그리고 왜 저를 초청해주신 여러분께 감사한 마음을 갖고 있는지 이해하실 것입니다.

복지부 장관과 고등통합위원회 위원장으로 일했던 경험, 그리고 늘 이 문제에 갖고 있던 관심도 아마 제가 이 자리에 초청된 이유가 될 것입니다. 특히 저는 예전에 교정행정국 사법관으로 일할 당시 알제리 여성들이 처한 상황에 특별한 관심을 가졌고, 그 이후로 그 중 많은 이들과 좋은 교우 관계를 유지했습니다. 이 자리를 빌려 카할리자 클랄리에게 오늘 이곳에서 다시 만나게 되어 너무나 기쁜 저의 마음을 전하고 싶습니다.

그러나 무엇보다도, 제가 아직 청소년에 불과했을 때 나치의 강제수용소로 끌려갔던 경험이 저로 하여금, 출신을 이유로, 더 정확히 말하면 출신을 구실 삼아 누군가를 낙인찍고 배척하고 박해하고, 심지어는 살해하는 모든 것에 대해 저항하게 만든다고 할 수 있습니다.

이에 저는 오늘 우리를 모이게 만든 주제와 관련하여 이 행사와 여러분의 단체의 역할이 저에게 불러일으킨 생각들을 몇 가지 더 말씀드리고 싶습니다.

우선 저는 그것이 어디에서 비롯된 것이든 간에, 무지와 그에 뒤따르는 망상에 맞서 싸우는 것이 매우 중요하다고 생각합니다. 그것은 폭력과 야만의 자양분이 되기 때문입니다.

타인을 알아가게 하는 모든 일, 성서나 일신론을 기반으로 한 주요 종교들이 공통적으로 갖고 있는 것을 강조하는 모든 일은 장려되어야 합니다. 학교는 원칙적으로 이렇게 타인을 알아가고 함께 사는 법을 배우는 장소입니다. 하지만 학교만으로는 충분치 않습니다. 그렇기 때문에 주변 환경으로부터 매우 큰 영향을 받는 청소년들이 책임감과 약속의 의미를 배우게 될 때, 유대교, 기독교, 혹은 이슬람교 스카우트 단체와 같은 여러 관련 단체들이 그들 사이의 소통을 강화하는 임무를 맡아야 합니다.

그리고 무엇보다 유대인들을 악마 취급하는 것을 당장 멈추고 이슬람교에 대한 공포를 버려야 합니다.

오늘날 이러한 폭력의 원인을 분석하는 연구는 수없이 많지만, 해결책을 제시하는 연구는 찾아보기가 힘듭니다. 불을 끄는 것보다는 불을 내는 것이 언제나 더 쉬운 법입니다.

제가 알고 있는 해결책은, 이 폭력에 맞서기 위해서는 우선 용기를 가져야 하며, 무엇보다 가장 먼저 필요한 것은 지적 용기라는 것입니다. 그리고 이 지적 용기는 본인이 물려받은 유산을 검토하고 각자가 자신의 전통에 문제를 제기하여, 그로부터 타인을 부정하거나 경멸하는 것을 제거할 수 있는 자유를 긍정하는 것에서 시작합니다.

용기를 내어 우리의 경전에서 이처럼 타인에 대한 부정과 경멸을 드러내거나 부추기는 내용들에 대항하고, 그와 반대로 박애 정신을 고취하는 부분을 우선시합시다. 자신의 종교와 상관없이 대부분의 프랑스인들이 바라고 있는 이와 같은 **종교의 현대화**는 우리가 걸어가야 할 유일한 길이라고 저는 확신합니다. 이것은 2차 세계대전이 끝난 지 얼마 되지 않아 유대교와 가톨릭의 저명한 인사들이 보여준 행동이기도 합니다. 2차 바티칸공의회*가 개최되고 교회는 그때까지 유지해오던, 유대인에게 예수를 죽인 책임이 있다는 입장을 버림으로써 진정한 대화의 길을 열었으며, 자신의 종교적 기반에서 반유대주의를 제거했습니다. 이와 관련하여, 예수의 수난을 주제로 한 멜 깁슨의 영화**가 적어도 미국에서는 엄청난 성공을 거두었고 교회의 지지를 얻었다는 사실에 저는 깊이 탄식할 수밖에 없습니다. 이 영화는 수 세기 동안 지속된 악랄한 반유대주의를 낳은 주장에 다시 불을 지폈습니다.

저는 프랑스의 정치적 논의에서 마침내 이러한 대화를 구체적으로 실행해야 한다는 중요성이 고려되고 있다는 사실에 기쁨을 느낍니다.

하지만 우리가 저의, 타협, 생략, 거짓말, 혹은 근거 없는 소문, 그리고 과거의 것이라고 믿었지만 오늘날에도 여전히 그 악의와 영향을 목격하고 있는 방식들을 거부하지 않는다면 어떤 것도 견고하게 세울 수 없을 것입니다. 저는 분명히 말씀드립니다. 이러한 악의는 결국 그것을 퍼뜨리는 자들을 배반하고야 맙니다.

우리가 주의를 기울이지 않을 때 결국 제노사이드를 초래하는 과정과 메커니즘을 어떻게 잊을 수가 있으며, 어떻게 경계하지 않을 수 있겠습니까…….

* 1962년 요한 23세가 소집하여 1965년 바오로 6세 때 폐회한 제21회 세계 공의회로. 교회는 현대 세계에 적응하는 차원을 넘어 완전한 의식 변화를 통해 교회의 현대화를 이루어야 한다는 입장을 천명했으며, 이는 다른 종교와 현대 인류 문명에 큰 영향을 끼쳤다.
** 미국의 유명 배우이자 독실한 로마가톨릭 신자인 멜 깁슨이 감독을 맡아 2004년 개봉한 영화 〈패션 오브 크라이스트〉를 말한다. 반유대주의 논란을 낳았으나 결과적으로 큰 성공을 거두었다.

슈파니 신부와 함께 아우슈비츠를 방문했던 이들은, 홀로코스트는 그 어떤 것에도 비교될 수 없는 사건이며, 절정에 달한 이 반유대주의는 안타깝게도 지금껏 인류가 겪었던 모든 야만을 뛰어넘는다는 사실을 이해하였습니다.

그것을 말하는 것은 타인의 고통을 부정하지 않는 것입니다. 그것을 인정하는 것은 자신의 역사를 포기하지 않는 것입니다. 그것은 단지 진실에 과감히 맞서는 것입니다.

하지만 우리는 또한 이슬람교를 폐쇄적 집단이자 급진화·폭력·증오의 온상으로만 취급하려는 경향에 맞서 싸워야 합니다. 그와 반대로, 사회학자인 미셸 비비오르카의 말처럼 "대개의 경우, 이러한 종교적 장소는 사회화의 장소로서, 젊은이들은 이곳에서 비행이나 급진적 이슬람주의로 빠지는 것을 막아주는 평정심과 정신력을 얻습니다. 즉, 이 장소는 그곳을 자주 찾는 이들에게 종교적 힘을 주며, 이 힘을 통해 그들은 어려운 세상을 헤쳐나가고, 인종주의, 차별, 실업, 불안정한 생활, 가난을 극복하며, 현대사회에서 자기 자신을 바르게 유지하며 살아가는" 것입니다.

이것은 개방적인 사고를 강화함으로써 가능합니다. 저는 오늘 이 자리에 계신 여러분이 이러한 정신을 대표하고 있으며, 우리는 결국 증오를 막아낼 수 있으리라는 사실을 알고 있습니다.

그리고 그것이 바로 제가 종교인들이야말로 이러한 대화에 큰 기여를 할 수 있을 것이라고 생각하는 이유입니다.

그럼에도 불구하고 저는 이야기를 마치기에 앞서, 긴장 상태이긴 하지만 그렇다고 해서 과장하거나 선동해서는 안 되는 현재 우리의 상황에서, 국가의 역할을 잊어서는 안 된다는 것을 다시 한번 강조하고 싶습니다. 유대인이기 전에, 기독교인이기 전에, 이슬람교도이거나 시크교도이기 전에, 우리는 무엇보다 프랑스의 시민이며 유럽인입니다.

유대인들이 프랑스 사회로 통합될 수 있었던 요인은, 물론 종교적 전통으로부터 얻은 것이기도 하지만, 그뿐만 아니라 정교분리 사회와 현대성의 문제에 대해 돌아보게 만든 성찰과 철학을 깨어나게 할 수 있었기 때문입니다. 유대교에 대한 인간적 사상과 그것을 이끈 과정들은 오늘날 이슬람교와 유대교 그리고 기독교 지성들의 공통적인 성찰의 대상이 되고 있습니다. 당연히 이러한 것을 장려해야 합니다.

이야기를 마치면서, 레비나스가 쓴 『어려운 자유』에서 일부분을 인용하고자 합니다. "유대주의는 기독교의 반대로서 정의되지 않으며, 더욱이 반불교나 반이슬람교로도 정의되지 않는다. 그것은 오히려 도덕을 중시하는 모든 사람들 간의 화합을 추구하는 것으로 정의할 수 있다. 가장 먼저, 우리 문명의 동반자인 기독교인 및 이슬람교도와의 화합을 바란다. 그런데 이 문명의 기반은 바로 이성으로서, 그것은 고대 그리스 철학자들이 전 세계에 설파한 것이다."

저는 여러분의 협회가 이 길을 계속해서 걸어가길 바랍니다. 하지만 이제 이 대화는 기독교인들뿐만 아니라, 무신론자나 정교분리주의자들과도 함께해야 할 것입니다. 그동안 이성의 이름으로 때로는 종교인들을 너무나 멀리해온 이들과 함께 각자의 방식으로 타인에 대한 존중과 양식良識, 그리고 관대함의 가치를 되찾을 수 있는 방법을 성찰하는 것이 중요하기 때문입니다.

　마지막으로, 제가 회장직을 맡고 있는 홀로코스트기념재단이 이렇게 '문명의 동반자들'을 한데 모으는 일에 기여할 수 있었던 것에 대해 매우 기쁘다는 말씀을 드리고 싶습니다.

　　　　　2004년 11월 21일, 프랑스 유대교도-이슬람교도 우정의 날

많은 점에서 여성들은
이민노동자들과 비슷한 대우를
받고 있습니다

여성 인권 신장을 위한 여러분의 노력을 잘 알고 있는 저로서는, 먼저 이 자리에 저를 초청해주신 여러분께 감사의 인사를 드리고 싶습니다. 그리고 취소할 수 없었던 일정으로 인해 오늘 제가 여러분과 하루 종일 함께할 수 없게 되어 정말 아쉽다는 말씀을 드리고 싶습니다.

또한 저는 오늘 여러분께 자발적 임신중단에 관한 법에 대해 기탄없이 이야기하고자 합니다. 그리고 피임에 대해서도 언급하며, 1967년 관련 법안을 발의한 뤼시앵 뇌비르트 전 의원에게도 경의를 표하고 싶습니다. 마지막으로 아직도 갈 길이 먼 여성 인권에 대해 말씀드리고 싶습니다. 저는 이와 관련한 여성들의 투쟁이 계속되고 있다는 것을 알고 있습니다. 저는 이 투쟁에 전적으로 연대하며, 헌법평의회 위원으로서 제가 지켜야 할 공무상 비밀준수의 의무가 허락하는 한도 내에서 저 또한 이 투쟁에 적극적으로 참여하고자 합니다.

　말씀을 드리기에 앞서, 저는 여성들에게 경의를 표하고 싶습니다. 여성들이 힘을 합쳐 단결하지 않았더라면 1967년의 피임에 관한 법과 특히 1975년의 자발적 임신중단에 관한 법은 결코 채택되지 못했을 것입니다. 먼저 이 투쟁의 선구자였던 분들, 특히 베유알레와 이프에게 경의를 표합니다. 오늘 이 자리에 와 계신 조엘 브뤼느리코프만 박사의 행동도 잊어서는 안 될 것입니다. 이렇게 대부분의 여성단체들이 적극적으로 참여한 덕분에 여론이 조성될 수 있었던 것입니다. 개인적인 차원에서는 많은 여성들이 이 문제를 알고는 있었지만 그것을 입 밖으로 꺼낼 용기가 부족했습니다. 즉, 이것은 대개 개인의 문제로 치부되었기에, 여성들은 자신의 가까운 주변인들이나 심지어는 의사들과도 이런 이야기를 나누지 못했습니다. 왜냐하면 1920년의 법에 따라, 의사는 여성들이 피임이나 특히 원하지 않는 임신을 했을 경우 임신중절에 대해 문의를 할 때 어떠한 도움도 줄 수 없었기 때문입니다. 따라서 이런 문제는 여성들끼리만 이야기할 수 있었지만 그조차도 완전히 금기시되었습니다. 현실에 맞는 답을 찾지 못했기에, 이러한 상황은 수많은 비극을 낳았습니다. 당시에는 일부 특권층의 여성들만이 영국이나 네덜란드 혹은 스위스로 가서 피임약을 처방받거나, 특히 안전하고 만족스러운 환경에서 임신중절수술을 받을 수 있었습니다. 따라서 우리는 관련 법의 개혁을 위해 함께 싸운 모든 여성들과 모든 관련 단체에 감사합니다. 페미니즘 언론사의 기자들에게도 감사합니다. 그들은 이 투쟁을 매우 폭넓게 보도하였고, 여성 독자들과 때로는 남성 독자들에게도 관련 정보를 충실히 전달하여 여론을 조성하는 역할을 해냈습니다. 사실 일부 남성들은 여성들의 문제에 관심을 갖고 있습니다. 따라서 이것은 공동 투쟁의 결실이었습니다.

이제 제가 왜 이 투쟁에 뛰어들게 되었는지 말씀드리고자 합니다. 그러자면 저의 유년 시절과 제가 받은 교육에 대해 먼저 이야기해야 할 것입니다.

저의 어머니는 여성들이 대부분 일을 하지 않는 세대에 속하셨지만 당신은 그것에 대한 아쉬움을 자주 표현하곤 하셨습니다. 수용소에서 돌아가시기 전, 어머니는 언니들과 저에게 우리의 미래에 대한 이야기를 하셨습니다. 어머니가 우리에게 전하고자 하셨던 메시지는 바로 우리는 제대로 된 직업을 가져야 하고 그 일을 하면서 살아가야 한다는 것이었습니다. 생계를 책임질 수 있는 직업을 갖지 못한 여성은 경제적으로나 지적으로나 남편에게 완전히 의지할 수밖에 없다는 사실을 저희에게 이해시키시려 하셨습니다. 여성이 자신이 선택한 직업을 통해 스스로 자아실현을 이룰 경우 자녀 교육도, 개인적 삶의 풍요로움도, 부부 간의 애정도 완전히 달라집니다.

그래서 저는 강제수용소에서 돌아오자마자 변호사가 되기 위해 법을 공부하기로 결심했습니다. 그리고 얼마 지나지 않아 대학 친구와 결혼을 하게 되었고, 우리는 함께 공부를 계속 이어나갔습니다. 학업 과정이 끝나자, 남편은 제가 일을 하지 않기를 바랐습니다. 저로서는 받아들일 수 없는 일이었습니다. 당시 저는 이미 아이가 셋이었습니다. 저는 변호사라는 직업을 포기하는 대신 사법관 시험을 보는 것으로 타협을 했습니다. 당시는 아직 국립사법학교가 존재하지 않던 시절이었습니다. 사법관으로 임명되자 저는 법무부 산하 교정행정국으로 발령을 받았지만, 저는 그곳에서 형편없는 대우를 받았습니다. 저에게 말을 걸지 말라는 지시가 내려진 것입니다. 그러면 제가 다른 부서로 발령을 요구하지 않을까 했던 겁니다. 하지만 이러한 상황은 오래가지 못했고 저는 금세 그곳의 온전한 일원이 되었습니다. 당시 저는 가석방 담당 부서에서 일했고 제 수하에 열 명 정도의 비서들이 있었는데, 대부분은 법무부 소속의 여성 교도관들이었습니다. 저는 그들 사이의 끈끈한 연대와 저에게 보여주던 신뢰에 깊은 감명을 받았습니다. 그들 중에는 1942년 한 여성이 임신중절수술을 한 죄로 로케트 교도소에서 사형을 당했을 당시 그곳에서 일했던 교도관들도 있었습니다. 그들은 이 사건에 큰 충격을 받았고 도무지 이해할 수 없다며 공포에 젖어 그 이야기를 하곤 했습니다. 중앙행정 당국은 여성 수감자들의 상황에 큰 관심을 갖지 않았는데, 물론 여성 장기수가 드물었던 까닭이기도 하지만, 그들은 상대적으로 문제를 거의 일으키지 않았기 때문입니다. 저는 여성 수감자들에게 강요되던 규율이 너무나 엄격하다는 것을 알 수 있었습니다. 그것은 그들이 자신이 지은 죄의 심각성을 깨닫고 그에 대한 대가를 치르도록 하기 위한 것이었지만, 예를 들어 여성 수감자들은 그들 간에 어떠한 우정의 표시도 금지되어 있었고 따라서 말을 섞을 수 있는 기회도 거의 주어지지 않았습니다. 이런 억압 체제는 여성 수감자들을 강경하게 하고 교화될 수 없게 만들 뿐이었습니다. 아주 추악한 살인죄를 짓고 매우 긴 징역형을 받아 렌 중앙교도소에 수감된 여성 중죄범들 대부분의 상황이 그러했습니다.

저는 알제리전쟁 당시 테러 행위로 유죄를 선고받은 알제리 출신 여성들을 담당하기도 했습니다. 알제리 교도소에서 제가 조사를 마친 뒤, 이 여성들은 프랑스로 보내져 같은 교도소로 이감되었고, 그곳에서는 원한다면 공부를 할 수 있었습니다.

1964년, 저는 민사 담당 부서로 발령을 받았고 그곳에서 가족법과 관련한 민법 개혁에 참여할 수 있는 기회를 갖게 되었습니다. 당시 가족법은 나폴레옹법전 이후로 거의 개정이 이루어지지 않아 완전히 시대착오적이었습니다.

결혼한 여성은 많은 부분에서 남편의 보호 아래 머물고 있었습니다. 특히 여성은 재산 관리를 할 수 없었고, 법적으로도 친권을 갖는 것은 오직 남성 쪽이었습니다. 재산 문제나 친권에 있어서 여성들은 마침내 어렵사리 권리의 평등을 얻어냈습니다. 같은 시기에 저는 여성노동위원회에도 참여할 수 있는 기회를 갖게 되었습니다. 여성들이 일할 수 있도록 혹은 다시 직장으로 돌아갈 수 있도록 하는 방안들을 구상하여 제안하기 위해 설치된 위원회였습니다. 제가 이 자리에서 이 말씀을 드리는 이유는 이러한 활동은 많은 점에서 여성들이 이민노동자와 비슷한 대우를 받고 있다는 사실을 보여주기 때문입니다. 즉, 여성들은 그들이 처한 상황이 아니라 필요에 따라 취급되고 있는 것입니다. 경제성장에 따라 노동력이 필요해지면 이민노동자들에게 하듯 여성들에게 도움을 요청했고, 인력 조정이 필요하면 이민자들을 해고하듯 여성들을 집으로 돌려보냈습니다. 그 이후로 상황은 별로 달라지지 않았습니다. 차이점이 있다면, 이제는 경제 상황이 변해도, 간호사나 간병인처럼 인력이 부족한 일부 직군을 제외하고는, 오히려 여성들이 일하는 것을 만류하려고 한다는 것입니다.

1979년 유럽의회 의장으로 선출된 저는 선출 직후부터 의회 사무국의 매우 남성우월적 사상을 가진 정당 인사들과 맞서야 했습니다. 그들로부터 여성인권위원회 창설을 이끌어내는 것은 정말 어려운 일이었습니다. 당시 이베트 루디가 위원장을 맡아주었습니다. 제가 이 이야기를 꺼내는 이유는 유럽이 여성의 권리 평등을 위해 매우 중요한 역할을 했다는 사실을 사람들이 잘 알지 못하기 때문입니다. 고용 분야의 완전한 남녀평등과 관련한 모든 중요한 법들은 유럽의 지침으로 채택된 후에 각 회원국의 입법부로 옮겨 간 것입니다. 소송과 같은 여러 수단들이 마련되었지만, 실제로 채용과 관련된 일이든, 보수 혹은 승진의 문제든, 그 적용을 준수하게 만드는 것은 쉬운 일이 아닙니다. 여성들 스스로가 제소하기를 꺼린다는 사실 이외에도, 우리는 기업들이 다양한 수단을 통해 이 원칙들을 피할 수 있다는 것을 알고 있습니다. 그럼에도 불구하고 유럽연합 집행위원회와 유럽의회는 늘 관련 상황을 주시하였고, 이 조치를 보완하기 위한 지침들을 채택하였습니다. 특히 성희롱 분야가 그 예입니다. 이 방면에서 우리를 훨씬 앞서는 국가들이 있다는 사실에 주목해야 합니다. 정계에 진출한 여성의 비율에서 프랑스가 이토록 뒤처지고 있는 현실을 어떻게 외면할 수 있겠습니까? 적신호가 켜진 유럽의 상황을 바로잡고자 모든 선거에 대해 여성할당제를 도입하는 법안이 1982년 가결되었지만, 남녀평등 원칙에 위배된다는 이유로 헌법평의회의 제재를 받았습니다. 헌법의 수정이 필요했고, 결국 선거에서 여성들의 선출을 유리하게 하는 법이 의회에 다시 제출되었습니다.

이런 관점에서 1996년 10여 명의 여성들이 모여 '남녀동수제 선언'을 준비했고, 이것은 『렉스프레스』에 실렸습니다. 이것은, 오직 능력만이 고려되어야 한다고 주장하는 일부 여성들의 비판을 받기도 했습니다. 남녀동수제는 상원의 여성 의원들과 지방 및 시의회의 여성 의원들 수가 비약적으로 늘어나는 데 기여했습니다. 반면, 투표 방식으로 인해 하원의원 선거에서는 효과를 발휘하지 못하고 있습니다.

바로 얼마 전인 3월 8일, 상원의장은 2000명이 넘는 전국의 여성 시장들을 소집했습니다. 물론, 대부분은 소도시의 시장이지만 캉이나 스트라스부르처럼 대도시의 시장들도 있었습니다. 전국의 여성 시장들이 한데 모여 서로의 경험을 나눌 수 있었던 이 기회는 매우 흥미진진한 만남이었습니다. 그날 발언을 했던 모든 이들은 자신들의 근접성과 실용주의를 통해 정계에 기여하고 있는 바를 보여주었습니다. 또한 저는 며칠 전 여성들은 책임을 지는 것이 두려워 정계에 진출하려 하지 않는다고 말하는 것을 듣고 상당히 놀랐습니다. 제가 참여했던 모임을 돌아보면, 많은 여성들이 상당히 동기부여가 되어 있고, 남성들이 자리를 내어준다면 의회 의원으로 일할 능력이 충분하다고 생각합니다. 사회가 발전하려면 의회에 더 많은 여성들이 있어야 한다고 생각합니다. 왜냐하면 여성들은 남성들의 시각을 보완할 수 있고, 보다 구체적인 현실에 관심을 갖고 있기 때문입니다.

저는 이제 임신중단에 관한 문제에 대해 말씀드리겠습니다. 먼저 1975년의 법이 만들어지기 전, 여성들의 상황이 어땠는지 기억해야 합니다. 대부분은 아무에게도 말할 수 없어 결국 혼자서 어려운 결정을 내려야만 했던 수많은 여성들이 겪었던 불행과 비극에 대해 인식해야 합니다. 뤼시앵 뇌비르트 전 의원님께서 가족에게 버림받은 젊은 여성의 자살을 알게 된 뒤 어떤 상황 속에서 피임에 관한 법을 지지하게 되었는지 여러분께 아마 직접 말씀을 드릴 것입니다. 당시인 1960~1965년에는 결혼을 하지 않았거나 혹은 안정적으로 동거를 하는 상대가 없는 경우 젊은 여성이 아이를 갖는 것은 매우 난처한 일이었습니다. 오늘날의 풍속의 자유와 관용과는 아주 거리가 멀었습니다. 매년 수백 명의 여성들이 위험한 환경에서 비전문가 여성들에게 불법 임신중절수술을 받다 목숨을 잃었습니다. 1960년대 말, 그러니까 1968년 이후, '임신중절과 피임의 자유를 위한 모임'과 같은 단체의 활동 덕분에 상황은 점차 개선되기 시작했습니다. 이 단체들은 임신중절이 필요한 여성들에게 외국으로 갈 수 있는 방법에 대한 정보를 제공하거나, 법 위반을 무릅쓰고 프랑스에서 수술을 하기로 결심한 의사들과 산파들로 의료진을 구성함으로써 구체적인 방식으로 여성들을 도왔습니다.

1971년, 낙태죄로 재판에 회부되었지만 변호를 맡았던 지젤 알리미 덕분에 무죄를 선고받은 어린 소녀에 대한 사건인 보비니 재판* 이후, 법무부 장관은 검찰에 더 이상 이런 종류의 사건은 기소하지 말라는 지시를 내렸습니다. 당시 우리 사회가 이러한 상황의 피해자인 젊은 여성들을 벌하기를 거부하는 것을 우리는 느낄 수 있었습니다.

피임과 관련해 한마디만 더 하겠습니다. 프랑스가 임신중단 합법화에 있어서는 1975년의 법을 통해 여성에게 결정권을 부여함으로써 선구적인 면을 보인 반면, 1967년에야 관련 법안이 가결된 피임의 합법화의 경우에는 상당히 뒤처진 측면이 있다는 것을 강조하고자 합니다. 피임 합법화에 우리가 이토록 늦어진 이유는 의사들이 여성들의 피임을 돕는 것을 엄격히 금지한 1920년의 법에서 찾을 수 있습니다. 임신중단 합법화 법안도 몇 년 뒤 그랬듯, 모든 개혁에 반대하는 자들은 역설적이게도 이후 임신중절에 관한 법안 심의 때처럼 피임에 관한 법안의 표결에 반대하며 결집했습니다. 뤼시앵 뇌비르트가 겪었던 난관들을 오늘날에도 직면하고 있다는 사실이 너무나 놀랍습니다. 그가 발의하여 제출한 법안임에도 불구하고, 이 법안이 심의 대상이 되기 위해서 그는 당시 대통령이었던 드골 장군의 승인을 얻어야만 했습니다. 게다가 그는 의회에서 자발적 임신중단 법안에 대한 심의가 있기 전날, 법안 소개를 포기하도록 저에게 다양한 압력이 행사될 것을 우려하여 제가 그 영향

---

* 임신중절이 합법화되기 전 그 기폭제가 되었던 사건 중 하나. 홀로 아이 셋을 키우는 노동자 계급 여성의 16세 딸이 성폭행을 당해 임신을 하게 되어 불법 임신중절수술을 받았다는 이유로 어머니, 불법 수술 소개자, 시술자 등과 함께 기소되어 재판을 받았다. 미성년자 재판소가 파리 외곽 보비니에 위치해, 보비니 재판이란 명칭이 붙었다. 당시 임신중절 합법화를 주장하던 수많은 인사들과 단체들이 연대하였다.

을 받지 않도록 유용한 조언들을 해주었습니다. 심의 전날, 저는 심지어 저의 친구였던 이들을 포함한 일부 의원들로부터 제2의 드레퓌스사건을 일으켰다, 1905년 정교분리법이 제정될 때처럼 프랑스인들을 분열시킬 논쟁을 열었다, 라는 비난을 들어야만 했습니다.

사실 제가 겪었던 어려움은 뤼시앵 뇌비르트가 피임 합법화를 위해 겪었던 것과는 꽤 달랐습니다. 저는 대부분의 우파 및 중도파 의원들의 표는 얻기 힘들 것이라는 사실은 알고 있었습니다. 대신 큰 변수가 없다면 사회당과 공산당의 표는 기대할 수 있었습니다. 하지만 그것만으로는 충분하지 않았습니다. 따라서 저의 운신의 폭은 매우 좁았습니다. 임신중단의 조건을 완화하는 쪽으로 법안을 수정하면 우파의 표를 잃게 될 것이었고, 채택된 법안이 보다 제한적이라면 사회주의자들의 표 전체를 잃을 위험이 있었기 때문입니다. 사람들은 거친 욕설과 증오에 찬 모욕적인 말들을 내뱉었고, 회의 중 태아의 심장박동 소리를 틀어주는 상징적인 행위들도 있었습니다. 다시 그때를 돌이켜보는 일은 소용없는 일입니다만, 한 가지는 꼭 이야기하고 싶습니다. 그때 저는 마치 유대인들이 당했던 것처럼 태아를 화장터에 던져버린다며 저를 힐난하는 한 의원으로부터, 당시 널리 쓰이던 "그들을 살게 하라"는 구호를 들었습니다. 그 이후로 저는 이 비유를 사용하는 수많은 편지를 받았고 지금도 여전히 받고 있습니다. 물론 모든 의원들이 이렇게 협박이 담긴 편지를 받았으며, 따라서 이 법안에 표를 던지고 싶었던 의원들은 지지자들을 잃게 될까 두려워했습니다. 임신중절이 금기시되던 주제이다 보니, 대부분 남성들이었던 의원들은 결정을 내리기 위해 필요한 정보들, 지지층이 어떤 반응을 보일지에 대한 판단을 위해 필요한 정보들이 거의 없었습니다. 게다가 일부 의원들의 경우, 그들이 실제로 생각하는 것과, 특히 의사의 경우 그들의 직업적 행위 사이에는 엄청난 위선이 있었습니다.

민간 의료 기관 이사회의 요청으로 임신중절수술에 반대하는 양심 조항을 허용하도록 하는 법안 수정을 촉발한 논쟁은 이 위선이 명확히 드러난 예입니다. 일반적으로 법안 표결에 반대를 시도하지 않는 프랑스의 교회가 개입한 유일한 사건이기도 합니다. 이러한 수정안이 채택될 경우 법안에 표를 던지지 않겠다고 협박하였지만 제가 상황을 설명한 후 심의를 지속하고 표결하는 것을 받아들인 사회당 의원들 외에, 이 법안에 반대하던 우파 의원 일부도 제가 이러한 법안 수정에는 반대하길 원했습니다. 자신의 선거구 내 민간 의료 기관의 수를 생각할 때 여성들이 이 법의 혜택을 받기 어렵지 않을까 두려웠던 것입니다.

저에게 가장 중요했던 것은, 굳이 자신의 상황에 대해 해명을 하지 않아도 오직 여성들이 스스로의 결정에 책임을 가질 수 있게 하는 이 법의 정신이 훼손되지 않는 것이었습니다. 일각에서는 아버지의 의견도 반영되기를 희망했지만, 물론 그것은 사실상 불가능한 일이었습니다. 결국 법안은 상대적으로 미미한 일부 수정 사항을 제외하고는, 처음 제출된 상태와 크게 달라지지 않았습니다. 그럼에도 불구하고 저는 여성이 자신의 신체를 자유롭게 사용할 권리의 행사에 대해 언급하는 것은 결코 수용하지 않았습니다. 그것은 상당수 여당 의원들의 반발을 불러올 수 있었고, 따라서 법안 통과를 위한 다수의 표를 얻지 못할 가능성이 있었습니다. 그 대신 법안은 여성이 스스로가 곤경에 처한 상황이라고 판단될 때 법이 정한 임신중절 가능 기한을 지킨다는 조건하에 임신중절수술을 받을 수 있는 책임의 개념을 명시하고 있습니다. 뿐만 아니라 여성은 최초의 요청과 수술 사이에 일주일의 숙려 기간을 가지면서 그동안 의사와 사회복지사를 만나 잠재적 위험성에 대한 정보를 얻도록 했습니다.

우리는 법 적용의 어려움에 대해 많은 이야기를 했습니다. 사실 수많은 젊은 여성들은 의사와 상담을 하고 피임약을 처방받는 데 많은 어려움에 봉착하고 있습니다. 가족이라는 울타리 안에서만 지내는 이 젊은 여성들은 법이 제공하는 가능성들에 대해 전혀 모르고 있는 경우가 많습니다. 따라서 수술을 결정하기 전까지 극한 상황을 겪는 일부 계층의 여성들에게는 정보의 문제가 존재하는 것입니다. 특히 피임에 대한 정보 제공을 개선하여 여학생들과 젊은 여성들의 피임에 대한 접근성을 높여야 합니다. 상대적으로 제약이 따르는 피임 방식 때문에, 여성들은 정해진 방식에 따라 규칙적으로 약을 복용하지 못하는 경우가 생기게 되는데, 이것이 임신중절의 수가 법안 통과 이전과 거의 비슷한 수준이라는 사실을 부분적으로 설명해줍니다. 피임은 여성들이 원하는 때에 아이를 가질 수 있는 선택권을 주면서 수많은 여성들의 삶을 바꾸어놓았습니다. 하지만 종종 발생하는 실착 행위의 경우가 아니라면, 아직 여성들은 피임을 충분히 통제하지는 못하고 있습니다. 어찌 되었든, 특히 그것이 반복될 경우에는 더욱더 상당한 트라우마로 남는 임신중절의 수를 획기적으로 줄이기 위해서는 학교 교육은 물론 텔레비전을 통해서도 모든 여성들에게 올바른 정보를 제공해야 합니다.

제가 요즘 놀라고 있는 사실은 이제 여성들만 이 주제에 관심을 갖는 것은 아니라는 것입니다. 최근, 지방에서 열린 학술대회에 참가했던 저는 상당수의 젊은 남성들이 관련 토론에 참여하고 또 이 주제에 실제로 큰 관심을 보이고 있음을 확인할 수 있었습니다. 예전에는 대부분의 남성들에게 임신중절은 여자들의 문제일 뿐이었습니다. 이것은 아주 긍정적인 변화라고 생각합니다.

30년 전에는, 여성들이 남자와 같은 직업 경력을 갖기 위해서 아이를 낳지 않겠다고 말하는 것이 드문 일이 아니었습니다. 피임과 임신중단이 인구에 미칠 영향에 대하여 일각에서 표현하던 온갖 두려움에도 불구하고, 이제 그때와는 상황이 달라졌습니다. 프랑스는 현재 유럽에서 아일랜드 다음으로 출생률이 높습니다. 이것은 부모들이 원해서 미리 계획한 경우의 출생률입니다. 여성들이 아이를 기르기 위해 일정 기간 일을 중단하는 것은 사실입니다. 이것은 승진과 퇴직에서 불평등을 초래하는 요인입니다.

피임과 자발적 임신중단에 관한 법은 물론 완전하지 않습니다. 하지만 여성들이 적절하다고 판단하는 때에 원하는 아이를 갖고 또 그 결정을 스스로 내릴 수 있게 만듭니다.

배아의 성격에 대한 문제는 심의 중에는 언급이 되었지만 법에는 규정되지 않았습니다. 1975년 법의 가결 이후, 법원에는 수차례에 걸쳐 배아의 이름으로 소송이 제기되었습니다. 특히, 임신한 여성이 사망한 교통사고에서 사고의 가해자에게 태어날 아기의 죽음에 대한 책임을 묻는 경우가 있었습니다.

대법원은 아기가 태어나 살아 있는 상태가 아니었기 때문에 그 아기의 이름으로 제기된 소송은 받아들일 수 없다는 이유로 항소를 기각했습니다. 피해자의 남편이 유럽인권재판소에도 제소하였지만, 재판소는 이 경우 오직 국내법만 적용될 수 있다며 판결 권한이 없다는 입장을 내놓았습니다.

제가 이 문제를 특별히 언급하는 까닭은 유럽연합의 25개 회원국 가운데 4개국인 아일랜드, 폴란드, 포르투갈, 몰타에서는 임신중절이 완전히 금지되어 있기 때문입니다. 일각에서는 유럽의회가 나서서 회원국들 간 법을 통일시키고 모든 국가가 임신중절에 대한 권리를 인정하도록 만들어야 한다고 생각합니다. 이러한 접근은 양날의 검이 될 수 있을뿐더러, 저는 이 문제에서는 유럽연합 기구가 권한이 없다는 사실을 강조하는 것이 유용하리라고 생각합니다.

뿐만 아니라, 저는 앞으로 조산아들과 관련하여 제기될 수 있는 문제에 대해 이야기할 필요가 있다고 생각합니다. 조산아들은, 임신중절수술을 할 수 있도록 몇몇 법이 규정한 기한과 비슷한 기한에서, 예전보다는 생존할 수 있는 가능성이 훨씬 크기 때문입니다. 이것은 결단을 내려야 할 어려운 문제이며 따라서 깊은 고민이 필요합니다. 제가 강조하고 싶은 것은, 임신중절이 지난 대선의 쟁점 중 하나였던 미국과는 달리, 우리 나라에서는 1975년의 임신중단 합법화 법이 받아들여졌을 뿐만 아니라 다수의 프랑스인들로부터 지지를 받고 있다는 것입니다.

이제 윤리위원회든, 의사들이든, 철학자들이든, 비종교적 혹은 종교적 사상의 단체들이든, 관련자들이 나서서 인권을 존중하는 가운데, 과학의 빠른 발전과 그것이 가져다주는 진보를 조화롭게 양립시켜야 할 것 같습니다.

그러나 여성의 자유와 책임을 훼손하는 어떠한 퇴보도 용납되어서는 안 될 것입니다. 여성들의 권리를 지키기 위하여, 책임 있는 자리, 특히 정계에 더 많은 여성들이 진출할 수 있도록 우리는 아직 더 투쟁해야 합니다.

그렇게 되기 위하여, 여성들은 연대를 표현하고 서로를 지지해야 합니다. 이 점에 있어서, 사회에서 자신들의 경력과 지위를 위해 남성들이 매우 유용하게 이용하고 있는 네트워크가 여성들에게는 오랫동안 부족했다고 생각합니다. 이제 많은 여성들이 이 점을 인식하여 관련 단체를 조직하기 시작했습니다. 저는 국가교육공제조합의 책임 있는 자리가 여성들에게 널리 열리기를 바랍니다.

여성들은 결집하여 단체나 동호회 형식으로 여성들끼리 연합할 수 있는 조직을 만들어야 합니다. 왜냐하면 남성들이 여성들에게 책임 있는 자리를 내어주기를 기대해서는 안 되기 때문입니다. 그들은 여성들에게 이런 선물을 줄 준비가 되어 있지 않습니다. 여성들은 그들 스스로 앞으로의 진보를 이끌어내야 한다는 사실을 알고 있습니다.

2005년 3월 23일, 사회적 약자에 관한 대토론회

이 법은 일부 사람들의 양심을 깊이 뒤흔들어놓았지만, 그럼에도 불구하고 그것은 진보였습니다

오늘 이 자리에 초청해주셔서 감사합니다.

여러분이 저에게 표해주신 영광스러운 경의에 감사드립니다. 1975년 자발적 임신중단 합법화 법 제정 30주년과 그에 대한 저의 기여를 기념하기 위하여 여러분께서 조직하신 이번 학술대회에 이렇게 초청을 받게 된 저는 너무나 큰 감동을 받았습니다.

30년이 흘렀습니다. 말로는 표현이 어려울 정도로 당시 많은 사람들의 격렬한 반대에 부딪혔던 이 법은 시간이 흐르면서 매우 폭넓은 지지를 받게 되었습니다. 오늘 이 자리에 참석하신 여러분 중 대다수는, 여러분이 당연히 그 적용과 결과에 대해 심사숙고할 수밖에 없는 이 법이 일부 사람들의 양심을 깊이 뒤흔들어놨다는 평가를 기대하지 않으셨을 것입니다. 그럼에도 불구하고 이 법은 우리가 이뤄낸 진보였습니다. 임신을 감당할 수 없어 최악의 환경에서 불법으로 임신중절수술을 받을 수밖에 없었던 여성들의 비극적인 상황에 종지부를 찍었기 때문입니다.

여러분 중에는 지금으로부터 30년 전 위험한 환경에서 불법으로 임신중절수술을 받다가 과다 출혈로 병원으로 실려 온 여성들을 맡아 비극적인 결과가 발생하지 않도록 치료를 해야 했던 일들을 직접 겪으신 분들이 계실 것입니다. 이렇게 여러분은 매우 억압적이지만 실상은 공공연하게 위반되고 있던 법의 결과에 대해 누구보다 잘 알고 있었습니다. 따라서 여러분 중 누구도 1920년의 법 개혁에 무관심할 수 없었으며, 의료계에서 저에게 소중한 지지를 보내준 분들도 바로 여러분이십니다.

시간이 흐르면서, 임신중절 합법화에 가장 격렬히 반대했던 이들 중 일부는 이제 그 정당성을 인정하면서 비판을 누그러뜨렸다는 사실을 저는 알고 있습니다.

이와 같은 의식의 변화는 개혁 이후의 새로운 상황에 적응하고자 하는 의지에서 기인한 것이 아니라, 그들이 현실을 직시하여, 부당하고 위선적이며 비극적이었던 법 개정 이전의 상황을 인식하게 되었기 때문이며, 그들이 알고 싶어 하지조차 않았던 그 상황은 결탁된 침묵과 법을 위반하는 것에 대한 두려움으로 얼룩져 있었다는 것을 알게 되었기 때문입니다. 또한 30년 전에 비하여 많은 분야에서 인식이 상당히 달라진 것도 사실입니다.

따라서 대부분 매우 고통스러운 상황이 불러일으킨 양심의 문제에 직면했던 부인과 의사분들 다음에 이 문제에 대해 발언을 하려니 저로서는 쉽지가 않습니다.

제가 더욱더 어려움을 느끼는 까닭은 제가 존경해 마지않는, 생명에 대한 성찰로 저에게 깊은 감동을 주었던 알베르 자카르 교수님 뒤에 발언을 하게 되었기 때문입니다.

교수님께서는 우리에게 생명에 대한 관대한 고견을 들려주셨지만, 일부 단체들은 1975년 법안 가결에 대해 저를 비난하면서 제가 신생아 수백만 명의 죽음에 대한 책임이 있다는 비방을 멈추지 않았습니다.

지금까지도 저는 제가 제노사이드의 주범이라는 내용의 끔찍한 편지들을 받고 있습니다. 강제수용소 해방 60주년은 이런 편지를 보내는 자들이 유대인 대학살 사건과 임신중절을 비교하고 심지어는 뒤섞어버리는 시도를 하기 위한 좋은 구실이었던 것입니다.

생명에 대해 이야기하시면서, 교수님께서는 인간 사이의 만남과 사랑에 대해 말씀하셨습니다. 저의 투쟁을 도와주신 모든 분들, 그리고 바로 알베르 자카르 교수님께서는 늘 1975년의 법을 지지하셨고, 불법으로 임신중절을 할 수밖에 없는 여성들의 고통과 불안을 이해하면서, 그들의 존엄성을 존중하는 차원에서, 그런 결정을 내릴 수밖에 없는 상황을 여성들이 직접 해명하도록 강요할 이유가 전혀 없다고 평가하셨습니다.

임신중절을 할 수밖에 없는 여성 당사자 스스로의 결정의 문제를 거론하면서, 당시 우리는 임신중절을 결정한 이유를 설명하지 않은 채 임신을 감당할 수 없다는 의견을 밝혀야 하는 여성의 상황을 설명하기 위하여 법이 참조할 만한 적절한 용어 선정을 위해 상당히 고심했습니다. 결국 우리는 '곤경'이라는 용어가 여성들이 충분히 심사숙고한 뒤에 내리는 결정의 과정을 포함하는 다양한 상황을 설명하는 데 가장 적합하다고 생각했습니다.

그것이 구체적으로 어떠한 것이든 불행을 고려하겠다는 이러한 의지와, 아무래도 여러분이 산부인과 전문의이다 보니 자연스레 여성에게 갖게 되는 관심은 여러분이 1920년의 법 개정의 원칙을 받아들이게 만든 요인이 되었습니다. 그리고 당시 저는 이와 같은 용납할 수 없는 상황에 종지부를 찍을 수 있는 개정안을 만들고 표결에 부치는 역할을 맡았습니다.

임신중절은 새로운 행위가 아닙니다. 특히 고대 로마 시인인 오비디우스의 작품처럼 아주 오래된 글에서도 낙태 행위가 언급됩니다. 따라서 이것은 일각에서 주장하는 것처럼 현대사회에서의 가치 상실의 문제를 제기하는 새로운 관행이 아니라, 혼외 임신, 간통, 반복되는 임신과 같이 감당할 수 없는 상황에 직면한 여성들의 자발적인 반응인 것입니다. 임신중절은 물론 그것이 내포하는 모든 위험을 포함하여, 여성들이 떳떳하게 고백할 수 없는 출산이 초래할 수 있는 추방이나 심지어는 사형을 피할 수 있는 유일한 방법이었습니다.

대개 이러한 상황을 홀로 감당해야 하는 여성들은 전문성을 보장할 수 없는 산파들을 통해서만 조언과 도움을 얻을 수 있었습니다.

오늘날의 프랑스의 상황으로 돌아와서, 저는 피임법에 대한 어떠한 정보 제공도 금지되었을 정도로 유난히 엄격했던 1920년의 법이 1차 세계대전이 끝난 지 얼마 되지 않은 시점에, 무엇보다 인구학적 관점을 강조하는 상황에서 가결되었다는 사실을 강조하고 싶습니다. 100만 명이 넘는 인구가 조기에 사망했던 당시의 상황을 생각해보면 사람들이 출생아의 수에 대해 가졌던 걱정을 이해할 수 있습니다. 프랑스는 수백 년 동안 유럽에서 가장 인구가 많은 국가였으나 급격히 인구가 감소했고—나폴레옹전쟁으로 인해 출생아의 수가 이미 상당히 줄었던 러시아의 경우를 제외하면—, 바로 이 점이 프랑스로 하여금 이민을 장려하게 만들었습니다. 그리고 이러한 경향은 양차 대전 사이에 계속해서 심화되었습니다.

인구 감소는 프랑스가 위대한 국가의 명성을 잃을 수도 있는 국가적 재앙으로 인식되며 두려움의 대상이 되었고, 그렇기 때문에 1920년의 법이 피임과 관련하여 그토록 엄격한 조치들을 포함하게 된 것이며, 처벌을 두려워한 일반의나 부인과 전문의들이 법 위반을 하는 경우는 매우 드물었던 것입니다.

의사들이 가임기를 알려주기만 해도 기소를 당할 수 있었습니다. 물론 친구들 사이에는 어느 정도 확실하다는 방법들이 전해지기는 했지만 너무나 부정확해서 피임에 대한 보장이 거의 되지 못했습니다. 또한 임신을 통제할 수 있다고 알려진, 일명 '오기노 피임법'은 너무나 불확실한 나머지, 소위 효과가 있다는 이 피임법을 사용했음에도 불구하고 태어난 아이들을 지칭하는 '오기노 베이비'라는 말이 나올 정도였습니다.

영국과 북유럽 국가들, 혹은 스위스를 비롯한 많은 이웃 국가에서는 효과적인 피임법의 사용이 어떠한 문제도 일으키지 않았던 반면, 프랑스의 여성들은 그것을 얻기 위해 이런 나라들로 갈 수밖에 없었습니다.

피임에 대한 언급을 하는 이 자리에서 저는 가족계획 창시자들의 주도적인 노력과, 1967년 피임을 합법화하는 법안을 제출한 뤼시앙 뇌비르트에게 경의를 표하고 싶습니다. 그는 이를 위하여 당시 대통령이었던 드골 장군의 동의를 어렵사리 얻어내야만 했습니다.

물론 프랑스가 피임 합법화와 관련하여 상당히 뒤처진 편이긴 했지만, 당시 뤼시앙 뇌비르트가, 특히 미성년자들에게는 매우 제한적이기는 했지만 피임약의 처방과 판매를 허가하는 법안을 가결시키기 위해 직면했던 난관들을 강조하는 것은 흥미로울 것이라 생각합니다.

1974년, 저는 자발적 임신중단에 대한 의회 심의를 대비하면서, 피임에 관한 법안을 심의할 당시 의회 회의록이 정리된 관보를 다시 읽게 되었습니다. 저는 그 글을 읽으며 충격을 받았습니다. 특히 상원의원들을 비롯한 일부 의원들의 공격성 때문만이 아니라, 무엇보다 법안에 반대하기 위해 소환된, 완전히 구시대적인 터무니없는 논거들 때문이었습니다.

물론 교회의 반대는 기저에 깔려 있었습니다. 오늘날에도 가톨릭 교회와 일부 개신교 교회는 에이즈가 초래하는 비극적 상황에도 불구하고 아프리카에서 피임약을 사용하는 것에 여전히 반대하고 있다는 사실을 우리가 알고 있기에 그것은 놀라운 일이 아닙니다. 하지만 저는 그것이 진짜 이유라고 생각하지 않습니다. 피임에 대한 논의에서 남성우월적 분위기가 매우 짙었던 것은 오히려 여성들에게 임신을 통제할 수 있는 가능성을 열어주는 법안에 대한 남성들의 다소 무의식적인 반응으로 설명할 수 있습니다. 잠재적인 아버지가 여성의 이러한 의도와 행위를 반드시 알게 되는 것이 아니기 때문입니다.

　그로부터 8년 뒤, 임신중절을 둘러싼 논쟁은 훨씬 더 거칠었고 개인에 대한 비열한 모욕도 가해졌습니다. 그러나 이전처럼 여성들에 대한 권력과 자신들의 생식능력이 박탈당할지도 모른다는 남성들의 두려움은 표출되지 않았습니다. 임신중절에 대해서는, 남성들은 그 행위를 비난은 하지만 그래도 어느 정도 그것이 여성들을 고통스럽게 하는, 부담이 크고 어려운 결정이라는 의식을 갖고 있습니다. 반면 피임의 경우, 그것은 자유로 여겨졌습니다. 즉, 여성의 피임은 그때까지 남성들이 갖고 있던 결정권을 박탈하는 것이라고 생각하는 대부분의 남자들에겐 견디기 어려운 자유였습니다. 어떤 사람들은 피임이 음탕한 생활로 가는 길이라는 말을 서슴지 않고 내뱉기도 했습니다.

　이러한 여성의 자유 쟁취는 그때까지의 전통과 사고방식뿐만 아니라, 가계의 순수한 혈통을 지키고 가문에 외부인이 들어오는 것을 막기 위해 세워진 모든 규칙들도 뿌리째 뒤흔들었습니다. 일부 국가에서는 여성들이 사춘기가 되면 히잡 착용, 공공장소 외출 금지, 간통을 저지를 경우 사형 등과 같은 여러 가지 제약을 받는데, 바로 이와 같은 중대한 우려에 따른 것입니다.

　대부분의 종교에 남아 있는 여성을 대상으로 한 차별은 이와 같은 여성에 대한 불신을 드러내고 있습니다. 이슬람교도와 유대교도들에게 여전히 유효한, 부정한 존재와 신체적 접촉을 금하는 규율도 마찬가지입니다.

　이러한 고찰을 통해 저는 30년 전과 비교하여 이 문제에 대한 남성들의 태도가 얼마나 변화했는지를 깨닫게 됩니다. 1974년, 대통령께서 임신중절을 합법화하는 법안의 표결에 대해 처음으로 언급했을 때, 당시 그 자리에 있던 대부분의 남성들에게 이것은, 차마 직접 얘기하진 못했지만, 본인들과는 상관없는 여자들의 문제일 뿐이었으며, 그때까지 여자들끼리 알아서 해오던 일이었습니다. 이 문제에 법이 무슨 소용이 있었겠습니까?

게다가 저는 한 남자로부터 차마 임신중단에 대한 이야기는 꺼내지도 못한 채 "제 아내가 당신을 매우 존경합니다"라는 말을 수도 없이 들어야 했습니다.

임신중단 합법화에 대한 법이 제정된 뒤 10주년에도, 20주년에도 그것을 기념하는 행사는 없었습니다. 저는 젊은 세대에게는 그 일은 과거일 뿐이고 이미 획득한 권리라고 생각했었습니다. 그래서 저는 30주년을 기념하며 수많은 행사가 개최되는 것을 보고 매우 놀랐습니다. 특히 인상적이었던 것은, 젊은 여성들만큼이나 젊은 남성들도 이 문제의 당사자라고 생각하면서 많은 관심을 표하고 있다는 점이었습니다.

이렇게 1975년의 법에 대해 많은 젊은 남성들이 보여준 관심은 결혼 여부와 상관없이 커플 내에 존재하는 관계의 변화를 표현한다고 생각합니다. 젊은이들 사이에 폭력이 빈번히 발생하고 커플들의 관계도 예전만큼 안정적이지 않지만, 그럼에도 불구하고 이제는 예전보다 서로를 더 이해하고 공유하려는 의지가 있는 것 같습니다.

그러나 여성들이 자신에게 가장 적절한 때에 아이를 가질 수 있는 선택을 할 수 있다고 느끼는 것이, 그것이 경력을 위한 이유라고 하더라도, 대개는 아이를 가질 결정을 늦추도록 만들고 있습니다. 이것은 여러분이 언급한 심각한 문제로서, 저는 개인적 경험에 비추어 이 문제에 대해 말씀드리고자 합니다.

저는 나치의 강제수용소에서 돌아온 지 1년 뒤, 매우 어린 나이에 결혼을 했습니다. 당시 저는 19세였고, 저의 남편은 20세였습니다. 둘 모두 학생이었을 때 두 명의 아이를 낳았습니다. 당시에는 학업이 지금보다 덜 선별적이었지만, 그 대신 물질적 어려움이 훨씬 더 컸습니다. 어쨌든 제가 드리고 싶은 말씀은, 많은 젊은 여성들이 생각하는 것과 달리, 아이를 늦게 낳을수록 경력을 중단하는 것이 더 어려워지고, 또한 지금은 때가 아니라는 생각을 하게 만드는 이유는 늘 생긴다는 것입니다. 그렇게 되면 이미 너무 늦어버리는 경우가 많고, 방금 여러분이 말씀하신 심각한 결과를 감당해야 합니다. 정말로 너무나 늦어버린 경우, 여성들은 입양으로 눈을 돌렸다가 자신이 입양할 아이가 '희귀한 물품'이라는 사실을 맞닥뜨리고는 놀라워합니다.

앞서 언급된 의학적 차원의 어려움은 젊은 여성들이 아이를 원할 경우 출산을 미루지 않도록 독려해야 하는 더욱 긴급한 이유입니다. 대부분의 여성들이 이러한 잠재적 위험에 대해 잘 모르고 있는 것 같습니다. 아마 이 여성들은 현재 갈수록 퍼지고 있는 생각, 즉 우리가 아이를 입양할 권리가 있다고 생각하는 것처럼, 우리는 아이를 원할 때 아이를 가질 수 있다는 생각에 무의식적으로 피해를 입고 있는 것 아닐까요.

이제 여담은 마치고, 자발적 임신중단에 관한 법으로 돌아와 말쓸드리겠습니다. 발레리 지스카르 데스탱 대통령은 1974년 대선 선거운동 당시 이 법안을 표결에 부치겠다는 공약을 했습니다. 그보다 1년 전, 장 태탱제 당시 법무부 장관은 의회에서 관련 법안을 발표했으나 결실을 이루지 못했습니다. 장관의 발표 이후, 이 법안은 관련 정보를 보완하라는 주문과 함께 문화 및 사회 상임위원회에 회부되었습니다.

제시된 법안은 별로 자유롭지 못했는데, 여성들이 사회적 어려움이나 의학적 문제가 있을 경우와 같이 아주 제한된 상황에서만 임신중절수술을 받을 수 있었기 때문이며, 이 상황들은 각각의 경우를 규정해야 하는 위원회가 평가를 내렸습니다.

의사가 위원장을 맡고 더 많은 정보를 보충하라는 임무를 부여받은 상임위원회는 백서를 발간했습니다. 이 자료집은 관련 협회, 의사들, 단체들, 개혁에 찬성 혹은 반대하는 활동가들, 가족계획 담당자들, 종교계 인사들에 이르기까지 여러 입장을 대변하는 수많은 인사들의 의견을 담았습니다.

이 백서가 상당히 유용한 역할을 한 것은, 매우 다양한 의견을 담고 있다는 사실 외에도, 법이 공공연하게 위반되고 있기 때문에 어찌 되었든 지금 상태로 내버려둘 수는 없다는 자각이 생겨났기 때문입니다. 게다가 이 자료집은 정보에 대한 접근성이 높고 재정적 여유가 있는 여성들은 영국이나 네덜란드와 같은 외국으로 가서 안전하게 수술을 받는 반면, 빈곤계층의 여성들은 여전히 위험한 환경 속에서 불법 수술을 받고 있다는 사실에 대한 증거를 담고 있었습니다.

저는 그때 막 보건부 장관으로 임명되었습니다. 정치 경험은 전혀 없었지만, 그래도 1960년대와 1970년대에 있었던 가족법 개혁에 참여하는 특권을 누릴 수 있었습니다. 저는 특히 1966년에 입양에 관한 수정 법안을 작성하는 임무를 맡았습니다.

임명이 되자마자, 대통령께서는 저에게 상당한 재량권을 주면서 법안의 작성을 맡겼습니다. 장 르카뉘에 당시 법무부 장관도 참여를 하였습니다. 그는 법의 시행을 위하여, 특히 법이 규정한 조건의 위반 시 처벌 조항에 대한 부분을 맡았습니다.

발레리 지스카르 데스탱 대통령은 아마도 여성이 이 주제에 대한 법안을 표결에 부치게 하는 편이 더 용이할 것이라고 생각하신 것 같습니다. 뿐만 아니라, 임신중절 합법화를 통하여 당사자 여성들의 건강을 지키기 위해 취해지는 조치인 만큼 법무부 장관보다는 보건부 장관이 더 적임자라고 생각하신 듯합니다.

당시가 1974년 7월이었고, 10월이 되자 법안이 제출되었으며, 첫 번째 의회 심의는 11월에 개최되었습니다. 제가 앞서 말씀드린 것처럼, 저는 어떤 위원회나 인사들이 여성의 상황에 대해 규정을 하는 것이 아니라, 결정의 책임을 지는 것은 여성이어야 한다는 것을 고수했습니다. 그러나 심각한 상황이라면 여성이 의사와 사회복지사에게 상담을 받아 자신의 결정이 초래할 수 있는 잠재적 위험과 혹시 마음이 바뀔 경우 받을 수 있는 지원에 대한 정보를 얻을 수 있도록 했습니다. 임신중절수술도 일주일의 숙려 기간을 거친 뒤 받을 수 있게 했습니다.

당시 의회의 다수당이던 정부가 제출한 법안이기는 했지만, 법안의 표결은 심각한 문제를 불러왔습니다. 사실 상당수의 여당 의원들이 이 법안에 표를 던지지 않을 것이라는 사실을 알고 있었기 때문에 야당이었던 사회당과 공산당 의원들의 지지가 필요했습니다.

저는 처음 제출된 대로의 법안이라면 두 그룹의 표를 얻을 수 있으리라는 사실을 알고 있었지만, 그들의 지지만으로는 과반수가 되지 못했습니다. 그래서 저는 의회 다수당 의원들을 설득해야만 했는데, 그중 일부 의원들은 해당 법안을 훨씬 더 구속력 있게 바꾸고 심지어는 아예 그 성격을 바꾸어놓기 위해 수정안을 제출하기로 결심한 상태였습니다.

따라서 저는 혹시나 수정안이 채택되어 과반을 얻기 위해 필요한 표를 잃지는 않을까 상당히 신경을 쓸 수밖에 없었습니다.

법안에는 임신중절수술에 참여하길 원하지 않는 의사와 의료 보조 인력들을 위한 양심 조항을 포함시켰습니다. 하지만 심의 과정에서 저는 민간 의료 기관들을 위한 양심 조항도 받아들일 수밖에 없었습니다. 그것은 종교 기관이 임신중절수술을 하는 것을 막고자 가톨릭계에서 상당히 원했던 조항이었습니다(법 가결 전 이미 일부 기관에서는 시행하고 있었습니다).

프랑스의 가톨릭계는 그때까지 심의에 앞서 매우 중립적인 태도를 보였고 어떠한 공식적 입장도 내놓지 않았습니다. 따라서 그것이 교회가 표명한 유일한 유보조항이었습니다. 그 입장을 고려하지 않을 수는 없었습니다.

그런데 심의가 시작되고, 이에 대한 수정안을 두고 논의하던 중, 사회당 의원들은 만약 양심 조항이 들어간다면 법안 전체에 반대하겠다는 입장을 알려왔습니다. 그렇게 되면 과반수에 미치지 못해 법안 전체가 기각될 것이었습니다.

정회가 되자 저는 사회당 당수였던 가스통 데페르에게 이 수정안의 이유에 대해 설명을 했습니다. 회의가 재개되었고 사회당의 지지 없이 표결은 진행되었지만, 그들은 더 이상 법안 전체에 반대하겠다고 협박하지 않았습니다.

제가 이 점을 강조한 이유는, 당시 제가 얼마나 어려운 상황에 있었는지를 말씀드리기 위해서입니다. 어떤 방향으로 조금만 수정이 되더라도 법안 전체가 기각될 수 있는 그런 상황이었습니다.

그 전에는, 여성 문제 비서관이었던 프랑수아즈 지루가 사회 상임위원회에서 여성의 권리를 근거로 자발적 임신중단에 대한 이야기를 꺼내자, 다수당 의원들은 그런 조건에서라면 법안에 투표하지 않겠다고 말하며 즉각 반응한 적도 있었습니다.

저의 경우, 이런 점에서 문제를 제기하지 않으려고 늘 자중했고 그렇게 모든 논쟁을 피했습니다.

어찌 되었든 법안의 대상 자체가 불러일으킨 격정적인 긴장은 극도에 달했습니다. 논쟁은 매우 거칠었고, 욕설과 모욕적 언사로 몇 번이고 중단되었으며, 심지어는 유대인 어린이들이 강제수용소에서 당했던 것처럼 낙태 후 한데 모은 배아들을 화장장에 보내려고 한다는 비난까지 등장했습니다.

이런 모든 욕설에도 불구하고, 혹은 아마도 그것 덕분에, 법안은 그 정신이 훼손되지 않은 채 표결에 부쳐졌습니다. 의사 생활을 하며 직접 겪었던 매우 고통스러운 인간의 상황에 대해 증언한 몇몇 의사들의 용기 있는 훌륭한 발언들이 결정을 망설이던 이들의 마음을 움직였다는 사실도 말씀드려야 합니다.

이 점에서 저는 해방 훈장의 수훈자이자, 의회 전체의 존경을 받았던 외젠 클로디위스프티에게 특별한 경의를 표하고 싶습니다. 모든 이들이 그의 발언을 기다리고 있었습니다. 그는 열렬한 가톨릭 신자임에도 불구하고, 여성들에 대한 연민과 연대의 이름으로 법안의 가결을 지지하는 용기를 보여주었습니다. 감당할 수 없는 임신을 하게 된 여성들이 불법으로 위험한 임신중절수술을 받거나 심지어는 자살을 하는 경우도 있다는 사실을 잘 알고 있었기 때문입니다.

법안이 가결되자, 그것이 가능한 한 빨리 적용될 수 있도록 특별 조치들이 필요했습니다. 많은 병원장들이 자신들의 시설에서 임신중절수술이 시행되었다는 사실을 부인했습니다. 따라서 독립적인 의료인의 책임하에 이 수술을 시행할 수 있는 특별한 의료 팀을 마련해야 했습니다. 그때까지 부인과 전문의가 아닌데도 불구하고 부실한 법을 보완하기 위해 수술을 해왔던 많은 의사들이 계속해서 임신중절수술을 해야 한다는 것에 소극적인 태도를 보였습니다.

이와 관련한 모든 문제들의 해결이 아직 요원하고, 무엇보다 종합병원의 예산에 부담을 주는 재정적 제약이 여성들이 그곳에서 임신중단수술을 받을 수 있는 가능성을 낮추고 있으며, 이것은 결국 여성들이 수술을 받을 수 있는 기한을 넘기게 되는 결과를 초래하게 됩니다.

이 점에 있어서, 임신중절의 수는 매년 약 20만 건으로, 1974년에 조사된 수치와 거의 동일하다는 사실에 우리는 놀라고 아쉬워할 수 있습니다. 물론 인구는 증가했지만 그것은 우리가 피임의 실패로 여기고 있는 것을 설명하는 데 충분치 않습니다. 보건부가 시행한 조사에 따르면 약 70%의 여성들이 피임을 한다고 하는데, 이것은 임신중절수술 건수와 모순됩니다. 따라서 우리는 일부 여성들이 피임약 복용을 잊었거나 심지어는 일부러 중단했다고 생각할 수 있습니다. 피임은 경제적으로 어려운 여성들에게는 실질적인 제약이 된다는 사실을 인정해야 합니다. 게다가, 특히 일부 계층의 경우 나이가 어린 여성들은 병원에 방문하기 위해 겪는 어려움 때문이라고 할지라도 피임과 관련된 잘못된 정보를 갖고 있거나 심지어는 어떠한 정보도 갖지 못하고 있습니다. 마지막으로, 남녀 간의 만남이 늘 예측 가능한 것이 아니다 보니, 성생활을 하지 않던 여성이 주의를 기울이지 않으면 원치 않는 임신을 하게 될 수도 있습니다.

대부분 제대로 된 정보를 제공받지 못하는 어린 여성들에 대하여, '프라임 타임'에 포르노에 가까운 영화들을 방영하는 것을 두려워하지 않는 TV 방송국들이 이 분야의 정보 전달 문제에는 거의 신경을 쓰지 않는다는 사실이 유감스럽습니다. 저는 청소년들과 이야기를 나누다가 그들이 이 분야에 대해 필요 이상의 이론적인 지식을 갖고 있기는 하지만 현실에 대해서는 대부분 전혀 알지 못하고 있다는 사실에 놀라곤 합니다.

오늘날의 여성에 대해 조금 더 말씀드리겠습니다. 이 주제가 저에게는 매우 중요한 것이기는 하지만, 너무 많은 말씀을 드렸기 때문에 간단히 이야기하겠습니다. 강조한 바와 같이, 프랑스에서 여성 정치인들은 거의 찾아보기가 어렵습니다. 이 분야에서 프랑스는 유럽연합 내에서 적신호가 켜진 국가입니다. 헌법을 개정한 뒤에야 의회에 제출될 수 있었던 남녀동수법을 통해 각 시도의 여성 자치단체장이 늘어나고 상원에도 자리가 늘어났지만, 투표 방식 때문에 하원의원 선거에는 적용되지 않습니다. 여성 의원의 비율은 50년 전과 거의 비슷합니다.

저 역시도 남녀동수법을 위해 싸웠습니다. 하지만 이 원칙이 다른 여러 상황을 바꾸기 위해서도 필요하다는 점을 아쉽게 생각했습니다. 저는 원칙적으로 남성과 여성 간의 권리의 평등을 의무화한 모든 법에도 불구하고, 여성들은 많은 분야에서 차별의 대상이 되고 있다는 사실을 잘 알고 있습니다. 따라서 평등을 위한 투쟁은 단지 정치 분야에만 국한되는 것이 아닙니다. 하지만 여성의 사회적 지위는 상당히 변화했습니다. 의회와 정부에 여성의 존재는 필수적입니다. 일부 개혁을 단행하는 데 있어 여성들의 권리와 요구가 반영되어야 하기 때문입니다.

이 점에서 프랑스가 얼마나 뒤처졌는지를 보면 저는 놀라움을 금치 못합니다. 저는 지난주 스페인의 코르도바에 갔었는데, 그곳에서 사람들은 저에게 몇몇 지방정부의 경우 남성보다 여성이 더 많고, 중앙정부는 남녀동수를 이루었다고 말해주었습니다.

저는 제가 매우 중요하다고 생각하는 이 문제들을 거론하고 싶습니다. 저는 남자와 여자 사이에는 외모 말고는 차이가 없다고 생각하는, 시몬 드 보부아르가 정의한 페미니스트는 아닙니다. 보부아르는 여학생들이 받는 성차별적 교육만이 서로의 차이를 만든다고 평가했습니다.

저의 경우, 저는 매일 남녀 간의 차이를 느끼며, 그에 대해 기뻐합니다. 저는 이러한 남녀 간의 상호 보완성이 기회이자 풍요로움이라고 생각합니다. 물론 우리는 평등의 이름으로 동일한 권리를 누려야 합니다만, 남성과 여성이 각자의 운명을 받아들이고 자신의 능력과 각자의 재능을 발휘하는 것은 당연한 일입니다. 여성의 사회적 역할 변화, 여성이 일상생활에 대해 갖는 시각, 그리고 삶에 부여하는 의미가 반드시 서로 같은 것은 아닙니다. 여성들이 오늘날의 세계에 온전히 참여하고 싶은 야망을 모른 체한다면 그것은 유감스러운 일일 것입니다.

2005년 6월, 칸, 부인과의사회 학술대회

과학과 의학의 발전은
그 혜택이 모든 사람들에게 돌아갈 때에만
의미가 있습니다

2005년 가을날, 두 번에 걸친 보건복지부 장관직 수행을 통해 제가 잘 알게 된 사회보장제도에 대한 회의에 참석하게 되어 매우 기쁩니다.

올해는 수많은 2차 세계대전 종전 기념행사가 열렸습니다. 이런 기념행사는 계속 이어지면서 다소 반복적인 성격을 띠게 되며, 따라서 저는 사람들이 2005년 가을이 끝나가는 요즘 2차 세계대전 종전과 관련한 기념행사에 어느 정도 싫증이 날 수 있겠다는 것을 이해합니다.

하지만 이러한 행사가 계속되는 것은 의미가 있습니다. 그리고 저는 사회보장제도 60주년을 기념하는 오늘의 행사를 개막하며 바로 이 의미에 대해 여러분께 말씀드리고 싶습니다.

프랑스 국민들 사이에 이와 같은 연대의 시스템이 구축된 것은 전쟁의 잔혹성에 대한 반발이었다는 사실은 매우 중요합니다. 즉,

훼손된 인간주의에 대한 반응이자, 인간의 존엄성이나 문명처럼 인간을 인간답게 만드는 것의 의미가 상실되는 것에 대한 반발로, 전쟁 직후 한 사회를 구성하는 사람들 사이를 이어주는 연대의 시스템이 만들어진 것입니다.

이와 같은 연대 시스템을 구축하고자 하는 의지가 사실 1944년 3월 알제에서 채택된 레지스탕스 국가평의회의 강령에 표현되어 있었다는 사실을 환기하고 싶습니다. 모든 사회적·정치적·문화적 구성원이 하나가 된 프랑스가 보편적이고 체계적인 연대 시스템을 갖추고자 하는 의지는 레지스탕스 운동의 기운 속에서 탄생한 것입니다.

하지만 이 시스템은 전쟁이 끝난 뒤에 완전히 새롭게 만들어진 것이 아닙니다. 우리의 사회보장제도의 역사는 우리가 물려받은 연대의 정신을 함께 구축하려는 이들의 의지가 지속적으로 쌓여 만들어진 것입니다. 그 역사는 19세기 중반부터 시작되었습니다. 저는 지금 특별 제도를 탄생시킨 직업 연대와, 산업재해를 당한 임금노동자들에 대한 최초의 사회보장을 시행한 1898년의 법이 떠오릅니다. 1945년의 사회보장제도 계획은 1910년, 1928년, 1930년의 법으로 시행된, 산업과 상업 분야의 임금노동자들에 대한 최초의 사회보험제도 시행의 성공으로부터 얻은 교훈이 있었기에 가능했던 것입니다.

우리는 우리의 연대 시스템의 역사적인 구축 과정을 기억해야 합니다. 하지만 공화국의 위인이자 사회보장제도 설립의 주창자이며 고안자인 피에르 라로크에게 경의를 표하지 않고는 사회보장제도의 창설에 대해 거론할 수 없을 것입니다. 여러분 중 많은 분들이 그렇듯, 저도 그분을 개인적으로 알았고, 돌아가실 때까지 그분이 보여주신 고견과 깊은 통찰력, 신념의 일관성에 늘 깊은 감명을 받았습니다.

1950년 이후 프랑스가 갖게 된 가장 영광스러운 제도는 바로 그분 덕분에 창설된 것입니다.

남녀노소 구분 없이 모든 인간이 질병을 치료하기 위해 인간이 이룬 기술 발전의 혜택을 입도록 하는 것보다 더 고결한 의미가 무엇이 있을 수 있겠습니까? 과학과 의학의 발전은 그 혜택이 모든 사람들에게 돌아갈 때에만 의미가 있습니다.

보다 넓은 의미에서, 사회보장제도는 모든 사회 구성원을 삶의 위험으로부터 보호해주고 세대 간 연대 시스템을 대규모로 구축함으로써, 더 나은 세상, 덜 이기주의적인 세상, 인간의 존엄성이 복원되는 세상에 대한 희망을 담고 있습니다.

저는 사회보장제도가 단지 급여, 납입금, 제도, 재정, 임금노동자, 경영자로만 이루어진 것은 아니라는 사실을 강조하고 싶습니다. 물론 이 모든 구성 요소는 매우 중요합니다. 하지만 사회보장제도의 근본적인 성격, 즉 일반 보험과의 차별성은 사회를 구성하는 모든 사람들이 질병, 노년, 가족에 대한 지원을 받을 수 있도록 하는 것입니다. 이것은 관대함이나 연민으로 주어지는 것이 아닙니다. 바로 이것이 인간의 권리이기 때문입니다.

사회보장제도에서 주목할 만한 점은 이 권리에 대해 아주 구체적인 체계를 구축하여 일상에서 적용하고 있다는 것입니다. 그것은 무상의 행위가 아니라, 수백만 명의 삶을 바꾼 구체적인 표현입니다.

60년이 흐른 지금, 이러한 야심은 구시대적으로 보일 수 있습니다. 사회보장제도는 이미 우리의 일상이 되었고, 그 존재가 너무나 당연해진 나머지 그에 대한 생각을 할 일이 거의 없기 때문입니다. 그리고 인간의 존엄성은 많은 측면에서 여전히 위협받고 있고 전 세계에서 훼손되고 있는 것처럼 보입니다.

제가 젊은 세대에게 이야기하고 싶은 것은 바로 '사회보장제도의 의미를 잃지 말라'는 것입니다. 그 의미는 여러 가지 방법을 통해 상실될 수 있습니다.

먼저, 익숙함을 통해 상실됩니다. 모든 시민들이 치료를 받고 가족을 이루고 안정적인 노년 생활을 할 수 있도록 지원하는 능력은 우리에게 일반적인 것이고 이미 획득한 권리이며 프랑스에서는 당연해 보이는 일이지만, 전 세계적으로 아주 예외적인 수준의 복지입니다. 인구 고령화로 인해 사회보장 시스템이 기반하고 있는 균형이 파괴되고 있기에 이 기득권은 더욱더 위협받고 있습니다.

다음 요인은 바로 남용입니다. 우리의 모든 것을 보장하라고 요구한다면, 우리 사회는 경직되고 무기력하고 혁신이 불가능하며 위험 부담을 진 사회가 될 것입니다. 사회보장제도가 어려움을 겪는 이들을 지원하는 제도이기는 하지만, 그렇다고 해서 개인의 책임을 면제해주는 수단이 되어서는 안 될 것입니다.

또한, 사회를 위협하는 개인주의의 확산도 주요한 요인입니다. '각자의 삶을 살자'라는 개인주의가 기회를 노리고 있는 세상에서 집단 연대는 어떤 의미를 갖고 있습니까? 개인이 사회보장제도와 맺는 관계가 그것이 제공하는 기회를 극대화하려는 소비자의 관계 밖에 될 수 없다면, 사회보장제도는 의미를 잃고 얼마 지나지 않아 폐지되게 될 것입니다.

마지막 요인은 거부입니다. 사회보장제도가 어떤 사람들에게는 탈산업화 사회의 시대에 뒤떨어진 발전 과정으로 보일 수 있기 때문입니다. 세계화된 경제에서 이 제도는 여전히 유효한 것일까요?

저는 이러한 주장에 이의를 제기하고 싶습니다.

그 어떤 것도, 사회보장제도가 존재하는 곳에서는 존재하지 않는 곳보다 인간의 존엄성이 더 확실하게 존중된다고 믿는 저의 생각을 바꿀 수 없을 것입니다.

우리 사회보장제도의 결점, 난관, 때로는 남용이 우리에게 근본적인 사실을 가려서는 안 됩니다. 그것은 바로 현대 세계는 사회보장제도의 과잉이 아니라 부족으로 고통받고 있다는 것입니다.

세계가 이토록 불평등하고 취약한 것은 사회보장제도가 전 세계적으로 공유되지 못하고 있기 때문입니다.

일부의 사람들은 내일에 대한 걱정 없이 살고 있는 반면, 대부분의 사람들은 공공복지 시스템이 없어서 당장 내일 어떻게 될지도 알지 못한 채로 배고픔, 질병, 전염병을 겪으며 살아야 하는 세계에 우리가 어떻게 만족할 수 있겠습니까?

저는 오늘 이 행사를 통해, 또 굳이 이 행사가 아니더라도, 사회보장제도의 모든 관계자들의 성찰이, 프랑스 국민들이 각자 21세기 프랑스에서, 그리고 우리 국경을 넘어서 사회보장제도가 갖는 의미가 무엇인지 다시 한번 질문을 던져보는 계기를 마련해주었으면 합니다.

제가 조금 전에 나열한 위험들은 불가피한 운명이 아니라고 저는 확신합니다. 우리가 가진 것에 대한 가치를 인식하고 이 연대 시스템을 지키기 위한 개인의 노력을 받아들인다면, 우리는 이 시스템을 미래 세대에 물려줄 수 있을 것이며, 프랑스는 연대와 책임이 조화롭게 양립하는 더 나은 미래에 대한 상징이 될 수 있을 것입니다. 앞으로 다가올 10년은 쉽지 않은 시간이 될 것입니다만, 사회보장제도에 대한 결정적인 시기가 될 것입니다.

의사 결정에 있어 용기와 일관성과 끈기가 필요하며, 모든 프랑스 시민들의 책임감이 필요합니다.

오늘 여러분들의 성찰이 미래를 밝혀주길 바랍니다. 그래서 이 기념일이 단순히 기념행사를 하는 데에만 그치는 것이 아니라, 21세기 초의 사회적 연대에 대해 다 함께 성찰하는 아주 중요한 순간이 되길 바랍니다.

2005년 10월 3일, 파리,
사회보장제도 수립 60주년 기념 학술대회

**인권을 위한 이 끊임없는 투쟁에
우리 각자의 자리가 있는 것은,
역사가 우리 모두 수행해야 할 역할이 있는
개인과 집단의 책임사슬로
이루어졌기 때문입니다**

유네스코 사무총장님,

유엔 공보국 사무차장님,

인권 정무차관님,

유엔 인권 고등판무관님,

의장님,

내외 귀빈 여러분,

먼저 오늘 이 자리에 저를 초청해주신 여러분께 감사드립니다. 올해 매우 특별한 의미를 갖는 이 회의에서 이렇게 발언할 수 있는 기회를 갖게 되어 영광으로 생각합니다.

유엔과 공동으로 개최하는 NGO 연례 회의가 처음으로 유엔 본부가 아닌 파리에서 열립니다. 60년 전, 바로 이곳 파리에서 열린 유엔 총회에서 르네 카생의 제안에 따라 세계인권선언문이 채택되었습니다. 역사에 한 획을 그은 이 사건은 국제적 차원에서 인권을 인정하는 결정적인 순간이었습니다.

20세기 전반기, 두 차례에 걸쳐 세계 대부분의 지역을 전쟁으로 끌어들인 것은 바로 유럽이었다는 사실을 상기할 필요가 있을 것 같습니다. 그 후 유럽은 연합의 의지를 갖고 2차 세계대전 당시 벌어진 반인도적 범죄에 대하여 함께 대응하기로 하였습니다. 100만 단위로 사망자 수를 세야 하는 2차 세계대전 중, 600만 명이 유대인으로 태어났다는 이유 하나만으로 인간이 한 짓이라고는 도저히 생각할 수 없는 환경 속에서 죽임을 당했습니다. 민주주의 국가에 살던 음악가, 작가, 철학가가 자신들의 국가가 몇 년 만에 전체주의 체제로 기울어 정치적 반대 세력을 추방하고, 유대인들, 그리고 우리가 자주 잊고 있는 집시들을 조직적으로 말살하는 것을 지켜만 보고 있었다는 것이 저로서는 아직도 이해가 되지 않습니다.

얼마 되지 않는 모든 생존자들이 그러하듯, 저는 이러한 범죄의 일부를 직접 목격했고, 영원히 사라지지 않을 깊은 충격을 받았습니다. 저는 잔악무도함의 상징이 된 아우슈비츠를 생각하지 않고 지나간 날이 단 하루도 없습니다. 그곳에서 남자, 여자, 어린이가 살해당했습니다. 다른 학살 장소들도 있었습니다. 사람들이 그곳에 대해 거의 이야기하지 않는 이유는 그곳에서 살아 나온 사람이 아무도 없기 때문입니다. 희생자를 애도하는 가족들만이 그 존재를 알고 있습니다. 저는 파트리크 데부아 신부님이 떠오릅니다. 신부님께서는 몇 년 전부터 우크라이나에서 적어도 100만 명의 유대인들이 신분 확인이라는 가장 기본적인 존엄성조차 박탈당한 채 매우 끔찍한 방식으로 살해당한 공동 묘혈의 위치를 찾기 위한 작업에 헌신하고 계십니다. 그리고 세계인권선언이 전문의 첫 문장에서 부터 인정하고 있는 것이 바로 이러한 가장 기본적인 존엄성입니다.

나치즘의 만행을 언급하면서, 나치 체제를 고발하고 불복종을 호소하는 전단을 뿌렸다는 이유로 1943년 참수형을 당한 한스 숄과 그의 여동생 소피, 그리고 세 명의 대학생들에게 경의를 표하지 않을 수 없습니다.

인권에 대한 이상이 이러한 잔혹한 범죄에 대한 반발로 확실해졌다면, 멈추지 않는 전 세계적 투쟁으로 이러한 원칙들을 지켜나가야 합니다. 이것은 인간을 유혹하는 증오와 살인의 충동에 대항하는 인간의 투쟁이자, 비이성에 맞선 이성의 투쟁이고, 무관심에 맞선 연민의 투쟁입니다. 이 끊임없는 투쟁에는 우리 각자의 자리가 있습니다. 왜냐하면 역사는 우리 모두 수행해야 할 역할이 있는 개인과 집단의 책임사슬로 이루어졌기 때문입니다.

국가는 우리의 기본권 존중을 보증해야 하지만, 20세기에 국가는 전례 없는 범죄의 도구였습니다. 나치즘, 파시즘, 공산주의는 한 사람 혹은 몇 사람에게만 권력이 집중된다면 해당 국가나 지역뿐만 아니라 전 세계가 위험에 빠진다는 사실을 보여주었습니다. 오늘날에도 여전히 많은 국가들은 시민들의 가장 기본적인 권리를 침해하고 있다는 것을 우리는 알고 있습니다.

국가와 우리가 국가이성이라고 부르는 것의 일탈을 막기 위해, NGO는 수행해야 할 역할이 있습니다. 국민들의 요구와 고통에 귀기울이지 않는 국가들이 중시하지 않는 부분들을 보호해야 하는 것입니다.

여기서 잠시 여담으로 말씀드리자면, 저는 소위 자기폐쇄적인 국가의 논리에 원칙적으로 시민사회의 요구를 대조하는 것은 헛된 일이라고 생각합니다. 우리는 발언의 자유와 행동의 자유를 포기하지 않고도 정부의 구성원이 될 수 있습니다. 마찬가지로, NGO의 주장과 조언에도 귀를 기울일 수 있습니다. 이처럼 저는 사법관 시절, NGO로부터 주의를 받은 법무부 장관으로부터, 당시 아직 프랑스의 영토였던 알제리에서 독립운동을 하다가 수감된 자들의 처우에 대한 조사를 진행하라는 임무를 받은 적이 있습니다. 저는 알제리의 대부분의 교도소를 방문한 뒤 보고서를 썼고, 그 결과, 수감자들에 대한 더 나은 처우를 위하여 그들 대부분을 프랑스 본국으로 이송하게 되었습니다. 몇 년 뒤, 알제리의 독립과 함께 그들은 모두 특별사면을 받았습니다.

경제와 위험이 세계화되는 세상에서, NGO는 현대의 문제에 대응하여 일찍이 세계적인 성격의 조치를 취했습니다. NGO는 인도적 문제와 개발원조 분야뿐만 아니라 환경문제와 같은 보건 분야에서도 역동적인 역할을 하면서, 인권이 침해되고 있는 모든 곳에서 인권 보호 활동을 전개하고 있습니다. 이렇게 다양한 분야에서 활동하기 때문에, NGO는 인권이 충분히 보호받지 못하는 이들의 상황을 드러내는 데 적합한 성격을 갖고 있습니다. 그들이 가진 다양성과 독립성 덕분에 NGO는 다양하고, 심지어는 조화롭지 못하거나 서로 상충하는 관점과 이익까지 대변할 수 있습니다. 이들은 우리가 자주 잊고 마는 이들을 보호하지만, 동시에 민중 선동에 대한 위험도 안고 있습니다. 그렇기 때문에 NGO는 이렇게 다양성을 유지하면서도, 국제적 차원의 시민적 행동을 진전시키기 위해 극복해야 하는 난관들에 직면하여 늘 경계 태세를 갖춰야 합니다. 이 점에서, 개발도상국의 NGO가 국제기구에서 충분히 대표되지 못하고 있다는 점은 참 유감스럽습니다. 또한 일부 NGO의 경우 그 구조 때문에 사익이 공익에 우선하는 일이 발생하고 있습니다. 특히 각자의 지지층이 있는 NGO들 간의 경쟁이 있는 상황에서 더욱 그렇습니다. 이 점에 있어서, 제도로 편입되는 것은 NGO로서는 일종의 도전이겠지만, 그것은 또한 이뤄온 성과의 수준과 전문성을 인정한다는 의미이기도 하다는 말씀을 드리고 싶습니다. 물론 그 이면에는, 너무나 소중한 전투력을 잃게 될 위험이 있기는 합니다.

오늘날 미디어의 중요성은 양날의 검과 같습니다. 미디어는 물론 상당한 전파력을 갖고 있지만, 일탈적인 행위도 실제로 일어나고 있습니다. 선정적이거나 이목을 사로잡는 보도를 추구하다 보니, '텔레비전 보도용'으로는 별로 적합하지 않은, 완전히 다른 차원의 본질적인 문제가 가려지는 것입니다. 그리고 진정한 기회를 제공하는 인터넷은 대단한 결집의 도구입니다. 다만, 디지털격차의 문제가 해결되지 않았고, 인터넷을 통해 유해한 사상들이 쉽게 전달될 수 있다는 점도 생각해야 합니다.

오늘날 인권을 재천명하는 것은, 다르푸르 사태와 같은 전쟁을 겪는 사람들이나, 에이즈와 말라리아 같은 심각한 전염병에 시달리는 사람들에게 특별한 관심을 갖는 일입니다. 또한 부유한 북국과 가난한 남국 간의 관계를 재정립하고, 선진국의 빈곤층도 배려하는 일입니다. 인권을 재천명하는 것은, 생각의 자유를 지키고 여성들의 인권을 신장하는 것입니다. 심지어 가장 관용적인 국가에서도 여성들이 얼마나 차별을 당하고 있는지, 받아들이기 어려운 가족의 압박에 얼마나 시달리고 있는지 우리는 잘 알고 있습니다. 어린 소녀들에게 강요되는 할례뿐만 아니라, 결혼 여부에 상관없이 여성들로부터 모든 자유를 박탈하는 경우도 빈번합니다.

14년 동안 유럽의회 의원으로 활동했고, 직선제 도입 후 최초로 의장을 맡았던 제가 강조하고 싶은 것은, 당시 유럽의회의 권한이 크지 않았음에도 불구하고 유럽의회가 독재 체제에 맞서는 단체들을 지원하는 데 큰 기여를 했다는 점입니다. 당시 유럽의회에서는 회기마다 하루는 인권이 공공연하게 침해되고 있는 국가들에 대한 토론을 진행했습니다. 그리고 우리는 관련 주제에 대한 정확한 발제를 위하여 NGO에서 제공한 정보를 주요 자료로 삼았습니다. 해당 국가들이 유럽연합 집행위원회의 원조를 받고 있었기 때문에, 우리가 토론을 통해 의결한 제안들은 무용하지 않았습니다.

저는 NGO의 역할을 거론하면서, 오늘날까지도 NGO의 접근이 불가능한 국가들의 상황에 대해 이야기하지 않을 수가 없습니다. 중국이 외국인들에게 문을 열게 된 최근의 베이징 올림픽을 통해 우리는 NGO가 이 국가에서 일하는 것이 얼마나 어려운 일인지를 알 수 있었습니다. 물론 대부분의 국가가 인권 존중을 중시하고 있습니다만, 우리가 생각하는 것보다 더 많은 국가들이 중국과 비슷한 상황입니다. 과거를 돌아보자면, 1989년에 베를린장벽이 무너진 뒤에야, 공산주의의 굴레와 소련의 통제 속에 살던 국가들에서 NGO가 활동을 펼칠 수 있었습니다. 하지만 이곳의 국민들은 그들이 정권을 피하는 것을 돕는 단체들을 유지하기 위하여 비밀 활동을 펼쳤습니다.

저는 이 자리를 빌려 얼마 전에 비극적인 사고로 세상을 떠난 브로니스와프 게레메크를 기억하고 싶습니다. 그는 끈질기게 폴란드 정부에 반대하고 폴란드 레지스탕스 운동이 자유를 수호할 수 있게 만든 인물이었습니다.

저는 영광스럽게도 프랑스 대통령을 대리하여 바르샤바에서 열린 그의 장례식에 참석했는데, 그의 동료들의 증언을 통해 그가 수행한 역할을 가늠해볼 수 있었습니다.

마치기에 앞서, 2003년부터 헤이그에 소재하고 있는 국제형사재판소 산하 반인도적 범죄 피해자들을 위한 신탁 기금에 대해 짧게나마 말씀드리고 싶습니다. 이것은 형사재판소에 다섯 명의 인사들로 구성된 기금을 창설한 완전히 새로운 시도라고 할 수 있습니다. 공명정대함과 청렴함으로 잘 알려진 이 다섯 명의 인사는 전 세계의 각 지역을 대표합니다. 처음으로 반인도적 범죄 피해자들의 상황을 고려하려는 목적으로 2003년 설치된 이 기금을 저는 창설 시부터 지금까지 이끌어오고 있습니다. 제가 이 기금에 대해 말씀드리는 이유는, 이 기금이 맡은 임무의 성격으로 인해 NGO와 일을 하고 있기 때문입니다. 이 NGO들은 해당 국민들의 상황을 매우 잘 알고 있고, 우리에게 조언을 해주거나, 특히 우리가 내린 결정들 중 일부를 직접 실행에 옮기고 있습니다. 이 자리를 빌려 감사의 인사를 드리고 싶습니다.

제네바에서 2002년 더반에서 열린 유엔인종차별철폐회의의 후속 회의 준비가 한창인 요즘, 저는 이 회의가 지난번 전 세계가 목도한 것과 같은 일탈의 장이 되지 않도록 간청합니다. 만약 같은 일이 반복된다면, 대부분의 국제사회는 그러한 발언을 규탄할 것입니다. 저는 이 자리에서 그러한 결단에 경의를 표합니다.

아우슈비츠에서 지옥을 경험한 뒤, 프랑스와 유럽에서 여러 분야의 인사들과 함께 다양한 대의를 위해 오랫동안 책임을 다해온 저는, 공공 영역에 참여하는 것이야말로 인간의 자유의 가장 '숭고한' 표현이라는 사실을 알게 되었습니다.

이 분야에서 해야 할 일이 아직도 많이 남아 있지만, 국제기구와 다자주의의 발전은 희망의 원천입니다. NGO는 이 과정에 참여하면서 핵심적인 역할을 수행할 수 있습니다. 오늘 이 자리에 모인, 행동과 발언으로 보여주고 있는 모든 NGO 관계자분들께 말씀드리고 싶습니다. 여러분은 국가가 자신의 책임을 깨우치게 만드는 날카로운 자극입니다.

경청해주셔서 감사합니다.

2008년 9월 3일, 파리, 유네스코,
유엔 공보국 협약 NGO 연례 회의

그러한 범죄의 수십만 명의 피해자들에게 그들은 더 이상 혼자가 아니라고 말하고 싶습니다

의장님,

장관님,

친애하는 동료 여러분,

내외 귀빈 여러분,

이번 국제형사재판소 로마규정 당사국 연례 회의는 특별한 중요성을 갖습니다.

무엇보다 역사적인 측면에서, 오늘 회의는 세계인권선언문이 채택되고 60년이 지난 후, 거의 같은 날에 개최되기 때문입니다. 우리에게 "인권에 대한 무시와 경멸이 인류의 양심을 분노케 한 야만적 행위로 귀착되었다"는 사실을 상기시키는, 르네 카생의 그 유명한 선언문을 기억합시다.

그러한 행위, 그러한 범죄가 처벌받도록 하는 것이 로마규정과 함께 창설된 국제형사재판소의 주요 목적이며, 우리는 오늘 국제형사재판소 설립 10주년을 기념하기 위해 이 자리에 모였습니다.

이와 같은 두 가지 중요한 사건을 기념하는 것은 이러한 범죄의 피해자들에게 매우 중요하며, 이 피해자들을 위해 신탁 기금이 설립되었습니다.

저는 피해자를 위한 신탁 기금이 수행하는 근본적이고 혁신적인 역할에 대해 말씀드리고 싶습니다. 신탁 기금은 로마조약의 일부로서, 그 활동은 재판소의 활동과 본질적으로 연결되어 있습니다. 즉, 피해자들에게 판사가 명령한 배상금을 지급하며, 재판소가 판결을 맡은 범죄 피해자들이 신체적·정신적으로 재적응할 수 있도록 돕고, 물질적인 지원을 하기도 합니다.

오늘, 우간다 피해지원계획 18건과 콩고민주공화국 피해지원계획 16건이 판사들에 의해 승인되었습니다. 이 계획을 통해 과거와 현재의 고통을 드디어 인정받은 수천 명의 피해자들이 지원을 받게 될 것입니다. 제가 여러분께 말씀을 드리는 지금 이 순간에도, 신체가 절단되고 모욕당하고 심신이 쇠약해진 피해자들이 신탁 기금의 현지 활동을 통해 다시 정상적인 외모를 갖고 존엄성을 되찾으며 조금씩 사회에서 자신의 자리를 다시 만들어가고 있습니다.

신탁 기금과 제휴를 맺은 여러 단체들이 합류하여, 이러한 피해자들이 정신적·물질적·사회적으로 회복될 수 있도록 자신들의 전문성을 통해 다양한 지원을 아끼지 않고 있습니다.

이미 많은 성과를 거두었지만, 가장 어려운 일이 아직 남아 있습니다.

최근 우리는 170만 명 이상의 강간 피해자들에게 즉각적인 지원을 제공하기 위한 목적으로, 1000만 유로의 모금 운동을 시작했습니다. 여러분도 알고 계시다시피, 우리가 일하고 있는 지역에서 강간은 애석하게도 일종의 전술로 이용되고 있습니다. 가족의 어머니, 자매, 형제, 딸, 아들은 마을이 공격당하는 순간 그 자리에 있었다는 이유만으로 그들의 친척, 가족, 이웃, 친구로부터 버려지고 쫓겨나는 끔찍한 일을 겪습니다. 우리가 요청하고 있는 지원을 통하여, 우리는 그러한 범죄의 수십만 명의 피해자들에게 그들은 더이상 혼자가 아니라고 말하고 싶습니다. 그들의 상처가 낫도록 돕고, 가족과 마을, 사회를 재건하는 데 필요한 존엄성과 용기를 되찾을 수 있도록 돕겠다고 말하고 싶습니다. 여러 곳에서 우리의 이러한 활동을 돕겠다는 구체적인 의사를 밝혔습니다. 덴마크는 이러한 지원 의사를 밝힌 첫 번째 국가였습니다. 그 이후 다른 여러국가들도 우리의 이러한 노력을 지원하겠다는 의사를 밝혀왔습니다. 이 국가들, 그리고 일반 기부를 통해 신탁 기금을 지원해주시는 모든 분께 우리는 깊이 감사하고 있습니다.

지난번 집행부 회의에서, 우리는 2009년 소통과 대화의 중요성을 강조하였습니다. 우리는, 신탁 기금에 후원을 하면서, 정기적으로 우리의 활동 내역에 대한 정보를 받아보길 원하는 모든 분들의 정당한 기대가 무엇인지 모르지 않습니다. 우리는 이에 대한 상당한 노력이 뒤따라야 한다는 것을 알고 있으며, 기금 사무국이 투명하고 모두가 접근 가능한 진정한 공보 정책을 마련하여 이러한 기대에 부응해주기를 바라고 있습니다. 우리가 대표하고 있는 이 기금은 활력 넘치고 적극적이며, 희생자들의 필요뿐만 아니라 후원국들의 기대에도 효율적으로 부응하는 기금이고자 합니다. 여러분의 지원, 특히 기금의 성공을 위한 여러분의 관심은 우리가 희생자들을 위하여 노력을 지속해나가고 여러분과 긴밀히 협력하여 일할 수 있도록 만드는 원동력입니다.

마지막으로 개인적인 말씀을 드리면서 발언을 마치고자 합니다. 오늘 이 자리는 아마도 제가 여러분께 이렇게 인사드릴 수 있는 거의 마지막 기회일 것입니다. 여러분도 아시다시피, 저와 저의 동료 대부분의 임기는 내년에 종료됩니다. 따라서 여러분께서는 우리가 현재 맡고 있는 이 직무를 수행할 새로운 후보자들을 선택해야 합니다. 바로 오늘부터, 상당히 어려운 이 임무를 맡을 수 있는 가장 적합한 인물들에 대해 고심해보는 것이 좋을 것 같습니다. 제 생각에, 기금의 요구도 시간이 흐르면서 많이 달라진 것 같습니다. 그리고 집행부는 이동에 무리가 없고, 활동이 전개되고 있는 현장에도 갈 준비가 되어 있으며, 그래서 이러한 활동이 피해자들에게 미치는 영향을 직접 파악할 수 있는 그런 역동적인 인물들로 구성되어야 한다고 생각합니다.

여러분께서 우리와 함께 돕고 있는 피해자들의 이름으로, 여러분께 감사드립니다.

2008년 11월, 헤이그, 국제형사재판소,
로마규정 당사국 연례 회의

옮긴이의 말

    2018년 7월 1일 파리, 프랑스의 위인들을 모신 팡테옹의 정면으로 나 있는 수플로가街에는 평화와 유럽을 상징하는 파란색 카펫이 깔렸다. 수많은 정계 인사들과 국민들의 열렬한 청원에 힘입어, 그로부터 약 1년 전 세상을 떠난 시몬 베유가 남편 앙투안 베유와 함께 팡테옹에 안장되는 날이었다. 두 사람의 운구 행렬은 장엄한 음악과 함께 팡테옹 광장까지 파란 카펫을 따라 천천히 걸으며 세 번을 멈추었다. 첫 번째는 여성해방을 위한 그의 투쟁을, 두 번째는 유럽 통합을 위한 그의 투쟁을, 세 번째는 홀로코스트의 기억을 위한 그의 투쟁을 기리기 위한 상징적 행위였다.

    아우슈비츠의 생존자이자 최초의 선출직 유럽의회 의장, 그리고 임신중단을 합법화한 일명 베유 법을 통과시킨 주역인 시몬 베유의 생전 연설문을 한데 모은 이 책도 홀로코스트의 기억, 유럽의 통합, 여성의 권리를 위해 헌신한 베유의 투쟁을 그의 생생한 목소리를 통해 전하고 있다. 또한 더 나은 사회를 만들기 위하여 인권, 공공보건, 사회복지, 환경, 아동 등 다양한 분야에서 활동한 그의 윤리적 투쟁도 담고 있다.

이렇게 일생을 수많은 대의를 위하여 쉼 없이 투쟁한 만큼, 옮긴 이로서는 이 다양한 이야기들이 한 사람의 입을 통해 나온 것이라는 사실에 놀랄 수밖에 없었다. 과연 이 일들이 한 사람이 겪을 수 있는 일들인지, 해낼 수 있는 일들인지 감탄할 따름이었다. 그리고 이 연설문들은 단순히 그의 화려한 직함이 낳은 것이 아니라, 자신의 경험을 통해 정의와 평화의 투사가 되기로 결심한 인물의 진심으로부터 우러나온 것임을 알 수 있었다.

이 수많은 투쟁에 공통점이 있다면, 마크롱 프랑스 대통령의 말처럼 하나같이 정의롭고, 꼭 필요한 투쟁이었다는 점이다. 게다가 이것은 별개의 투쟁이 아니다. 홀로코스트의 생존자로서 누구보다 유럽의 통합이 절실하다는 확고한 신념을 가질 수 있었고, 드문 여성 정치인으로서 여성의 권익 신장에 앞장서다 보니 세상의 모든 약자들이 겪는 부당함에 맞서 싸우게 된 것은 자연스러운 행보라고 할 수 있다. 물론 같은 경험을 했다고 해서 모든 사람들이 그와 같은 길을 걷지는 못할 것이다. 여기에 전 국민적 동의를 얻고 팡테옹에 안장될 수 있었던 베유의 위대함이 있다.

사법관, 보건부 장관, 유럽의회 의장, 헌법평의회 위원, 아카데미프랑세즈 회원 등 시몬 베유가 가졌던 수많은 직함 이상으로 프랑스인들에게 기억되는 그의 모습은 좋은 아내이자 현명한 어머니다. 베유의 자녀들은 영결식이 열렸던 앵발리드에서 어머니에게 매우 감동적인 연설을 바친 바 있다. 일과 가정의 양립은 우리가 여성에 대해 말할 때 가장 많이 언급하는 주제 중 하나다. 베유는 불가능할 것처럼 보이는 이 일을 그 누구보다 완벽하고 훌륭하게 해낸 것 같다. 그것을 위해서는 개인의 의지와 능력이 가장 중요하지만, 가정과 사회가 그러한 여성을 인정하고 지지하지 않는다면 불가능한 일이라는 점을 우리는 기억해야 할 것이다.

　베유의 투쟁은 끝이 났지만, 그가 평생을 헌신한 이 투쟁들은 아직 현재진행형이다. 프랑스 사회에는 최근 다시 반유대주의 바람이 불면서, 유대인 묘지와 베유의 얼굴이 그려진 우체통에 나치 문양의 낙서가 발견되기도 했다. 유럽은 그동안 이뤄온 것에도 불구하고 브렉시트로 다시 한번 통합의 위기를 겪고 있으며, 여성운동은 전 세계적으로 그 어느 때보다 뜨겁다. 인권, 환경, 보건 문제도 마찬가지다.

　그리고 이것은 비단 프랑스와 유럽만의 문제가 아니다. 지리적 환경과 역사적 맥락이 다를 뿐 2019년의 대한민국에서도 동일한 투쟁이 진행 중이다. 위안부 문제를 비롯한 일본과의 과거사 갈등은 좀처럼 좁혀질 기미가 보이지 않고, 동북아시아 지역의 협력과 평화 구축도 아직은 요원해 보인다. 게다가, 몇 년 전부터는 미투 운동을 선두로 페미니즘이 사회의 중심 주제로 자리 잡았으며, 최근에는 헌법재판소에서 낙태죄에 대한 헌법불합치 결정이 났다. 우리의 투쟁은 상대적으로 뒤늦게 시작되었다는 점에서, 베유의 투쟁은 우리에게 충분히 귀감이 될 만하다.

　단호한 표정의 시몬 베유가 신념에 가득 찬 청록색 눈으로 우리에게 말하는 것 같다. '이것은 나만의 투쟁이 아니라 우리 모두의 투쟁'이라고.

길경선·박재연

시몬 베유의 나의 투쟁

1판 1쇄 인쇄 2019년 5월 15일
1판 1쇄 발행 2019년 5월 22일

지은이   시몬 베유
옮긴이   길경선 · 박재연
펴낸이   채세진
디자인   김서영

펴낸곳   꿈꾼문고
등록   2017년 2월 24일 · 제2017-000049호
주소   04031 서울시 마포구 동교로 156-13, 4층 502호
전화   (02) 336-0237
팩스   (02) 336-0238
전자우편 kumkunbooks@naver.com
블로그   blog.naver.com/kumkunbooks **페이스북** /kumkunbks **트위터** @kumkunbooks

ISBN 979-11-90144-00-1 (04100)
        979-11-961736-8-5 (세트)

이 도서의 국립중앙도서관 출판예정도서목록(CIP)은 서지정보유통지원시스템 홈페이지(http://seoji.nl.go.kr)와
국가자료공동목록시스템(http://www.nl.go.kr/kolisnet)에서 이용하실 수 있습니다.(CIP제어번호 : CIP2019018319)